浙江改革开放四十年研究系列

产业转型升级

浙江的探索与实践

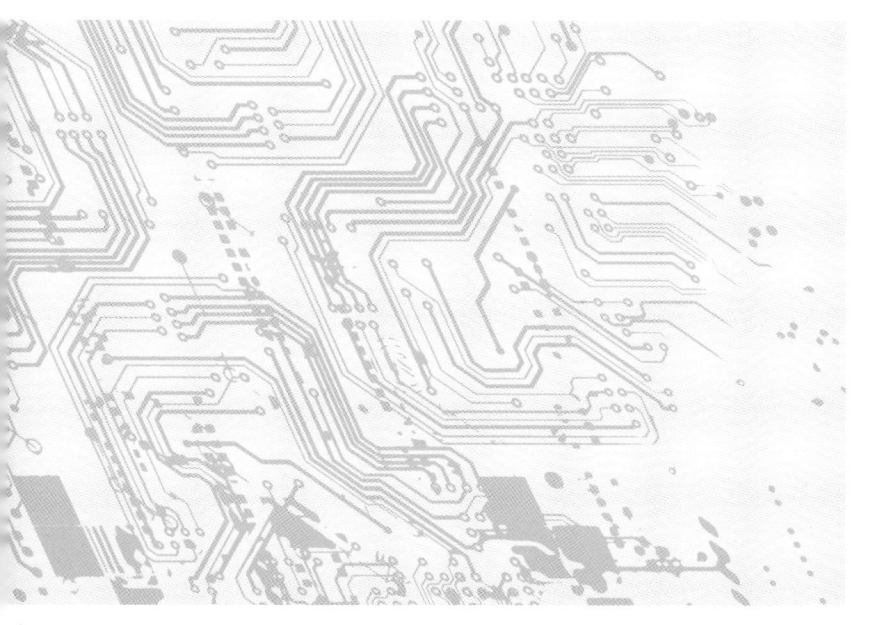

黄先海 宋学印 等 ◎ 著

中国社会科学出版社

图书在版编目（CIP）数据

产业转型升级：浙江的探索与实践／黄先海等著．—北京：中国社会科学出版社，2018.10
（浙江改革开放四十年研究系列）
ISBN 978-7-5203-3359-7

Ⅰ.①产⋯　Ⅱ.①黄⋯　Ⅲ.①产业结构升级—研究—浙江
Ⅳ.①F127.55

中国版本图书馆 CIP 数据核字（2018）第 237551 号

出 版 人	赵剑英
责任编辑	喻　苗
责任校对	李　莉
责任印制	王　超

出　　版	中国社会科学出版社
社　　址	北京鼓楼西大街甲 158 号
邮　　编	100720
网　　址	http://www.csspw.cn
发 行 部	010-84083685
门 市 部	010-84029450
经　　销	新华书店及其他书店

印刷装订	北京君升印刷有限公司
版　　次	2018 年 10 月第 1 版
印　　次	2018 年 10 月第 1 次印刷

开　　本	710×1000　1/16
印　　张	21.75
字　　数	323 千字
定　　价	89.00 元

凡购买中国社会科学出版社图书，如有质量问题请与本社营销中心联系调换
电话：010-84083683
版权所有　侵权必究

浙江省文化研究工程指导委员会

主　任：车　俊

副主任：葛慧君　郑栅洁　陈金彪　周江勇
　　　　成岳冲　陈伟俊　邹晓东

成　员：胡庆国　吴伟平　蔡晓春　来颖杰
　　　　徐明华　焦旭祥　郭华巍　徐宇宁
　　　　鲁　俊　褚子育　寿剑刚　盛世豪
　　　　蒋承勇　张伟斌　鲍洪俊　许　江
　　　　蔡袁强　蒋国俊　马晓晖　张　兵
　　　　马卫光　陈　龙　徐文光　俞东来
　　　　陈奕君　胡海峰

浙江文化研究工程成果文库总序

　　有人将文化比作一条来自老祖宗而又流向未来的河,这是说文化的传统,通过纵向传承和横向传递,生生不息地影响和引领着人们的生存与发展;有人说文化是人类的思想、智慧、信仰、情感和生活的载体、方式和方法,这是将文化作为人们代代相传的生活方式的整体。我们说,文化为群体生活提供规范、方式与环境,文化通过传承为社会进步发挥基础作用,文化会促进或制约经济乃至整个社会的发展。文化的力量,已经深深熔铸在民族的生命力、创造力和凝聚力之中。

　　在人类文化演化的进程中,各种文化都在其内部生成众多的元素、层次与类型,由此决定了文化的多样性与复杂性。

　　中国文化的博大精深,来源于其内部生成的多姿多彩;中国文化的历久弥新,取决于其变迁过程中各种元素、层次、类型在内容和结构上通过碰撞、解构、融合而产生的革故鼎新的强大动力。

　　中国土地广袤、疆域辽阔,不同区域间因自然环境、经济环境、社会环境等诸多方面的差异,建构了不同的区域文化。区域文化如同百川归海,共同汇聚成中国文化的大传统,这种大传统如同春风化雨,渗透于各种区域文化之中。在这个过程中,区域文化如同清溪山泉潺潺不息,在中国文化的共同价值取向下,以自己的独特个性支撑着、引领着本地经济社会的发展。

　　从区域文化入手,对一地文化的历史与现状展开全面、系统、扎实、有序的研究,一方面可以藉此梳理和弘扬当地的历史传统和文化资源，繁荣和丰富当代的先进文化建设活动，规划和指导未来的文化发展蓝图，增强文化软实力，为全面建设小康社会、加快推进社会主义现代化提供思想保证、精神动力、智力支持和舆论力量；另一方面，这也是深入了解中国文化、研究中国文化、发展中国文化、创新中国文化的重要途径之一。如今，区域文化研究日益受到各地重视，成为我国文化研究走向深入的一个重要标志。我们今天实施浙江文化研究工程，其目的和意义也在于此。

千百年来，浙江人民积淀和传承了一个底蕴深厚的文化传统。这种文化传统的独特性，正在于它令人惊叹的富于创造力的智慧和力量。

浙江文化中富于创造力的基因，早早地出现在其历史的源头。在浙江新石器时代最为著名的跨湖桥、河姆渡、马家浜和良渚的考古文化中，浙江先民们都以不同凡响的作为，在中华民族的文明之源留下了创造和进步的印记。

浙江人民在与时俱进的历史轨迹上一路走来，秉承富于创造力的文化传统，这深深地融汇在一代代浙江人民的血液中，体现在浙江人民的行为上，也在浙江历史上众多杰出人物身上得到充分展示。从大禹的因势利导、敬业治水，到勾践的卧薪尝胆、励精图治；从钱氏的保境安民、纳土归宋，到胡则的为官一任、造福一方；从岳飞、于谦的精忠报国、清白一生，到方孝孺、张苍水的刚正不阿、以身殉国；从沈括的博学多识、精研深究，到竺可桢的科学救国、求是一生；无论是陈亮、叶适的经世致用，还是黄宗羲的工商皆本；无论是王充、王阳明的批判、自觉，还是龚自珍、蔡元培的开明、开放，等等，都展示了浙江深厚的文化底蕴，凝聚了浙江人民求真务实的创造精神。

代代相传的文化创造的作为和精神，从观念、态度、行为方式和价值取向上，孕育、形成和发展了渊源有自的浙江地域文化传统和与时俱进的浙江文化精神，她滋育着浙江的生命力、催生着浙江的凝聚力、激发着浙江的创造力、培植着浙江的竞争力，激励着浙江人民永不自满、永不停息，在各个不同的历史时期不断地超越自我、创业奋进。

悠久深厚、意韵丰富的浙江文化传统，是历史赐予我们的宝贵财富，也是我们开拓未来的丰富资源和不竭动力。党的十六大以来推进浙江新发展的实践，使我们越来越深刻地认识到，与国家实施改革开放大政方针相伴随的浙江经济社会持续快速健康发展的深层原因，就在于浙江深厚的文化底蕴和文化传统与当今时代精神的有机结合，就在于发展先进生产力与发展先进文化的有机结合。今后一个时期浙江能否在全面建设小康社会、加快社会主义现代化建设进程中继续走在前列，很大程度上取决于我们对文化力量的深刻认识、对发展先进文化的高度自觉和对加快建设文化大省的工作力度。我们应该看到，文化的力量最终可以转化为物质的力量，文化的软实力最终可以转化为经济的硬实力。文化要素是综合竞争力的核心要素，文化资源是经济社会发展的重要资源，文化素质是领导者和劳动者的首要素质。因此，研究浙江文化的历史与现状，增强文化软实力，为浙江的现代化建设服务，是浙江人民的共同事业，也是浙江各级党委、政府的重要使命和责任。

2005年7月召开的中共浙江省委十一届八次全会，作出《关于加快建设文化大省的决定》，提出要从增强先进文化凝聚力、解放和发展生产力、增强社会公共服务能力入手，大力实施文明素质工程、文化精品工程、文化研究工程、文化保护工程、文化产业促进工程、文化阵地工程、文化传播工程、文化人才工程等"八项工程"，实施科教兴国和人才强国战略，加快建设教育、科技、卫生、体育等"四个强省"。作为文化建设"八项工程"之一的文化研究工程，其任务就是系统研究浙江文化的历史成就和当代发展，深入挖掘浙江文化底蕴、研究浙江现象、总结浙江经验、指导浙江未来的发展。

浙江文化研究工程将重点研究"今、古、人、文"四个方面，即围绕浙江当代发展问题研究、浙江历史文化专题研究、浙江名人研究、浙江历史文献整理四大板块，开展系统研究，出版系列丛书。在研究内容上，深入挖掘浙江文化底蕴，系统梳理和分析浙江历史文化的内部结构、变化规律和地域特色，坚持和发展浙江精神；研究浙江文化与其他地域文化的异同，厘清浙江文化在中国文化中的地位和相互影响的关系；围绕浙江生动的当代实践，深入解读浙江现象，总结浙江经验，指导浙江发展。在研究力量上，通过课题组织、出版资助、重点研究基地建设、加强省内外大院名校合作、整合各地各部门力量等途径，形成上下联动、学界互动的整体合力。在成果运用上，注重研究成果的学术价值和应用价值，充分发挥其认识世界、传承文明、创新理论、咨政育人、服务社会的重要作用。

我们希望通过实施浙江文化研究工程，努力用浙江历史教育浙江人民、用浙江文化熏陶浙江人民、用浙江精神鼓舞浙江人民、用浙江经验引领浙江人民，进一步激发浙江人民的无穷智慧和伟大创造能力，推动浙江实现又快又好发展。

今天，我们踏着来自历史的河流，受着一方百姓的期许，理应负起使命，至诚奉献，让我们的文化绵延不绝，让我们的创造生生不息。

2006 年 5 月 30 日于杭州

浙江文化研究工程(第二期)序

车俊

　　文化是一个国家、一个民族的灵魂。文化兴国运兴,文化强民族强。没有高度的文化自信,没有文化的繁荣昌盛,就没有中华民族伟大复兴。文化研究肩负着继承文化传统、推动文化创新、激发文化自觉、增强文化自信的历史重任和时代担当。

　　浙江是中华文明的重要发祥地,文源深、文脉广、文气足。悠久深厚、意蕴丰富的浙江文化传统,是浙江改革发展最充沛的养分、最深沉的力量。2003年,时任浙江省委书记的习近平同志作出了"八八战略"重大决策部署,明确提出要"进一步发挥浙江的人文优势,积极推进科教兴省、人才强省,加快建设文化大省"。2005年,作为落实"八八战略"的重要举措,习近平同志亲自谋划实施浙江文化研究工程,并亲自担任指导委员会主任,提出要通过实施这一工程,用浙江历史教育浙江人民、用浙江文化熏陶浙江人民、用浙江精神鼓舞浙江人民、用浙江经验引领浙江人民。

　　12年来,历届省委坚持一张蓝图绘到底,一年接着一年干,持续深入推进浙江文化研究工程的实施。全省哲学社会科学工作者积极响应、踊跃参与,将毕生所学倾注于一功,为工程的顺利实施提供了强大智力支持。经过这些年的艰苦努力和不断积淀,第一期"浙江文化研究工程"圆满完成了规划任务。通过实施第一期"浙江文化研究工程",一大批优秀学术研究成果涌现出来,一大批优秀哲学社会科学人才成长起来,我省哲学社会科学研究水平站上了新高度,这不仅为优秀传统文化创造性转化、创新性发展作出了浙江探索,也为加快构建中国特色哲学社会科学提供了浙江素材。可以说，浙江文化研究工程，已经成为浙江文化大省、文化强省建设的有力抓手，成为浙江社会主义文化建设的一块"金字招牌"。

新时代，历史变化如此深刻，社会进步如此巨大，精神世界如此活跃，文化建设正当其时，文化研究正当其势。党的十九大深刻阐明了新时代中国特色社会主义文化发展的一系列重大问题，并对坚定文化自信、推动社会主义文化繁荣兴盛作出了全面部署。浙江省第十四次党代会也明确提出"在提升文化软实力上更进一步、更快一步，努力建设文化浙江"。在承接第一期成果的基础上，实施新一期浙江文化研究工程，是坚定不移沿着"八八战略"指引的路子走下去的具体行动，是推动新时代中国特色社会主义文化繁荣兴盛的重大举措，也是建设文化浙江的必然要求。新一期浙江文化研究工程将延续"今、古、人、文"的主题框架，通过突出当代发展研究、历史文化研究、"浙学"文化阐述三方面内容，努力把浙江历史讲得更动听、把浙江文化讲得更精彩、把浙江精神讲得更深刻、把浙江经验讲得更透彻。

新一期工程将进一步传承优秀文化，弘扬时代价值，提炼浙江文化的优秀基因和核心价值，推动优秀传统文化基因和思想融入经济社会发展之中，推动文化软实力转化为发展硬实力。

新一期工程将进一步整理文献典籍，发掘学术思想，继续对浙江文献典籍和学术思想进行系统梳理，对濒临失传的珍贵文献和经典著述进行抢救性发掘和系统整理，对历代有突出影响的文化名家进行深入研究，帮助人们加深对中华思想文化宝库的认识。

新一期工程将进一步注重成果运用，突出咨政功能，深入阐释红船精神、浙江精神，积极提炼浙江文化中的治理智慧和思想，为浙江改革发展提供学理支持。

新一期工程将进一步淬炼"浙学"品牌，完善学科体系，不断推出富有主体性、原创性的研究成果，切实提高浙江学术的影响力和话语权。

文化河流奔腾不息，文化研究逐浪前行。我们相信，浙江文化研究工程的深入实施，必将进一步满足浙江人民的精神文化需求，滋养浙江人民的精神家园，夯实浙江人民文化自信和文化自觉的根基，激励浙江人民坚定不移沿着习近平总书记指引的路子走下去，为高水平全面建成小康社会、高水平推进社会主义现代化建设凝聚起强大精神力量。

目　　录

导　论 …………………………………………………………（1）
　　第一节　浙江的产业转型升级：历程特征 ………………（1）
　　第二节　中国产业转型升级道路的浙江样本：市场
　　　　　　政府双驱动 …………………………………………（2）
　　第三节　基本面变革与准前沿挑战：未来选择 …………（10）

第一章　浙江产业转型升级四十年图景：典型事实 ……（16）
　　第一节　产出结构视角……………………………………（16）
　　第二节　价值结构视角……………………………………（28）
　　第三节　要素结构视角……………………………………（32）
　　第四节　贸易结构视角……………………………………（37）

**第二章　浙江产业转型升级中的政府与市场关系演进：
　　　　　历史回望**…………………………………………（44）
　　第一节　初期："顺势而为"激活市场推动由"空白"
　　　　　　到"崛起" …………………………………………（44）
　　第二节　中期："主动作为"调控市场推动由"落后"
　　　　　　到"主流" …………………………………………（50）
　　第三节　近期："高效有为"增进市场推动由"常规"
　　　　　　到"前沿" …………………………………………（59）

第三章 浙江产业转型升级模式：市场政府双驱动 …………… (68)
 第一节 产业转型升级"双驱动"模式的理论方位 …………… (68)
 第二节 产业转型升级"双驱动"模式的理论提出 …………… (84)
 第三节 "双驱动"模式中的产业转型升级过程：理论模型 …… (95)
 第四节 "双驱动"模式下的浙江产业转型升级：
     实证研究 ……………………………………………… (104)

第四章 "双驱动"模式下的浙江路径选择（上）：
    产业内转型升级 ……………………………………………… (115)
 第一节 浙江产业内转型升级的基本特征 …………………… (115)
 第二节 嵌入价值链的外源式升级路径：全球
     购买者导向型 ………………………………………… (121)
 第三节 嵌入价值链的外源式升级路径：全球
     生产者导向型 ………………………………………… (128)
 第四节 构建价值链的内源式升级路径：要素逆转型 ……… (133)
 第五节 构建价值链的内源式升级路径：跨国并购型 ……… (139)

第五章 "双驱动"模式下的浙江路径选择（中）：
    产业间转型升级 ……………………………………………… (143)
 第一节 产业间转型升级的方向及其路径 …………………… (143)
 第二节 国际市场需求跟进型升级路径 ……………………… (148)
 第三节 熊彼特率先产业开拓型路径 ………………………… (152)
 第四节 原始产业创新发现型路径 …………………………… (158)

第六章 "双驱动"模式下的浙江路径选择（下）：
    产业集群转型升级 …………………………………………… (168)
 第一节 浙江产业集群的进化升级历程 ……………………… (168)
 第二节 网络自增强与再造型升级路径 ……………………… (175)
 第三节 "领导—跟随"型转型升级路径 …………………… (192)

第七章 "双驱动"模式下浙江产业政策转型：功能导向 (200)
- 第一节 从强制性产业政策到功能性产业政策 (200)
- 第二节 功能性产业政策的基本特征 (211)
- 第三节 功能性产业政策实施举措 (216)

第八章 "双驱动"转型升级模式：宏观效应评估 (226)
- 第一节 产业转型升级的量化指标体系 (226)
- 第二节 浙江省产业转型升级的量化评估（Ⅰ） (229)
- 第三节 浙江省产业转型升级的量化评估（Ⅱ） (246)
- 第四节 "双驱动"模式之"有效市场"的量化评估 (255)
- 第五节 "双驱动"模式之"有为政府"的量化评估 (263)
- 第六节 有效市场和有为政府的回归分析 (273)

第九章 "双驱动"转型升级模式：案例应用分析 (280)
- 第一节 重振历史经典产业 (280)
- 第二节 打造战略性新兴产业 (284)
- 第三节 "四换三名"倒逼产业转型升级 (289)
- 第四节 构筑"总部经济"引领转型升级 (295)

第十章 "双驱动"转型升级模式：时代挑战和未来战略 (301)
- 第一节 进入准技术前沿阶段的挑战：政府"有为"盲区 (302)
- 第二节 进入工序化分工阶段的挑战：市场动态失效 (305)
- 第三节 进入产业虚拟化阶段的挑战：潜在产业危机 (308)
- 第四节 "双驱动"模式的未来战略 (311)

参考文献 (315)

后　记 (328)

导　　论

中国40年的改革开放史，同时是一部40年的波澜壮阔的产业转型升级史。产业转型升级是现代经济增长的实质内容和主导动力。位于中国东部沿海的浙江地区的产业转型升级，体现出无衰退、低误配、高速度的显著区域特征，探索出一条中国产业转型升级的特色道路，为世界发展中经济体的后发增长和转型升级方案提供了一个全新选择和深刻启迪。

第一节　浙江的产业转型升级：历程特征

自1978年改革开放以来，浙江区域经济经历了经济制度重构、现代城市崛起和居民生活翻越的多线程巨大变革，而其背后的共同支撑力量实际上是浙江产业经济发生的堪称典范的后发追赶和转型升级过程：由几近空白到劳动密集，再到资本密集，然后到技术密集，进一步到知识信息密集，直至最近在局部产业领域实现跨越，走在了国际产业前沿。

总体上看，浙江的产业转型升级体现出四大特征：

第一，从产出结构变迁的国际比较视野看，浙江的产业转型升级是一个无衰退式的持续转型升级过程。这一过程基本符合"配第—克拉克定理"，第一产业比重呈逐年下降、第二、第三产业呈逐年增长趋势。进一步地比较发现，浙江的第二产业占比明显高于其他经济体同等阶段水平；同时，大多数后进经济体都存在经济衰退现象，而浙江则长期维持快速发展。具有较大持续升级空间与升级潜力的制造业比重较高，可能是浙江实现无衰退式增长的重要原因。

第二，从价值结构变迁的全球价值分工视野看，浙江的产业转型升级是一个波浪式的全球价值攀升过程。从价值结构视角的国际比较发现，当前浙江产业在全球价值链中的地位高于其他经济体同期水平，这意味着国际产业链升级往往出现的低端价值锁定"陷阱"并未出现，总体上呈现出一种有波浪起伏动态但长期螺旋上升的过程。该过程形态实际上反映了浙江产业在全球价值链各个环节进行阶梯爬升时面临的两种力量：一是通过被动跟随全球价值环节迁移或主动建构价值链而升级至下一更高价值环节，二是进入新环节后因路径依赖和潜在的国际价值低端锁定，两种力量交替导致出现波浪式价值攀升形态。

第三，从要素结构变迁的资源配置趋势来看，浙江的产业转型升级是一个有偏式的资本驱动升级过程。高级要素的集聚和提供得到有效提升，为浙江产业转型升级提供了强有力的技术支持。通过国际比较我们发现，浙江的高级要素供给高于大多数同期水平的其他经济体。但是，与产业转型升级成功的韩国、新加坡等经济体相比，浙江在研发资本要素的配比上还是有继续提升的空间。

第四，从贸易结构变迁的国际贸易优势动态看，浙江产业转型升级过程是一个基础提升型国际优势升级过程。浙江的贸易优势随着产业结构和价值链地位的提升，也在向第二、第三产业转移。通过国际比较我们发现，浙江的贸易优势整体上得到了提升，但是在高端制造方面，与先进国家相比还有一定差距，是浙江未来突破的重点领域。

第二节 中国产业转型升级道路的浙江经验：市场政府双驱动

在国际转型经济体比较视野下，浙江产业经济经历的是一个以无衰退、低误配、高速度为三大复合特征的持续结构变革和技术升级过程，迄今为止的发展经济学理论、产业经济学理论和制度经济学理论并不能给出有效解释。那么，浙江产业转型升级过程究竟具有什么样的特质？特别是其动力机制以及效应是否具有内在规律和普遍意义？这是本书试图回答的中心问题。

(一) 浙江产业转型升级历程中的市场与政府关系实践

动力结构决定演变形态。驱动产业转型升级的因素一般可归结为两大来源,一是来自市场内生的演化动力,二是政府介入的规划动力。广泛的国际发展史经验已经证明,单一的市场演化动力,抑或政府规划动力,难以支撑无衰退、低误配、高速度的产业转型升级动态特征,浙江的产业转型升级必然在两种动力间取得较好的平衡与协同,因此,考察市场与政府在驱动转型升级中的关系及其演进脉络是总结提炼浙江产业转型升级模式的逻辑起点。

回望40年改革开放,浙江产业转型升级过程中市场与政府关系经历了三个阶段。

1. 初期:"顺势而为"激活市场,推动浙江产业从"空白"到"崛起"

以历史纵深的眼光回望,1978年改革开放初期的浙江产业经济几乎可以用一张白纸来概括,不仅相对缺少自然矿产资源,人均资源拥有量居全国各省末位,而且物质资本积累薄弱,导致当时浙江人均国民生产总值仅有331元,尚不及全国平均水平381元。从产业形态来看,不仅结构层次低,大部分为面向基本生活需求的低端轻型加工业,而且产业规模小,处于典型的低水平的工业化起飞前阶段。从政府与市场关系来看,当时浙江面临的并不是传统意义的市场功能失灵问题,而是"无市场"问题,如何摆脱传统经济困境、激活市场、启动工业化进程,是改革开放初期浙江政府亟待解决的重大难题。浙江政府采取的介入方式并不是加大政府导向投资以强力推行工业化,而是基于当时社会内生的消费需求以及已经出现的"侧边球"生产者行为,顺势重建企业主体、激活市场系统。在省级层面上的主要举措是确立"多路并进,多业并举"战略,实际上是尽可能默许、鼓励各种形式、各种途径、各种产业的干事创业微观行为,并未如战后经济体或通常的后发经济体那样出台带有强烈倾斜性色彩的产业抑制或激励政策。在市级层面,如义乌在1982年做出开放小商品市场的重大改革决策,提出"四个允许",即允许农民经商、允许从事长途贩运、允许开放城乡市场、允许多渠道竞争,"四个允许"实际上完全贯彻了省级层面"多路并进,多业并举"战略。在这种宽松制度环境下,浙江各类专业市场、块状经济迅猛发展,"草帽市场""马路市场"迅速激活,义乌小商品、温州皮鞋、宁波服装、温州乐清低压电器等产业集群在全国短时间内建立起竞争力优势,一个初步的产品市场框架得以快速建立,民营企业主体也自此成为推动浙江经济发展的最大内生动力源泉。

2. 中期:"主动作为"调控市场,推动浙江产业由"落后"到"主流"

前一个时期"无为"式的制度松绑存在其历史积极性与阶段合理性,但在缺乏新的发展制度供给条件下,浙江产业经济在经历初始期迅猛的"无规则"型增长后,便出现较为严重的"市场失灵"情形。如形成路径依赖,即在资本禀赋结构已经明显发生阶段性变迁后,浙江产出结构仍然长期锁定在劳动密集型、轻型加工制造业,纺织服装、毛皮羽绒、日用轻工等轻型产业长期占据主导产业位置,而交通运输设备、电气机械及器材、电子通信及设备等产业在全省占比反而从1985年的24.1%下降到1997年的23.1%,出现了产业结构不降反升的"逆"升级现象,并且面临高市场份额、利润率低下的价值结构升级困境。虽然当时浙江大部分产品市场具有临近高度市场竞争的新古典经济学标准状态,但在产业结构调整与转型升级领域却出现了"失灵",即因本土产业集群内部的低交易成本优势演化形成了路径依赖劣势,使得在高度市场竞争条件下,集群内的企业也并无动力和能力选择转型升级。在此情景下,浙江政府开始主动介入调控市场,相继出台"有保有压"型的产业选择性干预政策,对产业转型升级提供了硬性制度导向,形成了市场外部的倒逼或牵引的外生升级动力。如治理"村村点火"构建现代产业园区、出台四大主导产业规划引导产业结构高级化重型化、"腾笼换鸟"建设先进制造业基地。上述政府导引的产业结构调整行为,总体上加快推动了浙江产业向主流型式的转型升级。总的来看,这一时期浙江政府在推动产业转型升级中的作用明显提高,虽然存在强制性的外生产业政策难以规避的效率损失。

3. 近期:"高效有为"增进市场,推动浙江产业由"常规"到"前沿"

上一阶段的选择性产业政策在迫使地区内传统落后产业退出、追赶技术与产品信息明确的标准制造业方面通常具有较高的政策绩效,但在2010

年前又面临新的问题,第一,主导产业的技术含量与质量升级缓慢,浙江前五大重化制造业行业中(电气机械、通用设备、交通运输设备制造、化学原料及制品、电子及通信设备),除化学原料及制品业人均附加值与全国平均水平大致持平外,其他产业远远低于全国平均水平。第二,高新前沿产业升级缓慢,广东、江苏、山东在2010年的高新技术产业总产值分别为3.0万亿元、3.1万亿元、3.2万亿元,占规模以上工业比重分别为31.7%、33.0%和35.2%,而浙江省高新技术产业产值仅为1.16万亿元,为上述三省的1/3。这意味着高度市场竞争和选择性产业政策干预虽然在倒逼传统低效产业退出、变迁目标明确的结构调整方面具有效力,但在驱动产业向具有高技术含量、高附加值升级以及向下一代前沿新兴产业的创新转型方面,出现了"双失灵",即"市场失灵"与"政府失灵"。因此,大致从2010年起,浙江产业政策开始由以增进市场、赋能市场为目标的政府市场"双驱动"型产业政策,即一方面将过往产业泛化干预聚焦到针对高新产业和战略性新兴产业领域,呈现出一定选择性,但另一方面在行业内部微观领域则体现出功能性,市场进入、补贴激励等政策手段趋向于面向所有市场主体的公平透明竞争,如在中观产业领域实施"八大万亿产业",但在微观领域构建"四张清单一张网""特色小镇"等现代市场环境营造举措,确保"进入公平"、竞争增进与创新赋能。上述实施形式的产业政策不仅有效地克服了选择性产业政策带来的效率损失,而且降低了科技型人才和潜在企业向战略性新兴产业的进入成本、创新成本和转型成本,支撑扩大新兴产业内部企业间、技术间和产品间的市场竞争,实际上形成了政府与市场推动向前沿产业转型升级的双重动力。2010—2016年,浙江战略性新兴产业发展速度明显加快,其中下一代互联网、物联网、生物医药等前沿产业已迅速跨越至国际领先地位,形成"双驱动"的有力验证。

(二)市场和政府关系的理论回顾:排斥、替代、补充

上一小节从实证角度梳理了市场与政府在推动浙江产业转型升级中的关系及其演变脉络,在经济学理论层面,市场与政府关系同样长期处于发展经济学的研究中心,总体来看,市场与政府在推进结构转型升级的关系可归结为三个维度:排斥、替代、补充。

1. 新古典主义视角：市场与政府恪守边界的排斥

政府与市场在推动经济发展中存在的边界思维根植于斯密"看不见的手"市场原理，并在后续主流经济学理论界和经济发展政策中，具有牢不可破的深刻影响。从古典主义、新古典主义、奥地利学派到20世纪80年代新自由主义发展经济学，均认同市场与政府存在严格的作用边界，在边界外则呈现不可调和的排斥关系。在古典主义中，政府仅承担国防、法治以及公共基础设施的基本职能，新古典主义以及新自由主义发展经济学则承认在"市场失灵"条件下，政府可在"市场失灵"领域发挥作用，如外部性的内部化、宏观调控等，奥地利学派经济学则将政府的功能进一步缩小至国防与法治的最小政府。

上述经济学理论中一个共同特征是，均不涉及中观空间结构、产业结构以及微观企业结构层面的结构化事实，这与广大发展中经济体内部存在与发达经济体迥异且广泛的产业异质性、结构刚性不相兼容，信守自由主义传统的政府很难对落后经济体的产业结构低端等锁定现象发挥作用。

2. 结构主义视角：政府对市场的越界替代

在推动产业转型升级进程中，政府对市场的越界替代关系主要体现在20世纪五六十年代的结构主义发展经济学理论主张及其实践当中。结构主义理论认为发展中经济体存在普遍的市场发育不足特别是市场自发的资本投资匮乏，需要大规模的结构调整和经济结构的变化，通过结构变化实现经济协调化。国家则在资本动员、信息供给方面具有市场不可替代的优势，并且认识到发展中经济中存在的二元结构即第一产业以及劳动力配置的低效状态，因此政府应对经济施加有力的干预，加强国民经济计划性，强制配置劳动力、资本等要素转向工业部门。

在结构主义发展经济学理论指导下，战后大量发展中经济体尤其是东欧、东亚、拉美国家普遍强化政府在资源配置和产业中的地位和功能，通过严密的经济计划和产业发展倾向强制推进优先产业发展和转型升级。如日本在第二次世界大战后初期，采用了被称为"倾斜生产方式"为主的产业复兴政策，对煤炭、电力、化肥、钢铁等材料与能源产业在融资、税率、贸易等方面进行有针对性的重点扶持。在罗森斯坦-罗丹的大推进理论以及钱纳里的投资结构协调理论，认为政府协调投资将比基于市场信息和单个投资决策更有利于资源配置的整体效率。东欧、拉美等经济体在该结构主义指导下，普遍选择钢铁冶金、电力机械、基础化学、石油化工等资本密集型产业进行重点扶持发展，推动工业产业向重型化转型。

3. 新结构主义视角：市场与政府的有界补充

政府通过越界替代市场，通过外生力量强制推动产业转型升级，使东欧、拉美经济体在 20 世纪 80 年代付出了效率低下、资源浪费、增长停滞的代价。新结构主义通过吸收传统结构主义和新古典主义其中合理成分，开始强调政府协调力量和市场竞争力量的互补作用，主张"一种选择性的、战略性的、对市场发挥补充作用的新型国家干预模式"。基于产业间或产业链视角的战略互补性，Sunkel（1993）、Ocampo（2002）新结构主义学派仍然主张在机械装备、石油化学等上下游联系较大的产业进行支柱产业培育，以增强整个产业链的国际竞争优势，但是在市场化企业对不同行业的进入选择上，开始认为政府的作用必须是"外接的"，从而避免政府对市场配置资源效率的损害。林毅夫等（2007）则主张依据经济体内要素禀赋结构进行重点产业培育，但政府的作用重心主要在"市场失灵"领域，即通过构建相匹配的软硬基础设施环境，弥补"市场失灵"，从而获得与要素禀赋优势契合的持续的产业结构转型升级。

（三）产品技术二重空间学说：发展经济学的一个新前沿和新视角

本书研究的贡献在于，提供了一个解释产业转型升级，并纳入市场与政府关系分析的发展经济学的新视角。基于对要素固定比例的列昂惕夫生产函数理论、质量阶梯升级的新熊彼特主义增长理论以及产品空间理论提供的启发性见解，我们构建了一个关于产品的要素技术二维空间学说：

不同产品之间，不仅存在要素投入比例 λ 的异质性，而且存在生产技术 A 的异质性，不同产品之间存在距离不同的技术相似性，产品自身的技术也存在反映技术水平高低和满足"稻田条件"的技术阶梯（Aghion et al., 2012）。在上述标准假设环境下，我们施加一个新的重要假定是，产品的技术水平并非均匀分布，而是俱乐部式分布，或者呈现"技术群体结构"（关满博，1993）。在每个俱乐部分布的内部，产品间的技术距离相近，相似性高，技术距离越相近，则技术转换和产品转型的成本越低（Hausmann et al., 2006）。据此，产业转型升级可得到一个新的解释逻辑，即在技术跨越距离较小的相似产品之间，以及产品内技术阶梯过程的平滑阶段，企业基于在位产品的技术累积状态，实现向新产品的技术转换成本以及产品自身的技术升级成本均较小，在自由市场竞争环境下，可以推动企业自发地向新技术平滑升级和向新产品转型，实现最高的资源配置效率。

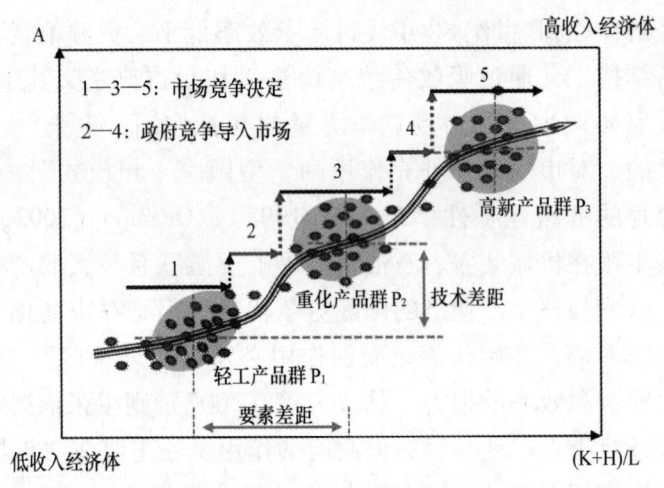

图0-1 产品二重空间学说与转型升级过程中的政府市场作用

但是，由于技术的俱乐部式分布和同一技术轨道开发的稻田条件，当企业基于现有产品向新的俱乐部产品转型，以及在接近稻田条件末端阶段向新的技术阶梯跳跃时，如图0-1中由产品俱乐部P_1群向群P_2转型时，自由市场竞争容易出现"市场失灵"，难以驱动企业自发转型升级。其原因可能来自转型升级困境的情景1、情景2以及情景5的叠加出现。由于技术距离较大，基于现有技术进行新技术开发的研发成本巨大，并且阿罗替代效应的存在，以及外溢效应的不可避免，导致转型收益往往难以覆盖转型成本。此时，企业失去转型升级激励。

从产业二重空间学说视角来看，从落后经济体的低资本密集度低技术产品向发达经济体的高资本密集度高技术产品存在多个非连续的俱乐部式产品群，产品群内部的各产品之间的要素密集度、技术含量的异质性并不明显，产品转型成本市场竞争可以有效驱动企业平滑转型升级，但在跨产品群进行转型升级时，由于巨大技术差距导致的研发成本、替代效应以及新的产品基础公共配套成本等构成的转型成本往往超越企业转型升级的预期收益，陷入转型升级困境，该情景下，政府可通过外部需求引导、公共研发池供给、基础设施配套等降低潜在企业的转型成本，从而大幅度提高企业吸收、开发新技术以及向新产业转型的速度，实现落后经济体向发达经济体的不间断、无衰退的产业快速收敛过程。

具体来看，一个落后经济体向发达经济体的产业转型升级或收敛趋同过程可划分为五个阶段。

第一阶段：政府支撑市场决定期。落后经济体在经济发展起初阶段，技术积累和资本禀赋均较低，在市场进入自由和竞争环境下，企业一般会选择进入劳动密集型、技术门槛较低的轻工产品制造业。从落后经济体特别是转型经济体的产业经济史实来看，政府一旦推动市场化制度供给，市场竞争将驱动该经济体首先迎来轻工业的产业繁荣。这已被克拉克定理、库兹涅茨规律广泛验证。

第二阶段：政府嵌入增进市场期。经历轻工产品阶段的产业繁荣后，社会要素禀赋结构将随着资本累积发生结构变迁，如刘易斯拐点现象（Lewis，1968），但是大量发展中经济体的发展史实揭示，在自由市场环境下，并没有实现向资本密集型的重化产品群转型升级。原因在于图0－1所示轻工产品群和重化产品群之间存在较大的技术阶差，企业自主开展重化工产品的技术创新将面临较大研发成本，并且与重化工产品消费相对应的匹配设施可能并未建立，从而陷入"市场失灵"和转型升级困境。此时，政府可以通过不损害竞争的方式，通过构建公共研发池、扩大外资先进技术引进与溢出、激励需求等，降低潜在企业自发进入重化产业面临转型升级成本，从而以竞争的方式导入激活重化产品市场。

第三阶段：政府支撑市场决定期。一旦越过重化产品群的公共知识与技术门槛，重化产业的技术与要素条件均成熟，市场竞争将再次主导驱动企业在重化产品群内部快速的产品创新、技术升级，并通过市场筛选实现资源再配置，政府则退出激励，从激活导入市场转向构建完整的市场框架，支撑维护市场竞争的资源配置作用。第二、第三阶段对低收入经济体异常重要，顺利实现转型意味着进入高收入经济体，否则极易陷入"中等收入陷阱"。

第四阶段：政府嵌入增进市场期。与前一个增进市场期相比，新的增进市场期或者新的转型期，面临的困境不仅是发达国家的高新产品群与重化产品群之间的技术差距，这使得经历过重化产品群的企业进行自主的新兴产品研发创新风险巨大，并且对既有高技术产品的模仿学习面临较大的国际知识产权封锁。在自由市场竞争环境下，企业难以自发转向高新产品群的研发生产。此时政府通过针对在位以及已有明确端倪的主导型高新产业，通过协调构建产学研公共研发系统、从消费端扩大高新产品市场需求、竞争兼容型的研发补贴等行为，降低企业自发向高新产品群的研发风险和转型成本，扩大并增进高新产品市场竞争，从而加快潜在企业转向高新产品市场。

第五阶段：政府支撑市场决定期。进入该阶段，经济体已达到国际技术经济前沿，与发达经济体同步开展新产业竞争。由于此阶段的新产品开发面临更大的不确定性风险，只能通过企业在高新技术产品间密集的行业进入退出和频繁试错创新，通过市场的竞争和筛选，降低产业这一中观层面的不确定性，提高技术创新和产品升级速率。此阶段，对于已显露端倪的部分新兴产业，政府仍可通过竞争兼容方式嵌入增进市场，夺得新产业竞争优势。对于大部分不确定的未知新兴产业，政府则应避免有明显歧视性的、选择性的产业激励导向，并将重点放在人力资本、尖端基础知识、风险金融等创新要素的凝聚培育以及构建起确保创新要素自由流动的机制环境，支撑企业自发组织创新要素，开展自由创新竞争。

第三节 基本面变革与准前沿挑战：未来选择

随着人均收入以及与先进国家技术水平差距的逐步收敛，产业转型升级面临的需求与创新环境将发生基本变革。从技术差距角度看，浙江的技术水平已逐步达到国际准前沿技术水平，市场与政府在推动产业转型升级过程中的关系以及有效的作用方式也将随之变迁，并在准技术前沿阶段遭遇到新的挑战。

（一）政府与市场作用面临新的挑战

1. 准技术前沿阶段：信息不确定性与政府有为"盲区"

在技术追赶阶段，技术后发的潜在优势使得政府能够成功做到"有为"。第一，与原发性技术创新相比，基于后发优势的模仿式创新的产业思路较为清晰，路径较为成熟。政府能够更好地集中物资人力，通过加强基础设施建设，健全产业配套等相关措施有效培育产业市场，对相应产业和技术方向的企业实行研发补贴，对未来预见可期的前沿技术和新兴战略性产业从容布局。第二，在技术追赶阶段下，由于目标前沿技术更为贴近现实市场并具备广阔的实际应用前景，后发国企业进行模仿式创新所面临的创新不确定性和技术风险大为降低。政府施行的技术追赶型产业政策，将会大幅度降低新兴企业对前沿市场开拓成本，创新带来的高额收益将提升企业对政府产业政策的响应意愿，对企业技术升级进步产生有效激励，从而实现后发产业的迅速发展。

然而，在准技术前沿阶段，由于前沿技术研发轨迹和演进方向模糊，以及其他国家知识产权保护带来的信息封锁，政府和企业在产业发展过程中面临的产品动态信息不确定性骤然上升。而前沿产品技术本身的复杂和不可预见性，使得产品技术的延展空间相较于后发追赶阶段大为缩小。在此情境下，企业在执行产品技术研发的高风险决策上愈加困难，而政府囿于前沿技术和产业发展方向的不定性，将很难预见和把握到未来产业发展的长远方向，同时由于研发技术的客观限制，前沿产品技术延展空间狭小，使得政府将很难制定出切实有效的产业政策，从而陷入"有为"的盲区。

2. 全球工序分工阶段："干中学"分离与市场动态"失效"

当前国际贸易逐渐进入任务贸易与工序分工阶段。相对于产业间分工，全球产业工序化分工体系，通常对分工参与国的资源和技术禀赋条件要求较低，由于不需要拥有自身独立完整的产业链条，只要具备某一生产环节且符合行业领导者要求的企业也可以参与其中，这为后发国家参与国际分工提供了更多机会，使得产业全球化分工的红利被更多经济主体共享。然而，这种工序化的国际分工会导致后发国家遭受先发国家主导的全球价值链的俘获。在参与国际分工时，由于技术落后要素禀赋适于劳动密集型等种种因素，后发国家在嵌入全球产品分工体系过程中被迫从事一些技术含量较低或标准技术产品的生产，在产业利润分配体系中长期处于"被支配"或"接包方"地位。

产品的工序化分工，会使得比较优势分工体系进一步固化，促使了"干中学"的国别分离；市场的动态失效使得企业在追求短期最优的同时忽视未来的长期增长。这两大固有因素对国际分工体系下后发国家进行知识创造和能力自发提升构成显著阻碍，往往使其陷入"低端锁定"的长期困境。

3. 产业虚实分离阶段：空心化与潜在产业危机

随着国民经济的继续发展，以及产业知识和技术基础的变迁潮流，产业结构的软化趋势不断凸显，一是表现为第二产业比重的逐年下降以及第三产业所占经济比重不断上升，二是表现为浙江在产业结构的演进过程中对信息、知识、技术等软要素的依赖程度逐步加深。未来产业虚拟化的趋势，是经济发展和产业升级的必然规律和结果，在产业结构发展的进程中，由于产业环境约束与产业政策的局限性，往往会引发产业空心化的潜在危机诞生。

一方面，随着资源约束的日渐严峻、劳动力成本的显著提升、外部竞争环境的愈加恶化，浙江制造业产业将陷入缓慢增长的泥潭，尤其是全球金融危机发生后，实体产业遭遇的严峻困境正逐步显现。伴随着产业环境约束的日渐增强，快速扩张和薄利多销的扩张性贸易政策的失效，建立在粗放式的大进大出、两头在外的贸易模式已不可持续，新兴产业的缓慢发展与落后产业的大量转移使得制造业面临的空心化风险大大增强；加之制造业战略转型的空心化行为，产业资源在一定程度发生错配，企业将大量实业资本逐步游离于实体产业之外，在客观上造成实体产业投资的不断萎缩，继而在宏观产业结构层面上引发危机，陷入空心化的产业陷阱。

另一方面，国家和地区在产业发展的过程中往往会对阶段性和跨越式发展的基本规律产生错误认知，过分追求第三产业发展，使得经济呈现出过度服务化或超工业化特征，资本等投入要素和流动长期的不合理引发了国民经济结构的严重失衡，国内物质生产的地位下降，国民实体经济热情趋弱，也会导致制造业国际竞争优势的丧失，从而引发实体产业的空心化危机。

(二)"双驱动"模式的未来战略

1. 从边界共识到嵌入共识

在经典经济学理论框架之中，往往静态地将市场竞争与政府干预摆在相互对立的位置，认为市场与政府之间存在无形的边界，很多学派将理论研究的重心置于政府权责如何厘清，从而基于效率和公平的原则去寻求学理上政府与市场的边界。新自由主义认为政府应该简政放权，只作为提供必要公共产品的"守夜人"，市场作为无形之手将会完美配置好一切，而政府针对市场的任何调控，其结果都适得其反，继而否定了产业政策存在的必要性。然而，由于创新和研发信息的正外部性、规模经济和产业链集合的协调外部性等市场失灵现象广泛存在，这使得新自由主义观点中市场始终完美的静态假定被学界广为诟病。

而新结构主义经济学则针对市场失灵和不完美的现实情形，认为政府在适当时候应该打破市场的边界，运用产业政策去弥补和矫正市场失灵现象，从而使得市场配置资源的功能重新"有效"。新结构经济学的观点成功论证了产业政策的有效性，但是，该学派将研究探索的重点放在了依据比较优势理论来甄别具有增长潜力的企业，并提出了"挑选冠军"的概念。但是，基于政府信息是否充分以及政府激励如何恰当等疑问的难以解答，这种挑选赢家的政府主导式产业政策也受到学界的广泛质疑。

基于以上观点，政府市场"双驱动"理论认同政府干预与市场竞争并非对立而不可相容。基于市场缺失、市场失灵等现象的广泛发生，政府应当及时采取措施去培育市场、纠正偏差，而非囿于市场的边界而无所作为。同时，"双驱动"理论对于"全知全能"政府主导下的"挑选赢家"的模式依旧质疑，对技术创新未来信息的不确定性以及政策干预可能带来的资源误判风险保持认同。

因此，双驱动模式下，政府干预与市场竞争应表现为兼容互补的嵌入式关系。由于政府决策和企业决策均存在对未来技术创新信息的误判风险，应当将产业政策正确看待，视为一个发现的过程，即一个企业与政府共同发现潜在的成本和机会，并参与战略合作的过程。政府既不是高高在上且高瞻远瞩的独立的政策制定者，也不是受到特定产业特殊利益捕获的租金设置者，而是能够动态地根据市场情况灵活定位和及时调整自己的角色和功能，同市场企业应当建立制度化的合作伙伴关系，形成"有为"政府、"有效"市场功能式嵌入的新格局。

2. 从"后发跟进"到"前沿探索"

第一代产业政策以幼稚保护为导向，以贸易管制、抑制竞争、忽视吸收为特征，对于远离技术前沿的经济体而言，第一代产业政策存在一定合理性，第二代产业政策以后发追赶为导向，以开放引进、有限竞争、忽视创新为特征，虽在部分经济体取得巨大成功但也面临广泛可持续性争议。随着后发国与领先国之间技术差距的逐步趋近，由于追赶的目标技术愈加前沿和关键，可待后发国模仿赶超的技术空间愈加狭小，模仿成本居高不下，基于后发优势的技术追赶型产业政策遭遇到了诸多现实局限和应用瓶颈。更为重要的是，在当前全球通行国际贸易规则条件和准技术前沿条件下，第一、第二代产业政策下政策工具面临基本失效状态。

这为新一轮以"前沿探索"为导向、以竞争兼容和激化创新为特征的产业政策的全新建构提供了发挥空间。由于前沿技术面临着产品动态不确定性剧增、技术延展空间狭小等诸多问题，政府与企业对前沿产业中可形成未来竞争优势的产品方向和技术方向均存在认知局限，而扩大企业竞争和市场筛选是降低信息不确定性和规避误判风险的有效途径。因此，"双驱动"理论中产业政策的设计逻辑即在于通过"政府培育市场—市场激励竞争—竞争加速创新试错"的产业和技术培育逻辑，以企业层面微观的密集试错削减产业层面技术信息不确定性，从而推动中国前沿产业以高于市场自发状态下的速度先发增长和创新进步，在新一轮产业革命中率先取得国际竞争优势和国际领先地位。

3. 建立可持续的"有效"竞争市场

政府在制定和施行产业政策的过程中，如果能在提供政府激励的同时，使得原本市场激励的作用不被妨碍甚至激活，则可实现政府市场对产业培育的双轮驱动作用。在此条件下，政府通过适宜的知识产权保护、竞争兼容型创新补贴以及消费端补助等政策工具，激活目标产业的知识研发市场、产品供给市场和消费需求市场，但将具体企业和产品的市场进入退出率、在位持续时间、在位份额等微观动态，交由"有效"竞争的市场决定。

因此，立足于三大市场，在产业政策兼顾下建立可持续"有效"的市场竞争体系，是政府市场双驱动模式的关键一环。

在产业研发市场中，政府应该设立适宜的知识产权保护从而内部化企业知识溢出问题，并有效保障企业的创新收益预期。产权保护政策需要在创新激励、技术垄断与知识扩散之间谋求一个最优均衡。知识链的不同环节也会对产权保护构成影响。从知识链前端的公共基础知识、中段行业共性关键知识到后端的产品功能专用知识，知识所具有的公共性逐步降低，市场窃取性逐渐提高，在这种情形下，由前到后、递进增强的差异化知识产权保护策略则更为适宜。

在产品供给市场中，政府的产业政策应该从妨碍公平市场竞争的"挑选赢家"方式发生转变，构建出覆盖范围广、强度适中、过程动态的多形式培育政策，用以激励企业进入市场竞争和技术创新。

在消费需求市场中，政府应当采用竞争兼容式的政府采购和消费端补贴政策对目标市场需求进行有效培育。在行业基本技术标准基础上，政府须避免对消费者的产品和企业微观选择进行人为框定，从而造成企业的非公平竞争以及创新试错方向的限制。

4. 建立可嵌入的功能型"有为"政府

在新阶段的政府市场双驱动环境中，政府应当转变传统模式下的政策管制者和产业主导者的角色，在新时代的产业多样化和升级过程当中，建立可嵌入的功能性政府。产业政策干预与市场竞争兼容互补是可嵌入型政府的重要目标。一方面，政府在设计并实施政策工具时必须兼顾到市场竞争的有效性；另一方面，市场的有效竞争是产业政策发挥效果的关键环节和重要补充。因此，政府不应固化为全知的政策制定者或相关利益的租金设置者，而应该根据市场情况进行灵活定位和动态调整，同市场企业应当建立制度化的合作伙伴关系。

为了顺利构建新时代下的功能性政府，政府需要明确其功能性定位。其一，政府须加强物质性、社会性、制度性基础设施建设，推动和促进技术创新和人力资本投资，降低社会交易成本，创造有效率的市场环境。其二，从产业扶持为主转向促进企业自主创新，政府在采取补贴、税收优惠等政策手段时，将主要用于补助和激励产业的基础性研究开发、信息服务、人力资本投资等前端环节，而不得妨碍市场的公平竞争。其三，从实施差别待遇转向创造创新公平的环境，从强制性产业政策的"挑选赢家"，向功能性产业政策的激励竞争转型，从部门倾斜的政策向横向协调的政策转移，使得市场功能得到激活发挥。

第一章 浙江产业转型升级四十年图景：典型事实

产业转型升级的根本在于通过产出结构的优化变迁，提高产业发展的质量和效益；在于不断提升产业在全球价值链中的地位，从价值链低端向中高端迈进；在于要素质量的提升和创新要素集聚，提高劳动生产率和全要素生产率；在于通过产品结构优化构建新的贸易竞争优势。

为此，本章将从产出结构、价值地位、要素投入和贸易优势四个维度全面审视浙江40年产业转型升级取得的历史图景，并通过与主要转型国家的横向比较，提炼出产业转型升级的浙江经验。

第一节 产出结构视角

产出结构状态以及动态演变趋势是衡量一个地区产业转型升级的最基本维度，一个经济体是否经历了产业转型升级以及产业转型升级的效果都能从产出结构得到一个直观而大致的认识。

一 浙江产业结构转型升级过程

对产业升级过程中产出结构的变迁动态规律，最经典的概括是配第—克拉克定理，按照配第—克拉克定理，随着经济的发展，第一、二、三产业占国民经济的比重会呈现出有规律的变化，第一产业国民收入和劳动力的相对比重逐渐下降；第二产业国民收入和劳动力的相对比重上升，经济进一步发展，第三产业国民收入占比和劳动力的占比也开始上升。一般人们也把三次产业结构优化过程看成产业转型的最重要特征。成功的产业转型升级一般都会具有配第—克拉克定理概括出的主要特征,图1-1是1978—2016年浙江省第一、二、三产业在GDP中的占比情况。

从图1-1可以看出,在1978—2016年间,浙江第一、二、三产业占GDP的比重在过去40年经历了重大变化,第三产业占GDP的比重呈现逐年上升趋势,从1978年的18.7%增加到2016年的51%;第一产业占GDP的比重则呈现逐年下降趋势,从1978年的38.1%下降到2016年的4.2%;第二产业占GDP的比重则呈现出先增长后下降的趋势,具体而言,在1978—1999年间,第二产业占GDP的比重呈现出轻微上升趋势,而2000—2016年,总体上第二产业占GDP的比重呈现出轻微下降趋势。浙江省的这种产业结构转变情况,总体看符合配第—克拉克定理,与全国和典型产业转型升级国家比较能够让我们对浙江产业转型升级有更深刻的认识。

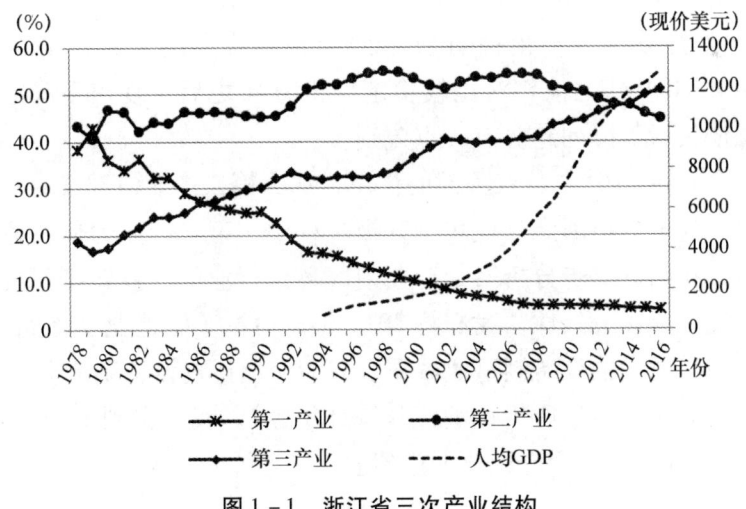

图1-1 浙江省三次产业结构

资料来源:根据历年《浙江统计年鉴》整理。

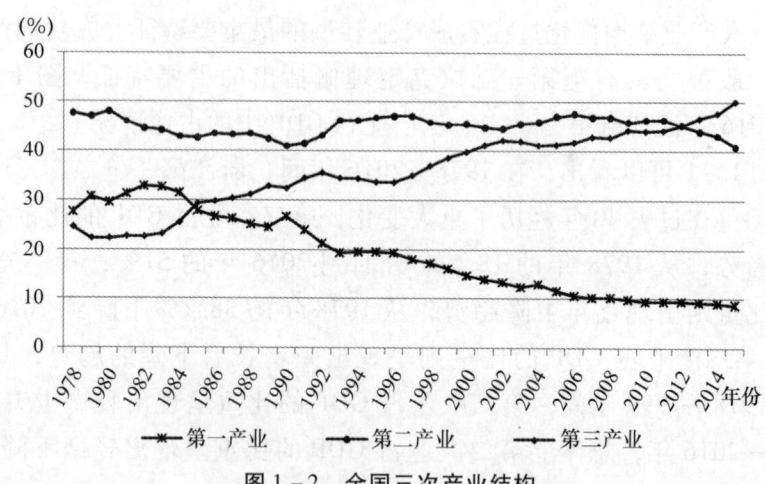

图1-2　全国三次产业结构

资料来源：根据历年《中国统计年鉴》整理。

图1-2为全国三次产业结构占比图，与全国平均比较看，浙江的三次产业构成与全国基本一致，第一产业占GDP比重持续下降，第三产业占GDP比重持续上升。稍微有所不同的是，从全国来看，第二产业占GDP比重在2010年之前相对比较稳定，2010年之后呈现出下降趋势，这与浙江先增长后下降的趋势有一点差别。

第二产业在GDP中起着关键的作用，那么第二产业内部又有哪些独有的特征呢？为了分析浙江产业转型升级过程中，第二产业为何发挥如此重要的作用，我们进一步分析第二产业内部各个行业的产业转型过程。为了保持数据统计口径一致性，我们将2012年以后汽车制造业和铁路、船舶、航空航天和其他运输设备制造业数据合并为交通运输设备制造业，与2012年前的数据对应，通过历年《浙江省统计年鉴》，我们得到1999—2016年间浙江省第二产业37个分行业的产值表。

第一章 浙江产业转型升级四十年图景：典型事实　19

表1-1　浙江省第二产业分行业产值

行业	1999	2000	2001	2002	2003	2004	2005	2006	2007	2008	2009	2010	2011	2012	2013	2014	2015	2016
电气机械和器材制造业	413.23	553.12	660.16	840.6	1099.92	1497.73	1794.87	2333.31	3074.7	3668.19	3727.49	4697.95	5052.94	5293.2	5696.59	6018.5	6302.9	6725.9
交通运输设备制造业				520.86	735.33	926.1	1238.2	1659.37	2145.07	2624.49	2880.9	3609.56	3895.13	4121.95	3502.4	4304.7	5057.2	6052.2
纺织业	744.58	873.64	1072.87	1348.16	1750.42	2470.11	2938.85	3473.57	4190.08	4482.06	4691.54	5574.66	5805.65	5416.9	5855.93	6037.5	6026.5	6030.7
化学原料和化学制品制造业	325.73	374.41	439.4	546.17	674.05	1038.36	1241.6	1569.72	2143.97	2644.82	2704.04	3510.84	4587.33	4941.27	5635.31	5887.1	5398.3	5381.7
电力、热力生产和供应业	120.3	267.76	304.63	351.99	427.61	1339.89	1646.36	2005.63	2307.79	2561.37	2805.92	3311.25	3782.7	4017.48	4243.39	4291.5	4329.5	4446.2
通用设备制造业	300.74	393.05	492.24	614.93	848.47	1363	1628.37	2000.7	2584.46	2974.16	2835.68	3777.93	3905.93	3817.89	4215.76	4533.9	4289.7	4379.9
计算机、通信和其他电子设备制造业	194.33	284.85	329	443.71	648.67	909.18	1044.37	1583.6	1814.58	1705.58	1496.57	1965.09	2156.41	2262.65	2522.34	2705.3	2896.4	3291.9
橡胶和塑料制品业	249.1	306.82	349.56	450.44	600.95	893.95	1145.16	1404.58	1735.56	1896.83	1954.05	2496.98	2566.84	2584.6	2737.21	2902.3	2832.4	2794.5
纺织服装、服饰业	316.77	398.74	505.3	595.75	733.83	706.38	955.72	1106.46	1317.04	1445.71	1392.76	1652.95	1468.37	2189.94	2348.78	2499.3	2532.9	2495.6
金属制品业	191.54	260.58	317.16	420.92	506.57	658.59	839.38	1099.05	1452.7	1768.23	1732.98	1970.78	2126.79	2342.72	2386.26	2566.2	2478.9	2483.9
化学纤维制造业	128.79	170.45	193.48	240.08	373.56	731.04	964.39	1241.08	1533.3	1546.34	1424.41	1858.27	2535.74	2547.47	2448.34	2588.6	2544.3	2466.9
有色金属冶炼和压延加工业	108.8	136.95	174.5	205.04	305.6	561	750.76	1214.11	1403.33	1399.08	1280.28	1835.74	2136.57	2147.62	2372.66	2532.1	2496.4	2406

续表

行业	1999	2000	2001	2002	2003	2004	2005	2006	2007	2008	2009	2010	2011	2012	2013	2014	2015	2016
黑色金属冶炼和压延加工业	95.99	122.39	135.17	162.09	259.89	530.44	623.79	805.01	1158.31	1643.93	1488.7	1905.87	2241.9	2470.08	2695.02	2696.6	2243	2202.2
非金属矿物制品业	195.13	216.87	250.71	300.69	396.95	557.6	634.12	754.52	911.2	1123.68	1177.11	1460.33	1783.78	1690.71	1909.15	2112	2007.2	1908.2
专用设备制造业	136.55	179.42	219.8	297.08	366.66	414.45	504.69	664.52	875.07	941.98	994.07	1331.52	1305.6	1397.18	1588.59	1662	1651.1	1701.8
石油加工、炼焦和核燃料加工业	139.31	252.15	230.6	245.13	313.9	503.19	701.24	838.52	885.69	1104.41	965.24	1353.7	1765.3	1663.31	1746.69	1819.6	1509.2	1553.2
文教、工美、体育和娱乐用品制造业	65.63	79.66	101.93	124.47	151.39	195.78	248.81	288.81	354.18	386.93	380.77	473.81	427.72	978.83	1198.64	1349.5	1476.8	1529
皮革、毛皮、羽毛及其制品和制鞋业	178.9	239.93	344.78	446.28	552.14	687.03	835.02	974.83	1109.24	1090.28	1071.38	1288.22	1265.91	1433.09	1509.25	1580.4	1469	1484.6
医药制造业	110.33	151.8	180.02	213.99	277.59	299.98	423.08	485.42	576.13	615.49	665.43	769.72	855.65	997.76	1031	1182.6	1279.4	1395.1
造纸和纸制品业	135.9	169.9	207.59	248.43	303.47	403.52	482.41	591.07	718.94	865.27	843.78	1049.63	1116.16	1171.22	1207.2	1211.7	1291.5	1352.3
农副食品加工业	155.59	177.45	190.27	212.33	260.21	355.95	404.58	454.42	542.09	637.35	653.84	775.51	845.81	948.23	1045.48	1070.2	1061.7	1105.5
家具制造业	27.5	34.85	45.72	60.47	85.69	174.6	209.31	289.45	379.44	449.91	456.91	562.22	592.73	652.98	762.02	827.9	891.6	1031.9
仪器仪表制造业	61.31	87.22	88.69	90.47	177.4	207.41	302.75	404.97	497.4	513.21	556.83	732.87	704.62	705.24	691.14	737.4	840.1	813.7
食品制造业	65.59	73.96	77.06	89.35	113.64	140.66	166.23	192.8	244.2	298.72	345.68	393.11	446.08	510.89	534.7	543.9	549.5	553.5
烟草制品业	47.6	55.17	69.62	107.23	120.34	154.26	148.51	171.58	199.8	216.08	235.83	280.86	324.65	354.2	378.56	444.5	490.2	498.6
木材加工及木、竹、藤、棕、草制品业	41.98	63.68	75.81	87.47	120.22	182.7	215.3	248.47	327.42	372.15	381.36	450.11	434.93	438.83	459.82	491.6	489.4	498.1

续表

行业	1999	2000	2001	2002	2003	2004	2005	2006	2007	2008	2009	2010	2011	2012	2013	2014	2015	2016
酒、饮料和精制茶制造业	130.34	136.99	149.01	170.48	200.28	176.26	198.7	242.43	325.5	377.73	402.9	430.11	453.64	494.37	513.22	489.3	470.9	480.2
印刷和记录媒介复制业	32.45	42.14	57.8	75.24	108.28	129.07	156.69	196.38	235	256.19	280.24	341.97	304.98	313.24	367.93	390.2	405.6	458.6
燃气生产和供应业	112.3	7.23	10.32	11	13.84	20.53	27.19	44.94	60.88	87.37	94.89	140.97	177.44	191.38	301.37	441.5	415.9	408.6
其他制造业					241.97	301.58	395.24	480.54	600.91	678.02	668.86	789.06	728.26	318.33	320.05	329.4	333.9	307.9
废弃资源综合利用业					8.34	74.69	94.89	140.5	167.32	228.11	216.51	336.53	331.33	341.14	344.87	379.1	336.1	260.3
水的生产和供应业	100.5	17.3	18.84	24.29	30.65	41.48	47.86	59.11	69.64	84.01	94.76	109.09	116.79	123.72	140.86	153.5	159.4	178.7
非金属矿采选业	13.41	14.05	16	22.31	36.24	57.85	51.4	63.92	74.1	81.94	94.37	105.68	109.12	123.74	134.56	149	144.5	158.5
金属制品、机械和设备修理业														69.47	86.92	70.1	82.2	91.8
有色金属矿采选业	5.16	5.34	6.49	6.96	9.4	9.14	18.5	21.76	27.62	29.61	23.17	27.29	25.78	29.47	32.08	25.6	24.3	17.6
黑色金属矿采选业	2.03	1.44	1.23	1.42	3.64	12.41	19.19	17.26	23.57	25.17	9.48	17.07	18.16	14.77	15.52	13.7	10.6	7.6
煤炭开采和洗选业	4.8	5.28	5.81	6.43	6.75	3.16	9.24	7.51	7.73	7.71	6.58	6.95	9.34	8.31	0.73	1	0.5	0.4

资料来源：笔者根据历年《浙江省统计年鉴》整理。

表1-2 浙江省第二产业前五大产业排名

年份	产值第一大产业	产值第二大产业	产值第三大产业	产值第四大产业	产值第五大产业
1999	纺织业	电气机械和器材制造业	化学原料和化学制品制造业	纺织服装、服饰业	通用设备制造业
2000	纺织业	电气机械和器材制造业	纺织服装、服饰业	通用设备制造业	化学原料和化学制品制造业
2001	纺织业	电气机械和器材制造业	纺织服装、服饰业	通用设备制造业	化学原料和化学制品制造业
2002	纺织业	电气机械和器材制造业	通用设备制造业	纺织服装、服饰业	化学原料和化学制品制造业
2003	纺织业	电气机械和器材制造业	通用设备制造业	交通运输设备制造业	纺织服装、服饰业
2004	纺织业	电气机械和器材制造业	通用设备制造业	电力、热力生产和供应业	化学原料和化学制品制造业
2005	纺织业	电气机械和器材制造业	电力、热力生产和供应业	通用设备制造业	化学原料和化学制品制造业
2006	纺织业	电气机械和器材制造业	电力、热力生产和供应业	通用设备制造业	交通运输设备制造业
2007	纺织业	电气机械和器材制造业	通用设备制造业	化学原料和化学制品制造业	交通运输设备制造业
2008	纺织业	电气机械和器材制造业	通用设备制造业	化学原料和化学制品制造业	电力、热力生产和供应业
2009	纺织业	电气机械和器材制造业	交通运输设备制造业	通用设备制造业	化学原料和化学制品制造业
2010	纺织业	电气机械和器材制造业	通用设备制造业	通用设备制造业	电力、热力生产和供应业
2011	纺织业	电气机械和器材制造业	化学原料和化学制品制造业	通用设备制造业	电力、热力生产和供应业
2012	纺织业	电气机械和器材制造业	化学原料和化学制品制造业	交通运输设备制造业	电力、热力生产和供应业
2013	纺织业	电气机械和器材制造业	化学原料和化学制品制造业	电力、热力生产和供应业	通用设备制造业
2014	纺织业	电气机械和器材制造业	化学原料和化学制品制造业	通用设备制造业	交通运输设备制造业
2015	电气机械和器材制造业	纺织业		交通运输设备制造业	电力、热力生产和供应业
2016	电气机械和器材制造业	交通运输设备制造业	纺织业	化学原料和化学制品制造业	电力、热力生产和供应业

资料来源：笔者整理。

根据表1-1，我们进一步整理出，各年中产值排名前五的行业，探究浙江省在产业转型升级过程中，第二产业内部是否存在转型升级过程。从表1-2浙江省第二产业前五行业的动态变化可以看出：

总体上，浙江产业转型升级过程在第二产业内部进行得十分迅速，浙江省大概每三到五年就会有一次动态升级过程，1999—2004年间纺织服装、服饰业从前五行业逐渐退出，取而代之的是电力、热力生产和供应业；2005—2008年间交通运输设备制造业也成功跻身前五大行业；2009—2013年间化学原料和化学制品制造业在第二产业中的排名稳步上升到第三位，其他如电力、热力生产和供应业，通用设备制造业，交通运输设备制造业等也稳步在前五行业中；2014—2016年间纺织业在第二产业中的地位逐步下降，2015年首次从第一位下降到第二位，2016年进一步下降到第三位，这说明浙江产业整体上变化的速度相当快。

从第二产业内部转型升级的趋势看，浙江第二产业从以前的劳动密集型行业逐步转型升级为资本技术密集型行业，2003年纺织服装、服饰业从前五行业逐渐退出，2015年纺织业在前五的排名中开始下滑，2016年继续下滑，这些传统浙江优势产业以劳动密集型为主，正在逐步被以电力、热力生产和供应业，通用设备制造业，交通运输设备制造业等赶超和替代。正是由于第二产业内部的不断产业转型升级，使得第二产业能够成为国民经济发展中的坚强产业支撑，推动经济整体转型升级，并且呈现出无衰退式的产业转型升级。

二 国际比较下浙江转型升级的特征：无衰退式动态升级

产业转型升级是后发新兴国家和城市都会面对的问题，通过对典型产业转型升级典型国家的比较，能够发现浙江产业转型升级的差异性和特殊性，有利于更加准确地把握浙江产业转型升级的特点。在国际上，韩国、印度、墨西哥和巴西是比较典型的产业转型国家，其中韩国是产业转型升级比较成功的国家；而墨西哥和巴西则是产业转型升级失败的典型；印度则相对居中，产业转型升级有成功的地方，也有不尽如人意的地方。我们通过对产业转型升级不同代表的分析，能够准确找出成功失败的各自特征，并与浙江比较，找出浙江产业转型升级过程中，这些方面做得如何，以便我们更加客观准确地判断浙江的产业转型升级过程；也能找准浙江产业转型升级存在的问题，以便有目的、有方向地进行政策突破，使得浙江产业转型升级深入下去，做到持续发展。

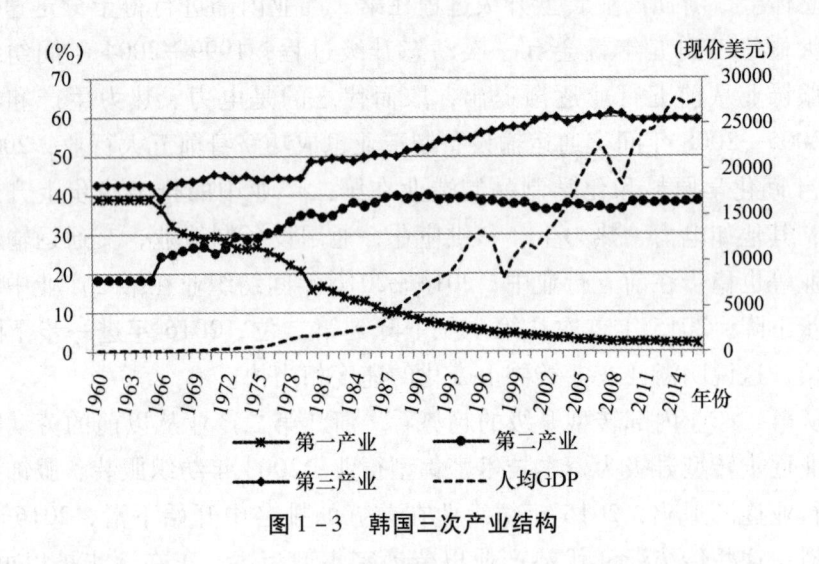

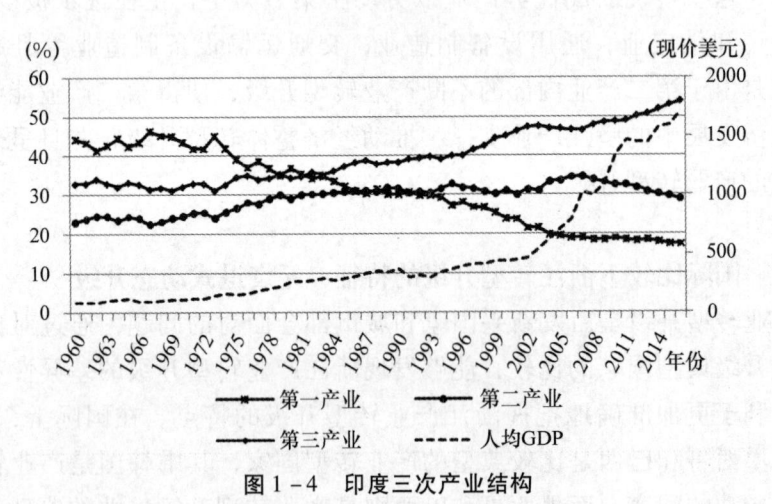

图1-3 韩国三次产业结构

图1-4 印度三次产业结构

图 1-5 墨西哥三次产业结构

图 1-6 巴西三次产业结构

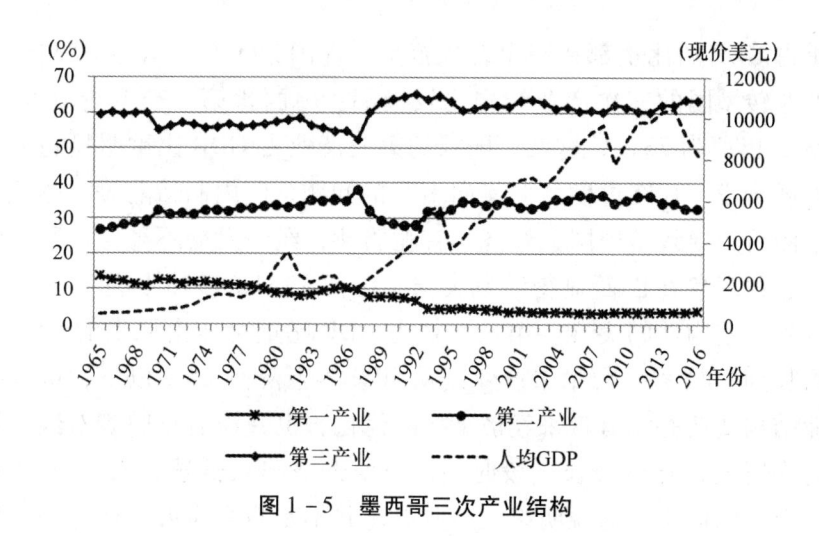

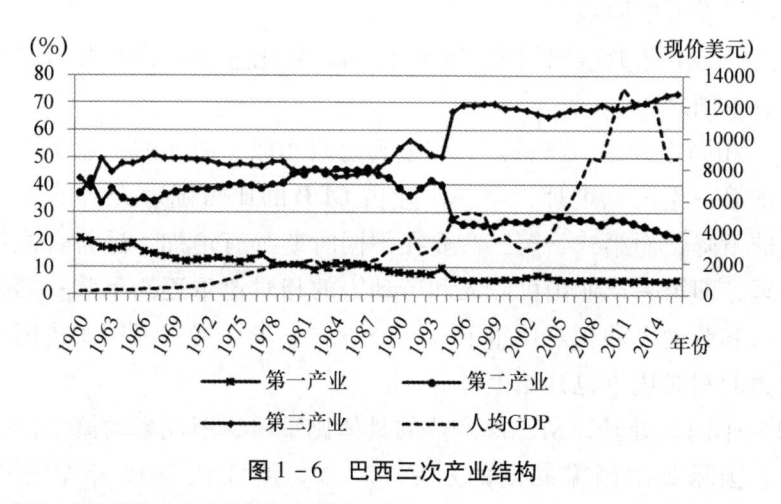

资料来源：根据世界银行《世界发展指数》整理。

图 1-3、图 1-4、图 1-5、图 1-6 分别是韩国、印度、墨西哥和巴西三次产业结构和人均 GDP 的图。从韩国、印度、墨西哥和巴西四个国家三次产业结构比较可以发现，比较符合配第—克拉克定理的国家是韩国、印度和巴西，而墨西哥三次产业比重在 1965—2016 年的 60 年中基本没有什么变化，与配第—克拉克定理相违背。从成功产业转型国与失败产业转型国比较看，我们发现成功转型国的三次产业结构更加均衡，第三产

业比重占 GDP 的比重都在一个合理范围，韩国为 59%，印度为 54%，而失败产业转型国的三次产业结构比较极端，墨西哥第三产业占 GDP 比重为 65%，巴西为 73%，这两个国家的第三产业占 GDP 比重明显超前了它们的发展阶段，存在过度"脱实向虚"的问题，国内制造业等实体经济发展相对滞后，导致整个国家经济具有脆弱性，经济发展不稳定，受国际冲击大。这种现象在巴西显得特别突出，巴西 1994—1996 年间，三次产业结构发生了结构性的突变，第三产业占 GDP 比重突然由原来的 50% 多一下子增长到 70% 多；而第二产业则从 40% 多下降到 25% 以下，这种突然的产业结构变迁并没有带来经济结构的优化，也并没有反映到对经济增长的促进作用上，此后很长一段时间，巴西经济陷入低迷，人均 GDP 在此后有一个大的退步，这说明第三产业占比并不是越高越好，产业的结构需要适合经济发展的阶段。

从浙江与上述典型四国的产业结构动态变化过程看，既有与之相同之处，也有不同之处。

（1）相同之处是，与韩国、印度和巴西相似，浙江的产业结构变化基本符合配第一克拉克定理，第一产业占 GDP 的比重随着经济的发展有比较明显的下降，而第二、第三产业在不同时期都有增加。这符合配第一克拉克定理，即第一产业国民收入和劳动力的相对比重逐渐下降；第二产业国民收入和劳动力的相对比重上升，经济进一步发展，第三产业国民收入和劳动力的相对比重也开始上升。

（2）不同之处是，从三次产业的具体比重看，浙江省的第二产业比重明显高于国际典型国家同期的水平。比如，浙江在 2015 年第三产业占 GDP 比重首次高于第二产业，而此时浙江的人均 GDP 已经超过 1 万美元，此时第二产业比重仍然达到 46%；而韩国在人均 GDP 1 万美元时，第二产业比重只有 40%；墨西哥在 2013 年达到人均 GDP 1 万美元时，第二产业比重只有 34%；巴西在 2010 年人均 GDP 达到 1 万美元时，第二产业比重只有 25%。

（3）从第二、第三产业具体比重看，浙江省第二产业占 GDP 比重长期高于第三产业占 GDP 比重。韩国早在 1960 年第三产业占 GDP 比重就超过了第二产业占 GDP 比重，同样的情况也出现在印度和墨西哥，这三个国家在我们观测的数据期里，任何年份，第三产业占 GDP 的比重都高于第二产业占 GDP 的比重；巴西倒是有过第二产业占 GDP 的比重高于第三产业占 GDP 比重的时间，但是在 1987 年第三产业占比超过第二产业后短短几年时间，第三产业就迅速占据压倒性优势，整个经济"脱实向虚"的趋势十分明显。

综上所述，我们可以发现浙江省产业转型升级有以下特点：一是总体上，我们符合配第一克拉克定理，产业结构一直呈现出优化过程；二是浙江省的三次产业比重与典型国家有明显差异，与国际典型转型国家相比，发展同期水平我们的第二产业占 GDP 比重明显高于典型国家。这种拥有扎实产业支撑的产业转型升级模式我们可以说是浙江特色，这种转型升级模式最大的优点就是经济发展过程中，经济波动小，呈现出无衰退式的产业转型。图 1-7 为浙江和四个典型国家经济增长率数据。

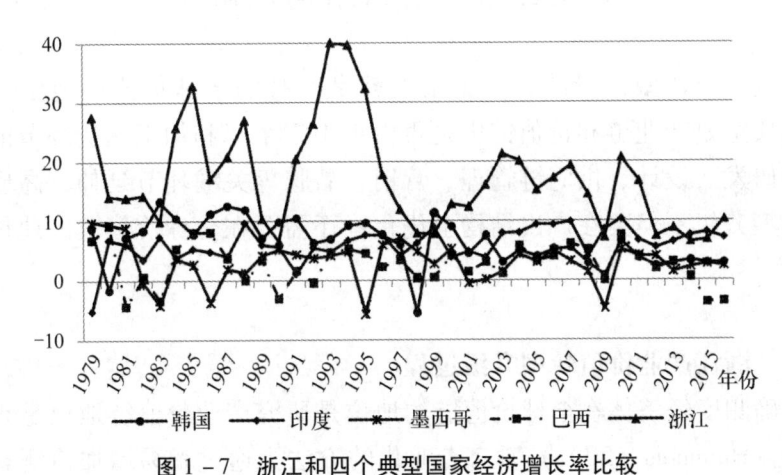

图 1-7 浙江和四个典型国家经济增长率比较

资料来源：根据世界银行《世界发展指数》和《浙江统计年鉴》整理。

从各个经济体的增长率能够很明显地发现只有浙江的经济发展是无衰退式的产业转型，这五个经济体中，只有浙江维持了长期的正向增长，浙江在 1978—2016 年间，最低维持 6.4% 的增长，而其他国家或多或少都有某些年份出现负向增长，在这段时期里，韩国出现两次负向增长，印度出现一次负向增长，墨西哥出现六次负向增长，巴西出现八次负向增长。我们说从产业结构分析，韩国、印度和巴西都是经历了比较明显的产业转型升级的经济体，但是这几个经济体在产业转型升级的过程中经历了经济衰退。其中，巴西由于产业转型升级过程中"脱实向虚"太快，导致经济长期低迷衰退，仅经济负增长年份就达到八次，还有很多年间经济在零增长附近；而韩国也由于在产业转型升级过程中，第二产业过早让位于第三产业，导致整个经济也出现了不同程度的衰退，韩国在1979年也是由于第三产业占比突然上升，导致经济负增长。相对来说，产业转型升级节奏较慢的印度反倒经济增速只出现了一次负向增长。这说明，浙江省这种第二产业占比相对合理，实体经济对整个经济支撑作用较强，循序渐进的产业转型升级模式是一种无衰退产业转型模式，过于激进的产业转型反倒容易造成经济波动。

第二节 价值结构视角

衡量产业转型升级的另一个维度就是产品的全球价值链地位是否提升，实质上是产业链和价值链中是否由集中于生产和加工制造环节的中低端，向研发、设计、供应链管理、营销、品牌等关键环节延伸，高质量的产业转型升级不但要在产出结构上优化，还需要在全球价值链的地位不断提升。

一 浙江产业价值转型升级过程

准确测度经济体在全球价值链的地位是研究产业价值链地位是否提升的关键。Hummels（2001）垂直专业化的方法为通过贸易增加值测算全球价值链地位打下了基础，之后 Koopman（2009，2012）、Daudin（2011）、Johnson（2011，2012）等从宏观层面确立和完善了贸易增加值的测算方法，Hummels（2001）的垂直专业化指标主要通过测度一国出口中包含的国际成分来衡量该国在全球价值链中的地位，垂直专业化越低说明该地区出口包含的国际成分越低，价值链地位越高；垂直专业化越高说明该地区出口包含的国际成分越高，价值链地位越低。Koopman（2009，2012）在垂直专业化的基础上，对投入产出表进行分解，形成了系统的贸易增加值计算框架，OECD 和 WTO 以该方法测算各国的贸易增加值并建立了贸易增加值数据库，贸易增加值作为全球价值链分工地位的测度指标被普遍接受。然而通过增加值贸易方式来测度浙江全球价值链地位的方法对于我们并不太适合，主要是因为我国省际层面投入产出表每五年更新一次，我们能够得到的时间序列太短，不适宜进行国际比较。

根据 Hummels（2001）的垂直专业化思想，我们能够找到一种比较简单的替代方法来衡量一个地区的全球价值链地位，即用一般贸易占贸易总额的比重来衡量该地区在全球价值链的地位，一般来说，加工贸易由于进口中间品比重较大，研发和销售都在外面，国内增加值低，根据 Hummels（2001）的垂直专业化思想，加工贸易处于全球价值链的低端；而一般贸易进口中间品比重较低，国内增加值更多，因此根据垂直专业化思想，一般贸易的全球价值链中的地位较高。那么，反映在宏观层面，一个地区的一般贸易比重越高，则说明该地区整体的全球价值链中的地位较高。我们运用这种方法来测度浙江产业整体的全球价值链地位。

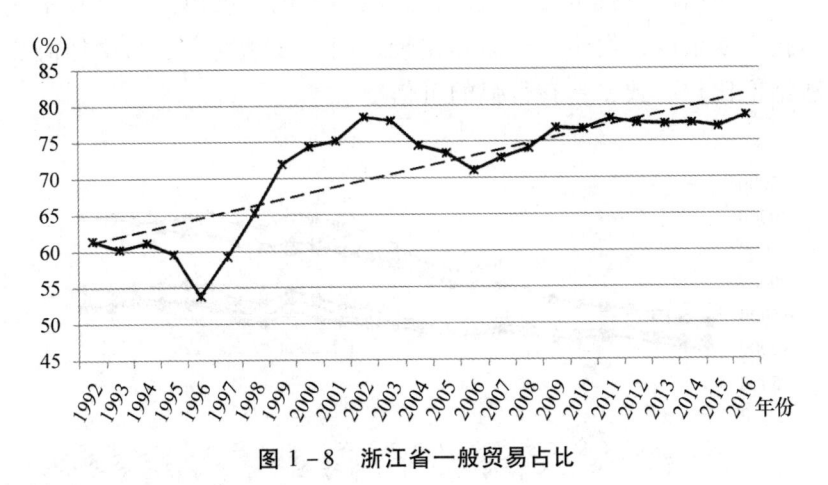

图 1-8　浙江省一般贸易占比

资料来源：根据历年《浙江统计年鉴》整理。

图 1-8 是 1992—2016 年浙江省一般贸易占贸易总额比重，从图中可以看出，1992—2016 年间浙江省的一般贸易占比呈现出波浪式上升趋势，在 1996 年和 2007 年经历了两次下降，其他年份基本呈现上升势头，虚线

为 1992—2016 年间的趋势线,从趋势线可以看出,总体上,浙江的一般贸易占比呈现出上升势头。这说明浙江省在产业转型升级过程中,产业在全球价值链中的地位在不断攀升。

二 国际比较下浙江产业价值升级特征:价值链地位波浪式上升

从垂直专业化角度,我们已经考察了浙江省产业升级过程中全球价值链地位呈现出波浪式上升的趋势。但是,由于国外的分类贸易数据不可得,我们无法计算出其他国家的一般贸易占贸易总额的比重,因此运用一般贸易占贸易总额比重的方法无法进行国际比较。为了方便国际比较,我们使用另一种国际上通用的衡量全球价值链地位的指标——出口技术复杂度,出口技术复杂度基于产品价格层面的研究为进行全球价值分工地位测度提供了一种研究思路,并且大量实证发现从该角度对分工地位进行衡量得到了相对一致的结论,比如邱斌等(2012)就从出口技术复杂度的角度对我国制造业的价值链分工进行了测度,发现我国制造业价值链地位有所提升。我们采用出口技术复杂度的方法能够准确测度浙江和世界主要国家的出口技术复杂度,便于进行国际比较,同时该测度方法与增加值贸易测度方法结论比较一致,具有很强的可信度。

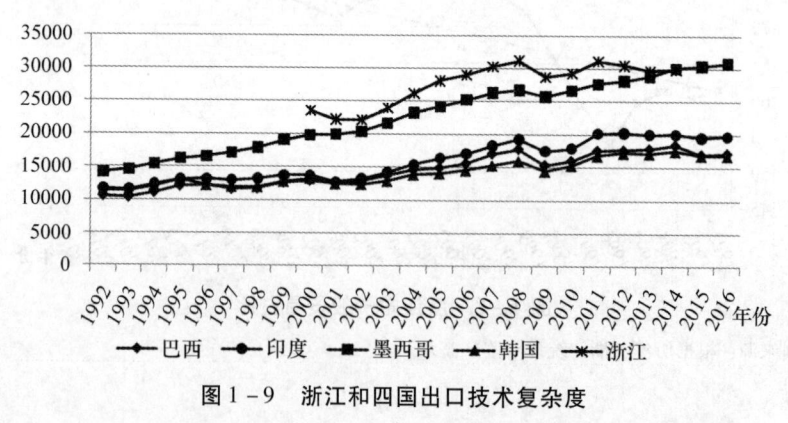

图 1-9 浙江和四国出口技术复杂度

资料来源:根据 UN comtrade 数据库、中国海关数据库和世界银行发展指数计算得到。

我们运用 UN comtrade 数据库和世界银行发展指数,测度了巴西、印度、墨西哥和韩国1992—2016年的出口技术复杂度，浙江省的出口数据我们采用中国海关数据库，使用的年份是2000—2014年，同时匹配世界银行发展指数，测度了浙江省2000—2014年的出口技术复杂度，从测度结果看，浙江省的全球价值链地位仍然呈现出波浪式上升态势，这与我们采用一般贸易占比得到的结论一致。与国际比较我们发现，韩国、巴西、墨西哥和印度的出口技术复杂度也同样呈现出波浪式上升趋势，但是浙江与这些国家的比较我们还是可以发现亮点：一是从总体地位看，浙江明显高于韩国、巴西和印度，而且浙江的领先幅度比较大，而另外三个国家的出口技术复杂度差距较小；二是从价值链提升的幅度看，浙江也明显快于其他国家，浙江从2001年的约22000增长到2014年的约30000，增长了8000；而同期韩国和印度只增加了4000；增长幅度最大的巴西也只增长了6000。这说明浙江省在产业转型升级的过程中全球价值链的地位提升也很快。

从价值维度考察浙江的产业转型升级过程，我们发现浙江的全球价值链地位在产业转型升级过程中呈现出波浪式上升的趋势，说明浙江的产业转型不仅在结构上呈现出优化，而且在质量上不断提升，产业转型升级的效果良好。而且从横向的国际比较我们发现，浙江的价值链地位明显高于同样产业转型比较明显的巴西和印度，甚至高于亚洲产业转型升级十分成功的韩国，说明浙江的产业转型升级从价值维度看，质量是非常高的，同时价值链的提升速度也非常快，这就更是难得，更加说明了浙江产业转型升级的高质量。

浙江产业转型升级过程中，之所以能够不断提升全球价值链地位，从我们前面对浙江第二产业前五产业的分析可以看出原因，一是浙江第二产业内的产业转型升级趋势是从劳动密集型行业向资本技术密集型行业转型，因此这种转型趋势促进了浙江省在全球价值链中的地位不断提升；二是浙江的第二产业内部产业转型升级速度非常快，平均三到五年就会实现一次产业内产业转型升级，快速的产业转型升级促进了快速的全球价值链的地位提升。

第三节 要素结构视角

产业转型升级的另一个特征是创新要素的集聚，随着地区产业结构高端化，地区的要素结构也会随之发生变化，从经济发展所需的要素构成来看，主要有基础要素与高级要素两大类：以劳动力、土地、资本等为表现形式的基础要素和以知识、技术、信息等为表现形式的高级要素。当知识、技术、经验等高级要素与劳动力、资本等基础要素相结合，成为高素质的人力资本或高端的资本要素之后，其在国际分工中所能获取的收益便会大幅度增加，远远超出之前无高级要素嵌入的基础要素所能获取的收益，成功的产业转型升级在要素维度表现为更多高级要素嵌入到基础要素之中。

一 浙江要素投入结构转型升级过程

我们从两个方面来看浙江省产业转型升级在要素维度的表现，一是高素质劳动力的供给情况，二是高端资本的供给情况。首先看高素质劳动力的供给，国内外对一个国家或城市的高素质劳动力供给一般采用每万人中大学生数量来衡量。

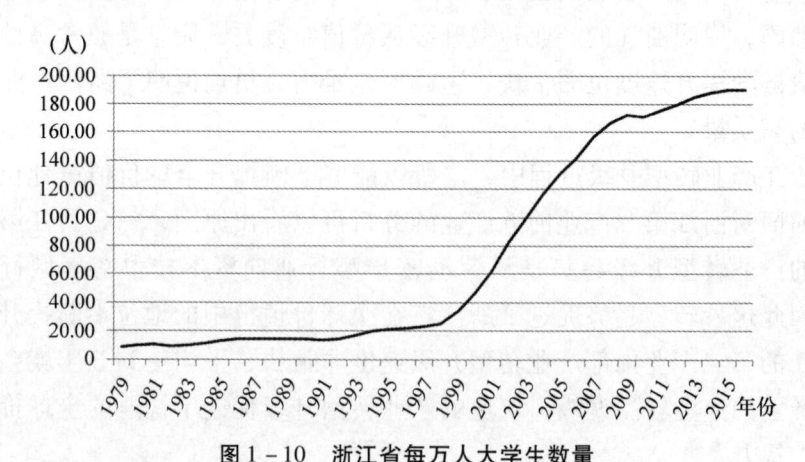

图 1-10 浙江省每万人大学生数量

资料来源：根据历年《浙江统计年鉴》整理。

图1-10是浙江省的每万人中大学生数量，从图中可以看出，浙江省的高素质劳动力供给在过去40年得到了很大的提升，从1979年的9.88人提高到2016年的190.23人，提高了18倍，如此大幅度的高素质劳动力提升，为浙江省的产业转型升级提供了充足的要素保证，说明浙江省整体的劳动力供给有了一个很大的升级，我们进一步看，浙江在R&D上的投入人员情况，这部分劳动力是专门从事创新工作的，更能体现浙江在创新引领产业转型升级上的要素供给能力。

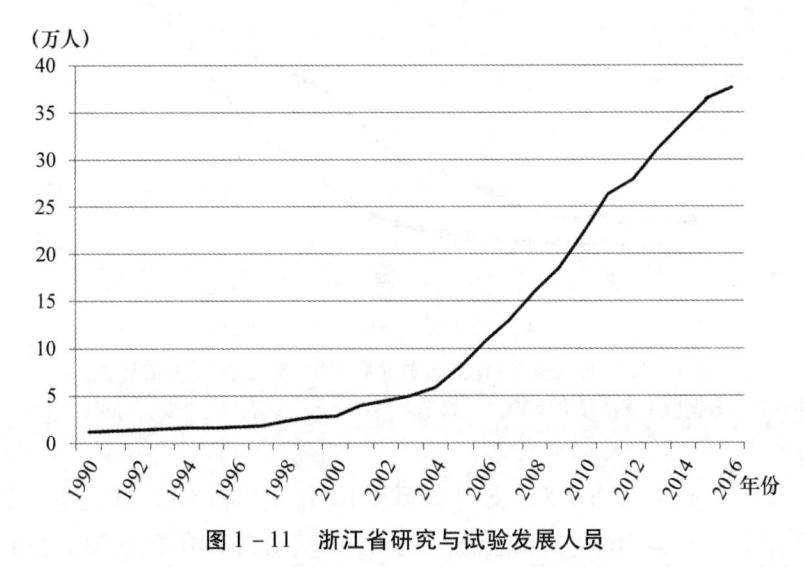

图1-11　浙江省研究与试验发展人员

资料来源：根据历年《浙江统计年鉴》整理。

图1-11是浙江省研究与试验发展人员投入情况，从图中可以看出，浙江省仍然有非常大的进步，全省从事研究和试验发展人员从1990年的1.23万人增加到2016年的37.66万人，增加了29倍，说明在专门从事创新研发的高素质劳动力配置上，浙江省也有十分巨大的进步，在研发创新上的人员投入能够不断为浙江省产业转型升级提供技术支持，从而保证产业转型升级能够一直持续下去，也是浙江实现无衰退式产业转型升级的技术关键。

与高素质人力资本相配合，高端资本的配置也是实现产业转型升级的关键因素之一。从高端资本的供给看，我们主要分析R&D投入情况，与研究与试验发展人员投入相同，R&D 投入是专门从事创新研发的资金投入，是衡量创新投入的关键因素之一；同时只有 R&D 投入和研究与试验发展人员投入相匹配，才能得到最好的创新绩效，实现创新驱动，为产业转型升级提供源源不断的动力。

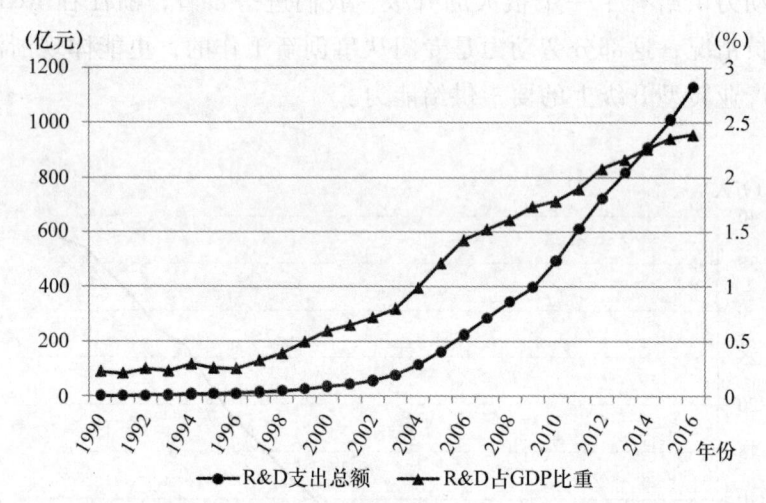

图 1 - 12　浙江省 R&D 支出总额和 R&D 支出占 GDP 的比重

资料来源：根据历年《浙江统计年鉴》整理。

图 1 - 12 是浙江省 R&D 支出总额和 R&D 支出占 GDP 的比重，从图中可以看出，不论是 R&D 支出总额还是 R&D 支出占 GDP 的比重，浙江省都取得了巨大进步，总额上从 1990 年的 2.04 亿元增加到 2016 年的 1130.63 亿元，足足增加了 553 倍，增加的幅度非常高，R&D 支出占 GDP 的比重也从 1990 年的 0.23% 增加到 2016 年的 2.39%，所以不论是从总量上，还是占比上，都可以看出浙江省在高端资本配置上有很大的提升，这些资本的配置为浙江产业转型升级提供了充足的技术资本支持。

二　国际比较下浙江要素结构升级特征：人力资本偏向型升级

为了准确定位浙江省在产业转型升级过程中，高端要素提供的程度是否已经到了国际前沿，我们需要进行进一步的国际比较，我们仍然选取韩国、印度、巴西和墨西哥四国，分析浙江省在产业转型升级过程中的要素结构与这些国家有什么异同,从而找出浙江省产业转型升级在要素维度的特点,以及在高级要素配置上与成功转型国家的差距。

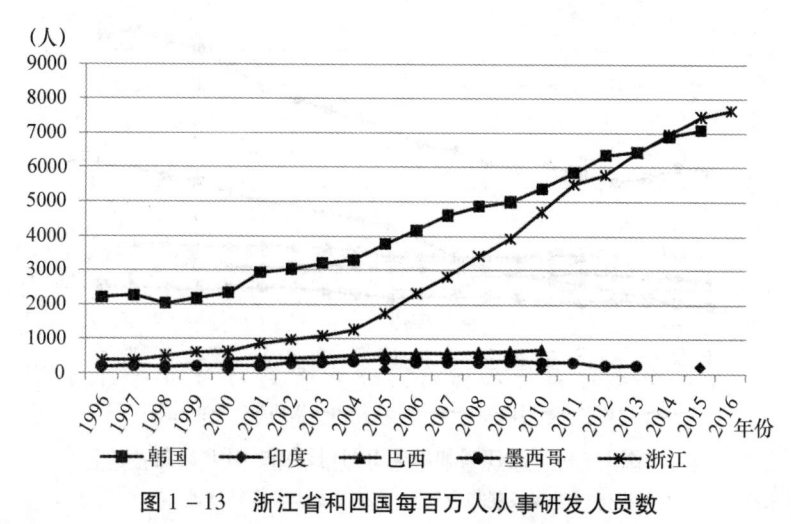

图 1-13　浙江省和四国每百万人从事研发人员数

资料来源:根据世界银行《世界发展指数》和《浙江统计年鉴》整理。

从高素质劳动力配置情况看,我们主要选取每百万人从事研发人员数,从图 1-13 可以看出,在这项指标上,印度、巴西和墨西哥这三个国家都比较低,这些国家从事研发活动的人员较少,说明这些国家在整个创新氛围上并不是很好,没有形成创新引领发展的模式,整个国家的产业转型升级也受到这种创新氛围不足、创新投入不够的影响;而韩国的每百万人从事研发的人数明显多于其他三国,所以韩国在产业转型升级上更成功也不足为奇。

从浙江与这些国家的比较看,有两点十分突出的特征,一是从每百万人从事研发人员数的绝对数量看,浙江一直高于印度、巴西和墨西哥,说明浙江在创新人员投入上是十分充足的,充裕的创新人员投入有利于社会创新发展;从增量上看,浙江的每百万人从事研发人员数增速是最快的,1996 年时,浙江和韩国的差距还十分明显,但是经过十多年的发展,浙江已经在 2013 年每百万人从事研发人员数开始超过韩国,并在以后各年稳定增加,到 2016 年,每百万人从事研发人员数已经接近 8000 人,这样的创新人员投入增速,为浙江在无衰退下实现产业转型升级提供了智力保障。

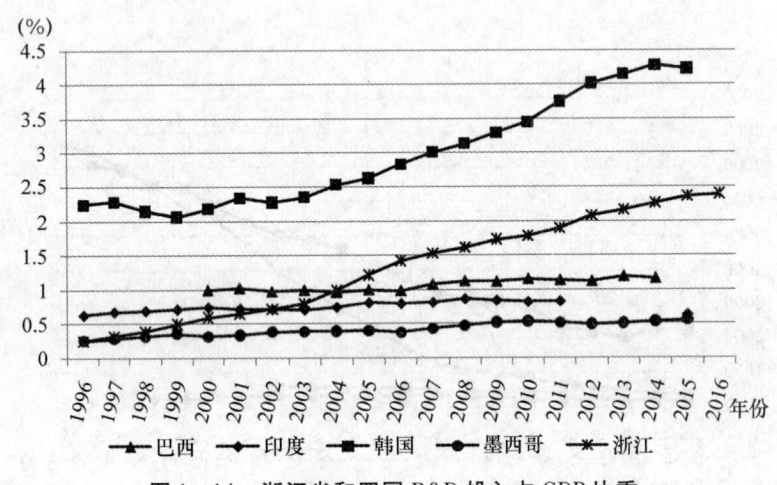

图 1-14 浙江省和四国 R&D 投入占 GDP 比重

资料来源:根据世界银行《世界发展指数》和《浙江统计年鉴》整理。

从高端资本配置情况看,我们主要选取 R&D 投入占 GDP 比重,从研发的经费投入看,与研发人员投入有一定的相似性,印度、巴西和墨西哥的 R&D 投入占 GDP 比重相对比较稳定且比较低,其中墨西哥常年低于 0.5%,巴西常年低于 1%,印度也在 1% 左右波动,这三个国家的 R&D 投入占 GDP 比重明显是较低的,如此的研发经费投入显然不利于国内创新发展,产业转型升级也会受到很大影响;与这三个国家相反,韩国的 R&D 投入占 GDP 比重则呈现出另一番景象,一是总量上占比很高,一直高于 2%;二是增长很快,近些年已经高于 4%,如此巨大的研发资金投入,为韩国的产业转型升级提供了强大动力。

从浙江与这些国家的横向比较看,我们能够得到两点特征:一是从总量上看,浙江省的 R&D 投入占 GDP 比重起点较低,但发展迅速。在 1996 年时,浙江省 R&D 投入占 GDP 比重只有 0.25%,但是到 2016 年时,这一数据已经达到 2.4%,远远超过了巴西、印度和墨西哥,浙江的 R&D 投入占 GDP 比重已经达到了发达国家平均水平,这样的研发资金投入保证了浙江产业转型升级的研发支持。二是从增量上看,浙江的 R&D 投入占

GDP 比重增长速度迅速，从 1996 年到 2016 年，浙江的 R&D 投入占 GDP 比重增长了近 10 倍，增速在国际上都是罕见的，说明随着浙江经济发展，对研发的资金投入更加重视，这样经济发展与研发投入的良性循环保证了浙江产业转型的不断推进。

从要素维度，我们主要分析了研发人员投入和研发资金投入情况，从这两个高端要素的配置看，浙江省在改革开放 40 年取得了长足进步，高端要素迅速集聚。浙江在产业转型升级的要素维度特征可以概括为以下两点：

一是高端要素的发展速度十分迅速，在总要素中的比重不断上升。不论是从每万人中大学生数量、研究与试验发展人员还是 R&D 支出情况，都可以看出浙江在改革开放 40 年中，取得了突飞猛进的发展，增长的速度在与世界主要转型国家的对比中都是十分罕见的，如此高速的高端要素增长速度，既为浙江产业转型升级提供了源源不断的技术支持，也是浙江省经济高速发展的内生发展结果，这种循环累计进一步维持了浙江经济转型升级，我们说浙江的产业转型升级是无衰退式的产业转型升级，与浙江内生的高端要素增长有着密不可分的联系。

二是从国际对比的角度看，浙江的每百万人从事研发人员数和 R&D 支出占 GDP 比重都高于典型的转型国家印度、巴西和墨西哥，浙江的高端要素配置模式与成功的转型国家韩国的高端要素配置比较类似，这说明浙江走在一条成功的道路上。具体来看，浙江的高端要素配置起点比较低，在 1990 年时，浙江的每百万人从事研发人员数和 R&D 支出占 GDP 比重与印度、巴西和墨西哥比较类似，但是浙江经过近 20 年的时间，高端要素配置迅速增加，赶上了韩国的水平，这种迅猛的高端要素配置增长是浙江产业转型升级的不竭动力。同时我们应当看到，浙江省的高端要素配置与韩国也有一定差异，就是我们的人力资本配置高于韩国，但是研发资金配置与韩国还有较大差距，这也是浙江未来进一步优化要素配置的增长空间。

第四节 贸易结构视角

产业转型升级伴随着产业结构的优化，全球价值链地位的提升，同时，伴随着这些过程，地区的贸易优势也会一并发生变化。比如一个地区的产业结构随着经济发展开始向第二、第三产业倾斜，那么明显地区在生产第二、第三产业的产品时会开始具有比较优势，因此这些产业开始变得具有比较优势；同样随着产业转型升级，地区在全球价值链中的地位不断攀升，那么正说明原先不具有比较优势的高附加值产业现在开始有比较优势了，贸易优势发生了变化。

一 浙江对外贸易结构转型升级过程

为了详细考察浙江省产业转型升级过程中贸易优势的变化情况，我们首先分析出口产品中工业制成品和初级产品占总出口的比重。

图1-15是浙江省1990年到2016年工业制成品和初级产品占出口比重情况，从图中可以看出，在过去接近30年中，浙江省总的出口结构有一个很大的优化，工业制成品占出口的比重从1990年的73.8%增加到2016年的97.1%；而初级产品出口占比从1990年的26.2%下降到2016年的2.89%多，从这个结构可以看出浙江省在产业转型升级过程中，初级产品的出口下降十分迅速，而工业制成品的出口增长十分迅速，说明从总体上看，浙江省的产业转型升级在贸易维度表现为出口优势向第二、第三产业转移，第一产业的出口优势下降。

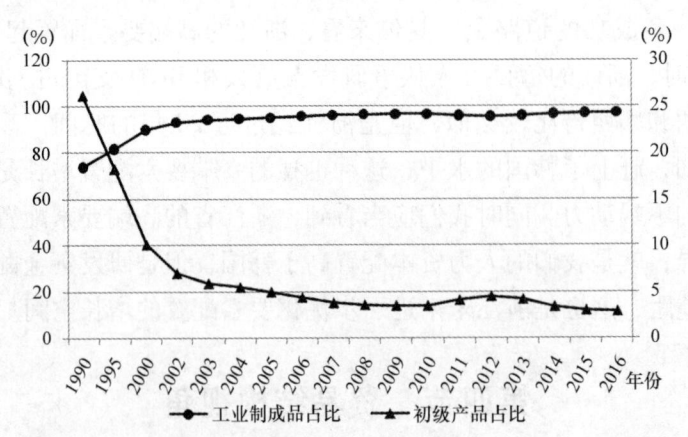

图1-15 浙江省出口商品中工业制成品和初级产品占比情况

资料来源：根据历年《浙江统计年鉴》整理。

为了进一步分析浙江省贸易优势的变化，我们选取了比较具有代表性的三种主要商品，从主要产品出口占出口总额比重来看浙江省产业转型升级在贸易优势维度的特征。

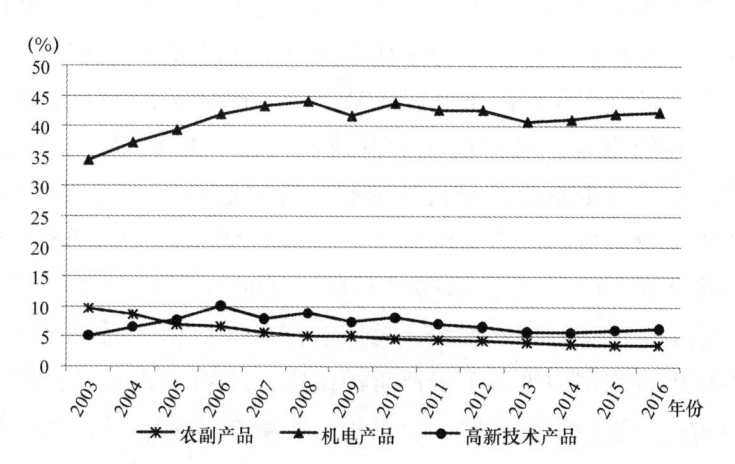

图 1-16　浙江省主要出口商品占出口总额比重

资料来源：根据历年《浙江统计年鉴》整理。

我们选取的主要出口商品有三种，主要是农副产品、机电产品和高新技术产品，其中农副产品属于第一产业，而机电产品和高新技术产品属于第二产业，由于数据不可得，我们没有得到服务业贸易数据。但是这并不影响我们对浙江贸易优势维度的分析，一般来讲随着经济产业转型升级，其第二、第三产业占比会增加，因此其贸易优势也会倾向于第二、第三产业。我们用2003—2016年的数据很好地印证了这个分析，在2003—2016年间，浙江省的农副产品出口占出口总额的比重从2003年的9.6%下降到2016年的3.5%；与此相反，浙江的机电产品出口占出口总额的比重则从2003年的34.4%增加到2016年的42.4%；高新技术产品出口占出口总额比重从2003年的5.03%增长到2016年的6.29%。从总的趋势上看，随着浙江的产业转型升级，浙江省的出口比较优势正在向第二、第三产业转移，第一产业的贸易比较优势正在逐步减弱，这与浙江整个产业结构的优化和价值链地位的提升一致。

二 国际比较下的贸易结构升级特征：基础提升型贸易优势升级

为了解浙江产业转型升级过程中，贸易比较优势变化与典型转型国家的比较，我们需要进行进一步的国际横向比较，我们仍然选取韩国、印度、巴西和墨西哥作为比较对象，分析浙江与这几个国家在贸易比较优势上的异同。首先我们分析浙江与这四个国家工业制成品占比情况。

图1-17是浙江和四国工业制成品出口占比情况，从工业制成品占出口比重看，我们发现，韩国的工业制成品占出口比重最高，一直维持在90%左右；墨西哥则是增长最快的国家，特别是1994年，NAFTA生效以后，墨西哥工业制成品占出口的比重从之前的50%以下猛增到70%以上，此后一直维持在80%左右；印度在1980—2000年期间，经历了一定程度的增长，但是之后又有一些回落，总体上在60%以上；而巴西的工业制成品出口占比则是四国中唯一下滑严重的国家，2000年以后，巴西的工业制成品出口占比一直呈下降趋势，目前也只有40%左右，是四国中最低的。

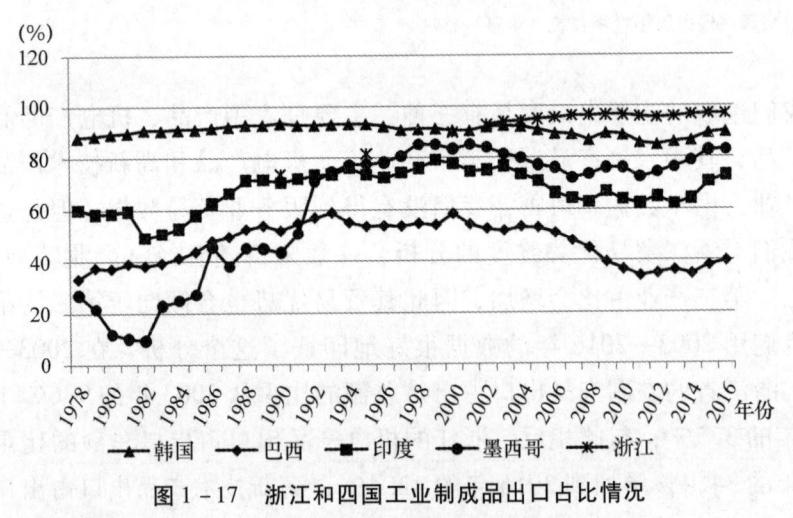

图1-17 浙江和四国工业制成品出口占比情况

资料来源：根据世界银行《世界发展指数》和《浙江统计年鉴》整理。

从浙江与这几个典型转型国家的比较我们可以看出，浙江的起点比较低，1990年时，浙江的工业制成品出口占比与印度几乎相同，但是此后数年，浙江的工业制成品出口占比一直呈现快速上升趋势，并在2002年左右超越韩国，2005年以后就一直高于95%，说明浙江的出口产品中工业制成品已占绝对主导地位，与韩国这样的国家相比，浙江仍然走在前列。从工业制成品占比可以大致了解一个经济体的贸易竞争优势变化，但是对于产业顶端的产品是否有贸易竞争优势，我们需要更进一步的分析。

图1-18为浙江和四国高新技术出口占出口总额比重情况，从图中我们可以看出，四国中，韩国的高新技术出口比重最大，基本维持在20%左右，说明其出口产品在科技含量高的产品中优势比较明显；其次是墨西哥，我们发现墨西哥的高新技术出口占比也比较高，基本维持在12%左右，这与我们传统认识墨西哥主要出口劳动密集型产品有些出入；相对而言，印度和巴西的高新技术产品出口占比很低，都低于5%，说明这两国的产品结构整体是比较低端的。

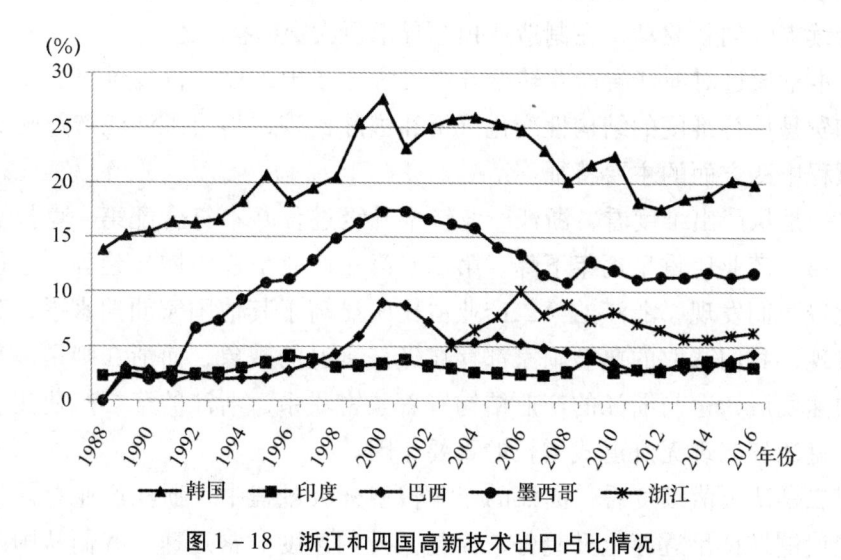

图1-18 浙江和四国高新技术出口占比情况

资料来源：根据世界银行《世界发展指数》和《浙江统计年鉴》整理。

从浙江与这四国的比较我们发现，浙江高于印度和巴西，但是与墨西哥还是有一定差距，而与韩国的差距就更明显，浙江的高新技术产品出口占比只有6%左右，而墨西哥和韩国分别达到12%和20%左右，这中间的差距还是很大的。

从浙江的贸易优势特征和国际比较可以发现，浙江在产业转型升级过程中，贸易优势持续优化，存在以下两点特征：

一是浙江产业升级过程中，浙江总体上贸易竞争优势在向第二、第三产业转移。从浙江出口产品构成上可以明显发现，浙江的工业制成品出口占比在1990年以后有了长足发展和进步，而初级产品出口占比正在逐渐萎缩，说明随着行业转型升级，浙江整个贸易优势在向第二、第三产业转移，这与浙江整个产业结构和价值链地位提升是一致的。

二是总体上贸易优势升级明显，但是产业顶端亟待突破。从图1-17中我们发现，整体上浙江的出口产品以工业制成品为主，并且比上述四国的占比都要高，说明总体上浙江的贸易竞争优势集中在第二、第三产业；但是从图1-18可以发现，浙江的高新技术产品出口占比还是很低，说明在真正产业顶端的高新技术出口上，浙江做得并不是很好，这需要浙江未来继续提升创新驱动，在制造业顶端寻求更大突破。

本章通过对浙江省产业转型升级过程中产出维度、价值维度、要素维度和贸易优势维度的结构性变化分析和国际比较，得出了浙江产业转型升级过程中四方面的主要特征。

一是从产出维度看，浙江产业转型升级过程基本符合配第一克拉克定理，第一产业比重呈逐年下降、第二、第三产业呈逐年增长趋势。通过国际比较我们发现，浙江的第二产业占比明显高于其他国家同期水平，我们也发现，我们选取的典型国家都存在经济衰退的现象，而浙江则是一直维持快速发展，这与浙江的产业结构有着紧密联系，浙江的第二产业比重较高，是浙江实现无衰退式增长的重要原因。

二是从价值维度看，浙江的产业转型升级过程中，浙江产业总体的全球价值链地位呈逐年上升趋势，而且上升的速度非常迅速。我们从国际的比较也发现，浙江的产业在全球价值链中的地位高于其他国家同期水平，说明浙江的产业转型升级是高质量的。

三是从要素维度看，浙江的产业转型升级过程中，高级要素的集聚和提供得到有效提升，为浙江产业转型升级提供了强有力的技术支持。通过国际比较我们发现，浙江的高级要素提供高于大多数国家，但是与产业转型升级成功的韩国相比，我们在研发资本的配比上还是有继续提升的空间。

四是从贸易优势维度看，浙江产业转型升级过程中，浙江的贸易优势随着产业结构和价值链地位的提升，也在向第二、第三产业转移。通过国际比较我们发现，浙江的贸易优势整体上得到了提升，但是在高端制造方面，与先进国家相比还有一定差距，是浙江未来突破的重点领域。

第二章　浙江产业转型升级中的政府与市场关系演进：历史回望

2018年是改革开放40周年。40年来，浙江的产业转型升级向社会各界展示出波澜壮阔的历史画卷，谱写出顽强奋进的壮丽史诗。何以浙江的产业转型升级如此成功？一个重要的原因是，政府与市场两种经济驱动力在产业发展不同阶段体现出良性协作关系，本章旨在对改革开放40年来浙江产业转型升级中的政府与市场的关系演进脉络进行梳理。

第一节　初期："顺势而为"激活市场推动由"空白"到"崛起"

一　改革初期的浙江产业经济

改革开放初期，浙江产业经济处于典型的起飞前的低水平阶段，产业规模小、结构层次低，特别不容忽视的一个事实是，由于缺少资源进而相应的初级资源加工业受到抑制，浙江当时经济总体发展水平尚未达到全国平均水平。

1. 总体发展水平低于全国平均水平

在改革开放初期，浙江总体的经济发展水平较低，1978年，浙江省的人均国民生产总值仅有331元，低于全国平均水平381元。国家面临较大的发展困境，对浙江的投资不多；浙江也没有大规模的外商投资，因此浙江的物质资本积累较少，人均资源拥有量居全国各省末位。1981年浙江省全社会固定资产投资为34.2亿元，占整个中国全社会固定资产投资的3.56%。

2. 农业发展水平相对较高

1978年浙江省第一产业生产总值仅为47.09亿元，占全国第一产业总产值的比重为4.58%，1979—1981年间这个比重始终保持在5%左右。且1978—1981年间浙江省第一产业生产总值的年均增长率为13.6%，高于全国3.3个百分点，农业的发展水平优于全国平均水平。浙江是家庭联产承包责任制的发源地，1980年浙江云和县实行农业家庭承包责任制试点取得巨大成功。但是由于全省思想不统一，各个地方实行家庭承包责任制的步调不一致。作为三大产业中的基础产业，农业的发展步伐仍然缓慢。农村的生产生活条件较为落后，但从全国来看，1978年浙江省的农业机械总动力为392.9万千瓦，占全国的比重为3.34%，且1979—1981年间浙江省的农业机械总动力保持14.19%的年均增长率，高于全国平均水平4个百分点；农民作为最大的产业发展主体，收入增长有限。

3. 工业发展情况相对较差

浙江省的工业发展水平则低于全国平均水平。由于历史的原因，浙江的工业基础比较薄弱。截至1978年年底，浙江省工业增加值仅有46.97亿元，在全国排第15位。全省的工业总产值也只有132.11亿元，占全国工业总产值的3.12%；其中国有工业产值为81.03亿元，在全国的比重为2.46%，集体工业产值为51.08亿元，在全国的比重为5.40%。1978年浙江的三次产业比重为2.04∶2.32∶1，农业所占的比重较高。如何摆脱小农经济，推进浙江省的工业化进程，是浙江省亟待解决的重大难题。且在工业的构成结构中，轻工业所占的比重较高，重工业所占的比重较低。

二 "顺势而为"激活经商兴业源发动力

1. 多路并进，放手鼓励多业并举

1984年，当时的农牧渔业部向中央呈送了《关于开创社队企业新局面的报告》，即著名的中发〔1984〕4号文件，此报告获得了党中央、国务院的一致认可和批转。报告将社队企业正式改名为乡镇企业，并提出了多轮驱动、多业并举的方针，所谓多轮驱动，即由原来的两个轮子（社办、队办）改为四个轮子（乡办、村办、联户办、户办）；所谓多业并举，即由原来主要是农副产品加工业改变成五大产业（农业、工业、商业、运输业、服务业）。同时文件突破了"三就地"（就地取材、就地生产和就地销售）的限制，为乡镇企业的发展开拓了更为广阔的空间。同年，浙江省委在党中央、国务院的产业政策指引下，明确提出要鼓励国家、集体和个人一起上，"多轮驱动，多路并举"发展各项事业。1984年浙江省政府发布《关于加快发展乡镇企业的若干规定》的通知（以下简称《若干规定》）（浙政〔1984〕44号），把加快发展乡镇企业作为浙江产业发展的突出重要环节，并提出了发展乡镇企业的系列具体要求。《若干规定》要求在经济发展的总体规划中统筹安排乡镇企业发展所需的原材料、设备和能源，各级物资部门和经济协作部门要积极为乡镇企业采购、协作物资提供方便；积极支持乡镇企业进行科技研发、产品设计和新产品开发，有条件的乡镇企业可以设立专业的科研、设计机构，或者与有关科研单位联合办科研，协同攻关；同时要注重乡镇企业技术和经营管理队伍的建设，要求教育部门将乡镇企业所需的高端人才列入招生和毕业分配计划，各级人事部门在进行高端人才调配时，要对乡镇企业进行适当照顾。《若干规定》中指出，社员家庭工业因其投资省、经济效益高且耗能较少，在农村具有不可替代的作用，因此各级党委、政府要防止一些同志歧视、轻视农民家庭工业和集资联办企业，而是要对这类企业保持关注，把社员集资联办企业、家庭工业和其他形式的合作工业纳入管理范围，竭尽全力地为各种形式的合作提供周全的服务，积极支持多种形式的企业共同发展。

浙江省委、省政府还注重扩大企业生产发展基金，建立扶持基金。对于一些无法按规定缴纳工商所得税的乡镇企业，经县（市）财税部门审核，报经县（市）人民政府批准，可以在10%—50%的幅度内给予税收优惠；乡镇企业的税后利润，至少应有50%留给企业，用于企业扩大再生产，提高企业的流动资金比例，企业上缴乡镇（社）村（队）的利润，要有不少于60%用于扶持企业扩大再生产，发展新的乡镇企业。除此之外，为了进一步推进乡镇企业扶持基金的发展，乡镇企业可以提取税后利润的1%作为乡镇企业的扶持基金，充实扶持基金的规模。另外各级地方政府可以视具体财政情况，从财政收入中留存一部分资金作为扶持基金。

在鼓励发展乡镇企业的同时，《若干规定》中还强调要加强对乡镇企业的科学管理。第一，要分类别推行经营承包责任制。对于规模较大的企业，可以采取集体承包，也可以采取厂长（经理）负责制的方式；对于规模较小的企业，可以考虑实行厂长（经理）个人承包。县级以上乡镇企业的供销公司、专业公司同样要采用集体承包或者厂长（经理）负责制的经营方式。《若干规定》还赋予了乡镇企业的厂长（经理）更多的自主权，甚至优于国营和集体企业。第二，设立省、市（地）、区（县）乡镇企业局，统筹安排和服务于乡镇企业的发展。工作重点集中在研究制定乡镇企业发展的政策，认真做好信息和技术服务工作，构建企业高端人才培训平台，提升乡镇企业的整体发展水平。

1984—1988年间，浙江省委、省政府每年都会根据乡镇企业发展的实际情况制定出相应的政策，如《关于农村若干经济政策措施的通知》（浙政发〔1986〕12号）、《关于乡镇企业若干经济政策的规定》（浙政发〔1987〕2号），鼓励乡镇企业突破所有制、地区和生产部门的限制，在中央4号文件的基础上，进一步提出乡办、村办、集资联办、其他形式合作办以及家庭工业多路并进，开展多形式、多层次的横向经济联合；在企业信贷、税费等方面制定了"含金量"较大的优惠政策，稳步推进浙江乡镇企业向前迈进。

2. 搭建场所，顺势推动"马路市场"转向专业市场

"马路市场"起源于浙江省义乌县的"鸡毛换糖"经商传统。因为义乌特殊的地理环境位置，人均耕地面积较少，且耕地多为丘陵红壤。在自然资源较为欠缺、工业基础薄弱的条件下，1978年年底义乌稠城、廿三里两镇的农民自发地在乡镇街道两边摆起了摊位，出现了第一批"鸡毛换糖"货郎担演变而来的小商品交易市场，并逐步形成了交易时间和地点相对固定的"马路市场"。为了尊重"敲糖帮"的合法权益，1980年义乌县人民政府颁发了《小百货敲糖换化肥临时许可证》。随着"马路市场"的发展，广大人民群众发展小商品市场贸易的愿望越来越强烈，义乌县委、县政府于1982年9月做出了开放小商品市场的重大改革决策，提出了"四个允许"：允许农民经商、允许从事长途贩运、允许开放城乡市场、允许多渠道竞争。为了给小商品交易提供良好的交易场所和环境，义乌县委、县政府在义乌县城稠城镇朱店街两侧搭起上可遮风挡雨、下可摆摊交易的简陋交易场所，在当时被人形象地称为"草帽市场"。这就是第一代

小商品市场，固定摊位100多户，流动摊位600多户，总共705个摊位。1984年10月，义乌县委、县政府在中国共产党十二届三中全会做出发展社会主义商品经济决定的鼓舞下，审慎而又决断地提出"兴商建县"发展战略，把发展社会主义商品经济摆在义乌经济社会发展的突出重要地位，将义乌的主导产业设定为商品贸易业，通过着力发展有义乌特色的小商品市场经济，带动义乌县经济建设迈向新的台阶。到1990年，浙江义乌县的小商品市场成交额在全国各大专业市场中排名第一，这个桂冠一直保持到现在。1992年8月国家统计局同意将浙江义乌小商品市场登记为"中国小商品城"。1982—1995年间，浙江义乌小商品市场从最初的区域专业市场逐步拓展，向全国性的小商品流通中心目标迈进；从一开始的以批发为主，经营业态和交易方式都较为单一传统，到现在在全国主要大中型城市建立区域市场和小商品物流配送中心。

3. 空间引导，推动"前店后厂"向"块状经济"转型

专业市场的发展逐渐引致形成浙江经济在空间上的集聚发展特色——块状经济。专业市场是块状经济得以生存和发展的基础。但由于浙江特殊的地理位置和浙江省委、省政府对专业市场发展的大力支持，浙江专业市场和块状经济两者之间形成了良好的互动发展的关系，这也在后来逐渐成为浙江特色的农村工业化路子。浙江第一个可以考证的块状经济为苍南宜山再生腈纶纺织生产基地。苍南宜山再生腈纶纺织生产基地的成功得益于苍南宜山攻破腈纶布边角料开花的难关、土纺机的改进以及地方政府的支持。当地供销社人员从全国各地收购腈纶布边角料并卖给当地农村腈纶小作坊，然后腈纶布边角料经过加工生产腈纶布纺织品销往全国各地。由于腈纶布边角料属于工业废料，收购成本较低，加工生产腈纶布纺织品的经济效益较高，同时也是废物利用的典范。1981年浙江85%的农民小作坊从事再生腈纶布纺织品的生产，且腈纶布纺织机器数量发展到2万余台。苍南宜山再生腈纶纺织生产基地的兴起引来了浙江省各个地区的效仿，形成了以家庭小作坊和联户企业为基本生产单位、以轻工业产品为主要商品的专业村、专业镇。苍南宜山再生腈纶纺织生产基地是典型的能人带动型块状经济，一人成功，其他众人纷纷效仿。除此之外，浙江的块状经济还有市场带动型、传统工艺型以及地方资源型三种类型。对于一些正处于发

展初期阶段、有很强的产业规模扩张能力、依靠体制外循环的块状经济，浙江省委、省政府高度重视并给予充分的肯定，热诚支持块状经济的发展。浙江省在1986年6月出台了国民经济和社会发展"七五"计划，计划中明确提出要以集镇和专业市场为中心，提高农村经济的专业化、社会化程度。在浙江省委、省政府的大力支持和积极鼓动下，20世纪80年代浙江省的块状经济迅速发展，和有地方特色的产业发展环境相结合，形成了一大批大规模的产业集群，成为"兴商建县"的重要推动力量。

三 产业转型升级绩效

从全国来看，1978年浙江省国内生产总值为123.72亿元，在全国排名第12位。而到了1995年，浙江省国内生产总值为3524.79亿元，在全国排名第5位，上升了7个位次，年均增长率为21.84%，高于全国平均水平3.96个百分点。浙江省1978年人均地区生产总值为331元，在全国排名第16位；而到了1995年，浙江省人均地区生产总值达到3557.55元，在全国排名第5位，上升了11个位次，年均增长率为58.04%，高于全国平均水平41.63个百分点。浙江省的工业总产值在1978年仅为132.11亿元，在全国排名第14位，而浙江省的工业总产值在1995年已经达到了8207.86亿元，在全国排名第4位，上升了10个位次，年均增长率为27.49%，高于全国平均水平7.65个百分点。三次产业比重从1978年的2.04:2.32:1调整到1995年的0.48:1.61:1，第二产业和第三产业在整个经济总量中所占的比重明显提高，产业结构的调整优化较为显著。

从具体的企业结构方面来看，改革开放初期，在浙江省委、省政府"四轮驱动"的重大战略部署下，乡办、村办、联产办和户办企业的发展呈现出"芝麻开花节节高"的美好景象。1984—1991年，浙江全省的乡办企业数量从31490个增长到31900个，年均增长率为0.18%，其中乡办工业企业数量从24452个增长到27100个，其年均增长率达到1.48%，高于总体乡办企业的年平均增长率；乡办企业总产值从76亿元增长到523亿元，年均增长率为31.7%，乡办工业总产值从62亿元增长到475亿元，年均增长率达到33.7%，高于总体乡办工业企业的年平均增长率。村办企业数量从62973个下降到49624个，年均下降比率为3.35%，其中村办工业企业数量从 51989 个下降到 45819 个，年均下降比率为 1.79%，略低于村办企业总体的年均下降比例。虽然村办企业的数量在降低，但是村办企业的总产值却从 1984 年的 53.24 亿元增加到 269.58 亿元，年均增长率为 26.08%，其中村办工业企业总产值从 50.42 亿元增长到 261.05 亿元，年均增长率达到 26.48%，高于村办企业总产值的年均增长率。合资经营和个体经营等企业数量从 100988 个增长到 434042 个，年均增长率为 23.16%，总产值从 9 亿元增长到 209 亿元，年均增长率为 56.06%。从新增企业数量来看，合资经营和个体经营等企业的增长速度是最快的；从总产值的增长速度来看，合资经营和个体经营等企业的增长速度也是最快的。这充分体现了浙江市场活力强劲，浙江省委、省政府推行的"四轮驱动"战略部署获得巨大成功。

块状经济方面，据省委政策研究室的调查数据显示，1997 年浙江省的块状经济中，年产值超过 1 亿元的多达 306 个，块状经济的经济总量达 2664 亿元，占同期国内生产总值的 56.85%，占同期浙江省工业总产值的 25.66%。从块状经济的结构来看，91 个块状经济年产值在 10 亿—50 亿元区间，13 个块状经济年产值在 50 亿—100 亿元之间，4 个块状经济年产值超过 100 亿元。义乌小商品、温州皮鞋、宁波服装、温州柳市乐清低压电器等块状经济在全国逐步建立起品牌优势，知名度和影响力较高。

第二节　中期："主动作为"调控市场推动由"落后"到"主流"

一　20 世纪 90 年代中期浙江产业转型升级面临的问题

前一个时期"无为"式的制度松绑存在其历史积极性与阶段合理性，但在缺乏新的发展制度供给条件下，浙江产业经济在经历初期迅猛的"无规则"型增长后，很快便出现严重的"市场失灵"情形。

1. 产业转型升级当中存在"市场失灵"

第一，形成严重路径依赖，导致产出结构锁定。

在技术冲击和需求演变的双重引致下，区域产业结构的一般演变规律会随着收入增长，逐渐从劳动密集的轻型产业逐渐向资本密集的重化型产业变迁。① 与此对比的是，浙江产出结构转型严重滞后于收入阶段。具体表现为，在同时期广东、江苏乃至全国平均水平均已逐渐向重化工业、装备制造以及电子通信设备制造产业转型背景下，浙江工业经济中的纺织服装、毛皮羽绒、日用轻工、普通机电等劳动密集型传统轻型产业长期在产业结构中占据主导产业位置，并且在全国遥遥领先，而交通运输设备、电气机械及器材、电子通信及设备等产业在全省占比反而从 1985 年的 24.1% 下降到 1997 年的 23.1%，出现了产业结构不降反升的"逆"升级现象。究其原因，主要是浙江产业经济多是以本土产业集群形式增长，集群内部的低交易成本优势往往形成路径依赖劣势，一旦形成依赖，单个企业难以支付整个集群的增长路径转换成本。因此，即使在高度市场竞争条件下，浙江产业内企业相对并无动力和能力选择转型升级。

第二，国际分工路径依赖，导致价值结构锁定。

浙江是出口贸易大省，但总体上长期处于产品附加值不高的产业链低端环节，在全球国际分工中出现较为明显的价值结构锁定。浙江企业在应对从 20 世纪 90 年代中期国内市场需求向耐用工业品转型的策略，主要的表现不是产出结构转型和质量升级，而是市场目标转移。特别是抓住中国 2001 年加入世界贸易组织及鼓励出口的时机，大量浙江企业采取市场调整策略，将注意力从国内商贸转向出口贸易，大多通过菲薄的 OEM 方式占据较高的市场份额，却面临高市场份额、利润率低下的尴尬困境。虽然纺织、服装、轻工等劳动密集型产品在国际出口占有竞争优势，但浙江的传统竞争优势正在逐步丧失（罗卫东，2005）。可见嵌入国际产业分工体系，为浙江企业换来了国际市场空间，但并不能自发推进产业技术和价值能力升级。

产出结构和价值结构的转型滞后与锁定引发出更多衍生型的"市场失灵"现象，如由低端重复建设带来的资源配置效率低下、产品模仿伪劣严重带来的恶性价格竞争，以及环境污染等负外部性行为。

2. 强制性产业政策导致经济效率损失

浙江地方政府已认识到产业转型升级滞缓以及带来的种种衍生困难，大致从 20 世纪 90 年代中期后，开始积极"有为"，通过实施各类产业政

---

① [美] H. 钱纳里：《结构变化与发展政策》，朱东海译，经济科学出版社 1991 年版。

策、环境政策等政策工具，主动倒逼地方产业经济转型升级。如浙江省政府在 2000 年提出推动产业从量变到质变的转型升级路线，特别是 2004 年提出制造业关键技术与产品导向目录，以及 2006 年出台的产业结构调整指导目录，不仅"有保有压"型地提出各行业预期发展重点、鼓励与抑制的方向，而且提出相应配套的环保、财税、用地等强制性政策调控干预措施，2008 年再推出"大平台、大产业、大项目、大企业"四大战略以及加快工业转型升级的实施意见，上述战略规划以及政策文件对浙江在这一时期的转型升级提供了外生的制度干预。

从政策效果来看，在"有保有压"型的产业选择性政策干预下，浙江产业结构体现出了合理化、高级化和高效化的优化趋势，且转型升级步伐有所加快。从数据上来看，产业结构升级趋势在 2000 年之前均是逆向的退化，即上文提到的结构"锁定"现象。但是，从 2002 年开始，产业结构调整优化趋势开始正向加速，现代装备制造以及能源、化学等重化型工业的产业结构份额占比明显提高，电气机械及器材、化学纤维、金属制品三大代表性重化产业占全国总量的比例开始超过 10% 并逐年上升，这与 2000 年、2004 年、2006 年以及 2008 年相继出台对产业强制性的退出、限制、鼓励等选择性政策干预不无关系。

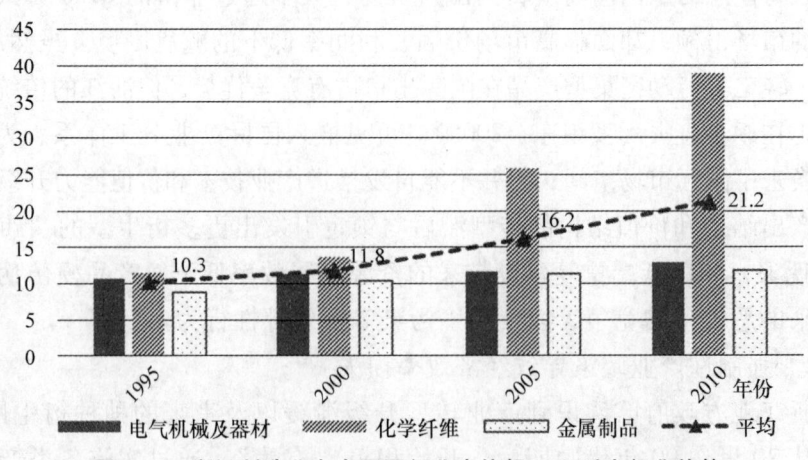

图 2-1 浙江制造业占全国同行业产值超 10% 以上行业趋势

资料来源：《浙江统计年鉴》和《中国统计年鉴》。

产业转型升级是现代经济增长的主导力量和实质特征，也是提高资源配置效率的必要条件。20世纪90年代中期以来，在路径依赖和国际分工锁定等"市场失灵"困境下，浙江产业转型升级缓慢，较为严重地脱离了其要素积累水平和收入水平状态。随后，在浙江省政府相继出台"有保有压"型的产业选择性政策干预下，对产业转型升级提供了硬性制度导向，形成了市场外部的倒逼或牵引的外生升级动力。总体上加快推动了浙江产业向主流型式的转型升级。总的来看，这一时期内浙江省政府在推动产业转型升级中的作用明显提高，虽然存在强制性的外生产业政策难以规避的效率损失。

二 "主动作为"打造先进制造业基地

1. 治理"村村点火"，构建产业集聚

20世纪90年代中期以后，浙江省内短缺经济基本消失，产品市场由"卖方市场"转向"买方市场"，农村工业之间的竞争加剧，浙江的经济增长面临供给和需求两方面的约束。浙江的传统产业集群呈现出"低、小、散"等特点，"村村点火、户户冒烟"发展模式是普遍现象。为了改变原有的产业发展方式，提升产业集聚水平，浙江省委、省政府大力支持工业园区和小城镇经济的发展规划，完善工业园区的基础设施建设和投资环境，提升工业园区的吸引力和辐射力，鼓励企业向工业园区迁移集聚。1988年浙江省政府下发了《关于促进商品交易市场持续健康发展的通知》（以下简称《通知》）（浙政改〔1998〕13号），《通知》中鼓励市场辐射较大的区域建立工业加工区，引导"低、小、散"的市场经营类企业和生产加工类企业联合经营，统一注册商标，统一设定质量标准。截至2000年，浙江省委、省政府共批转建立了748个工业园区，总的投资金额达到600多亿元。分结构来看，建立的特色产业园区数量占比12.03%，投资金额占比超过1/3，吸引了大批特色企业加入；建立了47个乡镇工业专业区，占比6.28%，数量最多的是纺织、服装等工业专区，其次为木业、化工、印刷等工业专区，数量最少的是机电、电子和五金等专业区。值得一提的是，47个乡镇工业专业区销售总产值达到了789亿美元，利税87.6亿元。工业园区较高的投资回报率也表明了浙江省委、省政府的决定是具

有前瞻性的，是有效的。另一方面，农村工业通过竞争、选择和淘汰，逐渐向小城镇地区以及经济中心区转移。而且农村工业植根于地方，工业企业之间彼此联系较为紧密，因此农村工业完全有条件发展成产业集群，也应该形成新产业园区。

2. "九五"计划推动产业结构主导化

主导产业是指能代表某一国或者地区产业发展方向，并能带动其他产业发展与进步的产业。主导产业的科学技术含量高，产业带动力较强，需求收入弹性较大，对推动产业结构调整，提升经济发展质量具有重要作用。1993年，中共浙江省委第九次代表大会把发展主导产业摆在了重要的战略位置，特别是以通信设备和计算机为主的电子信息业，以交通运输设备、工程机械为主的机械工业，以新型合成材料和精细化工为主的化学工业。为了进一步落实浙江省委第九次代表大会关于主导产业的决议，浙江省政府在1996年制定了《浙江省国民经济和社会发展"九五"计划和2010年远景目标纲要》（以下简称《纲要》）（浙政〔1996〕10号）。《纲要》中提出要积极培育机械、电子、化工和医药等产业为主导产业，强化这些产业对整个国民经济的带动作用；重点发展机械装备制造业、化学工业、电子工业和医药工业。浙江省有关部门在《纲要》的指导下，积极展开研究，细化了机械、化工、电子和医药四大主导产业的发展目标，并设定了具体化的产业扶持政策和培育方案。

1996年12月，浙江省人民政府办公厅转发了浙江省医药管理局《关于培育浙江省医药主导产业方案》（以下简称《方案》）（浙政办〔1996〕301号）。《方案》中提出要发挥浙江在医药高科技方面的优势，拓宽医药产业链和产业领域，提升医药产业的带动和辐射作用。《方案》确定了"九五"期末，全省医药工业销售额要达到300亿元，全国排名要保三争二；科技进步对医药经济增长的贡献率要高于55%，医药新产品产值要高于90亿元。

1997年11月，浙江省人民政府办公厅转发了浙江省石油化学工业厅《关于培育浙江省石化主导产业方案》（以下简称《方案》）（浙政办〔1997〕255号）。《方案》提出了浙江化工在"九五"期末的发展目标：全省的化工工业总产值达到1580亿元，在全国名列前五，化工工业总产值在全省工业总产值的比重要由41%提升至17.5%。其中石化工业总产值要达到380亿元，经济效益要在全国排名前三，技术进步在石化工业的贡献率要达到55%—60%。在发展石油化学工业的同时，浙江省石油化学工业厅也强调环境保护和安全生产，提出要在"九五"期间将浙江省化工生产装备水平和产品技术水平提升到20世纪80年代末90年代初的国际水平。

1997年11月，浙江省人民政府办公厅转发了浙江省机械工业厅《关于培育浙江省机械主导产业方案》（以下简称《方案》）（浙政办〔1997〕296号）。《方案》中设定了浙江省"九五"期末机械产业发展目标：全省工业总产值达到2200亿元，在全国同行业中保持前六位。其中高新技术产品产值所占比例要达到15%，技术贡献系数达到45%。《方案》中强调机械工业主要工艺装备达到20世纪80年代末90年代初的国际水平，重点企业的主导产品要实现升级换代，开发培育出机电仪一体化和新兴领域的重点产品。

同样在1997年11月，浙江省人民政府办公厅转发了浙江省电子工业厅《关于培育浙江省电子信息主导产业方案》（以下简称《方案》）（浙政办〔1997〕297号）。《方案》中提出到"九五"期末，电子信息产业工业总产值要高于1000亿元，"九五"期间保持年均20%以上的增长率。结构性方面，信息服务业在全省电子信息产业工业总产值的所占比例由4.5%上升到10%以上。到"九五"期末，全省电子信息产业在全国处于领先水平。电子信息产品制造业中，投资类产品所占比例要超过50%；电子信息产业的重点领域，通信和计算机等产品的产值占电子信息产业总产值的比例要超过40%。重点培育40家电子信息企业，培育2—3家电子信息企业到"九五"期末挺进全国电子企业前20位。骨干企业要全部通过国际ISO 9000质量体系认证，重点骨干企业的技术要达到20世纪90年代中期的国际水平，电子行业产品质量要在全省工业行业中处于领先水平，部分重点产品要与当期国际水平接轨。

3."腾笼换鸟"建设先进制造业基地

浙江省在2002年进入到一个新的增长阶段：资源和环境约束紧、产业升级压力大。"生产缺电""建设缺钱""招商缺地"等"成长的烦恼"

接踵而至。资源和环境制约了浙江产业竞争力和经济发展质量的提升；但也给浙江的经济带来了新的发展思路：倒逼产业转型升级。浙江省充分利用这一产业升级窗口，制定相应的系列政策措施，倒逼企业在"凤凰涅槃"中获得重生，在"腾笼换鸟"中获得新的生机和活力。

中国共产党第十六次全国人民代表大会中指出，21世纪前20年经济建设和改革的主要任务之一就是要走新型工业化路子，推动产业结构优化调整。2002年12月，时任浙江省委书记的习近平同志在调研浙江省经信委时，提出了建设先进制造业基地的具体思路。浙江省建设先进制造业基地是适应本身工业化发展阶段，走出一条科技含量高、经济效益好、资源消耗低、环境污染少、人力资源优势得到充分发挥的新型工业化道路的重要举措。2003年6月，全省工业大会讨论通过了建设先进制造业生产基地的主要目标和指导原则。同年8月，浙江省政府正式发布了《浙江省先进制造业基地建设规划纲要》（以下简称《纲要》）（浙政发〔2003〕25号），对先进制造业的发展重点、建设途径和保障措施等做出了全面部署。《纲要》提出了建设先进制造业基地的基本框架：区域布局框架和产业布局框架。区域布局框架方面，浙江要按照接轨上海、融入长三角和参与国际竞争与合作的要求，重点建设和发展"杭州湾大产业带""温台沿海产业带"和"金衢丽沿高速公路产业带"三大产业带，结合城市化发展进程和各类工业园区建设，形成一批优势明显的块状经济和产业集群，提升区域品牌的知名度、影响力和竞争优势。产业布局框架方面，在加速转型升级传统优势产业的同时，要着力发展高技术产业，提升产业发展的科技综合实力和自主创新能力；积极发展沿海临港重化工产业，努力培育发展高端装备制造业，制造业产品品牌的知名度明显提升。

为了推进《纲要》的有效实施，2003年9月浙江省政府出台了《关于推进先进制造业基地建设的若干意见》（以下简称《意见》）（浙政发〔2003〕31号），重点在建设途径和保障措施上对先进制造业基地进行了部署。《意见》提出了改造提升制造业、发展和培育制造业新增长点、促进产业空间聚集、加快科技创新步伐、加强职业人才队伍建设和推进国内外市场有效接轨共六条途径和措施。改造提升制造业方面，《意见》提出要积极推动制造业企业生产技术和装备水平的提升，在技术改造项目中，国产设备投资额的 40% 可抵免企业新增所得税；鼓励企业采用国际先进标准，实施品牌战略，奖励获得国家和省级名牌产品称号的企业，并对有效期内的中国名牌产品和浙江名牌产品实行免检；在做大做强骨干企业的同时，要提升中小企业的发展水平，鼓励有条件的工业园区、企业实施信息化战略，建立全国性网站和信息交流平台。发展和培育制造业新增长点方面，《意见》提出要着力培植一批产业新区，加快形成新的产业集群；积极吸纳国际大企业生产基地转移，通过合作研发提升自主研发创新能力；进一步完善招商引资激励政策，加大招商引资力度；大力发展高技术产业，积极培育生态型工业，走出一条科技含量高、环境污染少的新型工业化路子；大力发展高技术产业和自然资源—产品—再生资源模式的新型制造业。促进产业空间集聚方面，《意见》提出要强化园区的规划、扩容和整合，提升整个产业园区的集聚程度，鼓励企业向全国重要产业集群中心集中。加快科技创新步伐方面，《意见》提出要支持企业对技术的消化和吸收，加强创新孵化体系建设，增强企业的技术创新能力，另一方面也要注重产、学、研紧密结合，加快专利技术的转化应用和产业化。加强职业人才队伍建设，《意见》提出要充分利用好国内外的高端人才，完善国际高端人才交流合作互动机制；强化职业教育和技能培训，加快培养高级数控技师、各类专业技师等技能型人才；改革完善企业专业技术职务评聘和专业技能等级鉴定办法。推进国内外市场有效接轨方面，《意见》提出要完善产品市场营销网络，推动传统销售网络向现代销售网络转变、国内销售网络向国际销售网络转变；完善产业基础设施建设，保障先进制造业基地建设用地的供给，加大对产业发展的支持与保障；加强组织领导和工作指导，提升行政服务水平，提高行政服务效率；积极培育和发展社会中介服务机构，创造自由、公平的竞争环境。

三 产业转型升级绩效

（1）在浙江省委、省政府《关于进一步促进浙江乡镇企业改革发展与提高的若干政策意见》（省委〔1997〕17 号）、《关于促进商品交易市场持续健康发展的通知》等政策文件的有力推动下，进入 21 世纪以后，浙江产业集群的发展保持了整合提升的总体方向，产业规模不断扩张，产品质量稳步提升；各地"村村点火、户户冒烟"的现象得到了明显的缓解。2001年，浙江产业集群总产值达到5993亿元，在全省工业总产值中所占比重为49%，其中有118个产业集群的年产值在10亿—50亿元区间，有26个产业集群的年产值在50亿—100亿元区间，有3个产业集群的年产值在100亿元以上。据浙江省委政策研究室2001年的调查统计显示，浙江省有88个县（市、区）已经形成了块状经济，与1997年相比，增加了19个。块状经济总产值在2001年达到了5993亿元，在当年全省工业总产值占比49%，比1997年提升了12个百分点。从结构上来看，2001年块状经济的平均规模为11.5亿元，相比于1997年提高了2.8亿元；年产值在1亿元以上的块状经济数量达到了519个，相比于1997年增加了213个。

（2）在中共浙江省委第九次代表大会提议和浙江省政府、省有关部门的大力支持下，经过浙江全省的共同努力，机械、电子、化工和医院等主导产业发展较为迅速。2002年四大主导产业销售额总计为4040亿元，是1996年销售总额合计的3倍；四大主导产业销售额占当年工业销售总额的比重为41.5%，相比于1996年提高了5个百分点；分结构来看，机械、电子、化工和医药产业的销售额分别为2602亿元、429亿元、809亿元和200亿元。到2007年，机械、电子、化工和医药四大主导产业销售额总计突破1万亿元大关，达到了15588亿元，大约为2002年销售总额的4倍。四大主导产业销售额占当年工业销售总额的比重为44.2%，相比于2002年提升了2.7个百分点。

（3）自《浙江省先进制造业基地建设规划纲要》（浙政发〔2003〕25号）实施和《关于推行先进制造业基地建设的若干意见》出台以来，浙江省制造业的生产规模快速扩张，产业集群不断壮大，产业结构调整优化的步伐明显加快，产业发展质量和产业竞争力明显提升。2008年，浙江省规模以上工业企业总产值达到40832.1亿元，是1998年工业总产值的8.68倍，年均增长率为24.13%；在全国排名第四，上升了1个位次。2008年全省规模以上工业企业达到了58816家，是1998年的4.36倍；在全国排名第二。2007年浙江省规模以上工业企业工业增加值达到7571.3亿元，是1998年的6.89倍，年均增长率为21.29%，在全国排名第四，上升了1个位次；规模以上工业企业工业增加值占全省国民生产总值的比重为40.31%，相比于1998年提升了18.58个百分点。

产业转型升级是现代经济增长的主导力量和实质特征，也是提高资源配置效率的必要条件。20世纪90年代中期以来，在路径依赖和国际分工锁定等"市场失灵"困境下，浙江产业转型升级缓慢，较为严重地脱离其要素积累水平和收入水平状态。随后，浙江省政府相继出台了"有保有压"型的产业选择性政策，对产业转型升级提供了硬性制度导向，形成了市场外部的倒逼或牵引的外生升级动力。总体上加快推动了浙江产业向主流型式的转型升级。总的来看，这一时期内浙江政府在推动产业转型升级中的作用明显提高，虽然存在强制性的外生产业政策难以规避的效率损失。

第三节　近期："高效有为"增进市场推动由"常规"到"前沿"

一　2010年左右浙江产业转型升级面临的新问题

浙江的选择性产业政策在迫使地区内传统落后产业退出、追赶技术与产品信息明确的标准制造业方面通常具有较高的政策绩效，但在激励自主创新，驱动具有国际前沿技术含量的产品和产业创新方面则面临不足。这意味着市场竞争和选择性产业政策在驱动产业向具有高技术含量、高附加值升级以及向前沿新兴产业的突破转型方面，同时面临一定的"市场失灵"与"政府失灵"。

1. 向前沿产业转型升级面临的新困境

第一，主导产业的技术含量与质量升级缓慢。基于2010年的产业数据来看，虽然经过上一个阶段选择性的产业政策干预，落后的传统产业份额已经大幅下降，装备制造、化学工业等重化工业已经成为浙江产业结构主导产业群，但产业的技术含量明显偏低。在浙江前五大重化制造业行业中（电气机械、通用设备、交通运输设备制造、化学原料及制品、电子及通信设备），除化学原料及制品业人均附加值与全国平均水平大致持平外，其他产业远远低于全国平均水平。

第二，高新前沿产业升级缓慢。从沿海省市比较来看，浙江高新技术产业发展相对滞后。广东、江苏、山东在2010年的高新技术产业总产值分别为3.0万亿元、3.1万亿元、3.2万亿元，占规模以上工业比重分别达31.7%、33.0%和35.2%，而浙江省高新技术产业产值仅为1.16万亿元，仅为上述三省的1/3。从专利来看，浙江工业专利的70%集中在传统产业，高新技术产业专利的80%又集中在产业链的中低端，位居产业链高端的关键设备和重大产业几乎没有自主创新的核心技术。[1]

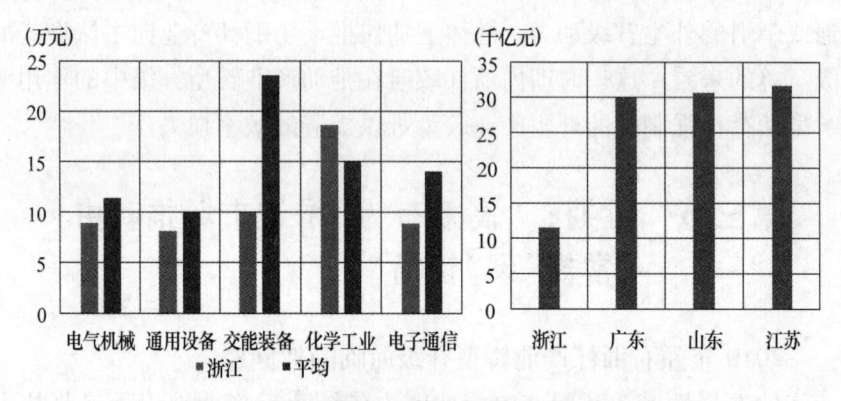

图2-2 2010年浙江高新产业发展水平与比较

注：左图为行业人均附加值，右图为高新技术产值。
资料来源：相关各省统计年鉴和科技年鉴。

2. 转向功能性产业政策：从"双失灵"到"双驱动"

解释浙江向高新前沿产业转型缓慢面临两个困难：第一，浙江是长期处于国内市场化水平最高的省份（樊纲等，2010），制造业一般行业内的垄断性大企业较少，产业组织结构呈现扁平化，企业面临充分市场竞争，这意味着从市场层面来看，在民间资本充足、市场竞争环境良好的准新古典市场情景下，高新前沿产业却发展滞后。第二，从政府层面来看，浙江从2000年开始特别是2004年、2006年发布的产业指导目录等选择性产业政策，对高技术产业、战略性新兴产业均是鼓励支持并且具有财政补贴。因此，上一阶段的政府与市场合作状态在推进高新产业转型方面出现某种

---

[1] 王立军：《改革与创新：浙江区域经济转型研究》，企业管理出版社2012年版。

程度的"双失灵"现象。

大致从 2010 年至今，浙江针对高新产业和战略性新兴产业发布出一系列新的产业规划、政策与实施意见。相比上一个时期重在产业结构调整的选择性产业政策，新一阶段的产业政策虽然仍然明确产业导向，但明显体现出重在优化产业组织、确保"创新公平"、增进市场竞争的功能性政策特征：第一，企业进入端公平。不同所有制企业一视同仁地"非禁即入"，注册资本限额管制明显降低。第二，创新补贴趋向公平。包括科技孵化器、科技基金在内的财政激励逐渐从挑选性补贴明星企业转向普惠性补贴中小科技企业，大幅度提高不同类型中小科技企业的创新竞争力。第三，激励战略性新兴产业的关键共性技术，成为基础性高端性知识溢出的扩散源泉，从而大幅度降低各类企业针对新产品开发的试验创新成本。

政府通过上述实施形式的产业政策不仅有效克服了选择性产业政策带来的效率损失，而且降低了科技型人才和潜在企业向战略性新兴产业的进入成本、创新成本和转型成本，支撑扩大新兴产业内部企业间、技术间和产品间的市场竞争，实际上形成了政府与市场推动向前沿产业转型升级的双重动力。2010—2016 年，浙江战略性新兴产业发展速度明显加快，其中下一代互联网、物联网、生物医药等前沿产业已迅速跨越至国际领先地位，形成"双驱动"模式的有力验证。

二 "高效有为"构建高端前沿产业体系

1. 营造"四张清单一张网"环境，推进自由竞争与创新创业

"四张清单一张网"是指：权力清单、责任清单、企业投资负面清单、财政专项资金管理清单和政务服务网。浙江省在全国率先推进以"四张清单一张网"为主要抓手进行简政放权改革，转变政府职能，这一重大深化改革举措，推动了政府职能的"减法"，换取了市场活力的"加法"，释放出了中小企业发展的新动能。浙江省于 2013 年年底启动权力清单编制工作，2014 年 8 月启动责任清单、财政专项资金管理清单制度编制工作。根据《国务院关于印发 2016 年推进简政放权放管结合优化服务改革工作要点的通知》（国发〔2016〕30 号）、《国务院办公厅关于简化优化公共服务流程方便基层群众办事创业的通知》（国办发〔2015〕86 号）精神，

浙江省人民政府办公厅于 2016 年 6 月 20 日发布了《关于印发 2016 年浙江省深化"四张清单一张网"改革推进简政放权放管结合优化服务工作要点的通知》（以下简称《通知》）。《通知》根据浙江省的实际情况，制定了非常具体的工作要点，内容包括各个要点的责任单位和时间进度。《通知》围绕充分激发市场活力和社会创造力，进一步加大简政放权力度。一方面要进一步推进权力清单"瘦身"；另一方面也要加大权力下放后对基层人才、经费、技术、装备等方面的保障力度，推动基层接得住、管得好，提高放权协同性。《通知》要求更大力度推动行政审批，对全省行政审批实行量化管理；继续取消和下放一批行政许可事项，同时还要做好取消、下放的行政审批事项的承接落实。浙江省在下放行政审批事项的同时加强行政许可事项动态管理，开展委托下放行政许可实施情况"回头看"。在权力清单和责任清单方面，浙江省简政放权力度较大，截至 2016 年 8 月，省级部门行政权力已从 1.23 万项精减至 4092 项。浙江省全面落实市县行政审批一体化改革，开展相对集中的行政许可权试点。省市县乡（功能区）四级政府部门现已公布了权责权力清单、责任清单，大部分浙江中直部门也已经公开权责清单。浙江省政府还提出了进一步完善中介服务市场，规范中介服务行为，有效解决评审评估事项多、耗时长、费用高等问题，同时要加快中介机构脱钩改制，进一步破除中介市场垄断。

《通知》要求在企业投资负面清单管理方面更大力度推动投资审批制度改革，深化企业投资项目高效审批、核准目录外企业投资项目不再审批、工业企业"零地技改"项目审批方式改革以及"规划环评 + 环境标准"和"区域能评 + 能耗标准"等改革试点并适时推广。对于跨区域、跨流域项目及特定依据项目以外的地方权限范围内的项目，浙江省原则上都将审批核准权力下放到各市县区。为了进一步深化负面清单改革，浙江省政府在舟山群岛新区、海宁市、嘉善县、绍兴市柯桥区开展零审批改革试点：核准目录外的企业投资项目无须审批。在全省探索 50 天高效审批试点和"规划环评 + 环境标准""区域能评 + 能耗标准"改革。绍兴市柯桥区是浙江省 50 天高效审批试点区，行政审批效率的提升节约了当地企业申请审批的时间，降低了企业的经营成本。2014 年安吉经济开发区开始试点零土地技改，在零土地技改之前，企业需要到消防、国土等六个部门进行审核；在零土地技改以后，企业只需要到当地乡镇（街道）经发办办理即可，最快只需要半天时间即可成功办理。为了更好地服务企业，安吉经济开发区还开发了手机服务 APP，第一时间将企业需要的政策推送到相关负责人手机上。简政放权让权力不再"躲猫猫"，同时也在源头上规避了"有形之手"乱伸。

在财政专项资金管理清单建设方面，《通知》中提出要着力深化财政专项资金管理改革，加强预算项目库管理，完善项目退出机制；继续完善竞争性领域专项资金管理，加快财政支持经济发展方式改革，进一步发挥产业基金作用，切实放大产业基金规模，加快项目落地。2014 年，浙江省财政厅在专项性一般转移支付改革、竞争性分配改革的基础上，在确认公共财政运行边界的基础上，建立专项资金管理清单，逐步取消竞争性领域的专项资金，让财政支出和市场竞争更加公平。财政专项资金管理清单详细列举了专项资金的专项名称、主管部门和预算金额等。2015 年，浙江省财政厅结合财政专项资金管理清单建设，将专项资金管理改革与设立产业基金有机整合在一起，以更主动有为的方式，最大限度地支持经济社会发展。一方面推进清单管理信息公开，提升专项资金透明度；另一方面创建绩效预算管理模式，提升专项资金的使用效率。截至 2016 年 8 月，浙江省级财政转移支付专项已由 235 个降低到 56 个。2018 年，省级项目实现了全部细化编入年初预算，不再设立省级部门预算专项资金。

在构建政务服务网方面，《通知》要求围绕基础设施集约建设、数据资源开放共享、跨部门政务协同、大数据应用示范等重点领域，组织实施一批重大项目，加快推动建立协同治理体系和智慧政务体系，切实提高行政效能。为了让企业和群众在办理相关事务时了解办事流程、所需材料、具体负责人和联系方式，浙江省政府于 2014 年 6 月 25 日正式开通政务服务网，集行政审批、便民服务、政务公开、数据开放、互动交流等功能于一体，所有的省级部门审批事项都可以在网上一站式办理。"一张网"是"互联网＋政府服务"体系的全方位体现。政务服务网拥有统一的行政权力项目库和网上审批系统，全流程办理信息公示。它是企业和群众了解政府行使职权的网上"窗口"，企业或者群众只要在政务服务网上注册便可随时随地查询相关信息。依托政务服务网统一行政权力运行系统，浙江省市县纵向一体化、横向协同化的投资项目在线审批监管平台2.0版上线，2017年年底实现了除负面清单外的企业投资项目全程网办。

2. 发展"八大万亿产业"，推动产业结构服务化、绿色化和前沿化

"八大万亿产业"这一概念由时任浙江省代省长车俊在《2017年浙江省政府工作报告》中首次提到并得到系统性的阐述。原文强调"大力发展信息、环保、健康、旅游、时尚、金融、高端装备制造和文化产业，积极推进信息经济与各产业融合发展，促进业态创新，加快形成以八大万亿产业为支柱的产业体系"。值得一提的是，"八大万亿产业"是对此前"七大万亿产业"概念的进一步完善，它将"文化产业"也纳入了浙江省万亿级产业的打造列表中。为推动八大万亿产业年度考核工作公平公正、规范合理开展，浙江省发改委印发了《浙江省推进八大万亿产业发展考核办法》（以下简称《办法》）（浙发改规划〔2017〕842号）。《办法》以"八大万亿产业"省级牵头部门和配合部门为考核对象，以省委、省政府对"八大万亿产业"的年度要求明确考核内容，采取分类考核的方式，设定考核等次设置、考核程序和相关评分标准。

浙江省通过建立起一套完整的市场经济制度体系，引导特定行业内的企业在市场价格的信号下自由、平等、充分地竞争，从而推动生产技术升级和产品质量优化，并不断孕育出符合市场需求、极具市场竞争力的创新型产品，进而在整个行业层面推动真正意义上的转型升级的实现；另外，浙江省政府通过出台一系列有关产业转型与升级的纲要性文件，着重对八大万亿级建设中产业的发展规划进行了详细的战略部署。这些具体的方针政策的颁布和实施，不仅有效地集中和整合了优势资源，为八大产业的发展提供了广阔的空间，同时也及时纠正了纯粹的市场竞争可能对产业发展生态造成的潜在不良影响，使得"有效市场"变得真正"有效"起来。"有效市场"和"有为政府"的密切配合和深刻互动，为浙江省建设八大万亿级产业的伟大工程提供了良好的内外部环境，从这个意义上讲，这种政府—市场的"双驱动"机制必将是浙江省今后实现"八大万亿产业"布局的可靠手段和坚实基础。

3. 规划建设特色小镇，孕育产业创新动能

2015年4月22日，浙江省人民政府发布了《关于加快特色小镇规划

建设的指导意见》（以下简称《意见》），这是浙江省首次在政府公开文件中系统性地提出有浙江特色的"特色小镇"概念，并出台了一系列加快和支持特色小镇建设的方针举措。《意见》对"特色小镇"进行了明确的定义：特色小镇是相对独立于市区，具有明确的产业定位、文化内涵、旅游和一定社区功能的发展空间平台，区别于行政区划单元和产业园区。特色小镇工程的推进和实施，不仅在于建立建成特色小镇本身，统筹城乡经济发展，更在于借助特色小镇这一新平台，吸引前沿新兴产业，优化产业空间布局，进而加快省内产业转型升级的步伐。目前，随着特色小镇建设工程的全面展开和不断深入，特色小镇依托自身自由、开放、灵活等优势，已经逐渐成为浙江省产业集聚、产业创新和产业升级的重要前沿阵地之一，是浙江省未来经济发展的新增长点。

在 2015 年发布的《浙江省人民政府关于加强特色小镇规划建设的指导意见》中，明确提到了"特色小镇建设要坚持政府引导、企业主体、市场化运作"，强调在市场发挥配置资源决定作用的基础上，政府注重合理引导和配套的服务性保障。近年来，为了推进本省的特色小镇建设工程，浙江省政府在给予目标小镇财政支持和政策优惠的基础上，还着力完善和优化了当地的基础设施，并通过建立一系列的监管、审核、评估制度，如知识产权保护制度、特色小镇申报—审核的规范化流程、特色小镇建设成绩的追踪评价和年度考核等，减少和避免了单纯由市场参与可能导致的无序和混乱，使特色小镇建设工程的理念和目标能落到实处。特色小镇要招商引资，吸纳各种类型的产业落户，构建新型产业集聚部落，浙江省政府就为资本和要素提供一个开放公平的竞争平台，从而为小镇发展争取到长期优质的资源环境。

三 产业转型升级绩效

1. 产业结构进一步向高端化转型

2017 年规模以上工业增加值 144400 亿元，增长 8.3%，十大传统制造业产业增加值增长仅为 4.5%。新兴工业行业发展远远快于传统工业，规模以上工业中，信息经济核心产业、文化产业、节能环保、健康产品制造、高端装备增加值分别增长 14.1%、5.7%、11.4%、13.3%、8.1%。

规模以上制造业中,高技术、高新技术、制造装备、战略性新兴产业增加值分别比上年增长 16.4%、11.2%、12.8%、12.2%,占规模以上工业的12.2%、42.3%、39.1%、26.5%。在战略性新兴产业中,新一代信息技术和物联网、海洋新兴产业、生物产业增加值分别增长 21.5%、11.2% 和12.5%。以钢铁、水泥、布等为代表的传统工业产品产量增长较小,甚至为负,而以智能电视、新能源汽车等为代表的高新技术产品产量增速高于50%,甚至达到 80%。总体来看,浙江省八大产业的发展势头迅猛。2016年的统计数据显示,八大产业总产出均超过了 5000 亿元,增加值均超过1000 亿元。其中,信息产业、文化产业和金融产业总产出均已超过 10000亿元,产业增加值也均在 3000 亿元以上。从结构上看,2016 年,八大产业对浙江省 GDP 总贡献率约为 43%,其中,仅信息产业的贡献率就达到了 8.8%。另外,各大产业的发展速度也保持了较高的水平。2016 年,信息、文化、健康和旅游等产业的增加值增速均在 10% 以上,时尚、金融、环保和高端装备制造业的增加值增速则分别为 5.2%、6.0%、7.4% 和9.6%,这些数字相较于 2015 年均有不同程度的提升。由此可见,浙江省政府着力打造"八大万亿产业"的发展战略已初获成效。

2. 创新创业驱动前沿新兴产业快速崛起

经"四张清单一张网"改革,全省创新创业和营商环境大幅优化,2015 年年底,浙江各类市场主体总量达到 471 万户,比上年增长 12%。到 2017 年,浙江新产业、新业态和新模式的"三新"经济增加值占 GDP 的 24.11%。信息经济核心产业规模超过 2 万亿元,2017 年增加值 4853亿元,同比增长 16.7%,占 GDP 的 9.4%,对 GDP 增长贡献率为 15.4%。此外,全国 60% 企业之间的电商交易、70% 的跨境电商出口和 80% 的网络零售都依托于浙江的电商平台完成;全国互联网上市企业注册地浙江位列全国第四,信息化发展指数和"两化"融合指数分别位居全国第三和第二。截至 2017 年年底,浙江省有网络安全企业 130 余家,产值超过 1000亿元。而且,"中国智能产业区域竞争力评价指数"评价中,浙江位居全国第三,仅次于北京和广州。旅游产业已然成为浙江省的支柱性产业,2017 年浙江省旅游产业增加值 3913 亿元,比上年增长 12.6%,占 GDP 的7.6%,实现旅游总收入 9323 亿元,增长 15.1%,接待游客 6.4 亿人次,增长 9.6%，其中接待入境旅游者 1212 万人次，增长 8.3%。文化产业优势得以利用，浙江省近 5 年时间实现了文化产业增加值的翻倍增长，成为仅次于北京、上海、广东和江苏的备受关注的文化强省。横店影视模式、特色小镇模式和古村落保护模式等已经成为全国文化产业典范。特色小镇在吸引前沿产业和形成产业集群方面的作用已经开始逐步显现。相对于其他行业，时尚、金融、新兴信息产业与特色小镇平台的契合度尤为突出，在推动新兴产业培育发展中取得竞争优势发挥关键孵化引擎作用。

3. 企业主体竞争力迈向国际一线行列

企业是国际竞争的最终主体，这一阶段浙江企业在市场规模、盈利能力、国际化水平方面均获得显著提高，部分企业已走向国际一线。以信息服务业为例，全省规模以上服务企业营业收入 13288 亿元，比上年增长 25.5%，利润总额 2202 亿元，增长 21.4%。其中，营业收入占比最高的信息传输、软件和信息技术服务业比上年增长 34.9%。2017 年中国民营企业 500 强中，浙江共有 120 家企业入围，占总数量的四分之一，连续 19 年蝉联全国第一。这些民营企业大多为上市公司或上市公司母体，经过多年的发展，全省已经形成成熟的规模性专业市场，涉及加工、制造、服务、运输、建筑、纺织等多个领域，产品市场份额占比较高。与此同时，面对"去产能、去库存、去杠杆、降成本、补短板"的中央经济工作任务，它们积极响应落实，加快了产业结构优化升级步伐，如主动转型升级化解过剩产能，构建基于互联网的开放协同研发创新模式，升级智能制造装备开展智能化生产等，不断提升企业核心竞争力。

第三章　浙江产业转型升级模式：
市场政府双驱动

产业转型升级是推动现代经济增长的主导内容，而市场竞争的"无形之手"和政府增进的"有形之手"则是驱动企业产业选择、技术升级及资源再配置的两大力量。浙江产业经济实践的特色之处，在于恰当地融合应用"两只手"，使市场和政府协同推动兼具短期配置效率和长期动态效益的转型升级过程。

第一节　产业转型升级"双驱动"模式的理论方位

一　国际产业转型史的重大揭示：市场失效与政府迷失

（一）美国"铁锈地带"及底特律的整体破产：市场失效？

1. 底特律汽车产业城的衰落

美国东北、中西及五大湖地区的传统制造业大州，如俄亥俄（钢铁炼油）、宾夕法尼亚（冶金煤炭）、密歇根（汽车工业）等地区均是美国工业制造业的核心地带和密集地区，但随着20世纪80年代后全球化和自由贸易的兴起，尤其是2008年国际金融危机之后，上述传统制造业密集大州的产业迅速衰退，人口也大量迁移萎缩，形成了所谓"铁锈地带"（Rust Belt）。特别是，位于"铁锈地带"中密歇根州的底特律市，曾经作为全球汽车制造业高地，却在2013年7月18日正式申请破产，成为美国历史上申请破产保护的最大城市。

位于五大湖南岸的底特律，在20世纪30年代已发展成为五大湖地区仅次于芝加哥的第二大工业城市。第二次世界大战后至20世纪60年代，随着全球汽车市场需求旺盛，底特律工业增长迅速，逐渐成为全球最大的汽车制造业中心，其汽车产量约占全美汽车销售量的90%以上，集聚了通用、福特、克莱斯勒三大国际汽车巨头公司。汽车产业的旺盛有力地推动了底特律城市的壮大，在60年代末期，底特律常住人口接近200万人，成为美国第五大城市。但是，从80年代后期开始，贸易自由化特别是日本、德国等汽车产品大量涌入美国，底特律汽车制造业面临巨大竞争压力，不足30年，汽车市场份额已由全美90%下降为13%，加上城市老化以及民族问题导致大量失业工人外迁，城市人口已由全盛时期的200万人下降为当前的80万人左右，底特律汽车制造业乃至整个城市出现几乎不可逆的衰落态势。

2. 成因解释

（1）归咎于国际自由贸易竞争

底特律破产后，高度自由化的市场体制以及全球化成为被抨击的对象。密歇根州前州长詹妮弗·格兰霍姆（Jennifer Granholm）责怪国际自由贸易在20世纪80年代后的大范围兴起，导致底特律汽车产业和底特律城市的衰败。《纽约时报》专栏作家保罗·克鲁格曼（Paul Krugman）则认为，很大程度上"这座城市只是市场力量的无辜受害者"。Melissa Harris-Perry同样将底特律衰落的责任归咎到小政府主义，认为"当政府小到放在浴缸中都能被淹死时，结局也就如此了"。

（2）外部产业需求本身衰落导致

另外一种观点认为，汽车产业本身的衰落导致了整个城市的衰落。底特律是单一主导产业的城市，通用、福特、克莱斯勒等国际巨头汽车公司的产业迁移或本身的衰落，毫无疑问对底特律城市可持续发展形成了巨大冲击，但宾州的匹兹堡以及德国的汉诺威、斯图加特等其他城市，虽然在同一个时期面临类似的冲击，但并没有出现"破产"级别的波动，实际均已成功转型为产业多元化，且继续保持为全球汽车产业引领城市。

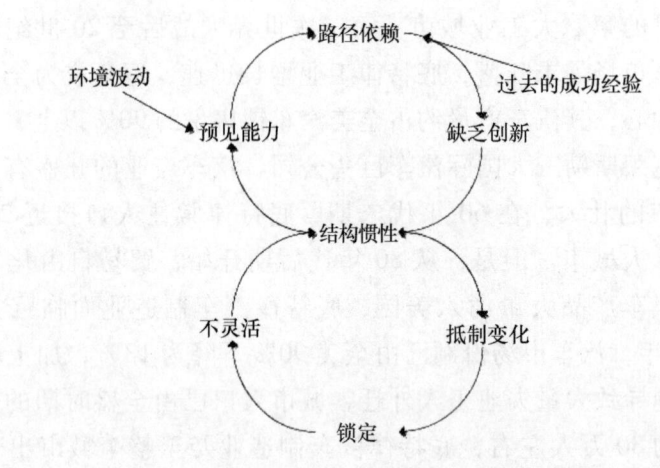

图 3-1　底特律汽车产业衰落的集群锁定视角

(3) 集群转型成本过高与技术锁定

还有一种观点从底特律汽车产业集群特性视角分析衰落原因。底特律在鼎盛时期集聚着汽车制造业三大巨头，同时布局有大量汽车零配件厂商，形成全球规模最大的汽车产业集群。集群生态一旦形成，便产生强大的路径依赖，集群内部特别是三大领导企业的任何产品更新或转型，均会面临极高的转换成本，进而对集群演变产生路径锁定与产业结构锁定，即使没有发生演化经济学提出的"演化近视"（Schmidt and Spindler, 2002），在外部市场需求条件变化或技术变革压力时，底特律汽车产业集群也很难内生地、自发地发生转型升级。

3. 最自由的城市却最先衰落：市场究竟有效还是无效

底特律曾经是全球汽车制造业"圣地"，汽车产业在底特律的衰落导致了整个城市的"破产"。汽车产业在底特律从辉煌到衰落的转折过程，折射出产业转型升级是推动所在区域、国家可持续发展的核心力量。当前从格兰霍姆到克鲁格曼等政界、学界提出的种种解释，似乎均不能对底特律为何无法实现汽车产业转型升级得出深层、系统的机制揭示。

然而，通过广泛的同类城市与产业转型的国际比较，仍然能捕捉到汽车产业在底特律的衰落的特征。底特律所在的密歇根州，长期由奉行"小政府"理念的美国共和党执政，州政府维系着对市场最少的干预，并在

21世纪初被评为美国最自由的城市。在20世纪初，底特律凭借资源优势，伴随着全球汽车市场需求高涨而迅速成长为汽车产业集聚领导者；但在70年代后，由于国际贸易自由化盛行以及产业迁移浪潮，底特律汽车制造业一方面面临美国国内以及其他各国汽车产业的国际市场竞争，另一方面还因汽车产业自身巨大的固定沉淀成本的特性而转型困难，在该情景下，仍坚守"守夜人、小政府"的密歇根州当局没有做出任何公共反馈，导致底特律汽车产业连同整个城市陷入困境。

美国是高度自由的竞争市场，底特律又是美国最自由的城市，汽车产业在底特律从领先到衰落的转变，可以得到两个最基本的揭示：第一，从全球视角来看，底特律汽车产业的衰落恰恰证明国际市场竞争的有效。若把世界作为一个经济体来看，底特律汽车产业的衰落，其实质产业份额转移到世界其他更具有竞争优势的地区。第二，从区域视角来看，正是高度自由的竞争市场和"小政府"导致了底特律产业转型的失败，市场竞争自身无法确保一个区域或者国家持续的产业转型升级。诚如克鲁格曼所言，"底特律成为完全市场力量的受害者"。

（二）日本高增长的结束及产业转型的长期滞缓：政府的迷失

1."日本奇迹"背后的产业转型与政策调整（1945—1973年）

日本在第二次世界大战后近30年的高速增长，造就了被世行称为"东亚奇迹"的第一个奇迹，期间主要特征是日本快速产业转型升级及其政府导向的动态调整。

（1）"倾斜型"干预战略与原材料工业复兴（1945—1954年）

1945年后，面对战后严重的资本、原材料紧缺条件，日本采用了被称为"倾斜生产方式"为主的产业复兴政策，对煤炭、电力、化肥、钢铁等材料与能源产业在融资、税率、贸易等方面进行有针对性的重点扶持，上述工业在较短时间内得到恢复壮大，并带动上下游工矿业、农业快速增长，日本工业化进程迅速得以重新启动。

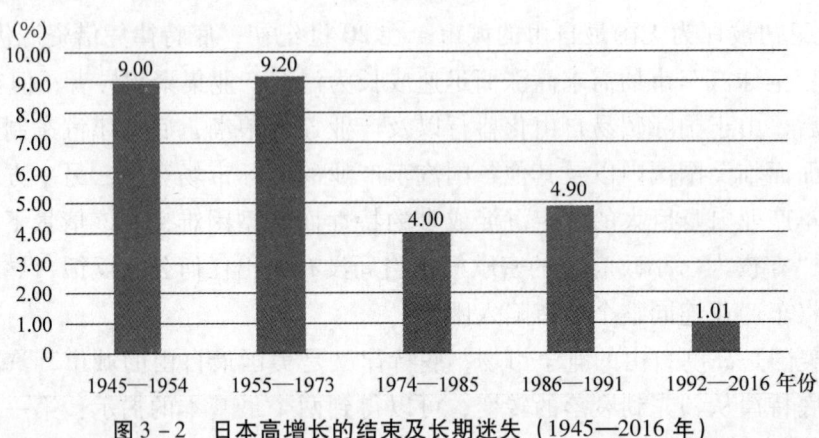

图 3-2　日本高增长的结束及长期迷失（1945—2016 年）

（2）"收割型"赶超战略与重化工业迅速崛起（1954—1973 年）

在化解原材料工业束缚基础上，日本通产省按照需求收入弹性、劳动生产率增长以及欧美经济体工业演进趋势等标准，选择石化、机械、汽车、家电、造船等重化型产业进行重点扶持。特别是得益于美国等发达国家的支持，日本通过 FDI、进口以及技术采购等途径，在家用电器、交通装备、石化冶金等产业大量引进和模仿国外先进技术，并对重点行业和企业进行市场保护与贸易支持，取得了当时世界最快的经济增长速度和产业结构转型升级步伐，仅仅 20 年时间，日本在 20 世纪 70 年代初，已经超过英、法、德成为世界第二大经济技术强国。

（3）"展望型"自律战略与信息产业转型滞缓（1973 年至今）

从 20 世纪 70 年代中期开始，日本各个产业实力均对美国形成正面的强力竞争，美国对日本的国际政策逐渐由"友好"转为"重视"甚至"敌视"，技术进步和产业转型不得不转向自主研发。日本政府顺应全球产业趋势，产业导向转型为电子信息、通信、新能源、医疗等知识技术密集产业，但政府干预的中心内容也转变为提供有关国际产业动态趋势的长期展望与国际信息，即从原来的"官方主导"到"企业自律"，并大力驱动研发创新补贴。然而，当时日本国内已经形成巨大的寡头财阀集团，政府的"自律"战略，实际上等同于放任在位产业寡头集团对市场资源的垄断态势，导致新产业、新产品、新技术开发的速率明显下降，加上 70 年代末石油危机和尼克松冲击，日本国内产业资本大量向金融、地产等虚拟服务业转型，而当时以互联网、个人计算机等下一代主导信息产业在美国正方兴未艾，日本向信息产业的转型明显迟滞。

2. 高增长的经验与产业转型迟滞的揭示

（1）日本后发高速增长与快速转型升级的经验

产业政策是日本在经济追赶型增长时期各项经济政策的核心，它直接影响着日本财政、金融、外贸外汇政策的制定和实施，是日本能够实现产业转型升级、经济社会快速发展的最高经济政策。基于经济学界研究结论，日本政府审时度势，根据产业的国际分工地位、技术群体结构（关满博，1993）、需求收入弹性标准以及各个发展阶段的本国特征，选择确立各阶段的主导重点产业，然后辅之以补贴、税率等多种政策工具进行有效的鼓励和培育，有力地推进了日本整个产业的动态结构调整。其中主导产业的选择是把经济结构的调整、产业结构的优化和经济发展纳入一个合理的系统中，根据自身经济发展状况和世界经济的需求来确定，这从根本上保证了其经济发展的可持续性和快速转型升级（安同信等，2014）。

（2）产业转型迟滞的历史揭示

从产业技术差距角度来看，日本产业政策转换是当本土产业技术基本达到国际技术前沿时发生，由于追赶目标和确定性技术信息的缺失，日本产业政策目标逐渐从政府主导模仿追赶转向企业"自主调整"，产业政策趋于对全局性、基础性产业的引导，但是由于日本国内寡头资本企业集团已对国内产业政策与规划信息形成强烈的干扰，并且在国内整个主导产业体系形成卡塔尔类垄断联盟，不仅影响政府产业规划信息判断，还对行业公平竞争构成严重不利局面。这意味着产业发展既失去了宏观导向，也失去了微观市场竞争，实际上是政府市场"双失灵"，必然导致日本产业转型升级的整体放缓。

总的来看，日本在20世纪90年代前的快速转型升级以及之后产业转型滞缓的最大揭示在于，政府在产业和技术信息确定条件下可以通过适当政策干预推动产业快速转型升级，但在信息不确定条件下放任自流意味着"双重失灵"。

二 经济理论史中市场与政府关系的一般考察

自亚当·斯密以来，市场与政府在推进经济发展中的定位及相互关系始终处于经济学理论研究的核心。总体上，市场与政府的相互关系，主要沿着对市场失灵以及政府失灵的认识深化这条主线而不断动态更新。

（一）古典经济学及其"守夜人"型的有限政府

斯密1774年的著作《国富论》标志着经济学作为一门独立学科的诞生，其中关于市场与政府关系的定位及分析，对后续迄今为止的研究产生了导向性、"定调性"的深刻影响。斯密关注的核心问题是探究如何促进国家富裕，其最重要的发现可归结为两个：一是侧重动态的劳动分工理论，二是侧重静态的被称为"看不见的手"市场原理，即"当且仅当每个人在追求个人利益最大化的时候，却能同时获得他本意并不追求的公共利益最大化"。可见在斯密学说中，市场在全部经济运行与国民财富增长中处于绝对核心地位，市场既能在静态中通过"看不见的手"协调个人劳动资源配置和增进社会最大福利，又能在动态下充当经济增长的原动力，因为市场规模扩大决定市场分工深化进而提高生产效率。

在斯密刻画的经济原理环境中，政府自然被定性也只能发挥"守夜人"型的角色[①]，之后的古典经济学家秉承了斯密的"看不见的手"理念，大多认为政府主要担当对市场的补充作用，严格不干预微观主体的市场行为。政府功能限定为提供国防、司法、教育以及某些公共设施。由于国防与司法更多与社会的非经济系统相关联，因此，政府在经济系统中可发挥与经济运行效率、市场规模扩大等相关的行为，实际上主要是提供道路、运河、学校等公共设施产品。

古典经济学时期中，之所以在"守夜人"型政府条件下，市场经济仍能运行良好主要与当时经济发展阶段相对应的"市场失灵"不显著有关。

---

① 根据周其仁（2006）在其《守夜人的经济学说》一文中的考证，"守夜人"概念并非出自亚当·斯密的《国富论》，从规范的角度，斯密也从未主张政府"应当"充当"守夜人"的角色，只是在当时英国经济社会条件下，分析了君主如何"合算"地做好政府职能。后代经济学文献使用"守夜人"概括政府角色，主要是相对于其他经济学说而言，古典经济学中的政府仅承担国防、法治等公共产品供给功能。

《国富论》诞生至19世纪中后期，欧美市场经济大致处于自有资本主义时期，缺乏市场势力的中小企业在市场中处于主导地位，市场自身盲目性、周期性、外部性等"市场失灵"现象发生的密度、程度并不明显，政府保持在最低限度下的公共行为即可维持市场经济的正常运行。随着20世纪初期市场经济危机的频繁出现，"市场失灵"现象日益广泛，进而推动关于市场与政府关系理解不断深化。

（二）新古典经济学中的市场失灵与干预型政府

古典经济学之后的经济学理论发展演化为两支大的不同分流，其中一支是自马歇尔形成直至萨缪尔森完善，并在现代经济学中居于主流地位的新古典经济学，另一支则是奥地利学派。从理论内核来看，新古典经济学集中回答古典经济学中作为"看不见的手"的市场原理究竟是否能实现资源的均衡配置，且实现社会福利最大化。为从数学上精确实现这一论证目标，或者"看不见的手"的市场原理依赖于对市场体系的一系列近乎苛刻的假设，具体如：

（1）市场主体是完全理性的，比如要实现理性预期学派的预测，每个消费者或者生产者的计算能力相当于计算机（张维迎，2014）。

（2）市场信息是完全、对称的。关于生产或消费的技术好坏、产品质量、偏好类型等信息均是已知的，且所有人共享。

（3）市场竞争是充分的。市场中任何一个主体足够小，均不至于影响市场价格，只能是市场价格的接受者。

（4）市场行为是没有外部性的。即使存在外部性，也可通过市场设计实现内生化。

在满足上述基本假设以及不存在规模经济等附加假设条件下，市场是可以自发实现帕累托意义上的福利最大化即市场有效。只要其中任何一个条件得不到满足，帕累托效率便不能自发实现。然而，在现实中上述每一个条件都几乎无法满足，即真实经济世界中存在广泛的"市场失灵"。

为恢复市场的有效性，规避"市场失灵"，政府对微观主体的干预行为在新古典经济学中具备了合理性，并且相对于古典经济学，政府发挥作用的功能范围也明显扩张，如通过法律惩戒机制，强制市场主体披露关于企业产品的正确质量信息，或者强制拆分在市场上获得垄断势力的企业集团，以保持市场充分竞争，再比如对负外部性的生产污染行为征收环保税，而对具有正外部性的企业研发创新行为予以补贴或其他优惠等。

到20世纪30年代时，政府对经济干预的力度和范围进一步扩展。这一趋势既具有迫不得已的历史需求，又获得了更为正式的理论基础。前者是因为从20世纪初期开始，全球市场规模的急剧扩张和市场垄断力量的业已形成，"看不见的手"的市场原理所能维持的市场自发秩序逐渐暴露不足之处，经济危机频繁出现，直至1929年爆发全球性大萧条，市场隐性调节原理和恪守有限政府理念已无法维持。后者则是马歇尔的两位学生庇古和凯恩斯分别出版《福利经济学》进而《货币通论》，为政府在纠正市场失灵特别是在面临经济萧条期通过财政扩张干预市场需求方面铺平了理论基础。1933年的"罗斯福新政"及战后欧美经济体普遍采取的凯恩斯主义经济政策，正是这一兼具理论基础与现实需求的经济思想的政策产物。此后的将近半个世纪，政府在经济发展的调控和干预作用大幅提升，政府部门普遍增加，"大市场、强政府"成为这一时期的主导格局。

（三）奥地利学派经济学中的"至上市场"与最小政府

作为古典经济学的另一支大的分流，不同于新古典经济学集中关注市场的静态均衡性质，奥地利学派经济学重点关注市场的动态演变性质，对在经济发展中市场的作用得出大相径庭的理解，其中市场与政府的关系自然与新古典经济学的信念几乎完全不同。奥地利学派经济学的基本逻辑在于市场本身就是一个动态过程，市场的本质是企业家发现及利用或创造新信息、新知识、新产品，并从中获得盈利的动态协调过程，因此如熊彼特（Schumpeter，1934）认为市场中技术的进步正是一波波"创造性毁灭"的过程所致[1]，而哈耶克（Hayek，1973）也因经济周期理论的发现而获得1974年诺贝尔经济学奖。米赛斯、哈耶克等奥地利学派曾与笃信马克思主义的学者兰格在20世纪30年代掀起关于计划与市场关系的论战，并因90年代东欧计划经济破产而被认为赢得论战，奥地利学派关于市场经济的理解逐渐在理论界与政策界产生巨大影响力。

奥地利学派经济学认为新古典经济学所称的"市场失灵"并不是政府

---

[1] 关于熊彼特的理论观点是否属于奥地利学派范畴，学界尚存在争论（梁捷，2017）。

干预行为的证据，或认为外部性、不完全竞争等"市场失灵"恰是市场存在的理由：

（1）市场主体是非理性的，但只要有充足的自由，可以通过市场持续的选择过程接近行为人的合理选择。

（2）市场信息是不对称的，但政府不可能比市场参与人更准确理解信息，并且关于现状和未来的信息，只能由企业家在市场过程中发现和传递。

（3）市场竞争是不充分的，但企业通过创新、产品异质性获得市场势力正是竞争的手段，意味着市场本身即如此，并是推动技术进步的过程。

（4）市场行为可能存在外部性，但可以通过界定清晰产权归属并允许谈判和交易加以解决，不一定需要政府直接干预。

奥地利学派经济学基于上述对"市场失灵"的剖析，从根本上瓦解了政府的经济职能以及一切产业政策的理论基础，并且自然认为政府的干预才是破坏市场的主要力量。如此，如米塞斯认为，"政府的任务只有一个，就是保护人身安全、人身自由和私有财产以及抵御暴力侵略，一切超出这一职能范围的政府行为都是罪恶"。管理最少的政府才是最好的政府（Hayek，2003）。可见，相对于古典经济学，奥地利学派经济学中的政府作用界限进一步缩小，市场在推动经济社会进步中处于绝对主导甚至是唯一地位。

三　产业转型升级理论中的市场与政府关系研究及其局限

（一）产业转型升级的经典理论

产业升级是经济学的一个基础概念，涉及产业经济学、发展经济学、区域经济学、国际贸易学等诸多内容，鉴于各学科的研究者基于自身所处的学科环境对产业升级的内容提出看法和观点，从而使得产业升级作为一个经济学的重要范畴，尚无公认的定义。从宏观层面看，产业升级被诠释为产业结构的升级，即国民经济结构中资本和技术份额的不断增长，并逐步淘汰低资本、低技术的产业，从而不断优化产业结构的动态过程。该观点着重关注国民经济结构中不同类型产业之间的比例关系。该观点成型于1940年Colin Clark的《经济进步的条件》一书中，而后被归纳为配第—

克拉克定理，属于发展经济学中产业结构演变规律的学说。从微观层面看，产业升级被诠释为企业或经济体以代工生产、原始设计生产和自有品牌生产的路径（OEM – ODM – OBM），不断提高产品的附加值，增长企业或经济体的获利能力的动态过程，是产品从劳动密集型逐步向资本密集型和技术密集型过渡的发展趋势。该观点是以全球产业价值链为视角进行阐述的，并着重关注企业生产力和产品竞争力的提升，Humphre 和 Schmitz（2002）对这种提升进行了更微观的细分。全球产业价值链的提出始于 1985 年 Michael Porter 的《国家竞争优势》一书。由此，基于全球产业价值链视角的产业升级描述也出现较晚，主要由 Dieter Ernst（1998）和 Gary Gereffi（1999）分别提出，属于国际贸易学的研究范畴。以下将重点介绍产业升级的经典理论以及各理论的关注点、差异性和局限性。

1. 宏观视角下的产业升级理论

结构主义发展理论将产业升级视为产业结构的变化，并依据产业转换和经济发展内在驱动力的不同，可以大致分为两类：比较优势理论和技术创新理论。

最早的产业结构理论是三次产业理论，该理论将国民经济分类为三次产业，即农业、制造业和服务业，这一理论是由 Allan G. B. Fisher（1935）最先提出，而后由 Colin Clark 和 Jean Fourastié 对该理论进行了发展，Fourastié 更规定了不同经济发展阶段三次产业的比例，Lewis（1954）将产业结构划分为劳动性部门与资本性部门，从劳动力供给量与供给价格方面，比较了古典模型与凯恩斯主义模型的区别，描述了资本性部门扩张所引起的产业结构变化导致的劳动力供给过剩向劳动力供给不足转变的过程，并阐述了"刘易斯拐点"的理论内容。Hollis Chenery 和 Moises Syrquin（1975）合著的《发展的型式，1950—1970》中研究了 1950—1970 年间 100 个国家的发展途径，着重关注各个国家的资源配置、人口过渡和贸易发展的趋势，综合运用了时间序列和横截面的回归方法，提出了依赖于规模效应的大国型式和资源效应的小国型式，得出了连续的产业结构变化必然带来国民收入的增加，以及发达国家与发展中国家存在截然不同的产业结构等结论。Michael Porter（1985）的《国家竞争优势》一书中涉及的产业升级内容较为复杂，包含了贸易环节的比较优势理论、国家案例中的要素分配与经济发展阶段属于宏观的范畴而产业案例中产品竞争优势则属于微观的范畴。综合书中涉及的一系列竞争案例，Porter 所阐明的依然是资本与技术向具有比较优势的，生产力较高的产业转移的思想，因此被划分在产业结构理论之中。Simon Smith Kuznets（1999）在《各国的经济增长》一书中考察了发达国家中劳动力在三个部门中的分配，劳动生产率对产业结构变化的影响，以及产业结构变化带来的经济增长以及对社会形式、法律环境以及政治制度的一系列影响。

比较优势理论其最初的基础源于比较优势贸易理论，即由亚当·斯密与大卫·李嘉图逐步构建的以劳动生产率差异为基础，以国际分工为现实依据的古典贸易理论以及 Heckscher（1919）与 Ohlin（1933）先后拓展的要素禀赋理论。自 20 世纪 80 年代开始，得益于产业组织理论的发展，Dixit 和 Stiglitz（1977）、Dixit 和 Grossman（1982）、Grossman 和 Helpman（1991）、Brander 和 Krugman（1983）、Krugman（1999）等一系列国际贸易理论领域的重要拓展，为新贸易理论的成型与诞生奠定了基础。新贸易理论从生产环节出发，将规模经济与不完全竞争作为国际贸易的原因、结构与结果的解释因素，并从中引导出了规模收益递增与技术可获得性差异等概念，为发展中国家实施产业规模化，垂直专业化，保护幼稚产业等产业升级策略提供了理论基础。林毅夫（1993）在《论中国经济改革的渐进式道路》中就以比较优势理论为依据，指出中国优先实施发展重工业的战略，并不适宜我国劳动力资源密集的要素禀赋特征，并认为"产业结构背离资源比较优势压抑了经济增长速度"。林毅夫（1999）在《中国的奇迹》一书中再一次提及"产业结构决定于资源比较优势"的观点，依此可以作为比较优势理论在我国产业升级过程中运用的一个注脚。

技术创新理论强调在经济发展过程中，技术创新对产业结构的调整与重塑作用，并实现内生的不断增长的产业升级过程。Schumpeter 的经典著作《经济发展理论》（1912）和《资本主义、社会主义与民主》（1942）被学界视为技术创新理论诞生的标志。Schumpeter 在书中提出的"创造性破坏"形象地描述了技术创新对产业结构调整和产业升级影响的剧烈程度。Solow（1957）的新古典外生增长理论即是建立在技术进步的思想之上。Hischman（1958）在《经济发展战略》一书中"单个企业的效率与成长"章节中涉及了技术创新的内容,并认为促进企业盈利的关键因素是"竞争"与"技术进步"。W. W. Rostow(1960)在其著作《经济增长的阶段：非共产党宣言》中详细描述了国家从"起飞"到"走向成熟"过程中的产业导向,并认为引领增长的主要部门具有"创新或利用新的有利可图或至今尚未开发资源的可能性,将造成很高的增长率并带动经济中其他部门的扩张"。伴随着观察视角的不断微观化,依托于Paul M. Romer (1986,1999)和Robert E. Lucas(1988)开创性的宏观经济研究,内生增长理论将技术进步的原因从外生改变为内生,即经济体内部的知识进步与人力资本积累,强调生产环节中的学习与创造过程,并指出产业结构的调整将从制造业向高新技术产业与服务业转变。

2. 微观视角下的产业升级理论

全球产业价值链是在全球经济一体化,全球分工体系日臻完善的基础上出现的新兴产业升级理论,该理论关注于经济体嵌入全球产业价值链的程度与企业从生产低附加值产品向高附加值产品攀升的过程。依据观察视角的不同,依托于全球产业价值链的产业升级理论可以被区分为两类：产业链升级与产品空间升级。

产业链升级最具代表性的研究成果包括：Gary Gereffi(1994,1999)提出的二元动力机制说,该学说认为,产业链升级的驱动力来自生产者和购买者。生产者驱动拥有技术优势,并意图形成垂直分工体系;购买者驱动拥有品牌优势,追求更大的市场需求。该学说为企业的产业链升级路径提供了指导。Dieter Ernst(1998,2000,2001,2004)、Humphre和Schmitz(2002)、Shuk Ching Poon(2004)则基于更细致的产业链升级分类考察和讨论了企业在全球产业价值链背景下的价值链升级模式。

产品空间升级演化自内生增长理论,关注产品空间分布对国民经济增长与国家比较优势的影响。Aghion和Howitt(1992)依据Schumpeter的"创造性破坏"过程,基于内生增长理论,构建了异质性产品模型,结论认为企业追逐垄断利润而实施技术创新,推出新的中间品,并取代市场现有的产品,该过程描述了产品空间的更新与产业升级的路径。Hausmann和Klinger(2006)讨论了产品空间对一国产业结构转型的影响,并认为产业结构转型的速度取决于该国比较优势产品的空间密度,并决定了该国产品空间从低附加值区域向高附加值区域趋近的速度。Hidalgo（2007）观测了产品空间的相关性网络，并发现产品空间是以高附加值产品为核心向低附加值产品不断扩散的结构，由于低附加值产品位于产品空间的边缘，这就阻碍了发展中国家的产品空间升级，从而使得发展中国家经济增长迟缓。

（二）转型升级视角的市场与政府关系：排斥—替代—补充

在结构主义学派于20世纪50年代将结构视角纳入经济学研究之前，包括增长理论在内的主流经济学长期缺乏经济内部的结构内涵。然而从真实世界来看，发展中经济体内部存在与发达经济体迥异的且广泛的产业结构异质性，追求产业结构的调整、升级与趋同成为发展经济学创立以来的研究主线。总体来看，市场与政府在推进结构转型升级的关系可归结为三个维度：排斥、替代、互补。

1. 市场与政府恪守边界的排斥

政府与市场在推动经济发展中存在的边界思维根植于斯密"看不见的手"市场原理，并在后续主流经济学理论界和经济发展政策中，具有牢不可破的深刻影响。从古典主义、新古典主义、奥地利学派到20世纪80年代新自由主义发展经济学，均认同市场与政府存在严格的作用边界，在边界外则呈现不可调和的排斥关系。在古典主义中，政府仅承担国防、法治以及公共基础设施的基本职能，新古典主义以及新自由主义发展经济学则承认在"市场失灵"条件下，政府可在"市场失灵"领域发挥作用，如外部性的内部化、宏观调控等，奥地利学派经济学则将政府的功能进一步缩小至国防与法治的最小政府。

上述经济学理论中一个共同特征是，均不涉及中观空间结构、产业结构以及微观企业结构层面的结构化事实，这与广大发展中经济体内部存在与发达经济体迥异且广泛的产业异质性、结构刚性不相兼容，信守自由主义传统的政府很难对落后经济体的产业结构低端等锁定现象发挥作用。

2. 政府对市场的越界替代

在推动产业转型升级进程中，政府对市场的越界替代关系主要体现在20世纪五六十年代的结构主义发展经济学理论主张及其实践当中。结构主义理论认为发展中经济体存在普遍的市场发育不足特别是市场自发的资本投资匮乏，需要大规模的结构调整和经济结构的变化，通过结构变化实现经济宽化。国家则在资本动员、信息供给方面具有市场不可替代的优势，并且认识到发展中经济中存在的二元结构即第一产业以及劳动力配置的低效状态，因此政府应对经济施加有力的干预，加强国民经济计划性，强制向工业部门配置资本。

在结构主义发展经济学理论指导下，战后大量发展中经济体尤其是东欧、东亚、拉美国家普遍强化政府在资源配置和产业中的地位和功能，通过严密的经济计划和产业发展倾向强制推进优先产业发展和转型升级。如日本在第二次世界大战后初期，采用了被称为"倾斜生产方式"为主的产业复兴政策，对煤炭、电力、化肥、钢铁等材料与能源产业在融资、税率、贸易等方面进行有针对性的重点扶持。在罗森斯坦-罗丹的大推进理论以及钱纳里的投资结构协调理论，认为政府协调投资将比基于市场信息和单个投资决策更有利于资源配置的整体效率。东欧、拉美等经济体在该结构主义指导下，普遍选择钢铁冶金、电力机械、基础化学、石油化工等资本密集型产业进行重点扶持发展，推动工业产业向重型化转型。

3. 政府对市场的有界补充

政府通过越界替代市场，通过外生力量强制推动产业转型升级，使东欧、拉美经济体在20世纪80年代付出了效率低下、资源浪费、增长停滞的代价。新结构主义通过吸收传统结构主义和新古典主义其中合理成分，开始强调政府协调力量和市场竞争力量的互补作用，主张"一种选择性的、战略性的、对市场发挥补充作用的新型国家干预模式"。基于产业间或产业链视角的战略互补性，Sunkel（1993）、Ocampo（2002）新结构主义学派仍然主张在机械装备、石油化学等上下游联系较大的产业进行支柱产业培育，以增强整个产业链的国际竞争优势，但是在市场化企业对不同行业的进入选择上，开始认为政府的作用必须是"外接的"，从而避免政府对市场配置资源效率的损害。林毅夫等（2012）则主张依据经济体内要素禀赋结构进行重点产业培育，但政府的作用重心主要在"市场失灵"领域，即通过构建相匹配的软硬基础设施环境，弥补"市场失灵"，从而获得与要素禀赋优势契合的持续的产业结构转型升级。

（三）经典产业升级理论的局限

上述有关产业升级的经典理论涉及了产业升级的诸多方面，从宏观观察到微观分析，从产业结构到全球产业价值链，究其理论发展的进程可以发现，产业升级理论的发展脉络是国际贸易的发展、全球一体化的进程以及相关经济学领域研究突破的综合成果，遵循着由内部逐渐向外，由整体不断细化的逻辑过程。早期的产业升级理论关注一国产业结构调整，受限于当时的研究工具，其核算方法多以国民生产总值，劳动力分配在三次产业间的份额作为指标，以历史经验数据作为理论支撑，代表学者有 Hollis Chenery 和 Moises Syrquin（1975）、Michael Porter（1985）、Simon Smith Kuznets（1999）等。此类产业升级理论较为粗疏，仅从现象本身归纳规律，其产业升级路径仅适用于样本国家，缺失对发展中国家经济发展破局的理论指导意义。中期的产业升级理论则关注于贸易领域，这与全球一体化的时间是同步的，并明显地受到了"东亚奇迹"的影响，包括早期以日本、"亚洲四小龙"为代表，后期以中国为代表的经济迅速增长，代表学者有 Heckscher（1919）、Ohlin（1933）、赤松要（Kaname Akamatsu，1935）、小岛清（Kiyoshi Kojima，1973）、Krugman（1983，1999）、林毅夫（1993，1999）等。此类产业升级理论将原本局限于一国的产业结构扩展到了全球视野下，将原本局限于发达国家的样本拓宽到了准发达国家与新兴发展中国家的样本之中，较之早期的产业升级理论已有了巨大的进步，但此类基于贸易理论的产业升级路径以要素禀赋与比较优势为国与国之间差别的首要标准，产业转移理论存在西方中心论的倾向，容易踏入形而上的误区，忽略了政治、文化、法律等诸多因素，同时也漠视了人、企业等社会微单元的能动性与自主决策性。随着全球产业价值链的发展与内生增长理论的诞生，宏观经济学开始不断吸纳微观元素，产业链升级与产品空间升级这两个学说正是在这样的背景下诞生，代表学者有 Aghion 和 Howitt（1992）、Gary Gereffi（1994，1999）、Dieter Ernst（1998，2000，2001，2004）、Humphre 和 Schmitz（2002）、Hausmann 和 Klinger（2006）等。此类产业升级理论从微观个体的决策出发，以趋利的理性人假设为依据构建模型，强调消费者、生产者与政府等多个部门之间的决策平衡，依此为政府产业升级政策提供指导。此类产业升级理论的局限在于模型的复杂程度难以描述整个社会的各个方面，从而丢失了许多宏观要素，存在理论模型偏离实际的问题。同时，政府的产业政策需要考量整个社会的发展状况，仅以产业链和产品空间作为视角，存在因小失大的可能性。综上所述，任何的产业升级理论都是学者以自身所处的时代环境、理论背景、研究工具为依托，推导出的具有局部普遍性的成果，其学说内容各有优劣。

综上所述，关于市场与政府在推动经济发展中的关系，自斯密创立经济学以来，便持续处于经济学各学派的讨论核心，两者关系不仅根据理论机制变迁而不断演变，并且随着时代现实问题和不同经济体特质而不断变化，如约瑟夫·斯蒂格利茨（2014）所言，"政府与市场二者之间需要一个平衡，这种平衡点在不同国家、不同的发展阶段又各不相同，因此这个问题还没有一个统一定论"[①]。在研究浙江省产生路径的过程中，对经典理论的兼收并蓄是十分必要的，而以此为行动指南或纲领则失之偏颇。

第二节 产业转型升级"双驱动"模式的理论提出

前文关于产业转型的实践与理论研究均已表明，产业转型升级过程中的政府与市场作用缺一不可，特别是政府与市场的作用在产业与技术转型不同阶段具有不同表现和相互地位，但当前无论是欧美学派还是以日韩等为代表的东亚学派，对政府市场在推动产业转型升级过程中的作用机制的理解均未得到令人满意信服的刻画。

从理论机制上来看，对产业转型升级的经济分析长期停留在历史数据的统计特征描述和典型化事实的捕捉上，缺乏企业层面的微观决策过程解析。特别是进一步地，将产业转型升级过程放在处于技术落后地位的发展中经济体向发达经济体产业技术形态趋同收敛的环境中进行整合一致分析。从实践上看，浙江从改革开放以来的产业转型升级过程，政府与市场均发挥出较好的协同作用，并在不同阶段两者关系具有动态调整特征，这为开展政府市场关系研究提供了天然案例。

本节即依据浙江产业转型升级过程中提供的典型事实以及政府市场作用演化特征，对政府与市场在推动产业转型升级中的"双驱动"特征进行

[①] 姜红：《不平等现象加剧是新兴国家面临的一大挑战——访诺贝尔经济学奖得主、哥伦比亚大学教授约瑟夫·斯蒂格利茨》，《中国社会科学报》2014年4月28日。

理论抽象，构建严格的产业转型升级理论框架，阐明"双驱动"模式推动产业转型升级蕴含的理论要义、可能路径，并在第四节以数理模型进行论证，第四节则给出经验验证，进而勾勒出"双驱动"模式的完整分析框架。

一 "双驱动"模式的理论内涵：产品二重空间学说

（一）产业转型升级的困境及其微观机制

从企业视角看，产业转型升级的实质，是企业将其投入要素不断地从低附加值、低技术的产品生产转向高附加值、高技术含量的产品生产转型行为。从企业选择产品转型或技术升级行为的原始动机来看，追逐利润最大化，获得市场竞争优势仍然是解释和分析企业选择转型升级行为的出发点和有效切入口。

收入弹性更大、技术含量更高的新产品会带来比传统产品更高的收益，在利润最大化驱使下，企业具有自发选择转型升级的激励。但在下列条件下，企业并不能自发平滑地完成新产品转型，主要面临几个转型困境。

情景1：基于现有产品和技术累积状态，企业开发新产品、新技术需要额外面临难以承受的风险不确定以及成本支出。当融资能力受限或者金融市场不匹配时，企业将无法实现新产品开发，进而不能实现转型。

情景2：假定企业可以承受开发新产品的巨大成本，但一旦开发出来，形成关于新产品生产的知识信息，便难以避免被模仿竞争。特别是当开发成本足够大，以至于在预期收益不足以弥补开发成本时，企业将停止开发新产品。

情景3：企业转向新产品，除第一阶段的开发成本外，还包括第二阶段的单位生产成本，当新产品的要素投入结构与全社会平均要素禀赋结构脱节过大，导致单位生产成本巨大，此时，若新技术新产品的需求价格弹性极敏感，价格略微提高，需求便大幅下降，最终新产品利润可能无法超越现有在位产品，从而使企业失去转型升级激励。这是以新结构经济学视角解释产业转型失败的一个逻辑（林毅夫，2012）。

情景4：对于生产成本大的新产品，若因需求价格弹性敏感导致市场需求小，那么规模经济也狭小，生产成本难以压缩。这是马歇尔规模效应的视角（马歇尔，1890；克鲁格曼，1985）。

情景5：最后，对于开发出的质量升级型或全新产品，即使生产成本低、需求较大、价格较高，但将对在位产品的市场份额构成侵蚀，此时只要单位新产品的收益不够高，就难以覆盖新产品转型成本和对原在位产品的替代成本构成的总成本，企业仍没有动机进行产品升级，这是阿罗替代效应（Arrow，1962）和多产品利润侵蚀效应（Bernard，2006）的观点。

在市场竞争和利润最大化的经典市场环境下，企业具有自发的研发创新和转型升级激励，但只要在现实中面临上述五个转型困境的任意一到两个情景，企业便失去动机或能力进行产品转型升级。不幸的是，上述五个情景不仅在转型后发经济体中普遍存在，而且也在发达经济体中大量存在，并且往往是多个情景重叠存在，这可能正是在现实中观察到的，大量后发经济体难以实现持续的产业转型升级以及发达经济体产业转型升级缓慢的微观机制。

（二）产品二重空间学说中的转型升级：一个发展经济学的新视角

1. 新结构主义学说

新结构经济学认为，依据动态变化着的禀赋结构，企业在下一个时点将产品生产转向匹配下一时刻全社会平均要素禀赋结构的新产品，将可以在最小生产成本组织生产，获得比较优势。然而，市场需求结构也会随着收入水平和要素禀赋状态发生变迁，如果下一个时点上新产品面临的需求价格弹性足够敏感，那么，即使不计算研发成本，单位新产品利润可能并不如在下一个时点仍然生产上一个时点的产品。在该经济环境下，企业将失去微观激励进行转型。反过来而言，即使因要素禀赋结构不匹配导致生产成本较大，但只要需求价格弹性足够支撑较高的产品价格，就仍有可能获得更大的利润，从而激励企业转型。

从发展中经济体的经济发展历史来看，新结构经济学确实可以解释包括中国和东欧国家在内的诸多转型经济体，在计划经济时代因政府强制在资本严重短缺情景下，主导生产重化工业面临的不可持续困境，但不能解释大量低收入经济体在类似市场经济环境下却不能自发实现产业转型升级。当然，新结构经济学的贡献在于重新发现和肯定了政府在产业转型升级中的不可缺失。

2. 产品技术二重空间学说

本书的贡献在于，提供了一个解释产业转型升级，并纳入市场与政府关系分析的发展经济学的新视角。基于对要素固定比例的列昂惕夫生产函数理论、质量阶梯升级的新熊彼特主义增长理论以及产品空间理论提供的启发性见解，我们构建了一个关于产品的要素技术二维空间学说：

不是一般性，产品 i 的生产函数如下：

$$y_i = A_i F(K_i, L_i) = A_i \lambda_i F(k_i) \tag{3-1}$$

不同产品之间，不仅存在要素投入比例 λ 的异质性，而且存在生产技术 A 的异质性，不同产品之间存在距离不同的技术相似性，产品自身的技术也存在反映技术水平高低和满足"稻田条件"的技术阶梯（Aghion et al., 2012）。在上述标准假设环境下，我们施加一个新的重要假定是，产品的技术水平并非均匀分布，而是俱乐部式分布，或者呈现"技术群体结构"（关满博，1993）。在每个俱乐部分布的内部，产品间的技术距离相近，相似性高，技术距离越相近，则技术转换和产品转型的成本越低（Hausmann et al., 2006）。据此，产业转型升级可得到一个新的解释逻辑，即在技术跨越距离较小的相似产品之间，以及产品内技术阶梯过程的平滑阶段，企业基于现有产品的技术累积状态，实现向新产品的技术转换成本以及产品自身的技术升级成本均较小，在自由市场竞争环境下，可以推动企业自发地向新技术平滑升级和向新产品转型，实现最高的资源配置效率。

但是，由于技术的俱乐部式分布和同一技术轨道开发的"稻田条件"，当企业基于现有产品向新的俱乐部产品转型，以及在接近"稻田条件"末端阶段向新的技术阶梯跳跃时，如图3-3中由产品俱乐部 P_1 群向 P_2 群转型时，自由市场竞争容易出现"市场失灵"，难以驱动企业自发转型升级。其原因可能来自转型升级困境的情景1、情景2以及情景5的叠加出现。由于技术差距较大，基于现有技术进行新技术开发的研发成本巨大，并且阿罗替代效应的存在，以及外溢效应的不可避免，导致转型收益往往难以覆盖转型成本。此时，企业失去激励开发新技术和向新产品转型。当企业一旦陷入相邻产品构成的产品俱乐部群内持续无法转型升级时，便陷入现实中的产品转型升级停滞和国际分工锁定状态。

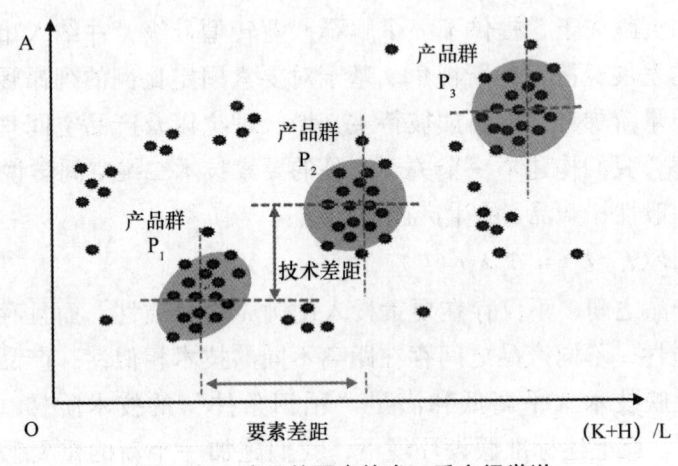

图 3-3 产品的要素技术二重空间学说

二 产业收敛过程中"双驱动"模式的一致刻画

自第一次工业革命以来，经济增长的主体部分是新产业的不断涌现扩展和既有产业的持续迭代升级。新古典增长理论指出在资本边际收益下降规律条件下，各经济体收入水平将呈现条件趋同，20世纪90年代以来的新增长理论则指出企业将不断向更高技术水平的产业拓展升级。

从产业的国际比较现实来看，当前美、欧、日等发达经济体的主体产业大多为高资本密集度（含人力资本）、高技术含量产业，而发展中经济体的主导产业则主要为低资本密集度、低技术水平产业。发展中经济体向发达经济体的转型，浅层表现为从低收入向中等收入再向高收入的提高过程，深层则表现为产业结构不断从低资本密集度、低技术含量向高资本密集度、高技术含量的转型升级过程。产业的转型升级过程是现代经济增长的实质，不仅是推动收入增长的主导力量，而且转型升级本身的动力机制、演变路径都更加复杂。

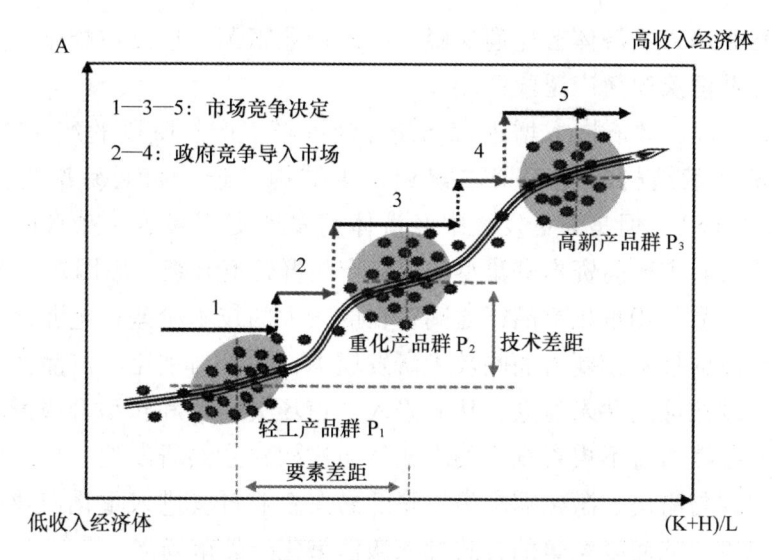

图3-4 政府市场"双驱动"下的产业收敛过程

从产品二重空间学说视角来看，从落后经济体的低资本密集度低技术产品向发达经济体的高资本密集度高技术产品存在多个非连续的俱乐部式产品群，产品群内部的各产品之间的要素密集度、技术含量的异质性并不明显，产品转型成本较低，市场竞争可以有效驱动企业平滑转型升级。但在跨产品群进行转型升级时，由于巨大技术差距导致的研发成本、替代效应以及新的产品基础公共配套成本等构成的转型成本往往超越企业转型升级的预期收益，陷入转型升级困境，该情景下，政府可通过外部需求引导、公共研发池供给、基础设施配套等降低潜在企业的转型成本，从而大幅度提高企业吸收、开发新技术以及向新产业转型的速度，实现落后经济向发达经济体的不间断、无衰退的产业快速收敛过程。

具体来看，一个落后经济体向发达经济体的产业转型升级或收敛趋同过程可划分为五个阶段。

第一阶段：政府支撑市场决定期。落后经济体在经济发展起初阶段，技术积累和资本禀赋均较低，在市场进入自由和竞争环境下，企业一般会选择进入劳动密集型、技术门槛较低的轻工产品制造业。从落后经济体特别是转型经济体的产业经济史实来看，政府一旦推动市场化制度供给，市场竞争将驱动该经济体首先迎来轻工业的产业繁荣。这已被配第一克拉克定理、库兹涅茨规律广泛验证。

第二阶段：政府嵌入增进市场期。经历轻工产品阶段的产业繁荣后，社会要素禀赋结构将随着资本累积发生结构变迁，如刘易斯拐点现象（Lewis，1968），但是大量发展中经济体的发展史实揭示，在自由市场环境下，并没有实现向资本密集型的重化产品群转型升级。原因在于图3-4所示轻工产品群和重化产品群之间存在的较大的技术阶差，企业自主开展重化工产品的技术创新将面临较大研发成本，并且与重化工产品消费相对应的匹配设施可能并未建立，从而陷入"市场失灵"和转型升级困境。此时，政府可以通过不损害竞争的方式，通过构建公共研发池、扩大外资先进技术引进与溢出、激励需求等，降低潜在企业自发进入重化产业面临转型升级成本，从而以竞争的方式导入激活重化产品市场。

第三阶段：政府支撑市场决定期。一旦越过重化产品群的公共知识与技术门槛，重化产业的技术与要素条件均成熟，市场竞争将再次主导驱动企业在重化产品群内部快速的产品创新、技术升级，并通过市场筛选实现资源再配置，政府则退出激励，从激活导入市场转向构建完整的市场框架，支撑维护市场竞争的资源配置作用。第二、第三阶段对低收入经济体异常重要，顺利实现转型意味着进入高收入经济体，否则极容易陷入"中等收入陷阱"。

第四阶段：政府嵌入增进市场期。与前一个增进市场期相比，新的增进市场期或者新的转型期，面临的困境不仅是发达国家的高新产品群与重化产品群之间的技术差距，这使得经历过重化产品群的企业进行自主的新兴产品研发创新风险巨大，并且对既有高技术产品的模仿学习面临较大的国际知识产权封锁。在自由市场竞争环境下，企业难以自发转向高新产品群的研发生产。此时政府通过针对在位以及已有明确端倪的主导型高新产业，通过协调构建产学研公共研发系统、从消费端扩大高新产品市场需求、竞争兼容型的研发补贴等行为，降低企业自发向高新产品群的研发风险和转型成本，扩大并增进高新产品市场竞争，从而加快潜在企业转向高新产品市场。

第五阶段：政府支撑市场决定期。进入该阶段，经济体已达到国际技术经济前沿，与发达经济体同步开展新产业竞争。由于此阶段的新产品开发面临更大的不确定性风险，只能通过企业在高新技术产品间密集的行业进入退出和频繁试错创新，通过市场的竞争和筛选，降低产业这一中观层面的不确定性，提高技术创新和产品升级速率。此阶段，对于已显露端倪的部分新兴产业，政府仍可通过竞争兼容方式嵌入增进市场，夺得新产业竞争优势。对于大部分不确定的未知新兴产业，政府则应避免有明显歧视性的、选择性的产业激励导向，并将重点放在人力资本、尖端基础知识、风险金融等创新要素的凝聚培育以及构建起确保创新要素自由流动的机制环境，支撑企业自发组织创新要素，开展自由创新竞争。

三 "双驱动"模式下产业转型升级的路径选择

基于产品技术二重空间学说的"双驱动"模式提供了产业转型升级的一般机制，在不同地区以及不同地区的不同阶段，产业转型升级的具体路径可能存在不同。一般来看，可划分为三大类基本路径。

（一）产业内转型升级

企业在不熟悉其他产业领域情景下，基于对本产业的生产经验和技术积累，一般会优先考虑在本产业内的转型升级。随着全球化的深入，当今国际分工已经从产业间的国际分工转向产业链内部分工甚至工序分工，后发经济体企业往往通过主动嵌入或构建产业链与价值链，在产业内实现价值链的转型升级。

1. 嵌入价值链的外源式升级路径

（1）全球购买者导向型

外源式的价值链升级路径主要是指企业通过承接国际产业链模块转移，嵌入到全球价值链分工中，然后吸收利用跨国购买商通过价值链渠道传递的先进技术溢出，逐渐从下游组装环节向上游技术研发以及核心零部件的开发生产等高技术、高附加值环节转型升级。

（2）全球生产者导向型

全球生产者导向的产业链与价值链升级，指嵌入全球产业链的代工企业与同在该产业链上的国际主导企业建立合作关系，吸收利用产业链和价值链治理产生的信息流动、知识外溢以及动态学习效应，通过与跨国公司合作创新，提高企业的技术研发能力，实现企业从代工生产环节到自主开发建设的技术与价值升级。

从产品技术二维空间学说视角来看，无论全球购买端还是全球生产端的外源式升级路径，仍然遵循同样的转型升级逻辑。当价值链上购买端和生产端传递的技术水平与后发企业的技术状态存在较大差距时，那么即使在同一价值链上，市场竞争也难以驱动本国下游企业与国际上游企业之间实现自发的知识对接和转型升级。政府的作用在于通过构建公共对接平台、信誉环境以及人力资本培育，降低企业向高附加值、高技术环节升级面临的转型成本。

2. 构建价值链的内源式升级路径

内源式升级路径是指企业以自主技术创新为基础，通过资本、技术的不断积累，不断向产业链的高技术、高附加值环节拓展，逐步完成完整价值链的构建，实现产业的内生性升级。

（1）要素逆转型

要素密集度逆转的升级路径是指由于劳动力要素成本上升，促使很多企业寻找其他要素（如资本、技术）来替代劳动力要素，同时企业为了增加效益，增加设备和技术投入，提高了要素投入中的技术比例，由此实现了同一产业的产品从劳动密集型产品转换为资本密集型产品（黄先海，2008），即通过要素密集型逆转实现产业内升级。

（2）跨国并购型

跨国并购型升级路径是指企业直接通过兼并外国股权或资产，获取外国企业的技术、品牌以及技术能力战略性资源。跨国并购型路径可以实现企业在产业内的跨越式转型升级。

相对于外源式升级，企业内源式的技术升级需要政府在"双驱动"关系中发挥更大的积极作用。无论要素逆转路径还是跨国并购路径，均意味着企业自主开发或购买使用新的更高技术推动产品升级。在要素逆转型路径中，由于要素禀赋变化导致的原要素使用状态的生产成本过大，市场竞争迫使企业采用新技术，但新技术采用涉及对原生产投入的替代效应，且新技术使用本身需要与新技术匹配的基础设施配套成本，政府的功能性介入可以降低企业在要素逆转型路径中采用新技术的转型成本，从而协同推进企业在产业内的转型升级。

（二）产业间转型升级

相对于产业内转型升级，产业间转型升级指的是企业在跨产业甚至跨产业群的生产与要素转移。根据其转型升级路径特征，可划分为市场需求跟进型升级路径、熊彼特率先产生开拓市场型升级路径与原始创新导致的产业发现型升级路径。

1. 国际市场需求跟进型路径

宏观上市场需求格局的结构变迁会对企业的产业再选择和转型升级产生强大的方向引领作用。微观机制上，原产业与新产业的市场需求对比变化，将使企业继续停留在本产业生产的机会成本变大，而预期转型收益增大，原产业的市场竞争程度提升进一步驱动企业转向匹配新需求的新产业。由于本地市场空间有限，以出口导向的浙江企业对国际市场需求变化保持高度敏感的市场需求，基于要素与技术积累，根据国际市场需求变迁换代是浙江产业间转型升级的重要路径。

2. 熊彼特率先产业开拓型路径

推动产业创新升级的供给面来自技术创新，技术创新可分化为两个层次，一是新技术的率先采用和大规模商业化利用，二是通过原始技术创新开拓发现新产业。由于自主研发能力较为薄弱，浙江大量中小企业采取的直接引进采用国际适用技术或前沿技术，并组织本地优势禀赋资源，实现快速产业化开发和商业化运营，从而实现向新产业转型升级，并在新产业取得竞争优势。

3. 原始产业创新发现型路径

原始产业创新发现型路径是产业间转型升级的高级形式，要求企业具备雄厚的原始自主创新水平以及主动创造市场需求能力。基于新一轮科学技术革命提供的新技术新产业不断涌现契机，部分浙江龙头企业开始主动捕捉下一代技术演进趋势，组织研发机构进行有针对性的新技术和新产品开发，逐步向智能制造、新一代互联网等国际前沿产业转型升级。

（三）产业集群转型升级

产业集群是浙江企业在空间上形成的特色格局，集群内部企业不仅表现为空间上的集聚，而且具有紧密的产业链上下游共同联系。产业集群整体转型升级具有特殊的内生动力机制，"市场与政府"双驱动模式在推动产业集群转型升级过程中也表现出异质性的作用方式、作用表现。浙江产业集群转型升级的路径具体可划分为网络自增强与再造型转型升级路径和"领导—跟随"型转型升级路径。

1. 网络自增强与再造型路径

现代产业集群与普通的企业区块的一个重要区别是，集群内企业间在原料、制造、技术、市场方面形成紧密的区域性的资源共享网络（如共享品牌、共享市场），新的企业加入将促使集群网络经济发挥和竞争优势增强，并将进一步扩大影响力吸引新的相关企业向集群集聚，此网络自增强效应一旦形成，将使集群内企业的运输成本、交易成本、新市场开拓成本显著降低，推动集群内企业不断向产业链高技术、新产品自发转型升级。

网络自增强效应从长期来看并非直线上升，而是随时间倒"U"型变化，从而导致集群存在生命周期，此时的自增强效应将演变为"自我锁定"的自减弱效应。从产品要素二维空间学说来看，集群内单个企业无力承担技术和产品转型带来的转型成本，即出现"市场失灵"，政府则可通过协调产业链治理、扩大创新激励推动集群网络环节再造，推动产业集群升级或向新的集群转型。

2. "领导—跟随"型路径

当产业集群内的企业网络并非匀质的垂直或水平分工企业群，而是形成龙头企业—中小企业构成的生态型网络，此时将进一步生成"领导—跟随"示范效应。领导企业或企业集团将在产业集群转型升级中扮演重要角色，"双驱动"模式的因应机制也随之改变。在产业集聚的成长期，随着核心企业成型和专业化市场的扩大，"领导—跟随"生态自发形成，处于核心层的骨干企业规模扩大，加工企业则自发在外围集聚。"领导—跟随"生态与网络效应一同构成"核心—边缘—网络"的非均衡的空间结构特征。大企业与小企业之间形成"领导—跟随"生态有利于产业集群的发展和演化，龙头企业的产业转型与升级对集群转型升级发挥

"领头羊"作用,政府可在龙头企业培育、龙头企业知识溢出与市场上发挥协调作用。

第三节 "双驱动"模式中的产业转型升级过程:理论模型

技术进步是推动一国经济发展的主要驱动力之一,如何更快实现对前沿经济体的技术赶超和技术差距收敛,是所有非前沿经济体在产业转型升级过程中时刻关注的内容。然而,事实证明,并非所有的路径都能够使发展中国家顺利地趋近于技术前沿,"技术追赶陷阱"与"中等收入陷阱"的存在使得许多盲目模仿前沿经济体市场制度与生产模式的国家陷入长期的增长滞缓。

黄先海、宋学印(2017)基于 Feenstra 等推出的最新 Penn World Table 和 Fraser 研究所提供的 Economic Freedom of the World Index 的数据,以巴西、印度、印度尼西亚、埃及、匈牙利、葡萄牙、泰国、土耳其、韩国、马来西亚、新加坡、中国、中国香港、中国台湾等 14 个国家或地区为样本,发现相比以"七国集团"(Uroup of Seven,U7)成员国为代表的国际技术前沿经济体长期以来的稳态增长,新兴工业化经济体(Newly Industrializing Economies,NIEs)在 1960—1990 年间均曾经历 20 年甚至更长跨期的经济快速增长,但随后的经济增长和技术差距收敛态势出现分化路径。极少量经济体继续向国际技术前沿靠近,已跨越"中等收入陷阱",目前基本处于收敛状态,其技术进步路径表现为"前期快速追赶→准技术前沿条件下竞争程度提高→后期稳步收敛"的模式,代表国家和地区有韩国、中国台湾等(见图 3-5)。大部分经济体则呈现增长率显著下跌状态,其技术进步路径表现为"前期快速追赶→在仍远离前沿条件下竞争程度提高→后期增长滞缓"的模式,代表国家和地区有巴西、印度尼西亚等。

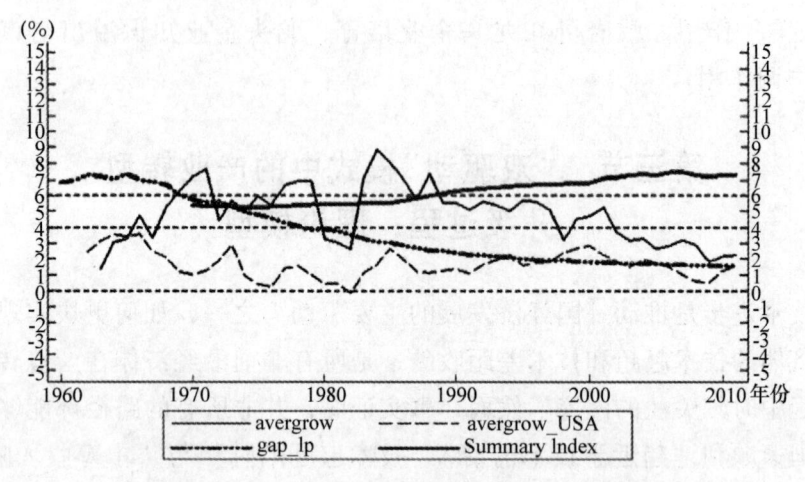

图 3-5 "NIEs"追赶型增长的典型路径 Ⅰ：以韩国为例

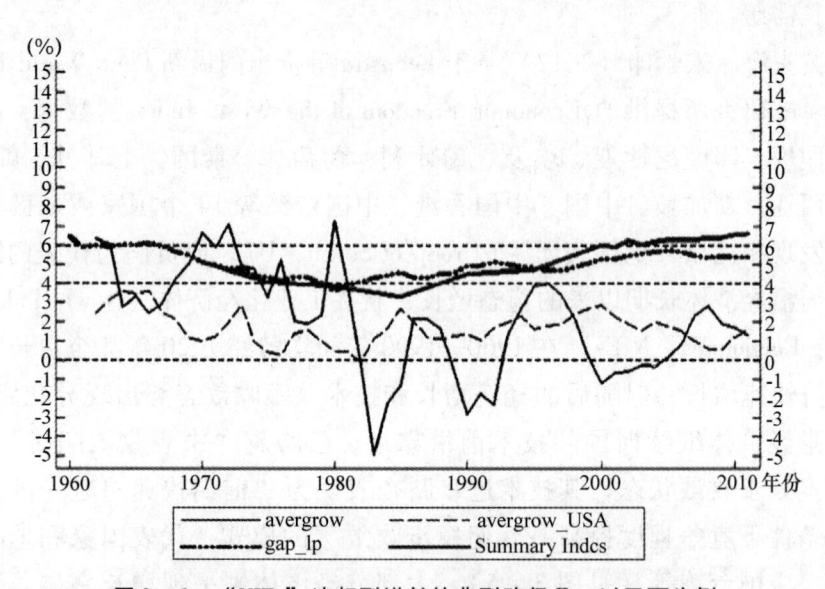

图 3-6 "NIEs"追赶型增长的典型路径 Ⅱ：以巴西为例

注：左纵坐标轴表示人均 GDP 增长率（avergrow）和同期美国人均 GDP 增长率（avergrow_ USA），右纵坐标轴表示与美国的技术差距（gap_ lp）和市场竞争程度（Summary Index）。

资料来源：*Penn World Table* 8.1 和 *Economic Freedom of the World*，2015。

据此，选择符合经济体自身技术水平与市场环境的产业升级路径，避免陷入"技术追赶陷阱"与"中等收入陷阱"是每一个经济体在面临产业转型升级路径选择时所必须慎重考量的。

以下模型整理自黄先海、宋学印（2017）的《准前沿经济体的技术进步路径及动力转换——从"追赶导向"到"竞争导向"》一文，为准前沿经济体在技术空间追赶和转换条件下的最优产业转型升级模式提供了清晰而有益的分析和指导。

一 技术差距条件下转型升级的基本环境设定

本模型是以 Howitt 和 Mayer（2005）、Acemoglu（2006）等的研究为基础建立的一般多部门熊彼特竞争增长框架，模型中存在 M 个国家，不失一般性，可划分为两种国家，一为技术前沿国家，二为非前沿国家，技术前沿国家已处于收敛状态，以固定增长率长期稳定增长在国家间产品或要素不流动，但知识及技术信息可以跨国流动。各国存在人口总数固定风险呈中性的 OLG 型个体，每期出生的个体存在三种类型：企业所有者、企业家和工人。企业所有者拥有企业所有产权且代际传递。企业家和工人在生存第 1 期，均无弹性地供给其劳动。经济生产过程存在最终品部门和中间品部门。关于最终品部门，经济体存在唯一的最终产品 Z，且为计价物最终品可用于生产中间品或可用于研发最终品生产函数为：

$$Z_t = L_t^{1-\alpha} \int_0^1 A_t^{1-\alpha}(i) x_t^{\alpha}(i) di, 0 < \alpha < 1 \qquad (3-2)$$

其中，L_t 为 t 时投入到最终品生产部门的劳动数量，将其标准化为 1。$x_t(i)$、$A_t(t)$ 分别为 t 时中间品 i 的投入量及其技术水平。最终品市场为完全竞争市场，可得到中间品 i 的反需求函数：

$$p_t(i) = \alpha L_t^{1-\alpha} \left(\frac{A_t(i)}{x_t(i)}\right)^{1-\alpha} P_z = \alpha \left(\frac{A_t(i)}{x_t(i)}\right)^{1-\alpha} \qquad (3-3)$$

中间品部门为领先—边缘企业组织结构，任意中间品市场均存在一个在位垄断者和众多边缘企业，中间品生产施行以最终品为唯一投入要素的转换式生产。在位垄断者的生产技术，以最终品投入的 1:1 型转换生产。边缘企业的生产技术水平较为落后，为 $x:1$ 型转换生产，中间品市场施行伯川德竞争（Bertrand Competition），自然地，垄断生产者的最优定价为略低于 x，从而取得整个市场，即有：

$$p_t(i) \equiv p \equiv x \quad (3-4)$$

其中，$1 < x < \alpha^{-1}$。可见，x 是刻画市场竞争程度的代理变量，x 越小，市场竞争程度越强。利用式（3-3），得到中间品 i 生产商的均衡产量、均衡利润，并利用式（3-2）得到经济体均衡总产出：

$$x_t(i) = \left(\frac{\alpha}{x}\right)^{\frac{1}{1-\alpha}} A_t(i) \quad (3-5)$$

$$\pi_t(i) = (x-1)x_t(i) = (x-1)\left(\frac{\alpha}{x}\right)^{\frac{1}{1-\alpha}} A_t(i) = \bar{\pi} A_t(i) \quad (3-6)$$

$$Z_t = \left(\frac{\alpha}{x}\right)^{\frac{\alpha}{1-\alpha}} A_t = \bar{z} A_T \quad (3-7)$$

其中，$\bar{\pi} = (x-1)\left(\frac{\alpha}{x}\right)^{\frac{1}{1-\alpha}}$，简单求导可知 $\bar{\pi}$ 是市场竞争程度 x 的严格递增函数。x 越大，$\bar{\pi}$ 越大，式（3-6）衡量的伯川德垄断利润就越大。

非前沿经济体的在位企业可以雇用企业家，同时利用技术差距吸收模仿国际前沿技术和自主创新两种方式推进技术进步。相比吸收模仿的确定性，自主创新存在失败的可能。在不导致混淆情况下，中间品部门 i 的在位垄断企业编号为 i，则在 $t-1$ 时技术水平为 $A_{t-1}(i)$ 的企业 i t 时的技术水平为：

$$A_t(i) = \begin{cases} \eta \bar{A}_{t-1}, & \text{概率为 } 1 - \mu_t(i) \\ \eta \bar{A}_{t-1} + \lambda A_{t-1}, & \text{概率为 } \mu_t(i) \end{cases}$$

得到 t 时企业 i 的预期技术水平为：

$$E[A_t(i)] = \eta \bar{A}_{t-1} + \mu_t(i) \lambda A_{t-1}(i) \quad (3-8)$$

其中，η 表示企业家对上一期世界前沿技术的模仿吸收能力，λ 则表示企业家立足于国内全部行业现存技术水平的自主创新能力。

企业在 t 时期初，需要在继续雇用 $t-1$ 时期的年老企业家和雇用 t 时期新出生的年轻企业家之间进行选择。年老企业家在 t 时期对上一期的世界技术知识具有较强的吸收模仿能力，但是通过原始创新推出 t 时期的新知识，需要付出的研发支出更大。为模型化这一经验事实，假设年老企业家的能力类型为 $[\bar{\eta}, \lambda, \bar{\gamma}]$，年轻企业家为 $[\underline{\eta}, \lambda, \underline{\gamma}]$，可知有，$\bar{\eta} > \underline{\eta}$，$\bar{\gamma} > \underline{\gamma}$ 表示不同类型企业家研发成本参数。

对式（3-7）左边积分，并简单变形，得到非前沿经济体 t 时期的技术进步速率：

$$g_t = \frac{\int_0^1 E[A_t(i)]di}{A_{t-1}} = \frac{\eta \bar{A}_{t-1} + \mu_t \lambda A_{t-1}}{A_{t-1}} = \frac{\eta}{\alpha_{t-1}} + \mu_t \lambda \qquad (3-9)$$

其中，$\alpha_{t-1} = \frac{A_{t-1}}{\bar{A}_{t-1}}$，表示 $t-1$ 时期非前沿经济体与前沿经济体的技术差距。上式右边第一项表明，技术差距存在追赶效应，第二项则表示创新效应。

企业无论雇用何种类型的企业家，t 时期研发成功概率 $\mu_t(i)$ 取决于当期的研发支出 $R_t(i)$。但区别在于，获得同样大小的研发成功概率，雇用年老企业家和年轻企业家的研发支出不同。即有：

$$R_t(i) = \begin{cases} \frac{1}{2}\bar{\gamma}[\mu_t(i)]^2 \bar{\pi} A_{t-1}(i), & \text{雇用年老企业家} \\ \frac{1}{2}\gamma[\mu_t(i)]^2 \bar{\pi} A_{t-1}(i), & \text{雇用年轻企业家} \end{cases} \qquad (3-10)$$

式（3-10）是我们与前述 Acemoglu 等文献的一个重要不同，Acemoglu 等直接外生假设，年老和年轻企业家的自主创新能力存在差异，本书则吸收内生增长理论的研发支出思想，认为企业研发成功概率与其研发支出紧密相关，从而将企业在技术差距条件下的研发行为内生化。企业在 t 时期如果选择雇用年老企业家，由于年老企业家具有较强的吸收模仿能力，式（3-9）反映了在技术差距较大条件下，雇用年老企业家将具有更快的经济增长和技术进步速率。本书将企业雇用年老企业家，利用技术差距吸收前沿技术溢出为动力的技术进步，定义为追赶导向型技术进步，企业雇用年老企业家的最优研发支出 $\mu_t^0(i)$，将满足下式：

$$\underset{\mu_t^0(i)}{Max}\bar{\pi}[\bar{\eta}\bar{A}_{t-1} + \mu_t^0(i)A_{t-1}(i)] - \frac{1}{2}\bar{\gamma}[\mu_t^0(i)]^2 \bar{\pi} A_{t-1}(i)$$

对上式进行最优化求解，不难得到 $\mu_t^0(i) = \frac{\gamma}{\bar{\gamma}}$，代入式（3-7），运算推出本书重要方程，追赶导向型的技术差距收敛动态方程：

$$a_t^0 = \frac{\bar{\eta}}{1+g^{world}} + \frac{\lambda^2/\bar{\gamma}}{1+g^{world}} a_{t-1} \qquad (3-11)$$

相应地，企业在 t 时期如果选择雇用年轻企业家替代上一期企业家，意味着市场竞争扩大。我们将企业在市场竞争环境下，以激励年轻企业家竞争创新为动力的技术进步，定义为竞争导向型技术进步。企业雇用年轻企业家的最优研发支出 $\mu_t^Y(i)$ 满足：

$$\underset{\mu_t^Y(i)}{Max}\overline{\pi}[\,\overline{\eta}\overline{A}_{t-1} + \mu_t^Y(i)A_{t-1}(i)\,] - \frac{1}{2}\underline{\gamma}[\mu_t^Y(i)]^2\overline{\pi}A_{t-1}(i) - k\overline{\pi}^2 A_{t-1}(i)$$

其中，$k\overline{\pi}^2 A_{t-1}(i)$ 表示企业为雇用年轻企业家，需要支付一定额外的年轻企业家搜寻与匹配成本。假定该费用与上期企业利润规模 $\overline{\pi}A_{t-1}(i)$ 成固定比例，比例因子为 $k\overline{\pi}$。雇用年老企业家则不需要这一成本。对上式进行最优化求解，得到 $\mu_t^Y(i) = \frac{\gamma}{\lambda}$，代入式（3-7），运算推出竞争导向型的技术差距收敛动态方程：

$$a_t^0 = \frac{\eta}{1+g^{world}} + \frac{\lambda^2/\underline{\gamma}}{1+g^{world}}a_{t-1} \tag{3-12}$$

两者相交于：

$$a^* = \frac{\overline{\eta} - \underline{\eta}}{\left(\frac{1}{\underline{\gamma}} - \frac{1}{\gamma}\right)\lambda^2} \tag{3-13}$$

追赶导向型和竞争导向型两种技术差距收敛曲线，可直观如图 3-7 所示。

在发展中经济体远离国际技术前沿的情景下，即当 $a_{t-1} \leqslant a^*$ 时，技术差距驱动的技术进步率和经济增速都更为迅速，但追赶型技术进步曲线与 45°斜线交叉点更低，一旦出现交叉，技术进步便出现过早收敛状态。可将该交叉点所对应的技术差距定义为"技术追赶陷阱" a_{trap} 值，解析得到 a_{trap} 的代数式：

$$a_{trap} = \frac{\overline{\eta}}{1+g^{world} - \lambda^2/\overline{\gamma}} \tag{3-14}$$

由此并推出命题。

命题1：非技术前沿经济体在其技术差距满足 $a_{t-1} \leqslant a^*$ 时，追赶导向型技术进步比竞争导向型技术进步可推动更快的技术差距收敛；反之则反。追赶导向型技术进步存在潜在的"技术追赶陷阱"值 a_{trap}。

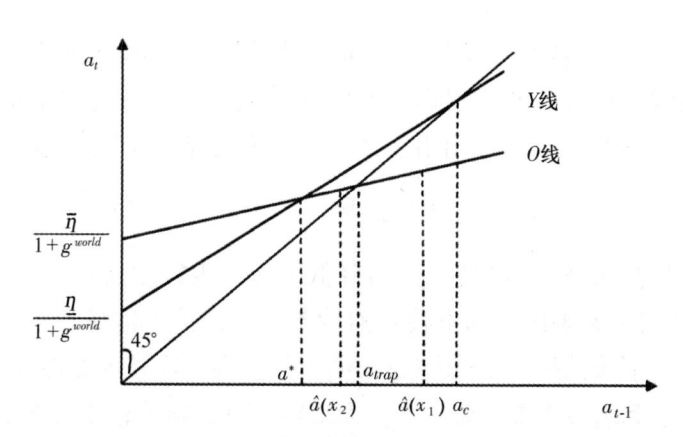

图 3-7 准前沿经济体的技术进步动力与"技术追赶陷阱"

注：Y 线、O 线分别表示竞争型或追赶型的技术差距收敛曲线，a_{trap} 表示追赶型收敛曲线可能面临的收敛陷阱。$\hat{a}(x_1)$、$\hat{a}(x_2)$ 分别表示市场竞争程度 x_1 降低为 x_2 的内生转型点，a_c 表示实现收敛状态下的技术差距。

二 最优转型升级过程中政府与市场驱动模式

根据图 3-7 显示，最优的技术进步路径，应该根据技术差距条件变化而转换动力。当 $a_{t-1} \leq a^*$ 时，非前沿经济体应转向技术差距驱动，而当 $a_{t-1} > a^*$ 时，应转向竞争创新驱动。然而，在微观决策机制层面，a^* 未必是促使企业发生动力转换的内生转型点。具体来看，当且仅当 $E[\pi_t^0(i)] \leq E[\pi_t^Y(i)]$ 时，也即下式（3-15）成立时：

$$\bar{\pi}[\bar{\eta}\bar{A}_{t-1} + \frac{\lambda^2}{\underline{\gamma}}A_{t-1}(i)] - \frac{\lambda^2}{2\underline{\gamma}}\bar{\pi}A_{t-1}(i) \leq \bar{\pi}[\underline{\eta}\bar{A}_{t-1} + \frac{\lambda^2}{\underline{\gamma}}A_{t-1}(i)] - \frac{\lambda^2}{2\underline{\gamma}}\bar{\pi}A_{t-1}(i) - k\bar{\pi}^2 A_{t-1}(i) \quad (3-15)$$

企业才会选择转向竞争导向型技术进步，求解内生转型点得到：

$$\hat{a} = \frac{\bar{\eta} - \underline{\eta}}{\frac{1}{2}(\frac{1}{\underline{\gamma}} - \frac{1}{\bar{\gamma}})\lambda^2 - k\bar{\pi}} = \hat{a}(x) \quad (3-16)$$

当企业家能力系数 $[\eta, \lambda, \gamma]$ 不变时，该内生转型点仅与利润系数 $\bar{\pi}$ 有关。

现在，假设 a^* 是判断发展中经济体处于远离技术前沿还是准技术前沿的识别标准。此时，我们可以分析市场竞争变量 x 在技术差距动态条件下，对远离前沿经济体、准前沿经济体之技术进步的不同作用。

由于，$\frac{\partial \hat{a}(x)}{\partial x} > 0$，得出以下引理。

引理：提高市场竞争程度 x，将降低企业内生转型点 $\hat{a}(x)$。

图 3-7 清晰刻画出在远离技术前沿条件下，扩大市场竞争，导致内生转型点 $\hat{a}(x)$ 降低所形成的技术进步绩效与后果。当技术差距 $a_{t-1} \leq a^*$ 时，经济体仍处于远离技术前沿阶段，扩大市场竞争，导致企业在技术差距更大的条件下，随即转向竞争导向型技术进步。由于此时技术差距引致的追赶效应，仍然在推进技术进步中发挥主导作用，技术进步动力的转换导致技术进步速度下降，这实际上导致经济体面临一种低水平竞争困境。

进一步地，联合式（3-6）、（3-14）、（3-16）得到：

$$x = f^{-1}(\bar{\pi}) \text{ and } \bar{\pi} \geq \frac{1}{k}\left[\frac{1}{2}\lambda^2\left(\frac{1}{\underline{\gamma}} - \frac{1}{\overline{\gamma}}\right) - \left(\frac{\bar{\eta} - \eta}{\bar{\eta}}\right)\left(1 + g^{world} - \frac{\lambda^2}{\underline{\gamma}}\right)\right]$$

(3-17)

将式（3-17）不等号右边代数式代入 $x = f^{-1}(\bar{\pi})$，得到一个经济体可规避追赶陷阱的最低竞争水平 x^0。如图 3-7 所示，当 $a_{t-1} > a^*$ 时，即经济体处于准技术前沿阶段，如果经济体的市场竞争水平，在其技术差距缩小至 a_{trap} 之前仍然没有超过 x^0，那么经济体将会陷入"技术追赶陷阱"，无法最终赶上世界技术前沿。技术增进的停滞，导致各要素投入不可避免地面临边际报酬回报率下降，进而出现"中等收入陷阱"。

需要指出的是，由于 η、γ 等企业家能力在短期内难以出现显著变化，观察 k、x 等市场环境变量的变化，对"陷阱"规避可能的影响，更具有比较分析和政策含义。由于 x 依 π 单调递增，可知如果 k 越大，x^0 将越小，最低竞争程度就越高，其经济直觉是明显的。如果企业搜寻更换新企业家需要支付的固定投入成本越大，企业就越没有动机雇用新企业家，即使此时面临更高的市场竞争水平，而模仿追赶效应随着技术差距缩小而逐渐趋弱，最终将导致增长动力衰弱，经济体落入"陷阱"的风险增大。相反，如果扩大企业家供给市场竞争，降低企业家流动黏性，k变小，x^0变大，同时扩大产品市场竞争，使x小于x^0，相应使得内生转型点$\hat{a}(x_1)$降低为$\hat{a}(x_2)$，那么企业便越有动机在陷入"陷阱"前，雇用具有创新能力的新一代企业家，转向竞争导向型技术进步。在该阶段竞争驱动的创新效应，将在技术进步中发挥主导作用，不仅可规避"陷阱"，并可推动向世界技术前沿进一步逼近。

综合上述机制分析，推出本书的核心命题。

命题2：当经济体远离技术前沿时，竞争引致的创新效应小于技术差距引致的追赶效应，扩大市场竞争将降低技术进步率；当经济体处于准技术前沿时，竞争引致的创新效应大于技术差距引致的追赶效应，扩大市场竞争将提高技术进步率。该命题实际上可以解释那些远离技术前沿经济体，因市场竞争过早过度扩大，无法充分利用追赶效应，陷入低水平竞争困境的状态，也可以解释那些已处于准技术前沿的经济体，因竞争引致的创新效应逐渐增强，扩大市场竞争将促进技术进步动力转换，推动技术水平进一步向国际技术前沿收敛，并支撑国民收入继续中高速增长的典型化事实。

发展中经济体普遍难以跨越所谓"中等收入陷阱"的一个深层原因，是在其技术差距基本面发生阶段性变化后，技术进步动力未能适时转换而陷入的"技术追赶陷阱"。因此，避免陷入"技术追赶陷阱"，也就是避免"中等收入陷阱"的基本途径。

对于远离前沿的经济体，追赶型技术进步可推动最快技术差距收敛，过度扩大市场竞争可能导致经济体陷入低水平竞争困境。但在准前沿阶段，追赶型技术进步存在潜在的"技术追赶陷阱"。此时扩大市场竞争，不仅可激励企业内生地转向竞争导向型技术进步，跨越"技术追赶陷阱"，而且竞争引致的创新效应能取得更高的技术进步率，加快经济体向国际技术前沿的收敛进程。在这一过程中，国家对市场竞争等环境变量的宏观调节，可在规避"技术追赶陷阱"，推动技术进步动力适时转换中，发挥重要的外组织功能。综观包括中国在内的新兴工业化经济体，在其高速增长时期的发展特征和经验，可归结一个共同的发展激励体系——追赶导向型技术进步激励体系。即通过有导向的大规模投资（物质体现型技术进步），有意识维持较弱的市场竞争，以及较弱的知识产权保护。较密集的外资引进和较集中的研发补贴，实现资本维度的快速积累和技术维度的快速模仿吸收，从而推进国民收入高速增长。但追赶导向型技术进步路径在准技术前沿阶段，具有陷入"技术追赶陷阱"的潜在风险。

第四节 "双驱动"模式下的浙江产业转型升级：实证研究

本节将以产业二重空间理论及其测算方法，考察浙江省的产品空间分布动态，了解浙江省产业结构现状下最优的产品升级选择与产业发展方向，结合政府与市场紧密合作的"双驱动"模式描述浙江省升级转型升级路径。

一 产品空间测算方法

产品空间（Product Space）是以演化经济地理学和空间经济学为基础，运用各国产品生产或贸易数据描述产品技术关联性网络的前沿理论。产品空间强调产品空间的非连续性和异质性，涉及比较优势、要素禀赋、技术关联、空间密度等有关产品特质的各个方面，讨论了技术距离制约、技术外部性、产品跳跃成本等有关产品升级的诸多内容。除了产品空间的经典文献 Hausmann 和 Klinger（2006，2007）、Hidalgo 等（2007）以外，近期的一些文献也从不同的区域样本与观察角度对"产品空间"理论进行了补充，例如，A. Abdon 和 J. Felipe（2011）关注黑非洲（Sub-Saharan Africa）地区的产业升级路径，J. Felipe 等（2012）的产品空间样本涉及129个国家，A. Jankowska 等（2012）研究了拉丁美洲深陷"中等收入陷阱"的问题，D. F. Kogler 等（2013）考察美国城市层面的知识积累，并以技术空间图作为分析手段，C. S. Hazir 等（2017）分析了2002—2007年间法国企业层面产业转型与产品升级的问题。

构建一国产品空间的基础是该国产品的显性比较优势（Revealed Comparative Advantage，RCA）。显性比较优势反映了某一国某一产业的出口额占全球贸易中该产业出口额的比重，是该国该产业出口水平与该产业出口的全球平均水平的比值。该指数是由 Balassa（1965）提出的，其计算方式如下：

$$RCA_{c,i} = \frac{x_{c,i}}{\sum_i x_{c,i}} \bigg/ \frac{\sum_C x_{c,i}}{\sum_{C,i} x_{c,i}} \qquad (3-18)$$

其中，$x_{c,i}$ 为 c 国 i 产业的出口量。依据 Balassa（1965）的分类，RCA ≥ 2.5、2.5 ≥ RCA ≥ 1.25、1.25 ≥ RCA ≥ 0.8、0.8 ≥ RCA 分别代表了该国该产业的全球竞争力为很强、较强、一般和较弱。依据 Hausmann 和 Klinger（2006，2007）、Hidalgo 等（2007）以及后续研究产品空间的文献，RCA 被分为大于 1 和小于 1 以计算产品的邻近性与产品空间密度。

在产品空间中，邻近性（Proximity）被用来描述不同产品之间的距离，其计算方式为：

$$\phi_{i,j} = \min\{P(RCA_i | RCA_j), P(RCA_j | RCA_i)\} \qquad (3-19)$$

其中，RCA_i 为该国产品 i 的显性比较优势，RCA_j 为该国产品 j 的显性比较优势。由此，邻近性 $\phi_{i,j}$ 中 $(RCA_i | RCA_j)$ 反映了一国出口产品 j 条件下出口产品 i 的条件概率，$(RCA_j | RCA_i)$ 则反之。两个条件概率中的较小值反映了产品 i 与产品 j 的接近程度。邻近性是以该国生产和贸易的历史数据为依据的，是一种结果导向性指数。邻近性的构建反映了一个国家在生产两种产品时所使用到的生产要素存在相关性，该生产要素涵盖许多难以被简单评测的内容，包括政治制度、地理环境、技术资源、文化背景等。在产品升级的过程中，一个企业从产品 i 向邻近性较大的产品 j 转型的装备重置成本将会比较低，所需要调整的管理结构也比较小，意即产品跳跃成本较低。

在邻近性测度的基础上，Hausmann 和 Klinger（2007）又拓展了产品空间密度（Density）用以观察产品空间特征，其计算方式如下：

$$\omega_j^k = \frac{\sum_i x_i \phi_{i,j}}{\sum_i \phi_{i,j}} \qquad (3-20)$$

ω_j^k 表示第 k 个国家 j 产品的产品空间密度，若 i 产品的 RCA > 1 则 $x_i = 1$，反之则为 0。产品空间密度反映了产品 j 附近相关产品 i 的数量，即从产

品 j 出发可以转型的潜在产品 i 的密集程度。产品空间密度反映了国家或企业的比较优势,并规划了可能的产业升级路径,即从现存的生产产品向邻近性和产品空间密度更高的产品转型是有利的。

$$H_j = \frac{\sum_{k=1}^{T} \omega_j^k \Big/ T}{\sum_{k=T+1}^{N} \omega_j^k \Big/ N-T} \tag{3-21}$$

基于产品空间密度的测度,Hausmann 和 Klinger(2007)使用 H_j 来反映所有国家中已经完成产品 j 的转型升级的国家的平均密度的比率。其中,T 为已经完成对产品 j 的转型的国家数量,N 为全部国家数量。

二 浙江产品空间转型升级动态

依据 Hausmann 和 Klinger(2006,2007)、Hidalgo 等(2007)对产品空间的设定与构造,两类产品同时具有显性比较优势的产品在生产要素与技术水平上具有相似性,在产品空间上具有邻近性,产品与产品之间的跳跃成本较低,是较优的产业升级路径。我们试图使用产品空间理论对浙江产业转型升级路径进行初步分析。

我们使用 CSMAR 数据库 2000—2016 年全国分省份 35 种主要产品的生产数据,计算了浙江省各产品的显性比较优势,其计算结果见表 3-1、表 3-2 和表 3-3。

表 3-1　2000—2005 年浙江省 35 种主要工业产品显性比较优势

年份	2000	2001	2002	2003	2004	2005
化学纤维	4.608	4.665	5.111	4.887	6.369	6.729
布	1.759	2.307	2.325	2.856	3.013	3.369
机制纸及纸板	2.379	2.347	2.337	1.921	2.502	2.643
原盐	0.063	0.177	0.031	0.049	0.035	0.136
成品糖	0.000	0.045	0.000	0.000	0.000	0.004
啤酒	1.523	1.285	1.204	1.124	1.204	1.317
卷烟	0.616	0.548	0.522	0.447	0.555	0.575

续表

年份	2000	2001	2002	2003	2004	2005
家用电冰箱	0.321	0.276	0.344	0.821	0.768	1.300
房间空气调节器	0.997	1.382	1.901	1.231	1.089	1.079
家用洗衣机	2.873	3.068	3.907	3.791	4.553	5.437
彩色电视机	0.092	0.075	0.148	0.204	0.231	0.263
原煤	0.024	0.015	0.015	0.011	0.010	0.000
原油	0.000	0.000	0.000	0.000	0.000	0.000
天然气	0.003	0.003	0.003	0.000	0.000	0.001
发电量	0.976	0.880	0.801	0.817	0.852	0.988
水发电量	0.609	0.552	0.637	0.624	0.320	0.577
生铁	0.172	0.143	0.131	0.115	0.117	0.146
粗钢	0.237	0.213	0.240	0.213	0.221	0.259
钢材	0.461	0.399	0.347	0.310	0.343	0.361
水泥	1.515	1.285	1.312	1.182	1.427	1.449
平板玻璃	0.834	0.000	0.979	0.857	1.062	0.890
乙烯	0.000	0.000	0.000	0.000	0.000	0.000
硫酸	0.441	0.000	0.351	0.252	0.280	0.545
纯碱	0.216	0.000	0.171	0.148	0.168	0.159
烧碱	1.148	0.000	1.072	0.813	0.875	1.050
农用氮、磷、钾化肥	0.391	0.000	0.283	0.203	0.211	0.207
化学农药原药	0.000	0.000	0.000	0.000	0.000	2.860
初级形态的塑料	0.000	0.000	0.000	0.000	0.000	0.882
金属切削机床	3.092	5.547	2.268	1.791	2.214	2.213
汽车	0.108	0.161	0.230	0.261	0.323	0.390
轿车	0.000	0.000	0.050	0.141	0.568	0.699
大中型拖拉机	1.465	1.852	1.848	0.987	1.474	1.652
微型电子计算机	0.059	0.086	0.065	0.033	0.427	0.293
集成电路	1.038	1.053	1.043	1.047	1.018	1.013
移动通信手持机	0.000	0.000	0.000	0.000	1.468	1.560

表 3-2　　2006—2010 年浙江省 35 种主要工业产品显性比较优势

年份	2006	2007	2008	2009	2010
化学纤维	5.235	4.729	8.656	9.041	9.887
布	3.137	3.178	4.544	5.287	5.812
机制纸及纸板	1.955	1.835	3.019	3.151	3.183
原盐	0.069	0.029	0.013	0.051	0.041
成品糖	0.000	0.000	0.000	0.002	0.003
啤酒	1.036	0.899	1.363	1.284	1.411
卷烟	0.436	0.401	0.677	0.720	0.801
家用电冰箱	1.451	1.520	2.443	2.635	2.389
房间空气调节器	0.553	0.513	0.822	0.770	0.645
家用洗衣机	4.943	4.196	6.886	6.633	6.458
彩色电视机	0.233	0.371	0.779	1.074	0.902
原煤	0.000	0.000	0.000	0.000	0.000
原油	0.000	0.000	0.000	0.000	0.000
天然气	0.000	0.000	0.000	0.000	0.000
发电量	0.809	0.685	1.196	1.240	1.365
水发电量	0.421	0.286	0.485	0.509	0.715
生铁	0.074	0.059	0.113	0.303	0.343
粗钢	0.148	0.138	0.356	0.381	0.431
钢材	0.338	0.338	0.594	0.699	0.791
水泥	1.056	0.909	1.452	1.350	1.345
平板玻璃	0.637	0.635	1.551	1.181	1.394
乙烯	0.234	0.000	0.003	0.000	0.827
硫酸	0.335	0.238	0.415	0.345	0.343
纯碱	0.117	0.097	0.159	0.164	0.139
烧碱	0.767	0.741	1.143	1.102	1.081
农用氮、磷、钾化肥	0.145	0.118	0.160	0.154	0.122
化学农药原药	1.990	1.692	2.567	2.326	2.449
初级形态的塑料	0.674	0.964	1.763	2.201	2.321

续表

年份	2006	2007	2008	2009	2010
金属切削机床	2.156	2.011	2.924	3.429	4.871
汽车	0.320	0.272	0.367	0.419	0.391
轿车	0.516	0.429	0.555	0.613	0.639
大中型拖拉机	1.402	1.022	1.811	1.697	2.152
微型电子计算机	0.216	0.127	0.153	0.100	0.143
集成电路	1.042	1.053	0.805	1.057	1.042
移动通信手持机	1.345	0.892	0.766	0.920	0.539

表3-3　2011—2016年浙江省35种主要工业产品显性比较优势

年份	2011	2012	2013	2014	2015	2016
化学纤维	10.965	11.658	11.786	11.483	11.046	10.801
布	6.622	7.337	7.331	7.117	6.637	7.215
机制纸及纸板	3.374	3.714	3.771	3.645	3.663	3.906
原盐	0.049	0.041	0.000	0.033	0.029	0.026
成品糖	0.003	0.004	0.003	0.004	0.006	0.010
啤酒	1.421	1.485	1.510	1.379	1.316	1.393
卷烟	0.883	0.946	0.953	0.905	0.906	0.979
家用电冰箱	1.759	2.782	2.680	2.185	2.198	2.395
房间空气调节器	0.824	1.014	1.143	1.155	1.099	1.688
家用洗衣机	6.608	7.599	6.900	5.678	5.189	4.667
彩色电视机	0.992	1.181	1.300	0.820	1.096	1.063
原煤	0.000	0.000	0.000	0.000	0.000	0.000
原油	0.000	0.000	0.000	0.000	0.000	0.000
天然气	0.000	0.000	0.000	0.000	0.000	0.000
发电量	1.438	1.488	1.438	1.296	1.280	1.326
水发电量	0.565	0.567	0.500	0.420	0.501	0.585
生铁	0.382	0.401	0.395	0.405	0.384	0.307

续表

年份	2011	2012	2013	2014	2015	2016
粗钢	0.474	0.476	0.470	0.539	0.491	0.410
钢材	0.875	0.932	0.946	0.940	0.891	0.844
水泥	1.418	1.384	1.364	1.264	1.188	1.146
平板玻璃	1.241	1.053	1.218	1.214	1.672	1.595
乙烯	1.771	1.960	1.856	1.452	1.948	2.057
硫酸	0.361	0.335	0.360	0.507	0.455	0.469
纯碱	0.268	0.254	0.290	0.280	0.280	0.302
烧碱	1.250	1.374	1.346	1.254	1.254	1.272
农用氮、磷、钾化肥	0.119	0.120	0.124	0.132	0.129	0.122
化学农药原药	2.479	2.623	2.409	1.917	1.845	1.765
初级形态的塑料	2.434	2.531	2.643	2.635	2.631	2.702
金属切削机床	5.337	5.232	4.640	4.494	4.356	4.125
汽车	0.406	0.449	0.366	0.330	0.415	0.526
轿车	0.652	0.650	0.598	0.449	0.695	1.109
大中型拖拉机	2.826	1.894	1.812	1.351	1.297	1.095
微型电子计算机	0.118	0.121	0.129	0.138	0.119	0.160
集成电路	1.267	1.426	1.521	1.521	1.442	1.430
移动通信手持机	0.253	0.146	0.179	0.563	0.551	0.631

在完成了显性比较优势的计算后,我们使用6年移动平均的方式计算了2005—2016年浙江省各主要工业品的产品空间密度,其计算结果见表3-4和表3-5。综观2000—2016年浙江省各主要工业品,显性比较优势最强的产品是化学纤维和布,这一结论与浙江省纺织业繁荣的产业现实是一致的,在其他产品中,2016年显性比较优势大于1的产品依次为家用洗衣机、金属切削机床、机制纸及纸板、初级形态的塑料等,这一系列产品都属于制造业,也从侧面证明了浙江省制造业在全国范围内的领先地位。浙江省最不具有显性比较优势的产品为原煤、原油、天然气等,其次为粗钢,生铁,纯碱,农用氮、磷、钾化肥等,这说明了浙江省受地理位

置以及产业发展政策所限,其采矿业与黑色金属矿采选业并不发达。在显性比较优势表中,值得注意的产品是轿车,在 2000—2015 年间,轿车与汽车的显性比较优势相似,在全国范围内并不存在比较优势,但在 2016 年,轿车的显性比较优势首次大于 1,这与浙江省新能源汽车产业的蓬勃发展有密切的关系。

再来观察 2005—2016 年浙江省主要工业产品空间密度的数据,从 2005—2016 年间,浙江省主要工业产品空间呈现出具有显性比较优势产品不断收缩靠拢的趋势,比较 2005 年与 2016 年的产品空间格局的变化,化学纤维和布是最具有显性比较优势的,其产品空间密度也是最大的,从而对周边的具有相同要素禀赋优势与技术水平的产品产生引力。从 2005—2016 年,化学纤维的产品空间密度增长了 0.177,布的产品空间密度增长了 0.194。在浙江省产品空间不断聚集的过程中,一些原本不具有显性比较优势的产品,例如,发电量、彩色电视机、乙烯等也逐渐汇聚到浙江省产品空间密度较高的区域,但以采矿业与黑色金属矿采选业为主的产品依然游离在浙江省产品空间区域之外,也没有发生产品聚集的现象。浙江省主要工业产品的显性比较优势数据与产品空间密度数据在区域范围能证实 Hausmann 和 Klinger(2006,2007)、Hidalgo 等(2007)共同构建的产品空间理论的泛用性与正确性。

表 3-4　　2005—2010 年浙江省 35 种主要工业产品空间密度

年份	2005	2006	2007	2008	2009	2010
化学纤维	0.337	0.343	0.331	0.366	0.389	0.394
布	0.291	0.303	0.291	0.320	0.343	0.349
机制纸及纸板	0.263	0.274	0.263	0.291	0.314	0.320
原盐	0.000	0.000	0.000	0.000	0.000	0.000
成品糖	0.000	0.000	0.000	0.000	0.000	0.000
啤酒	0.234	0.246	0.217	0.246	0.257	0.263
卷烟	0.000	0.000	0.000	0.000	0.000	0.000
家用电冰箱	0.063	0.120	0.166	0.223	0.263	0.269

续表

年份	2005	2006	2007	2008	2009	2010
房间空气调节器	0.200	0.183	0.149	0.126	0.074	0.000
家用洗衣机	0.171	0.183	0.177	0.206	0.229	0.240
彩色电视机	0.000	0.000	0.000	0.000	0.063	0.063
原煤	0.000	0.000	0.000	0.000	0.000	0.000
原油	0.000	0.000	0.000	0.000	0.000	0.000
天然气	0.000	0.000	0.000	0.000	0.000	0.000
发电量	0.000	0.000	0.000	0.057	0.114	0.160
水发电量	0.000	0.000	0.000	0.000	0.000	0.000
生铁	0.000	0.000	0.000	0.000	0.000	0.000
粗钢	0.000	0.000	0.000	0.000	0.000	0.000
钢材	0.000	0.000	0.000	0.000	0.000	0.000
水泥	0.143	0.154	0.137	0.160	0.166	0.171
平板玻璃	0.040	0.040	0.040	0.086	0.091	0.126
乙烯	0.000	0.000	0.000	0.000	0.000	0.000
硫酸	0.000	0.000	0.000	0.000	0.000	0.000
纯碱	0.000	0.000	0.000	0.000	0.000	0.000
烧碱	0.063	0.069	0.034	0.074	0.109	0.109
农用氮、磷、钾化肥	0.000	0.000	0.000	0.000	0.000	0.000
化学农药原药	0.029	0.057	0.086	0.114	0.131	0.131
初级形态的塑料	0.000	0.000	0.000	0.029	0.057	0.074
金属切削机床	0.091	0.097	0.097	0.097	0.091	0.086
汽车	0.000	0.000	0.000	0.000	0.000	0.000
轿车	0.000	0.000	0.000	0.000	0.000	0.000
大中型拖拉机	0.057	0.063	0.063	0.069	0.063	0.057
微型电子计算机	0.000	0.000	0.000	0.000	0.000	0.000
集成电路	0.040	0.046	0.046	0.040	0.034	0.029
移动通信手持机	0.011	0.017	0.017	0.017	0.011	0.006

表3-5　　2011—2016年浙江省35种主要工业产品空间密度

年份	2011	2012	2013	2014	2015	2016
化学纤维	0.423	0.474	0.491	0.491	0.503	0.514
布	0.371	0.423	0.446	0.451	0.469	0.486
机制纸及纸板	0.343	0.394	0.417	0.423	0.440	0.457
原盐	0.000	0.000	0.000	0.000	0.000	0.000
成品糖	0.000	0.000	0.000	0.000	0.000	0.000
啤酒	0.286	0.366	0.389	0.394	0.411	0.429
卷烟	0.000	0.000	0.000	0.000	0.000	0.000
家用电冰箱	0.291	0.337	0.360	0.366	0.383	0.400
房间空气调节器	0.000	0.074	0.149	0.217	0.291	0.371
家用洗衣机	0.263	0.303	0.320	0.320	0.331	0.343
彩色电视机	0.063	0.126	0.189	0.126	0.189	0.257
原煤	0.000	0.000	0.000	0.000	0.000	0.000
原油	0.000	0.000	0.000	0.000	0.000	0.000
天然气	0.000	0.000	0.000	0.000	0.000	0.000
发电量	0.211	0.263	0.274	0.280	0.286	0.291
水发电量	0.000	0.000	0.000	0.000	0.000	0.000
生铁	0.000	0.000	0.000	0.000	0.000	0.000
粗钢	0.000	0.000	0.000	0.000	0.000	0.000
钢材	0.000	0.000	0.000	0.000	0.000	0.000
水泥	0.189	0.234	0.246	0.251	0.257	0.263
平板玻璃	0.166	0.206	0.217	0.223	0.229	0.234
乙烯	0.040	0.080	0.120	0.160	0.200	0.206
硫酸	0.000	0.000	0.000	0.000	0.000	0.000
纯碱	0.000	0.000	0.000	0.000	0.000	0.000
烧碱	0.137	0.166	0.171	0.171	0.171	0.177
农用氮、磷、钾化肥	0.000	0.000	0.000	0.000	0.000	0.000
化学农药原药	0.131	0.137	0.143	0.143	0.143	0.149
初级形态的塑料	0.091	0.109	0.114	0.114	0.114	0.120

续表

年份	2011	2012	2013	2014	2015	2016
金属切削机床	0.080	0.080	0.086	0.086	0.086	0.091
汽车	0.000	0.000	0.000	0.000	0.000	0.000
轿车	0.000	0.000	0.000	0.000	0.000	0.017
大中型拖拉机	0.051	0.051	0.057	0.057	0.057	0.057
微型电子计算机	0.000	0.000	0.000	0.000	0.000	0.000
集成电路	0.023	0.023	0.029	0.029	0.029	0.029
移动通信手持机	0.000	0.000	0.000	0.000	0.000	0.000

三 "双驱动"模式与浙江产业转型升级

"双驱动"模式理论研究表明，政府主导驱动和市场主导驱动在一个后发经济体的产品或技术追赶升级不同阶段具有不同效应，早期过度的扩大自由市场竞争可能使经济体的产业与技术竞争力升级陷入困境；从产品空间实证结果来看，浙江省产品空间密度较高的产业在2000年后仍然集中在化纤、织布等产业，反映出浙江省产品结构从改革开放开始，虽然迅速经历了从"空白"到"崛起"，但崛起后的产品和技术转型升级步伐停滞不前，这里一个背景是浙江的人均资本比这一关键要素禀赋结构已发生显著变化，有力地说明单从要素维度的积累变化并不能驱动产品结构自发升级，因为由于技术维度非线性跨越转型的成本的存在导致企业产生较强的路径依赖，自由市场竞争效应无法自发实现从而转向衰竭。之后，从浙江省2003年提出打造先进制造业基地以后，"政府力量"介入程度加大，政府驱动与市场驱动双重力量有所协调，这反映为2011—2016年浙江省房间空气调节器、彩色电视机、集成电路等现代制造业的产品空间密度相对显著上升，政府在空间倒逼、技术研发上的激励作用开始激发企业跳出原产品技术群向新的产品技术群跨越升级，凸显出"双驱动"理论对浙江产业转型升级实践的高度一致性与理论洞察力。

第四章 "双驱动"模式下的浙江路径选择(上):产业内转型升级

浙江经济如何才能破除成长的烦恼,推进浙江经济产业内转型升级,实现"腾笼换鸟、凤凰涅槃"?政府要干在实处永无止境,走在前列要谋新篇;要有壮士断腕的决心,势必转换原有粗放型的经济增长方式。要利用好创新驱动发展的重大战略,实现从简单加工制造到智慧创造的跨越,树立浙江"智造"的品牌形象,提升产业在全球价值链中的分工地位。

第一节 浙江产业内转型升级的基本特征

一 政府和市场驱动产业发展环境的优化

在全球经济复杂多变、新一代产业技术革命尚未完全形成的背景下,全球经济增速放缓,劳动力、资本、土地和能源等要素价格不断攀升,市场竞争的强化压缩了企业的市场份额。原有的粗放型经济发展模式难以持续,这就迫使产业的发展要摆脱原有的"路径依赖",依靠创新驱动形成新的竞争优势。而企业出于对成本收益的考虑,自身创新的激励不足,因此在产业转型升级的过程中,不仅要利用好市场决定性的资源配置能效,还要发挥好政府的主导作用,解决好"腾笼"和"换鸟"两大难题。政府主要负责搭建好服务企业发展的平台;市场则发挥资源配置的决定性作用,抉择出市场竞争的优胜者。企业通过有效市场、有为政府的双轮驱动,不断提升自身创新、管理水平,实现转型升级。

浙江省通过"三去一改"政策对全省旧住宅区、旧厂区、城中村进行改造，拆除违法建筑，为产业发展提供优良的土地环境，矫正了土地等生产要素的配置扭曲，盘活巨大的要素存量；吸引优质企业和有效投资进入浙江，发挥有效投资对稳增长的关键作用，拓展浙江新产能、新业态的空间，加快转变经济发展方式、实现集约型发展。"中国水晶玻璃之都"浦江县的现代化水晶集聚园区、绍兴柯桥区80万平方米的印染园区等都是"三改一拆"的杰作；既去掉了"低小散"，实现了规模经济，又迎来了"高大上""白富美"，促进了绿色集聚发展，产业转型升级初露端倪。"五水共治"是在浙江省人均水资源量逼近世界警戒线的背景下做出的重大战略抉择，在民间资本和外资动力不足、政府投资受到限制的被动局面下不仅促进了有效投资的增长，也促进了浙江产业内的转型升级。企业在面临水体水质约束下会自觉进行清洁生产技术的研发，以短期的研发费用阵痛来换取长期的利益最大化。生产方式和产业结构在一定程度上决定了地区的水体水质，在绿水不绿、青山不青的发展状况下，浙江省将水体水质作为重点工作来抓，能够有效地摆脱高污染、高能耗的粗放型经济增长方式。因此"五水共治"有助于帮助企业树立"绿水青山就是金山银山"的发展理念，促进产业的绿色发展和可持续发展。

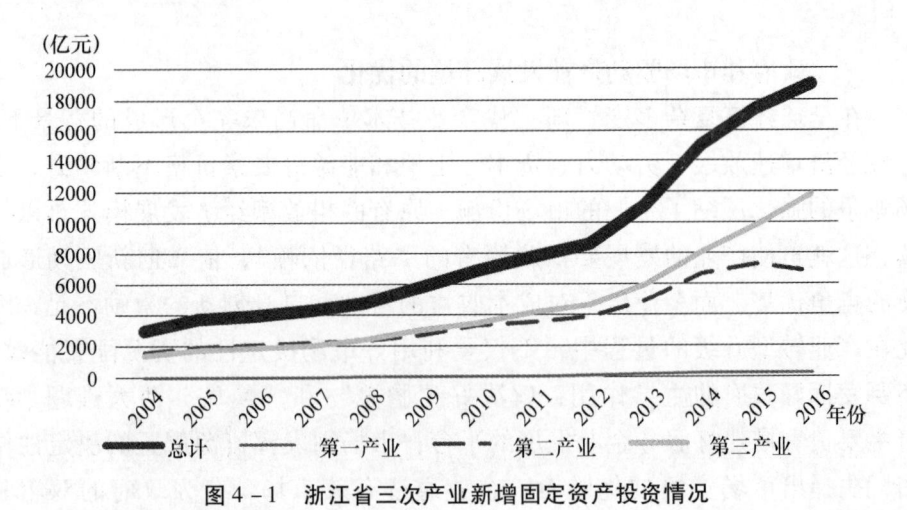

图4-1　浙江省三次产业新增固定资产投资情况

资料来源：浙江省统计局。

从图 4-1 中可知，随着浙江产业发展环境的逐渐优化，浙江三次产业新增固定资产投资逐年增加，且增速有逐渐上升的趋势。分三次产业来看，第三产业新增固定资产投资增速越来越快，尤其是在 2008 年国际金融危机以后，其中高技术服务业投资增速明显快于第三产业的平均水平。而第二产业新增固定资产投资增速低于第三产业，在 2015 年达到峰值之后开始降低，但是从表 4-1 中可以看出，虽然第二产业新增固定资产投资在 2016 年呈现降低趋势，但是工业技改投资却从 2015 年的 5436.31 亿元上升到 2016 年的 5508.32 亿元。

表 4-1　　　　浙江省分行业固定资产投资和新增固定资产　　　　单位：亿元

指标	固定资产投资 2013 年	2014 年	2015 年	2016 年
总计	11104.63	15019.67	17414.42	18977.78
第一产业	163.2	227.8291	275.74	289.07
第二产业	4964.961	6693.456	7302.81	6841.82
工业技改投资	3303.014	4570.494	5436.31	5508.32
装备制造业投资	2132.684	2695.867	3004.71	2877.73
高新技术产业投资	988.9495	1494.277	1754.27	1716.9
战略性新兴产业投资	1265.724	1761.294	2115.03	1888.56
第三产业	5976.472	8098.385	9835.87	11846.89
高技术服务业投资	139.9977	218.415	382.74	485.28

资料来源：浙江省统计局。

二　产业发展从传统的简单加工制造驱动转向先进制造驱动

改革开放初期，浙江在国内市场存在供给短缺、竞争强度较弱的背景下，为了满足国内的市场需求，同时解决好工人就业的问题，承接了发达国家的传统制造业，其中很大一部分是高污染、高耗能产业；再加上改革开放初期国内的劳动力等生产要素成本很低，浙江在很长一段时期内保持了较高速的经济增长。因此从市场经济的角度来看，浙江在改革开放初期承接发达国家的产业转移是有效的。但是简单地承接发达国家产业转移却无法使我国摆脱现阶段产业发展低端化陷阱。2008 年国际金融危机以后，发达国家纷纷实行"制造业"回归和"再工业化"战略,希望在新的工业化发展阶段重新夺回工业发展的主动权,通过重建工业化优势来驱动经济高速发展;发达国家期望在新一轮的产业技术革命到来之际,凭借领先技术优势对我国进行"产业技术封锁"。因此传统产业转型升级不仅面临国内劳动力等生产要素成本上升的压力,还有国际市场上竞争强度增大的挑战。而这单纯依靠市场经济是不能实现的,要依靠有为政府的推动,建设好"科技创新""产业创新"和"产业服务"等平台;从产业内转型升级的角度来引导市场经济,防止产业内转型升级的过程中出现经济衰退。

为能够在国际市场竞争中脱颖而出,浙江企业纷纷引进先进设备提升产品质量,加强新产品的研发,在产品设计和品牌建设等环节推动地区产业升级。从图4-2可以看出,一方面,浙江省的计算机、通信和其他电子设备制造业、电气机械和器材制造业等先进制造业的工业总产值呈逐年上升的趋势;而另一方面,浙江传统的优势产业,如纺织服装、服饰业、石油加工、炼焦和核燃料加工业和化学原料和化学制品制造业的增长趋势有所减缓,甚至出现下降趋势。新的制造系统和生产技术的发展带动信息产业、新材料产业等新的产业门类的出现和增长,为战略性新兴产业的培

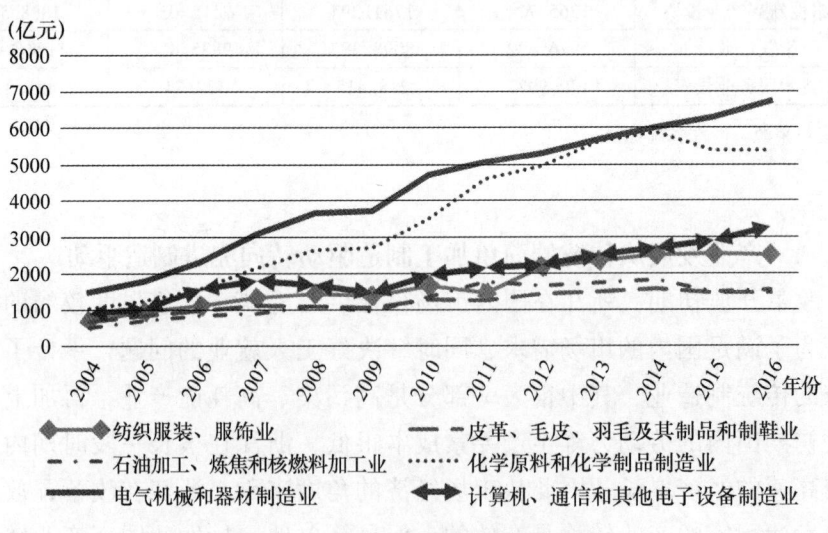

图4-2 浙江省部分行业工业总产值

资料来源:浙江省统计局。

育和发展提供了良好的机会和条件。国外领先产业和新兴产业的发展也为产业转型升级指明了方向。随着经济的发展越来越重视质量的提升，追求生态文明的发展，环境成本逐渐内生在企业的生产成本中，有效遏制了以损害资源环境为代价的粗放型经济发展方式，向生态友好型产业发展迈进。

三 "互联网+"驱动新产业、信息经济繁荣发展

浙江的传统产业同时面临着发达国家技术优势和其他发展中国家成本优势的"双向挤压"，特别是纺织服装行业，原有产销模式已无法满足消费者的多样化需求，转型升级压力较大。电子商务的蓬勃发展既给传统行业带来了机遇，也给企业的创新发展带来了挑战。浙江大力支持推进互联网技术和思维在传统简单加工制造业的应用和创新，传统产业的多样性日益丰富，企业的交易成本不断降低，企业的互联网优势逐渐凸显。浙江充分发挥互联网在资源配置中的优化、集成和高效作用，企业通过将互联网领域的创新成果，如云计算、大数据和知识，与实体经济、传统产业深度整合，打破"信息孤岛"，实体经济的自我创新能力大幅提升，创新的可能性和成功率逐渐攀升，产品服务多样化程度和质量越来越高。"互联网+"促进了产业内协同创新、协同发展和开放创新平台的形成，成为浙江产业转型升级期间新旧动能转换的加速度。

近年来，浙江省的互联网经济一直领跑全国，电子商务交易总额保持全国第一，且增长势头强劲。"互联网+"成为驱动传统优势产业、特色小镇、产业集聚区等实体经济转型升级的重要动力，以"互联网高速公路"为载体经济发展新业态正在形成并不断丰富，"互联网+"引领了创新驱动发展的新常态。作为第一个"信息化与工业化深度融合国家示范区"，浙江始终注重信息化经济的发展，成立了全国首个工业大数据应用和交易平台、云计算中心；以工业化促进信息化，以信息化带动工业化，推进工业化和信息化融合发展。浙江创业扶持政策和优质的互联网产业发展环境吸引了大量的新产业、信息经济创业者来浙江实现自身的价值，据中国电子信息产业发展研究院2016年发布的年度报告，2015年，浙江信息化发展指数为95.89，高出全国平均水平23.44；较2014年增长11.09，仅次于北京、上海，稳居全国第三位，在各省区中排名第一，且浙江在信息通信技术应用指数方面超过北京，居全国第二位，如图4-3、表4-2所示。

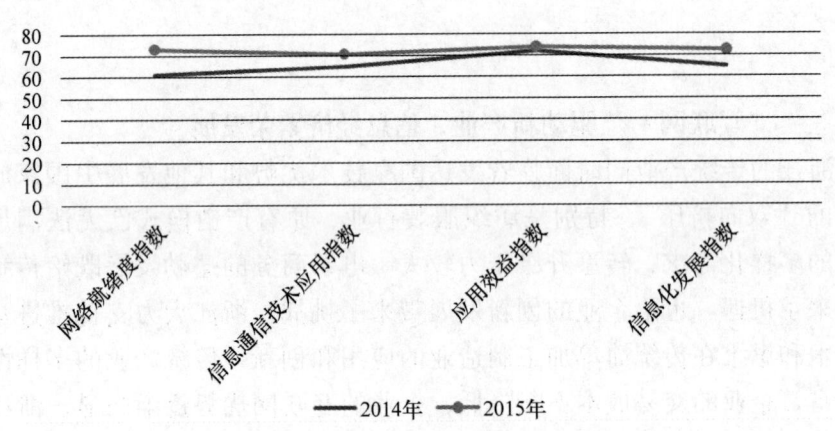

图4-3 2014—2015年全国信息发展指数情况比较
资料来源：中国电子信息产业发展研究院。

表4-2 各地区信息化发展水平评估各省市信息化发展指数

序号	省份	网络就绪度指数		信息通信技术应用指数		应用效益指数		信息化发展指数	
		2015年	2014年	2015年	2014年	2015年	2014年	2015年	2014年
1	上海	95.6	86.22	100.05	94.21	106.94	104.15	99.65	93
2	北京	97.84	88.43	92.75	89.7	110.21	106.53	98.28	92.56
3	浙江	89.78	77.62	98.97	90.75	101.95	102.33	95.89	87.81
4	天津	80.96	68.88	82.15	71.94	121.65	118.56	89.57	80.04
5	江苏	89.09	76.21	83.23	80.39	101.23	102.53	89.17	83.15
6	广东	82.71	70.75	92.69	84.56	93.66	91.87	88.89	80.5
7	福建	82.37	71.3	77.5	75.66	84.71	82.52	80.89	75.29
8	山东	76.65	60.04	72.51	67.17	87.28	86.04	77.12	68.09
9	湖北	70.95	59.81	76.79	69.02	75.24	72.97	74.15	66.12
10	四川	74.96	59.94	73.33	70.12	73.07	71.54	73.93	66.33

资料来源：中国电子信息产业发展研究院。

第二节　嵌入价值链的外源式升级路径：
全球购买者导向型

一　全球购买者导向升级路径的含义

嵌入全球价值链的升级路径主要是指企业通过承接国际产业转移，嵌入到全球价值链分工中，利用由发达国家跨国企业主导的价值链的全球延伸，实现技术进步，为价值链分工地位的提高提供良好的契机。并可依据外源的来源，划分为全球购买者和全球生产者两种具体路径。

嵌入价值链外源式升级路径的共同特点在于：其一，它是在承接发达国家对发展中国家的国际产业转移的背景下产生，企业以 OEM（代工）为起点；其二，促使 OEM 企业升级的起因在于承接的国际转移产业在国内出现产能过剩情况，同时由于处于价值链低端，利润空间的缩小促使 OEM 企业转型；其三，其依赖的升级动力源于发达国家跨国企业通过全球价值链外溢渠道产生的生产技术、信息知识、研发能力等资源外溢，OEM 企业利用这些外溢资源通过模仿学习、吸收消化、再创造进行创新，因此属于同一产品分工链上的升级。

全球购买者驱动升级路径是指 OEM 企业通过和拥有品牌优势以及销售网络优势的大跨国公司建立紧密联系，提高自身技术能力，向价值链上游攀升，在生产端实现从原料研发、零部件生产、组装、成品制造的垂直一体化，从而改变价值链分工的不利地位，成为发达国家（地区）跨国购买商与其他发展中国家（地区）企业中介，从而推动产业内升级。

基于一国（地区）资源禀赋优势的跨国公司区位选择引致了全球价值链分工体系的形成，第三次的产业转移浪潮则奠定了发达国家（地区）占据全球价值链两端，而发展中国家（地区）位于价值链底部的分工格局。这种"嵌入价值链"模式容易使发展中国家只能通过承接发达国家转移的低端环节进行发展，导致其在市场、技术两方面落入双重追赶的两难境地，从而产生"价值链低端锁定"的困境。然而，这种"低端产业"在开始被引进时，对于承接国家来说是相对先进的环节，可能会引发"潮涌现象"（林毅夫，2010）。社会对前景良好的行业会产生强烈的共识，但企业间由于信息不完全，投资难以协调，以致行业发展到后期产生严重的产能过剩。同时，由于承接的产业往往是生产、加工、组装等劳动密集型产业或资源密集型产业，几乎不存在资本和技术壁垒，使得企业进入数量过度。以目前产能过剩较为严重的平板玻璃行业为例，只要2亿—3亿元左右就可以建成一条生产线，这使得很多小规模企业都可以进入平板玻璃行业，市场准入门槛偏低。另外，企业在市场退出上却面临高成本，使得很多企业只要没到无法经营的情况都会选择继续生产，即使生产的产品质量已经不符合市场要求。双重作用下，我国的产能过剩已经十分严重。可以看到，2008年，我国的产能利用率达到了84%，但是2008年之后，我国的工业产能利用率总体上呈现下行趋势。尤其是2016年，一度回落到73%以下，虽然2017年前三季度累计工业产能利用率回升到76.8%，为近五年来最高，但是和2008年的产出效率相比，仍有较大差距。根据国家发改委对产能过剩的标准，产能效率在80%—85%的幅度较为合理。可见，从2012年之后，我国就一直面临着产能过剩问题。尤其是水泥和平板玻璃行业，2016年的产能利用率不足70%，意味着有30%的产能被闲置，即使和国际上75%的过剩标准相比，水泥和平板玻璃行业也属于产能严重过剩。其余行业的产能利用率近几年来也都在75%以下，并且呈现出不同程度的下降趋势。其中，钢铁行业的下降程度最为明显。2010年，钢铁行业的产能利用率还保持在82%左右，然而2015年却仅为70%，2016年，钢铁行业产能利用率有所回升，增加到74%，但距离80%—85%的合理标准还有非常大的提升空间，产能利用率仍处于较低水平。这种"价值链低端锁定"的产能过剩不仅会产生大量的落后产能，浪费资源，另外也严重阻碍了产业内升级。

改革开放以来，浙江省是我国最先承接发达国家（地区）产业转移的省份之一，面临着劳动密集型行业、资源密集型行业等"价值链低端锁定"行业产能过剩的问题。而产能过剩其实一定程度上意味着市场供求的不均衡，从"卖方市场"过渡到了"买方市场"，企业间的竞争加剧。如何在激烈的竞争中获得优势、赢得市场份额是企业亟待解决的问题。事实上，企业面临竞争可以采取两种策略：其一，企业利用低价吸引消费者，甚至采取低于成本的价格进行倾销,以争取维持或扩大市场份额;其二,企业积极进行技术、产品研发,通过提高产品或服务的差异化程度获得竞争优势。如果企业采取后一种策略,即竞争倒逼企业进行创新,不仅会提高企业的创新能力,也有助于整个行业获得创新活力,推进产业内升级。而企业一旦选择前一种低价策略应对竞争,则会产生恶性竞争,并会在行业内形成"多米诺骨牌效应",使行业内长期维持低利润、负利润,从而阻碍行业内创新和升级。

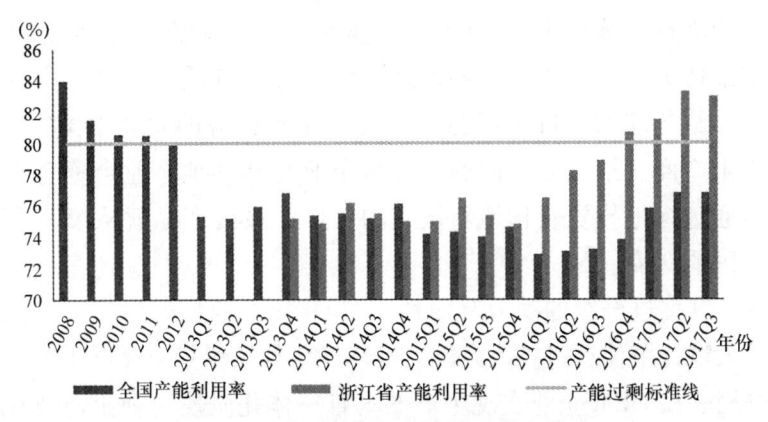

图 4-4 全国和浙江省产能利用率情况

资料来源:全国产能利用率数据由公开数据整理所得。

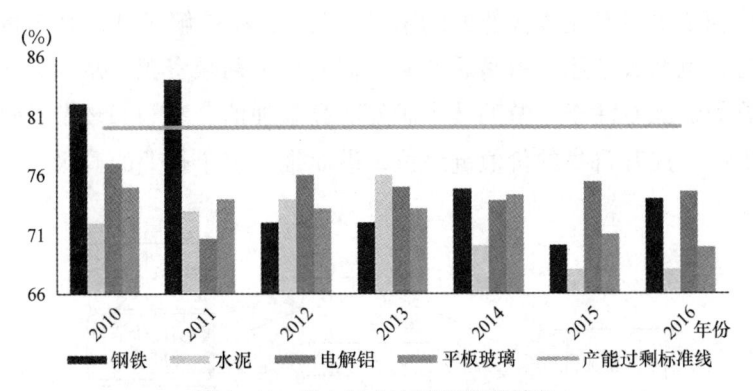

图 4-5 四大行业产能利用率情况

资料来源:四大行业产能利用率数据由公开数据整理所得。

二 全球购买者导向升级路径的特点

其一，它是在"三角贸易"的背景下产生的。拥有品牌和渠道优势的跨国购买商为了有效降低生产成本，通过跨国直接投资的方式在全球范围内进行采购和贴牌生产，将产品生产过程中需要大量劳动力和资源的加工组装环节转移到发展中国家企业，再出口最终产品到发达国家（地区）。

其二，从"发达国家—发展中国家—发达国家"三角贸易中，OEM企业实现升级的关键在于将生产端延伸至价值链的上游原料研发阶段，实现生产端的垂直一体化生产。OEM企业在和发达国家（地区）的零售巨商建立和维持关系的过程中，要逐渐将位于价值链低端并且产能过剩的环节重新转移给劳动力、自然资源等更具有比较优势的发展中国家（地区）的第三方生产商。第三方生产商可能是企业与转移地企业合资企业，也可能是企业通过绿地投资转移地新设立的工厂。最终产品就从第三方国家直接运至跨国购买商。

其三，其促进升级的动力有两种：在OEM企业提升生产率阶段，跨国购买商的大量订单使通过扩大产能，发挥经济规模优势，降低生产成本，实现制程升级；在OEM企业实现生产的垂直一体化阶段，企业转型升级所需的资源来自两个方面：一方面，跨国购买商通过价值链外溢渠道将最新技术水平、研发设计理念传递给OEM企业；另一方面，由于将低端的生产加工环节转移到了更具有比较优势的国家（地区），在缓解了低端环节的产能过剩的同时，也释放了原本由落后产能占据的大量稀缺资源。从而，企业可以利用释放的资源专注于上游的技术研发等高附加值、高利润环节，进行垂直一体化生产，提升自身的价值链地位，进而推动整个行业的升级。

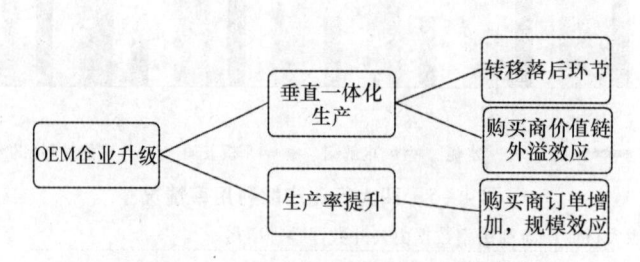

图 4-6 全球购买者驱动升级机理

三 全球购买者导向升级路径下的"双驱动"分析

全球购买者驱动升级路径有两个阶段：其一，要和发达国家（地区）的跨国购买商建立紧密联系；其二，在发展后期将价值链低端环节重新配置给低工资的第三方国家。

在第一阶段，展会是企业之间展示自身产品并与全球购买商建立密切关系的重要途径。浙江省企业参展的积极性较高。浙江近70%的外贸企业都把参加展会视为开拓市场、接触国际知名跨国零售商的最直接有效的方式。2016年，浙江省出境参展企业达到6208家，展位数达到8686个，占全国总数的40%。企业积极参展也离不开浙江省政府对展会项目的引导和支持（浙江省政府对展会的补贴政策，见表4-3）。2014—2018年，省商务厅每年重点举办和支持展会项目百余个，尤其为了引导企业继续深耕欧美日传统发达国家（地区）市场，浙江省政府对在欧美日举行的境外重点展会特别给予支持。

表4-3　　　　　　　　浙江展会补助范围

展会类型	补助内容	补助额度
商贸流通会	—	视情况给予补助
政策性重点展	展位费	补助70%
	公共布展费	100%补助
	公共宣传费	100%补助
自办展	展位费	全额补助（每项不超过50万元）
	公共布展费	
	公共宣传费和展品运输费	

资料来源：由网上公开资料整理得到。

表 4-4　　　　　　　浙江省重点举办和支持展会情况

年份	重点举办和支持展会个数	具体情况
2014	141	自办类境外展 4 个，重点类境外展 45 个，一般类境外展 48 个，境内展会 44 个
2015	102	境外自办类货物贸易展会 4 个，境外重点类货物贸易展会 41 个
2017	96	自办类展会 17 个，境外政策性重点展 17 个，境内政策性重点展 11 个，商贸流通展会 15 个

资料来源：由公开信息整理所得。

在第二阶段，价值链落后环节的转移也是市场激励和政策支持的结果。浙江省政府制定的一系列"走出去"政策为企业把落后环节向外转移提供了重要支持。浙江省政府积极对接"一带一路"倡议，在"一带一路"沿线国家（地区）中选择具有劳动力成本比较优势以及母国市场规模优势的国家（地区），不断创新境外合作方式，建立境外经贸合作区，目前已经建成包括中国义乌（坦桑尼亚）经贸合作区、泰国罗勇工业区、俄罗斯乌苏里斯克合作区和越南中国龙江经济贸易合作区 4 个境外经贸合作区。政策的支持带来的是浙江省对沿线国家（地区）投资合作项目的增长。2014—2016 年，浙江省企业对沿线国家（地区）的累计对外直接投资额为 128 亿美元（其中 2016 年一年，投资备案额已达到 74 亿多美元）。"一带一路"倡议的深入实施，可以使浙江省企业顺应比较优势，将低端产业转移到较低经济发展水平的沿线国家，构建区域价值链分工体系，并整体嵌入到全球价值链中。从而具有技术积累优势的浙江省企业可以作为核心枢纽起到"承高启低"的关键作用，从低端嵌入型模式转入中高端的核心嵌入模式。

但是"承高启低"的核心枢纽作用要求企业掌握较强的物流体系。因为中间品的采购、最终产品的生产以及组装都在不同的国家（地区），这就要求企业具备强大的运输支撑体系。中欧班列的常态化开行、线路的增多、宁波—舟山港的实质性一体化取得新进展，都为浙江企业掌握物流体系能力的加强奠定了物质基础。

案例分析——申洲国际：客户优质，海内外双轮驱动，研发先行

申洲国际是浙江省乃至全国最具规模的一体化针织制造商，产品涵盖了所有的针织服装，包括运动服、休闲服、内衣等。申洲国际也是国内针织出口最大的企业，2015年和2016年蝉联中国纺织品服装出口企业桂冠。

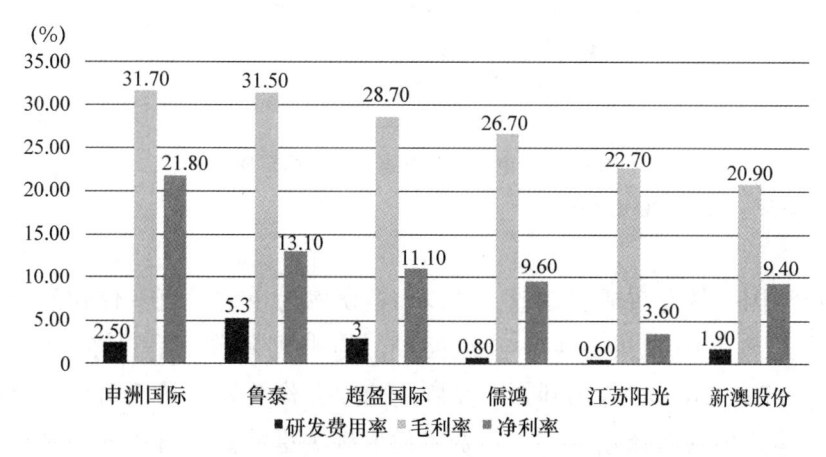

图4-7 中国典型纺织企业研发支出及利润率比较

资料来源：由公开数据整理所得。

申洲国际的转型升级经历了两个阶段：

2000—2012年，申洲国际先后和Unique、Nike、Adidas以及PUMA建立了稳固的合作关系。这一阶段，申洲国际在国内仍以成衣制造为主，在浙江宁波、衢州建立制衣生产基地，扩大产能。随着订单增长，生产设施的利用率也得到提高。

2012年之后，申洲国际则逐渐把成衣制造环节转移到柬埔寨、越南等国家，国内则专注于高级面料的研发。申洲国际每年的研发投入占比在2%—3%左右，在整个行业中属于较高水平。公司耗资5亿元打造研发中心，每年研发的新产品多达千种。截至2017年第一季度，申洲国际累计拥有专利188项，其中91项属于产品面料研发。2016年，公司工申请专利53项，面料研发为8项，技术改造和设备研发为45项。强劲的面料研发实力，也使得公司能够生产高附加值的产品。面料带来的高附加值主要来自原材料配方设计、面料结构设计以及整个染整环节。高附加值也使得企业拥有更高的利润。

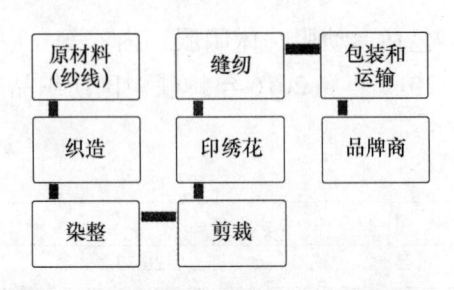

图4-8　申洲国际垂直一体化运营模式

资料来源：由公开信息整理所得。

申洲国际从专攻成衣制造，到以面料研发为主的垂直一体化经营的转型升级是典型的购买者推动升级路径。申洲国际作为代工企业，和U-nique、Nike、Adidas等国际知名品牌商建立合作关系，从而可以从这些高端下游客户中获取市场动态、消费者偏好等关键信息，自主研发并生产具有市场潜力的高端面料。由于在成衣制造中，人工成本仅次于原材料位于成本支出的第二位，廉价劳动力是降低成本的有效途径。根据申洲国际自身招工的情况，柬埔寨和越南工人的工资是宁波地区工人工资的一半。在"一带一路"政策的支持下，申洲国际扩大了海外产能的布局，2014年和2015年在越南进行了面料工厂和成衣制造厂的建设。优质的客户源带动了企业技术和研发技能的积累；国内产能过剩、要素成本上升以及政府"一带一路"政策的推行又共同驱动企业将附加值较低的成衣制造环节转移到周边低工资国家，进而推动申洲国际的转型升级。

第三节　嵌入价值链的外源式升级路径：全球生产者导向型

一　全球生产者导向升级路径的含义

全球生产者驱动升级路径是由Gereffi（1994）率先提出，主要是指企业通过OEM嵌入到全球价值链（GVC）中，在嵌入过程中，积极寻求和在该价值链处于领先地位的跨国公司的合作，利用知识、技术以及信息在价值链的外溢效应，提高企业的研发能力、品牌管理能力，实现企业从代工生产到自主品牌建设的升级。

二 全球生产者导向升级路径的特征

其一，OEM 企业升级的初始动力仍来自价值链上的国际主导企业。OEM 企业在嵌入全球价值链的同时，可以学习到合作企业的生产技术、管理经验以及市场开拓能力，进而将自己的核心竞争优势由低成本优势转为中等程度的研发能力和规模优势。

其二，全球价值链地位（GVC）的提升需要经过国内价值链（NVC）的培育。OEM 企业将在代工过程中学习到的先进技术能力以及设计理念等创造性地运用于国内市场，逐步提升国内价值链地位。通过在国内进行自主品牌设计、研发、生产、销售等全环节经营，获得了原本在全球价值链中容易被封锁的品牌建设和运营能力。国内价值链的成功，促使企业进一步积累经验，增加技术、知识，提高能力，进而推动企业在全球价值链上也能掌控品牌建设和营销网络构建，提高国际市场竞争力，提升全球价值链地位。

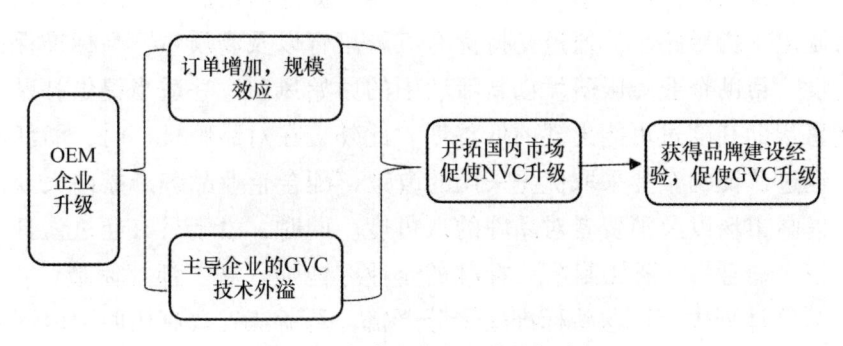

图 4-9 全球生产者驱动升级路径

可见，全球生产者驱动升级路径实际上要历经"嵌入全球价值链—掌控国内价值链—提升全球价值链地位"的过程，升级路径离不开全球价值链和国内价值链的联动。因此，国内市场（本地市场）的培育对于全球生产者升级路径而言是至关重要的。

三 全球生产者导向升级路径下的"双驱动"分析

国内品牌的建设首先要解决技术先进、产品高质量与商品的长期盈利之间的统一。然而这对于大部分企业而言并不容易,一方面是技术攻关的难度,另一方面则是生产高质量产品可能带来的成本上升的问题。如果质量的提高伴随着原有的低成本,则会增加品牌建设的优势;如果质量的提升伴随着成本的提高,则相应也要提高产品价格,这可能会影响产品的销售;而如果产品非常优质,"优质优价"下仍保持高利润,这种情况则非常难得。因此,产品质量与销售价格之间的矛盾是品牌建设中的关键问题之一。

要解决这个问题,就要完善品牌建设中的两个过程:其一是产品研发、技术创新过程,实现低成本达到高质量、高实用性目标;其二是产品推广销售过程,使产品成为优质优价下的畅销"爆款",实现产品的高利润,这也意味着市场对产品品牌的认可。这一过程离不开市场化的社会协作以及政府的政策支持。

从政府政策看,浙江的"三名工程""浙江制造"品牌建设行动计划等政策为推动浙江品牌培育持续深入开展,提升浙江制造业品牌形象和竞争力制定了指导路径。通过支持优秀工匠培育以及高质量、高标准保证体系建设,帮助企业克服研发创新活动中的原始风险,并适当提供补贴或政策优惠帮助其度过可能出现的低谷期。此外,在对品牌推广时,浙江政府也对经过认证的企业采取优先采购的政策,配合企业品牌产品向大众的推广,提高市场以及消费者对品牌的认可度。同时,由于只有经过认证、符合"三名企业""浙江制造"标准的企业才能加入到"浙江制造""三名企业"等计划中,而这些标准又十分严格,是浙江省政府比照国内国际上的一流标准并结合浙江省实际情况进行制定的。因此,这将是浙江省企业对照国际先进水平对标达标、不断完善自身、追求优质优品的过程。

在市场协作层面,利用市场公开信息倒逼企业提高产品质量。打造"信用浙江"信息系统,方便社会各方通过系统查询企业产品不合格信息,以增强系统的公信力和威慑力,实现市场"倒逼"效应。

此外,也要利用媒体等机构通过对典型企业家进行表彰,以增强浙江企业家的事业心和追求极致的理念;要素市场化配置进一步保障了企业在创新过程中的要素供给，实现利益共享风险共担，提供对一线生产人员的职业培训和认证。而在品牌推广过程中，也积极利用互联网、媒体等进行有效舆论引导和商业推广，提升产品品牌在市场和消费者中的认可度、知名度以及影响力。除了外部力量，企业自身也积极在代工过程、开拓国内市场中学习技术、管理组织经验以及相应销售技巧，提高自身核心能力，适时转变传统的经营模式。

浙江省政府的政策支持、市场化的社会协作以及企业自身的学习和意识的转变进一步提升了浙江企业在国内的品牌建设水平，可以看到2016年中国500最具价值品牌中，浙江省有39个品牌入选，全国排名第四。可见，在市场和政府的双重驱动下，浙江品牌进一步在全国得到推广，也为未来的全球品牌打造奠定了扎实基础。

表4-5　　　　　　　　2016年中国500最具价值品牌区域分布

排名	省份/地区	品牌数	百分比（%）
1	北京	105	21
2	广东	79	15.8
3	山东	42	8.4
4	浙江	39	7.8
5	上海	37	7.4
6	福建	34	6.8
7	江苏	30	6
8	四川	17	3.4
9	河南	12	2.4
10	湖北	10	2

资料来源：由公开信息整理所得。

案例分析——奥康：从代工企业到中国驰名品牌的跃升

2001年，奥康开始经营外贸业务，成为许多欧洲大牌皮鞋企业的代工企业。这个阶段，奥康的优势仅仅在于廉价劳动力所引致的制造低成本。为了发挥规模经济优势，奥康在这个阶段不断争取国外大牌的外包订单以此来扩大生产规模，降低生产成本，提高企业生产经营效益。这一阶段，通过"干中学"效应，奥康完成了制鞋技术和经验的大量积累。另外，在和欧洲大牌企业合作的过程中，奥康可以通过发包企业专业人员对本企业相关人员的培训指导以及图纸说明等方式实现技术能力的提升。此外，这些合作的国际知名企业的优秀管理经验和严谨的组织方式也能通过外溢渠道向奥康传递。可见，通过在代工过程的自主学习，奥康已经逐渐开始掌握除劳动力成本优势以外的竞争力——设计研发、组织经验等。这也让奥康逐步从OEM制造组装阶段步入ODM设计阶段。

2003年以后，奥康除了从事简单的制造活动外，也承担按照发包商要求，以合作方式或者独立完成相关产品的设计任务。2003年，奥康还和世界第四的意大利著名品牌GEOX以及其他多家大牌企业达成了合作协议，奥康为这些企业代工的同时，也负责这些国际品牌商在中国的销售。合作方成熟的营销手段和健全的全球营销网络是奥康在这一阶段的重要关注点。这一阶段，奥康不仅继续学习合作方先进的技术、研发设计能力，更关注和重点学习对方的市场推广能力和营销技巧，提高自身的品牌建设能力。

2003年，奥康在国内也初步形成了自主品牌。而随着奥康的核心优势由劳动力优势转为中等研发能力和规模优势，以及与国际多家品牌商的合作，奥康在国内自主品牌的建设也更加成熟稳健。凭借5.7%的男鞋市场占有率，奥康成为中国第二大男鞋品牌。在开拓国内市场的过程中，除了企业自身的创造性学习因素以及能力提升以外，也离不开政府的支持。例如，2009年，政府主导的"温州名购"计划，以最快、最节省的方式帮助奥康进行国内自主品牌的推进和扩张。温州政府对每拿下一个大商场的"温州名品购物中心"给予200万元的推广经费，而对每个入驻的企业补助5万元的专柜装修费。"温州名购"不仅有效帮助企业打开销售渠道，也帮助企业进行品牌的培育。这也让奥康的产品在2008年国际金融危机之后，在国内市场仍保持活力。

国内市场的积极开拓，使得奥康在直面消费者的过程中，通过"在市场中学习"，设计研发能力进一步加强，更为重要的是，在培育国内市场中，奥康的市场敏感性提升，推广策略更加多变，"直营+加盟""鞋业超市+连锁专卖"等多样性模式以及全球性活动的赞助（北京奥运会等）都表明奥康的营销能力和品牌建设能力得到了极大改善。

经过国内市场的培育，奥康完成了国内价值链的升级，自主研发设计能力、生产能力以及品牌运营能力都得到了大幅提升。2007年以后，奥康开始尝试全球自主品牌制造，先后在美国、中国香港成立分公司，2008年又在印度开了中国第一家鞋业专卖店。

奥康的全球自主品牌制造还处于起步阶段，和国际知名品牌商相比，还有非常明显的差距。然而经过25年的发展，奥康已经成功从代工企业转为中国品牌，并逐渐在全球价值链占据高端，这一转型升级离不开政府对企业在开拓国内市场的扶持，也离不开企业自身在每个过程中的自主性学习和创造性运用。

第四节 构建价值链的内源式升级路径：要素逆转型

一 要素逆转型内源升级路径的含义

内源式升级路径主要是企业以组织学习和自主创新为基础，依靠自身发展，通过资本、技术的不断积累，在增强制造环节实力的同时，向研发、设计、销售、售后服务等价值链附加值高的环节拓展，逐步完成完整价值链的构建，实现产业的内生性升级。

内源式升级路径的特点在于：其一，企业并不是通过OEM过程嵌入到全球价值链中，而是通过自身技术、资本的积累等方式逐步构建完整的价值链。这种方式相对于嵌入价值链，是以主动的方式完成价值链的构建。其二，内源式升级路径对产业的自主创新能力和环境应变再生要求很高，需要有强大的资金以及技术等物质基础支撑，能够在要素结构转变、竞争加剧下积极应变，不断实现自我的创新。

要素密集度逆转的升级路径是指由于劳动要素成本上升，促使很多企业寻找其他要素（如资本、技术）来替代劳动力要素，同时企业为了增加效益，增加设备和技术投入，提高了要素投入中的技术比例，由此实现了同一产业的产品从劳动密集型产品转换为资本密集型产品，即通过要素密集型逆转实现产业内升级（黄先海，2008）。

二 要素逆转型内源升级路径的特点

这种升级路径的特点在于：其一，它是在劳动力要素成本上升的背景下产生的；其二，升级伴随着资本和技术投入的增加；其三，升级标志在于产品要素密集度从劳动密集型转为资本密集型或者技术密集型。

之前，浙江省凭借人口红利，大力发展劳动力密集型产业，为浙江经济高速增长做出了巨大贡献。然而，近些年来，浙江省内"用工荒"和"用工成本上升"的现象频繁出现，似乎表明浙江省的"人口红利"正在逐渐消失。"劳动适龄人口持续增长"以及"人口抚养比持续下降"是"人口红利"的两个主要特征（陆旸，2016）。但目前，浙江省的人口特征却出现了相反的表现，一方面，浙江省的劳动适龄人口逐年下降，人口老龄化趋势明显。2016年，浙江省18—59周岁之间的劳动适龄人口数量相较于2011年的峰值水平，下降了84.33万人；而老龄人口10年间却增加了328.57万人，人口比例也从2007年的15.07%上升到了2016年的20.10%。人口老龄化趋势的出现，使浙江省劳动力将从"无限供给"逐渐转向"有限剩余"。另一方面，浙江省的人口抚养比相应上升，从2012年的26.7%提高到2016年的32.6%。并且根据浙江省社会科学院发布的《浙江蓝皮书》预计，浙江省的人口总抚养比到2024年将超过50%，这意味着到2024年，浙江省的非劳动适龄人口将超过适龄劳动力数量。根据莫迪利安尼的消费函数，人口抚养比的上升，意味着消费的增加以及储蓄的减少，储蓄的减少会引起资本形成率的下降，进而无法为经济发展提供充足的资本。

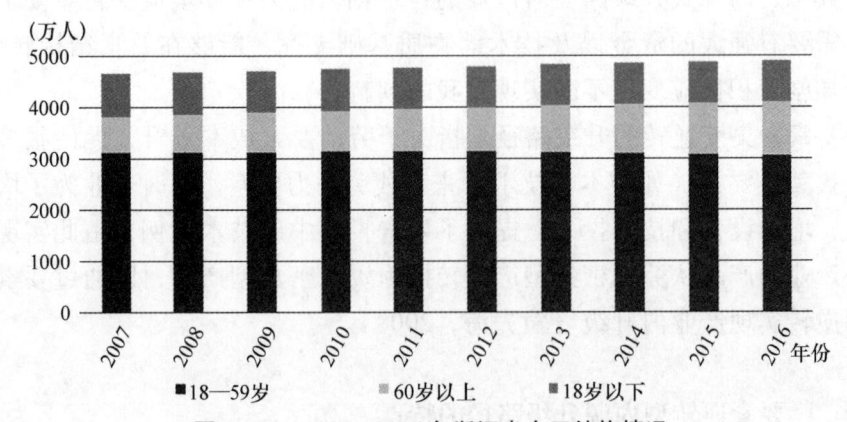

图4-10 2007—2016年浙江省人口结构情况

资料来源：数据由各年统计年鉴整理计算所得。

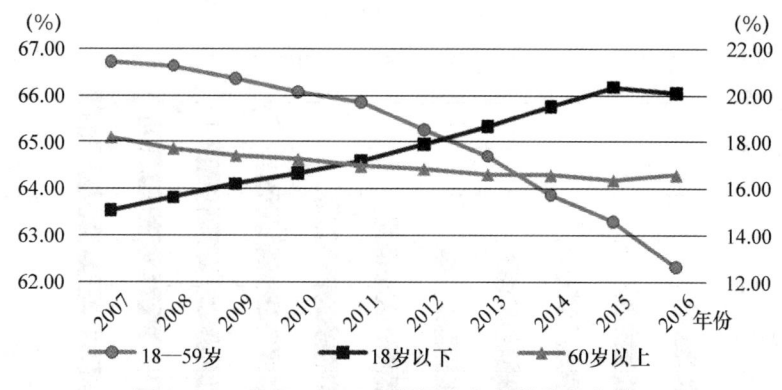

图 4-11 2007—2016 年浙江省各年龄段分布情况

资料来源：数据由各年统计年鉴整理计算所得。

  同时，流动人口的减少也是造成我国劳动力供给不足的重要因素。浙江省流入人口自 2010 年后开始减少，2001—2010 年，浙江省外来人口增加 813.5 万人；2011—2015 年，浙江省外来人口减少了 8.1 万人，流动人口的减少，意味着浙江省迁移人口红利也逐步衰微。

  流动人口数量的下降以及人口结构的变化使得浙江省劳动力市场供需严重失衡，工资上涨压力增强。浙江省城镇单位就业人员平均工资在绝对水平上表现出持续上涨趋势。2006 年，平均工资只有 27570 元，而到了 2016 年，就业人员平均工资已经达到 73326 元，工资水平高于全国平均水平（67567 元），排名全国第五。劳动力薪酬年平均涨幅为 9.30%。而且，从工资总额的相对增长来看，工资总额占 GDP 的比重也处于连续攀升的趋势。可见，从长期来看，劳动力工资的增长是未来趋势，且增长空间较大。

  面对劳动力优势的消失，虽然从长期来看，积极寻找其他替代要素（资本、技术），通过改造原有技术，增加设备和技术引入、资本和技术等要素的投入，从而实现从低附加值的加工产品转向高附加值的资本、技术等高级要素密集型产品是有利的，但是从短期来看，由于新设备投入和技术引进或者技术研发都需要很大的前期投入，企业可能缺乏资金。

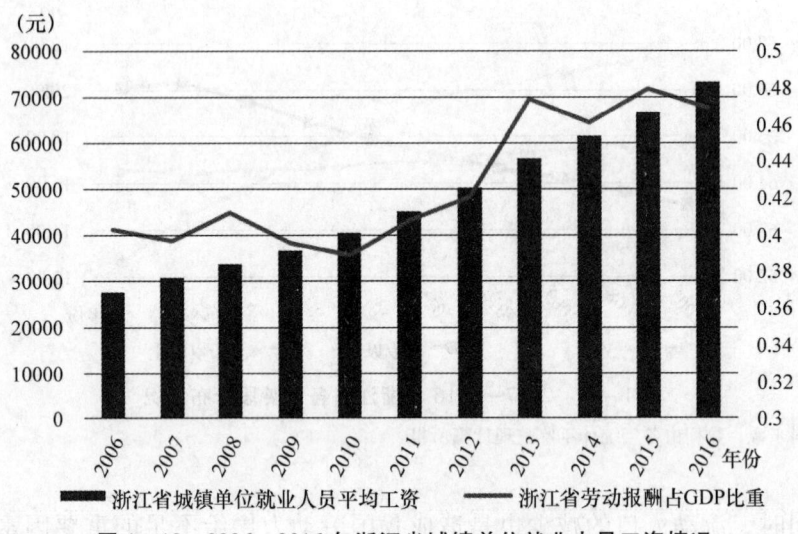

图 4-12　2006—2016 年浙江省城镇单位就业人员工资情况

资料来源：数据由各年统计年鉴整理计算所得。

因此，如何让企业在劳动力成本优势逐渐消失的情况下，选择通过增加新设备投入、技术升级等手段实现产品要素密集度逆转升级，政府和市场的作用缺一不可。

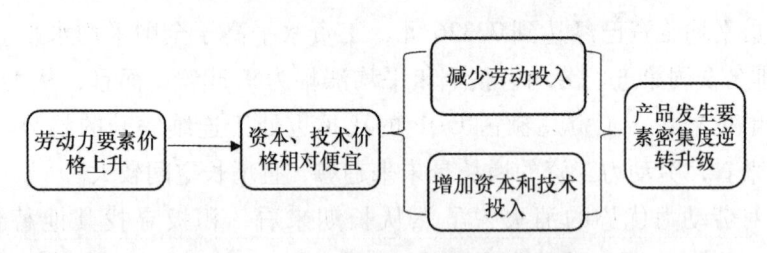

图 4-13　要素密集度逆转升级机理

三　要素逆转型内源升级路径的"双驱动"分析

实现产品要素密集度逆转升级首先需要减少劳动力的投入，增加机器设备等资本性投入。浙江推广的"机器换人"正是为了解决这一问题。

"机器换人"并不是简单地运用机器替代劳动，其核心在于用先进的技术设备代替原来落后的装备来增加效率，实质是通过设备更新换代带动工艺以及组织管理模式的创新，目的是改变长期以来依赖大量廉价劳动力投入的增长方式，大幅度降低企业的用工数量，进而抵消劳动力成本上涨带来的不利影响，使产品完成劳动密集型产品向资本密集型产品的转变。根据国家统计局浙江调查总队对台州350家企业的调查，38.6%的企业认为劳动力价格的上涨是进行"机器换人"的主要因素。可见，随着人口红利的减少，"机器换人"已成为企业完成转型升级的必由之路。通过机器换人，一线工人比重大幅降低，能源消耗得以减少，生产成本显著下降，调查显示，42.7%的企业生产成本下降5%—10%，50.6%的企业生产成本下降10%以上，其中25.2%的企业生产成本下降20%以上。生产成本下降的同时，企业的生产效率也得以提升。企业在落实"机器换人"之后，产品的生产周期缩短，劳动生产率也都提升了10%以上。此外，智能化机器设备相比于人工，在产品制程中的精准度具有明显优势，显著提高了产品质量。可见，"机器换人"是促进企业乃至整个行业升级的重要途径之一。

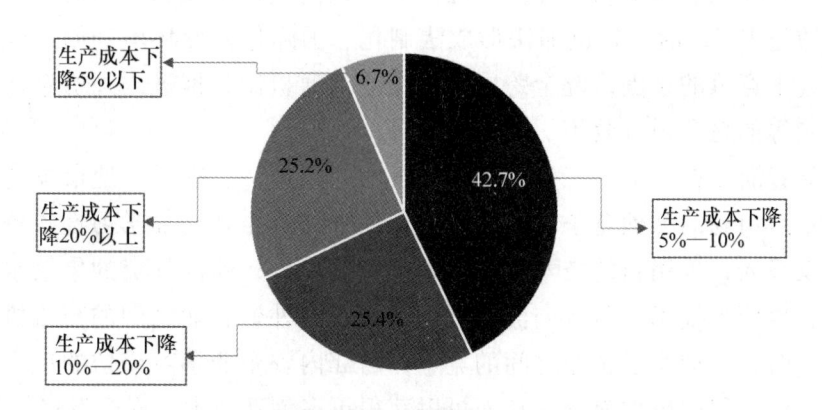

图4-14　台州市采用"机器换人"成本下降情况

资料来源：国家统计局浙江调查总队对台州350家企业的调查。

然而"机器换人"的前期投资成本过高，回收期限长。从项目投资额看，"机器换人"的投资额通常在5000万元以下，回收期通常在4—5年。在调查的企业中，103家已经推行"机器换人"的企业中，50%的企业的投资额都在1000万元以上，44.6%的企业投资回收期在4年以上。巨额的前期投入再加上漫长的回收期，客观上要求企业应当筹划中长期战略，然而这是很多中小企业不能做到的。这就需要政府的政策支持，加大对企业运用以机器人为核心的系统设备的补贴程度，以减少企业前期固定资产投入的成本，缩短投资回收期，从而激励企业采取"机器换人"，提高产品的资本密集度，减少人工成本。

除了提倡"机器换人"，增加产品的资本密集度，浙江政府还大力打造"高质量外资集聚地"。改革开放40年，浙江省引进外资规模高速发展，2016年外商投资规模达到175.8亿美元，FDI规模首次达到"千亿元"水平。FDI规模的扩大，也使浙江省引进外资从追求"规模扩张"转为"稳量提质"。高质量外资在研发设计、销售渠道扩展等方面拥有丰富的经验和竞争力，可以填补本土企业的不足，满足消费者对于高质量、个性化的消费需求，进而提高本土企业的创新能力。因此，2017年，浙江省仍以引进高质量FDI为导向，遵循强中选优原则，围绕浙江省政府八大万亿级产业转型升级举措，深化世界五百强和行业龙头企业客商库，着力引进一批规模大、效益高、外溢效应强的重大高端外资项目。同时，为了引进高质量FDI，浙江省也加快形成法制化、国际化营商环境，创造内外资企业公平竞争的氛围，健全跨国公司交流沟通机制，推进内外资企业可以享有同等的财政税收政策、产业政策等。

随着浙江省公平、充分竞争市场氛围的建立，加剧了本地市场竞争程度。本地市场的激烈竞争，反过来又促使浙江省企业增加学习性投资，增加研发投入，采用新的技术提高竞争优势。此外，浙江外资的集聚水平的提高，也使得技术人员双向流动更加频繁，内外资企业之间的交流机会更多，同时，也加剧了企业之间的竞争，浙江内资企业学习模仿的动机越发强烈、模仿程度更加充分，从而可以获得更多创新技术，提升发展质量。

政府引进高质量的FDI，再通过有效市场竞争，倒逼浙江企业技术创新。这种"政府+市场"的有效机制也使得浙江省企业的技术有了进一步提升。

案例分析——绍兴飞日棉纺纱企业："机器换人"，产品要素密集度逆转升级

绍兴是浙江省最早开始试验"机器换人"政策的地区。而事实也证明

"机器换人"是绍兴传统产业转型升级的一条快捷而有效途径。2008年国际金融危机以来，一方面，欧美等发达国家对纺织品质量要求越来越高，对来自中国的纺织品反倾销反补贴及保障措施不断上升，使绍兴市纺织业面临较大压力；另一方面，企业用工成本不断上升，而且招工难。

飞日棉是绍兴越城区一家传统的纺纱企业，同样也面临这样的问题。在绍兴市政府推行"机器换人"的激励下，2010年，飞日棉投资上千万元从德国、日本等先进工业国引进集体落纱的细纱机35台以及自动络筒机15台。采用自动络筒机降低用工的效果很显著。采用普通络筒机，一台机器需要配备4名挡车工，"三班制"则需要配备挡车工12名。采用自动络筒机后，4台机器只需配备一名挡车工。每万锭节约用工50人以上，按企业7万锭的生产能力，可以节约用工350人以上。

可见，飞日棉采取"机器换人"，降低了职工相对数量，有效缓解了企业招工难的问题，此外，也提高了单位产品的资本投入，使得产品从劳动密集型向资本密集型产品逆转，实现要素密集度逆转升级，进一步提升了产品质量。

第五节　构建价值链的内源式升级路径：跨国并购型

一　跨国并购型外源升级的含义

跨国并购—跨越式升级路径是指通过兼并外国股权或资产，获取外国企业的研发设计能力、销售渠道、品牌等优质战略性资源，实现企业的跨越式升级。这种升级模式属于同一产业分工链上的升级。

二　跨国并购型外源升级的特点

跨国并购—跨越式升级路径的特点在于：其一，跨国并购可以有针对性地实现价值链分工升级。根据跨国并购理论，跨国并购是获取东道国企业资源要素最直接有效的方式。通过跨国并购，企业可以获得营销网络、高级管理人员、高端品牌等高级要素。因此，企业根据自身要实现的价值链升级目标，有针对性地对相关企业标的进行收购。其二，由于被并购的对象通常都是运营已经非常成熟的外国企业，已经有相当完善的销售布局、品牌管理经验以及成熟的研发技术能力等。并购方通过跨国并购，可以直接获得被并购方的现有资源优势和市场基础，快速实现转型升级目标。

传统要素成本的上升，企业的利润空间缩小，企业内外部生存环境恶化，将促使企业从依赖要素"量的投入"转向"质的提高"，即从依赖以资本、土地、廉价劳动力以及能源等传统要素供给向依靠信息技术、知识、人力资本等高级要素供给转变，突出表现在利用高质量要素投入创新驱动产业发展。但研发技术、品牌建设等需要长时间的投入，并不是一朝一夕就可以完成的。时间成本高，可能错过发展良机；失败风险大，投入可能变成巨大的沉没成本，进一步降低企业效益。此外，国内目前的创新程度总体不高，人才培养体系尚未完全建立，企业组织管理能力和国际先进水平仍存在较大差距。在这样的形势下，只从国内市场攫取高级要素，并不能满足企业要素升级的需求。因此，跨国并购成为企业完成要素结构升级的重要方式。

近年来，浙江省外源式升级加快，主要利用跨国并购等方式依托国际市场获取国外先进技术和国际品牌等高级要素实现要素结构的快速升级。其实现路径主要有两种：一是并购海外知名营销平台，获取国际市场成熟营销网络，进而构建海外自主营销网络；二是并购国际大牌，并在投资当地进行生产销售，从而减少推广自主品牌阻力，提升自有品牌海外知名度。2016年，浙江省以并购形式实现的对外直接投资项目162个，同比增长30%，并购额82.3亿元，占浙江省对外直接投资总额的49%。其中，80%以上是投向美国、日本、欧洲等发达国家（地区），70%以上集中在汽车及零部件、机电装备、生物医药等高新技术领域。浙江省企业通过跨国并购主要是获得被收购方的研发人员、前沿的技术装备和专利以及先进的设计理念和能力，最终通过生产要素结构的转型，培养企业的自主创新能力，推动行业内整体升级。

三　跨国并购型外源升级路径中的"双驱动"分析

浙江企业跨国并购潮的兴起主要得益于浙江市场配套机制的日益完善，以及浙江政府对浙江企业跨国经营规划的指导和支持。

从市场配套来看，跨国并购过程离不开咨询、融资、市场评估等中介服务。近年来，浙江省非常重视生产性服务业在促进产业升级方面的积极作用。中介服务业作为生产性服务业的重要组成部分，也得到了政策的大力支持。浙江省政府把市场需求作为基本导向，保障优先发展广告宣传、知识产权保护以及企业战略咨询等高端中介服务业，积极培育发展人才、科技、金融等新兴中介服务业，打造种类齐全、功能完备、运行高效的中介服务业体系。由此，浙江的中介服务企业得到了长效发展。以杭州市为例，截至2016年年末，杭州市共有各类中介单位近8万家，增长45.5%，中介企业新增数量创历史新高，涉及11个大类48个小类，已覆盖到会计审计、法律、科技、人才、金融等经济社会各个领域，形成了门类齐全、总量较大的中介服务体系。

从融资渠道看，通过支持符合条件的企业赴境内外证券交易所上市融资，支持符合条件的企业扩大债券融资规模，推动银行机构创新发展产业链融资、企业群融资等业务，浙江企业可以利用多层次资本市场进行融资，拓宽了融资渠道，为企业并购提供了良好的资金基础。

从政策环境看，政府积极支持民营企业跨境并购，明确把提升民企跨国并购整合能力、营销网络建设能力、国际研发合作能力等作为培育重点。通过定期发布关于各国、各地区的海外投资指导，加强对企业海外经营生产的规划和指引，帮助民营企业明确对外投资合作选择和区域布局，推动跨国经营企业培育发展。同时，为民营企业提供国际税收的相关咨询服务，帮助企业识别投资前的税收风险、做好相应的风险预警及防范措施并落实海外经营期间的税收政策。此外，企业海外经营评估的强化、海外经营人才的培养以及跨国经营集成服务体系的建立都为浙江民营企业的跨国并购提供了政策支持，使得浙江民营跨国企业的经营质量和效益显著提升，国际市场份额不断扩大。同时，这也极大带动了企业所在行业的升级，不仅提高了附加值，也加强了浙江省企业在国际标准上的话语权。

案例分析——吉利跨国并购：低成本战略向国际化品牌的转型

2010年，吉利凭借18亿美元将福特旗下的沃尔沃收入囊中，使得沃尔沃成为吉利的子品牌。这一次收购也使得吉利从技术、品牌以及销售网络等各方面有了显著的提升，为吉利从低成本战略向先进技术、高端品牌和国际化战略的转变奠定了基础，从而也推动了吉利从默默无闻的民营企业成长为世界500强。

其一，提升品牌价值。汽车产业一直以来就被视为技术密集型产业，以研发能力和关键技术为核心。而吉利过去则是以低价策略开拓市场份额。长时间的低价策略影响了吉利自身的经营利润，而企业效益的降低又严重影响吉利汽车的质量，迫使企业只能实行低价战略维持市场份额，进而陷入恶性循环。尤其是2007年，汽车零部件的价格持续走高，使得吉利原本的低利润空间进一步被压缩，导致吉利无法完善汽车的功能和售后服务，也没有足够的资金开展研发活动。而沃尔沃有近80年的历史，是国际性的汽车品牌，属于顶级轿车。其品牌价值不言而喻。吉利通过收购沃尔沃，将沃尔沃的品牌价值注入吉利自身品牌中，不仅利用沃尔沃的高端品牌形象提升了自身品牌在消费者心中的地位，同时，也实现了从低端品牌向高端品牌的蜕变。

其二，提升技术和研发能力。由于国内汽车行业起步较晚，缺乏技术的积累和沉淀，相应行业标准和研发能力也和国际先进水平有较大差距。在收购沃尔沃之后，吉利可以拥有沃尔沃3个最新平台的知识产品，并且通过研发合作，成立了吉利欧洲汽车研发中心。依托沃尔沃的研发中心、高素质的研发团队，吉利在技术研发层面获得了源源不断的可持续动力。

其三，开拓国际市场，构建全球营销网络。吉利虽然成长速度很快，但是仍然属于一个小规模的企业。而在并购之后，吉利掌握了沃尔沃近60多万辆的汽车产能以及高度自动化的生产线，迅速扩大了生产规模。生产规模的扩大，也使得吉利势必不能只满足于国内市场，而要进行全球布局。凭借沃尔沃原来成熟的销售网络，吉利可以快速在欧美等发达地区展开销售服务活动，实现国际化经营。

第五章 "双驱动"模式下的浙江路径选择（中）：产业间转型升级

第一节 产业间转型升级的方向及其路径

一 产业间转型升级的方向

浙江省一直以来都以民营经济大省著称，大量的民营企业也构成了浙江经济发展的基石。由许许多多民营企业构成的传统产业也因此成为浙江的支柱产业。改革开放以来，浙江传统产业凭借浙江省良好的地理位置、悠久的经商传统以及宝贵的企业家精神，发展得如火如荼，成为全省经济的基石，使浙江的经济发展走在全国前列。较低的进入成本和较少的技术投入促使富有创业精神的浙江人创建了无数大大小小的民营企业，这些民营企业使浙江市场繁荣，在扩大对外贸易的同时也解决了民众就业问题。万众创新使得浙江人变得富裕，消费水平不断攀升，同时进一步缩小了城镇发展差距。然而，工资上涨一方面提高了人民的生活水平，另一方面也增加了劳动力成本，再加上人口逐步趋向老龄化，使得浙江传统产业所依赖的低成本"比较优势"逐渐消失。长期以来，浙江省经济增长大部分依靠的是低附加值产业以及相应的低技术水平劳动力。另外，许多中小民营企业是依赖对资源的消耗甚至以牺牲自然环境产生负外部性为代价换取发展的。时至今日，这些不可持续的发展导致长期积累的比较优势正逐步弱化，原先的粗放型发展已不再适应当今的环境和需求。为迎接当今时代带来的挑战，同时着眼于未来发展，产业转型升级成为浙江省亟待解决的重大问题。

产业间转型升级，要从低附加值产业转向高附加值产业，从高能耗高污染产业转向低能耗低污染产业，从粗放型发展转向创新驱动型发展。从宏观上看，是从第一产业转向第二、第三产业，并逐步增加第三产业和高端制造业的比重，从行业层面看，尤其是制造业行业，可以从劳动密集型转向资本密集型和技术密集型，逐步摒弃粗加工和低附加值行业，着力培育具有精加工和高附加值特点的新兴产业，促进从传统资源产业向以高新技术为导向的技术产业转型。

传统产业转型升级的重要方向之一是由传统产业转向技术和知识密集型的高新技术产业。传统产业并没有固定标准，针对浙江而言，可以参考浙江省人民政府于 2017 年 6 月 9 日印发的《浙江省全面改造提升传统制造业行动计划（2017—2020 年）》中提到的十大行业：纺织制造业、服装制造业、皮革制造业、化工制造业、化纤制造业、造纸制造业、橡胶和塑料制品制造业、非金属矿物制品制造业、有色金属加工制造业、农副食品加工制造业（含食品制造业，酒、饮料、精制茶制造业）。其中，比如纺织、服装、皮革等都是浙江的代表性产业。高新技术产业大部分都是包含高技术、高附加值的产业，比如生物产业、新一代信息产业、高端装备制造产业、节能环保产业、新材料产业、新能源产业、海洋新兴产业、高技术服务业等。全面提升先进制造业竞争力，把制造业发展重点逐步转向高端制造业和战略新兴产业，推动制造业开展广泛的、持续的技术升级改造投资，加快"浙江制造"向"浙江智造"转型。

自"十一五"以来，浙江省的高新技术产业规模不断扩大，企业的自主创新能力不断提升，产品的国际竞争能力不断增强，高技术产业已经成为浙江省产业转型升级的重要方向并带动着浙江经济的发展。2015 年浙江省高新技术产业的新产品开发经费支出达到 1939232 万元，位居全国第四，新产品销售收入达到 27125363 万元，位居全国第三。出口额位于广东和江苏之后，位居全国第三（见表 5-1）。另外，浙江省在电子信息、现代生物、高端装备制造等优势领域不断壮大的同时，以电子商务、数字内容、信息软件、服务外包等为代表的高技术服务业迅速发展，物联网、云计算等新兴产业发展迅速。"十一五"时期，全省科技发展进入重要发展期，2009 年全省科学发展水平居全国第四位，2010 年全社会研发经费支出占生产总值的比重从2005年的1.2%提高到1.82%，专利授权量114643件，其中发明专利授权5719件，专利申请量和授权量均居全国第三位。同时，浙江省还实施了一批高技术产业化示范工程和重大项目，涌现了一批著名的高技术企业与产品：浙江贝达药业自主研发的小分子靶向抗癌药盐酸埃克替尼被喻为医学界造出的"两弹一星"；海康威视自主研发的DVR产品全球市场占有率第一，综合水平全球第四名，是浙江省物联网产业的龙头企业；阿里巴巴集团旗下的阿里巴巴、淘宝网、支付宝已经成为国内外B2B、C2C和电子支付领域的领军型电子商务企业，这些企业促进了浙江省高技术制造业和服务业的发展。

表5-1　　　　2015年各地区高技术产业新产品开发及销售　　　　单位：万元

地区	新产品开发经费支出	新产品销售收入	出口
广东	10707322	123288580	55026909
江苏	4204112	78437606	35793375
山东	1951473	26901847	4703819
浙江	1939232	27125363	5908125
上海	1655056	10354216	4880085
北京	1498012	15978092	1400824
湖北	971175	8158763	494394
四川	915223	9945653	504857
福建	912795	12453956	7298121
陕西	795000	3556246	759283

资料来源：《中国科技统计年鉴》。

传统产业转型升级的另一重要方向为战略性新兴产业。战略性新兴产业具有市场需求前景大、资源能耗低、就业机会多、带动系数大、综合效益好等特点，既能对浙江当前经济社会的发展起到支撑作用，又能引领浙江经济未来发展的方向。浙江省政府于2017年9月4日印发的《浙江省培育发展战略性新兴产业行动计划（2017—2020年）》中也明确提出了向战略性新兴产业转型升级的具体任务，比如在信息技术产业方面，推动云计算、大数据、移动互联网等新一代信息技术向各行业融合渗透，打造"互联网+"生态体系；在物联网产业方面，要进一步完善物联网产业体系，扩大物联网产业规模、创新能力和应用水平。培育主营业务收入超800亿元的物联网领军企业1家，超100亿元的龙头企业5家以上，超10亿元的骨干企业50家以上，集聚产业链核心企业500家以上，成为具有较强国际影响力的物联网产业发展高地；在人工智能产业方面，在创新能力、产业体系、行业应用、企业实力、集聚发展等方面取得重大突破；高端装备制造业方面，到2020年，规模以上高端装备制造业总产值力争超过1500亿元，在智能制造装备、汽车、重大成套装备等重点领域培育50家以上主营业务收入超100亿元的高端装备制造业骨干企业，培育5000家以上科技型装备制造业中小企业；等等。

二　产业间转型升级的三大路径

由于不同地区、不同国家的历史和现状都不尽相同，所以推进产业间转型升级的路径也有很多。针对浙江省的禀赋与环境，我们提出以下三种路径：熊彼特创新和原始创新推动、市场需求变化引领、技术快速商业化推动。

第一条路径要求我们不但要重视创新的数量，更要重视创新的质量。改革开放以来，经过不懈的努力，我们已经从技术落后国家转变为准技术前沿国家，但仍与发达的技术前沿国家存在一定的差距，这种差距的存在使得模仿式创新成为成本较低但收益较高的创新方式。但需要重视的是，这种创新模式并不可持续，也不能引领我国成为技术前沿国家。浙江省在创新方面的投入和收益都位居全国前列，因此重视创新质量，鼓励和推动熊彼特创新和原始创新是既有基础也十分必要的。

第二条路径强调了市场的作用，更强调了需求的作用。长期以来，我国都处于投资拉动经济发展的状态，投资有余需求不足的问题始终存在。虽然这并不是一个可以立即解决的问题，但是具体到产业转型升级，让市场需求去引领其发展可以作为未来的政策导向。无论从经济学理论还是我国过去的实践经验来看，单靠政府补贴、鼓励是无法让一个产业健康、迅速地发展的。政府和企业存在的信息不对称问题就让政府很难将一个看起来十分有效的政策很好地执行下去，即使设置一些激励机制，也很难达到让每个企业"说真话"的目的。所以要依靠市场，让"看不见的手"在政府的监管下发挥作用，让企业自行以利润最大化为原则进行资源配置，达到高效率产业转型升级的目的。

第三条路径是针对企业而言的,如果说第一条路径是保证经济的可持续发展,并且是一个中长期目标的话,那么这一条路径就是在短期之内可以实施的,可以成为模仿创新时期和原始创新时期之间的过渡时期。浙江省的人均消费水平位于全国前列,这就为企业带来了很好的观察消费者需求并生产满足其需求的产品的机会。与以往的创新概念不同,这是一种适应性创新,不是技术的首次开发,但是新技术的首次应用。我们可以通过模仿或者购买引进一项还未在市场上形成商品的技术并根据我国或者浙江省的需求情况进行应用,使一项技术商业化。这可以为企业带来丰厚的利润,但针对浙江的现状,大多数民营企业可能没有能力去观察到一项新技术的成功开发进而去引进它,这就需要政府进行适当的鼓励和引导。

在这三种路径中,市场都占有主导作用,但市场也时常出现失灵,使得资源配置效率不高。同时,市场也无法解决分配公平的问题,这都需要有为政府去调整,使市场更加有效,秩序更加规范。另外,还需要政府在产业间转型升级的过程中发挥引导作用,出台一系列政策推动产业向着可持续发展的方向进行及时、健康的转型,为产业成功转型升级从而经济保持可持续发展保驾护航。

三 浙江产业间转型升级政策

2000年以来,中国产业政策的任务主要集中在促进产业结构调整和抑制部分行业过度投资、产能过剩两个方面。一直以来,促进产业结构的调整就是中国产业政策的重要任务之一,进入21世纪以后,政策部门更加重视产业结构调整,许多政策都是围绕促进产业结构调整政策制定,包括《当前国家重点鼓励发展的产业、产品和技术目录》2000年、2005年、2011年修订版。

根据2011年版的目录指导精神,浙江省发改委会同国务院有关部门适时修订并发布了《产业结构调整指导目录(2011年本)》,自2011年6月1日起施行。《产业结构调整指导目录(2011年本)》主要有以下特点:

一是力求全面反映结构调整和产业升级的方向内容。鼓励类新增了新能源、城市轨道交通装备、综合交通运输、公共安全与应急产品等14个门类,其中新增的公共安全与应急产品类,共有35个条目,涵盖了监测预警、应急处置装备和救援服务的主要领域；限制类新增了民爆产品门类；淘汰类新增了船舶和民爆产品等门类。

二是更加注重战略性新兴产业发展和自主创新。例如，为体现培育发展战略性新兴产业的要求，在装备、汽车、船舶门类中，新增了重大装备自动化控制系统、高速精密轴承、轨道车辆交流牵引传动系统、新能源汽车关键零部件以及海洋工程专用作业船和海洋工程装备等条目；在纺织门类中，在高新技术纤维及应用条目的表述上明确提出鼓励具有自主创新技术和环保工艺的生物质纤维产业化、高性能纤维及制品（复合材料）以及产业用纺织品的开发和生产。

三是更加注重对推动服务业大发展的支持。

四是更加注重对产能过剩行业的限制和引导。

五是更加注重落实可持续发展的要求。例如，在环境保护与资源节约综合利用门类中，新增了废旧物品等再生资源循环利用技术与设备开发、废旧机电产品的再利用、再制造等条目，在几乎所有制造业门类中均增加了清洁生产工艺、节能减排、循环利用等方面的内容。

这些较早时期的产业转型升级政策体现了省政府对于当下及未来经济形势的准确判断和细致分析，并为以后的改进做了铺垫，在浙江经济腾飞的过程中，政府的推动和引领起到了关键作用。在这个迫切需要产业转型升级的时期，同样需要有为政府、有效市场双驱动，让有为政府为消费者和企业打造出一个有效市场，让企业自觉自愿地转变经营和生产理念，促使产业间转型升级顺利进行，使浙江省经济持续、健康地发展。

第二节　国际市场需求跟进型升级路径

一　市场需求变迁与产业转型跟进

理论上讲，一国消费水平越高，消费人口越多，市场规模也就越大，企业也就更容易生存，生产的企业越多，其进行的竞争就会越激烈。激烈的竞争使得企业要么就通过满足消费者的需求而不断扩大自己的规模，要么就被迫倒闭，退出市场。而如果要想不断满足消费者的需求，在科学技术日新月异的今天，单靠在传统产业不断推出新产品可能很难占据太大份额的市场，更多地需要企业转型升级，或者从劳动密集型转向技术密集型，或者从制造业转向制造业＋服务业。这种市场的倒逼机制是迫使企业不断转型，从而使得产业进行转型升级的重要路径，不能及时更新自己观念的企业只能退出市场，从而将资金、设备、劳动力空置出来，以转向那些可以敏锐捕捉到市场需求变化并及时跟进的企业。

消费市场可以简单地分为国际市场和国内市场。而浙江自清朝开始也是中国最早开展对外贸易的几个省份之一，这一传统一直延续到今天，特别是在2001年中国加入WTO之后，出口额的增幅更是迅速提高（见图5-1）。浙江在享受着对外贸易带来的利益的同时，也一并承担着国际市场需求动荡所带来的风险。自从2008年国际金融危机之后，国际需求环境恶化，国际贸易摩擦加剧使部分块状经济面临萎缩压力。国际市场摩擦加剧是创新能力不足、出口路径依赖的终端表现。大部分浙江块状经济是加工贸易性质的企业集聚区，接受外贸订单并为国外厂商做贴牌生产，多数仍然停留在委托组装和委托加工阶段。由于创新能力不足，缺少品牌，缺少知识产权，集群内的企业家事实上并不是经典意义的创业家，而是国际产品的模仿者、国际分工链的打工者，不仅平均利润率十分单薄，而且反倾销等国际摩擦亦不断加剧。一旦国际市场环境发生不利变化，集群产业便会首当其冲面临重大压力，2008年国际金融危机发生后，浙江产品出口贸易大幅下滑便是一个实例（见图5-2）。

对比图5-1我们可以发现，虽然浙江的出口额大体上呈现出逐年上升的趋势，只在近两年开始才出现降幅并不算大的回落，但其占GDP的比重，早在2007年、2008年国际金融危机之后就开始明显下滑，并且一直没有回暖的趋势。这两者的时间差表明，浙江出口不力的现象不仅仅是由于国际金融危机过后市场需求不足的原因导致的。特别是最近两年，大部分国家已经从国际金融危机的阴影中走了出来，但浙江的出口额正是在这两年开始下滑的。但同时不可否认的是，浙江的产业间转型升级并没有因此而变得进展缓慢。一方面，这也许可以表明，我国特别是浙江的产品仍然没有跟上世界新兴产业尖端产品的步伐，导致消费逐渐倾向高新技术产品的海外市场，没有更多地消费我们的产品。另一方面，也证明浙江也开始在依靠内需进行发展，促使产业转型升级，这无疑是一个好消息。国内市场比国外市场更加稳定，没有政治和民族因素，可以为广大企业提供一个稳定的发展空间。

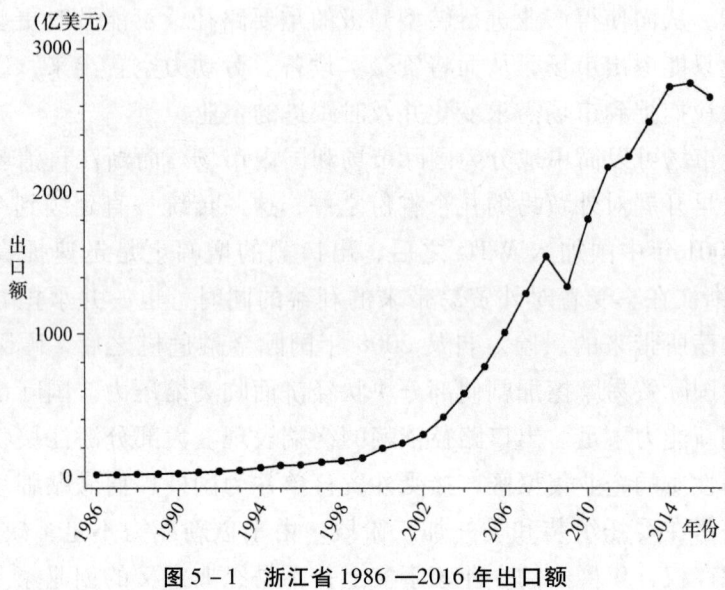

图 5-1　浙江省 1986—2016 年出口额

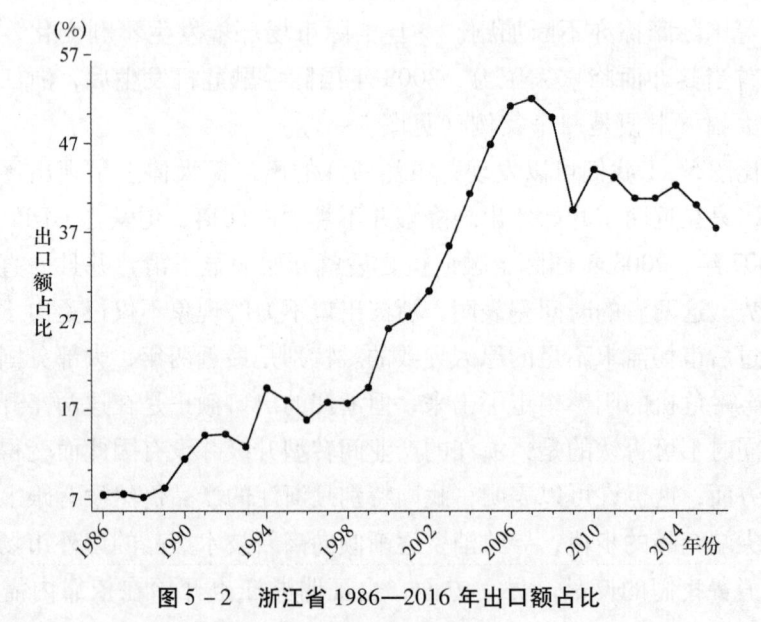

图 5-2　浙江省 1986—2016 年出口额占比

注：图中出口额占比是出口总额占当年全省生产总值的比重。

无论是从海外市场还是国内市场的角度来看，企业必须把握住市场需求的变化，进行跟进创新，及时推出符合消费潮流、满足消费者意愿的新产品。在这一过程中，转型升级就成为一种自然也是必需的选择。市场在这一局博弈中会将不适宜的企业淘汰掉，释放出资源和劳动力，重新组合为符合市场需要的产业，从而在产业转型升级的过程中发挥引领作用。

二 "双驱动"分析：有为政府创建有效市场

要将投资拉动经济转向需求带动经济，政府就要转变角色，从指路人变为"守夜人"，从领导角色变为引导角色。一方面，要稳定经济环境，保持物价和房价随着经济的不断增长在可控的范围内温和波动，避免投机行为，让人民减少预防性储蓄，将流动性释放出来，使需求增加，市场繁荣，从而带动新兴产业的发展，只有市场的规模扩大，才能使行业的规模扩大，进而企业的规模得以扩大，才能出现规模经济或范围经济效应。另一方面，政府要对高新技术产业、战略性新兴产业的产品出口给予适当补贴，从而打开海外市场，加强我国企业的产品在海外市场的竞争力。

2016年，浙江省住房和城乡建设厅根据2015年年底中央经济工作会议开展了浙江楼市去库存行动，并且在2016年第一季度就收到了显著的效果。企业库存水平取决于未来需求、供货周期、价格变动等许多因素，其中最重要的影响因素就是未来需求。大库存可以避免企业发生断货的风险，然而一旦市场需求转变，这些库存也变成烫手的山芋，并且这些"沉没成本"也可能在企业已经发现新的商机时因转型成本太高而没有成功搭上首班车。去库存不仅可以应用于房地产行业，更可以用在其他产业，特别是那些浙江的"传统"产业。去库存可以帮助企业"瘦身"，并发挥"船小好掉头"的优势，及时根据市场需求的变化进行创新或者转型升级。从而建立起全新的产业结构，提高高新技术企业的市场占有率，淘汰落后产能，使浙江工业经济持续健康发展，成为浙江经济节节攀升的不竭动力。

要使浙江企业能够及时跟上市场需求变动，也必须毫不手软地处置"僵尸企业"。党的十九大报告明确提出"优化存量资源配置"。省政府办公厅也于 12 月迅速出台了《关于加快处置"僵尸企业"的若干意见》，进一步解决了"僵尸企业"处置过程中的各种难题。根据统计，整个浙江省在 2017 年 10 月左右已累计启动处置"僵尸企业"909 家，其中当年启动处置 354 家。各地上报已处置完成 658 家。处置好这些"僵尸企业"，才能将已经废弃的资源解放出来，再投入到那些充满活力的企业中去，从而使想转型的企业能够顺利实现目标，推动整个浙江省的产业转型升级。

最后，要引导企业保持浙江省的历史传统，积极参与全球价值链分工并不断进入和开拓海外市场。重视海外市场的意义不仅在于拓展市场，更重要的是，海外市场，尤其是欧美市场，高新技术产业比较成熟，带动了当地国民对于高新技术产品的更高需求，放眼国外可以使国内企业跟上世界的步伐，加快企业的更新换代，从而助推产业间的转型升级成功进行。更高的需求可以迫使企业不断推出新产品，淘汰那些落后产业的企业，释放出资源重组为新兴产业的企业进入市场。而市场需求的扩大又会吸引更多的厂商进入，加剧企业之间的竞争，刺激更多更好的新产品诞生。这一微观层面的动态积累就会直接使得宏观层面的产业转型升级完成。

第三节　熊彼特率先产业开拓型路径

技术创新是产品转型升级的重要原动力，但仅靠政府补贴、鼓励创新是远远不够的，同时还会造成部分企业"为了创新而创新"的行为发生。因此，要注意发挥市场的引导作用，让企业可以利用市场更好地生存下来。那么在这个市场需求不断变化，新产业的产品不断更新换代的时代，对于浙江的众多企业来说，如何尽快地探索出一条适合自己的创新之路是非常重要的。那么，站在企业的角度，特别是那些还不具备大规模研发能力的中小企业，技术快速商业化就是一条重要的路径。技术商业化并不要求我们第一个发现技术，而是要求我们第一个应用技术。引进、学习一项技术比发明它的难度要更小，成本要更低，而对于企业来说，发明技术并不是目的，将新产品卖出去才是关键。很多企业之所以不能及时地将一项划时代技术商业化，从而创造出丰厚的利润，其过高的沉没成本和建立在原先技术上的过高的固定成本可能是一个很大的原因，比如 IBM 公司发明光储存技术的故事（下文还会具体提及）。而浙江的广大中小企业正好可以发挥"船小好掉头"的优势，在市场需求变化的引领下，通过技术的快速商业化积累资本，帮助自身更加快速地实现转型升级。

许多学者也认为（如江旭等，2017），在新一轮科技和工业革命的大环境下，依靠技术快速商业化助推产业转型升级也成为保障浙江经济高质量发展的关键。这个时代是一个新技术不断涌现的时代，互联网的出现使市场规模突然之间扩大，各企业的竞争加剧，产品的生命周期变得越来越短，我们所熟知的电脑、手机等电子产品，几乎半年或者一年就是一次更新换代，这一速度大大超过了从前。在这一背景下，许多浙江企业，尤其是广大中小型企业，会因此面临越来越高的研发成本。企业不可能为了创新而创新，创新的目的一定是高额的回报，但如果单单只是模仿或者进口最终品，利润也不会提高。技术商业化可以在一定程度上解决这一两难的问题。

着眼于技术快速商业化，即从一项新技术中发现商机并由此将一项技术变为产品或服务，是迎合互联网时代广大消费者不断变化的需求的有效方法。对于一家规模不大、技术不成熟、研发效率也不高的企业来说，如果将资金都用于研发一项新技术，失败的可能性很大，即使成功，在这个需求多样化的年代如果不能做到一枝独秀，也要面临行业中大量厂商的竞争，这就意味着如果创新的速度不够快，就很容易面临研发成本无法收回的问题，这对于很多小规模企业来说就是致命的。而技术商业化则避免了这一高风险，同时可以为企业带来丰厚的利润，这种资金积累就为企业的转型升级、扩大规模，从而进行原始创新做了准备。近年来我国大力倡导"创新驱动发展战略""大众创业，万众创新"，高度重视科技创新与成果转化，也为企业技术商业化提供了强有力的政策支持。

一　国际技术变革浪潮

人类文明发展到现在共经历了五次科技革命，每次科技革命均在一个不长时间内引起全球产业分工格局重塑和大国兴衰交替。16—17世纪的自然科学革命、18世纪中叶的蒸汽革命、19世纪下半叶的电气革命、19世纪后期至20世纪中叶的相对论与量子论科学革命以及20世纪90年代以来的信息革命均引起了全球产业变革和国家力量调整。英国引领了第一、二、四次科技革命成为发达国家，德国引领了第三、四次科技革命，成为发达国家，美国、日本引领了第三、四、五次科技革命，快速超越了英国、德国，成为世界强国和发达国家。当今世界科技正处在第六轮革命性变革的"拂晓"，其通过新产业革命必将推动全球新一轮产业变革浪潮，使浙江经济转型与技术进步的外部环境发生重大变化。正是科技上的重大突破和创新，催生了新兴战略性产业的萌发，从而推动经济结构的重大调整，提供新的增长引擎，使经济重新恢复平衡并提升到更高的水平（钱学森，1988）。进入21世纪以来，物质科学、生命科学等学科及交叉领域的新发现日益加速，一些重要科技领域已显现发生革命性突破的先兆，人脑信息处理机制及其数字化模拟、量子通信技术飞跃对传统网络技术的突破、新型可再生能源、纳米仿生技术等关键领域的科技革命将深刻影响人类的生活方式和生产方式，并将最终导致全球范围内的国际分工调整与产业转型重构。

第六轮科技革命同时也将带来第四次工业革命，其主要特点是技术融合。正如我们上文提到的，这不是要淘汰掉那些传统产业，而是在其基础上融入先进的技术和理念，为其赋予高附加值。微软公司国际业务总裁古德华在2016年冬季达沃斯论坛上表示，以德国、美国为代表的欧美国家已经结合本国实际，开始了第四次工业革命进程。中国也提出了"中国制造2025"战略，旨在借助新一代技术革命，将中国制造大国转变为制造强国。

浙江也要在这一时期抓住机遇，从"浙江制造"转变为"浙江智造"。浙江拥有雄厚的传统制造业基础，这也曾经为浙江的经济注入了无限活力，并推动浙江经济不断发展。但这一次技术革命要求浙江产业要实现智能转型，必须在传统制造业中培育新的业态和模式。浙江在这一方面又有着一定的优势，许多龙头企业不仅在转型升级方面做出了榜样，还能进一步带动和帮助周边更多的企业进行转型升级。尤其是阿里，它的云计算可以让广大的中小企业和个人创业者更加方便、低成本地使用先进的计算技术，获取更准确、更广阔的市场信息。同时可以让先进的技术、创意和解决方案成为可以买卖的服务和商品。比如人工智能，也一定可以对一些传统的制造业行业或服务业行业带来一轮冲击，能否率先完成这一融合，使各种技术在产业融合的过程中迅速发挥作用，并尽快应用到商业中，就需要广大浙江企业和政府共同努力，来更快更好地实现这一目标。一轮技术革命，注定会为一些可以抓住机遇的国家带来经济腾飞，同时也会使另一些国家处于价值链的更低端环节，从而加大两者的差距，浙江有能力在这一次的技术革命中占据一个好位置，技术商业化就是实现这一目标的重要途径。

二 技术快速商业化

技术商业化的重心在于商业化。技术方面，实力雄厚的企业可以自主创新，实力薄弱的企业可以模仿创新，或者直接引进国外先进技术。而将技术商业化是从实验室的创新到一个实际的产品，这个漫长的过程需要有一个良好的系统。一个典型的技术商业化例子就是晶体管的发明。晶体管的理念主要跟半导体有关，用电可以改变它的电子性能。这项发明可以说是改变了整个世界，现在人们生活中的产品里面都有它。这么一项技术从最初的创新到全球化的产品推广只用了50年。在这50年中，从AT&T公司在贝尔实验室创造出第一个晶体管，到创造者将他们制造晶体管的目的分享给其他人，在得到其他领域的理解和认可后，按照消费者或者市场的需求与不同领域进行结合，才使得研究变成真正意义上的产品或者服务。普通人不会单独买晶体管，他们只会购买晶体管的收音机、电脑和手机。当晶体管在行业领域能够被广泛应用于有相关的服务和产品时，这项技术商业化才真正实现。

另一个为人们所熟知的例子就是IBM公司关于光储存（光盘）技术的故事。IBM公司于1970年研制出了光储存技术，可在光盘上储存大量数据。这在当时的年代可谓一项划时代的突破，因为当时流行的软盘储存不仅容易损坏，并且在储存容量上与光盘相比差距巨大。但这项技术在当时还不成熟，存取稳定度不够，而且成本太高，更重要的是，IBM公司本身的大量设备都无法与这项新技术相匹配，所以公司在当时并没有找到把光储存技术变为新产品的价值，导致这项新技术被搁置下来。后来个人计算机在20世纪70年代末期开始走进千家万户，光储存技术也被大量运用在个人计算机上的光驱中。由于当时IBM已将光储存技术的专利授权给日本厂商使用，导致第一个运用这项技术开发出光盘产品的是日本厂商而非发明它的 IBM 公司，而 IBM 公司本身则是在 15 年以后，才运用光储存技术开发出自己的 CD‑ROM 产品，而那个时候，它已经不能像 15 年前带给他们丰厚的利润了。

上面的例子可以告诫我们不要成为那个"IBM"，但更重要的是我们可以成为那家日本厂商，在一项新技术刚被开发出来的时候就能将其尽快商业化，这也是一种难得的创新能力，需要对国际市场有着敏锐的洞察和判断能力。中国是世界上最大的制造国家，它可以在全球范围内制造特别高端、特别复杂的产品。制造业基础良好，对于技术商业化是一大优势。但技术商业化也是一个长期的过程，需要不断地传播、讨论和实践才能从无数的发明创造中筛选整合出来可以成功商业化的创意。

三 率先产业开拓型路径中的市场与政府

在技术商业化促进产业转型升级的过程中，一方面，政府既要起到适当的监督作用，确保技术的商业化可以促进产业间成功转型，又要调控好原始创新与技术商业化的比例，既要满足现在的要求，又要考虑到将来的发展。另一方面，政府也要起到推动帮扶的作用，使具备条件的企业可以将技术快速商业化，比如对于引进技术的途径，如果企业靠进口产品去学习，可以降低关税后给予这类企业适当补贴，抵扣企业税费；如果企业一直购买一项技术，可以完善一系列的金融政策，使企业可以在政府和银行分担部分风险的情况下顺利融资。当然，这也需要政府对于企业的情况和未来的市场有一个良好的判断。

产业间转型升级不像产业内转型，对于企业而言的成本更高，更难进行抉择，而且即使企业下定决心，有没有能力进行转型也是一个不小的问题，这就要求政府着力发展战略性新兴产业，使越来越多的企业从事这一产业，在这一产业的背景下进行技术商业化。战略性新兴产业政策的优化设计可以考虑以下方向：当前机器人、3D 打印和物联网等智慧产业正在形成下一轮新经济的"共识"之势，各地政府再次纷纷介入扶持，事实上截至 2014 年，30 多个机器人产业园已在中国遍地开花。为避免重蹈光伏产业旧辙，构建中国新型战略性新兴产业政策体系是当前的重大议题。

我们提出对浙江省战略性新兴产业政策的三种优化设计方向。一是实施竞争型激励政策，即提高补贴广度。战略性新兴产业的生产模式和技术范式并不确定，本质上需要更多企业频繁的试错性研发和产品竞争，此时应避免人为选定"白马"，通过制定更普惠、覆盖度更广的补贴政策，刺激更多潜在企业进入行业从而促进竞争和创新，最终由市场决定出"谁是战略性行业、谁是行业胜利者、由谁制定技术标准"。二是实施适中型激励政策，即适中的补贴强度。竞争型补贴政策可从一定程度上通过激励竞争、规避补贴对创新的负面作用，但如果补贴强度本身过高，会使企业失去对市场需求规模和市场竞争程度的独立判断和反应敏感性，可能导致企业在已经处于高度竞争状态的行业中僵持甚至"扩大生产以换取更多补贴"，后者正是出现产能过剩的前兆。三是实施动态性激励政策，即动态调整补贴时间跨度和强度。补贴政策的重点应聚焦靠近或处于最优实施空间内的行业和企业，鉴于行业资本密集度和全社会要素禀赋变迁相对缓慢，应重点关注行业竞争度变化，针对竞争度不足的行业实施力度适中的竞争性补贴，随着竞争程度加强，不断调低补贴强度，当行业竞争程度超过有效值时，及时退出激励机制。

技术的快速商业化也离不开政府的大力推动。第一，对于一些中小企业，可能不具备获取最新研发技术信息的能力，或者不能很好地了解市场的未来需求走向（调研成本太高），以至于不能及时地了解行业最新技术研发动态，并且进一步发现新技术与市场当下或未来需求之间的联系。这就需要政府帮助这些企业，拓宽其获取信息的渠道。第二，当企业具备了上述能力后，可能缺乏相应的资金引进这项技术，政府可以用财政补贴和金融部门贷款两种渠道并举，同时建立一个风险评估部门，既可以让政府判断该对哪些引进技术的企业进行帮扶，同时还可以使这一部门对各企业开放，进行有偿咨询活动，帮助中小企业更为准确地对市场情况进行判断。第三，在企业的技术商业化成功并积累了一定的资金，想要进一步转型升级，做大做强时，可以提供一些指导和帮助，并采取适当的税收政策，降低其进入新型产业的门槛，帮助其完成最初幼稚期的过渡，比如为这些企业提供对接到全国乃至国际市场的机会，并对其在转型初期进行大比例降税，甚至对其的研发活动或者技术商业化活动进行补贴，帮助其尽快在新兴产业中形成竞争力。

第四节 原始产业创新发现型路径

一 从模仿跟进创新转向自主创新

我国GDP从1996年的71813.6亿元到2015年的689052.1亿元,一直呈现逐年增长趋势,但自2008年国际金融危机开始,GDP增速开始放缓,呈现逐年下滑的态势。一方面,金融危机对GDP增长的冲击反映了我国经济对于外贸的高度依赖;另一方面,也表明中国经济发展到目前,单靠重复增加投资、模仿国外,以及在楼市、股市的投资、投机创造财富越来越难。

习近平总书记在参加全国政协十二届一次会议时指出,改革开放这三十多年,我国更多依靠资源、资本、劳动力等要素投入支撑了经济快速增长和规模扩张。改革开放发展到今天,这些要素条件发生了很大变化,必须加快从要素驱动发展为主向创新驱动发展转变,发挥科技创新的支撑引领作用。根据索洛等的新古典经济增长理论,高储蓄率(即高投资)只能带来暂时的经济增长,而一国经济的长期增长只取决于技术进步(创新)。对中国经济增长与发展模式转型的要求也主要体现在经济增长的动力从"要素驱动""投资驱动"转向"创新驱动"。这就要求新的经济发展模式通过技术进步来提高劳动生产率,更多依靠人才质量和技术进步,让创新成为经济增长与发展的主要动力。但如果我们用专利授权数量作为国内创新的代理变量,就会发现一个有趣的事实:从2008年开始,创新的增长速度逐年加快(斜率越来越大),而在此期间,GDP增速却逐年放缓(见图5-3、图5-4)。

根据1985年1月19日中国专利局公布的《中华人民共和国专利法实施细则》中第二条的定义,专利可细分为发明专利、实用新型专利和外观设计专利。其中发明专利是指对产品、方法或者其改进所提出的新的技术方案;实用新型专利是指对产品的形状、构造或者其结合所提出的适于实用的新的技术方案;外观设计专利是指对产品的形状、图案、色彩或者其结合所做出的富有美感并适于工业上应用的新设计。为探究中国的"创新增长陷阱",我们进一步在图5-5中将三种专利所占比重表示出来。可以发现,在2008—2015年期间,发明专利占比始终是最少的,并且整体上看呈现大体持平的趋势;外观设计专利的占比逐年下滑;而只有占比最大

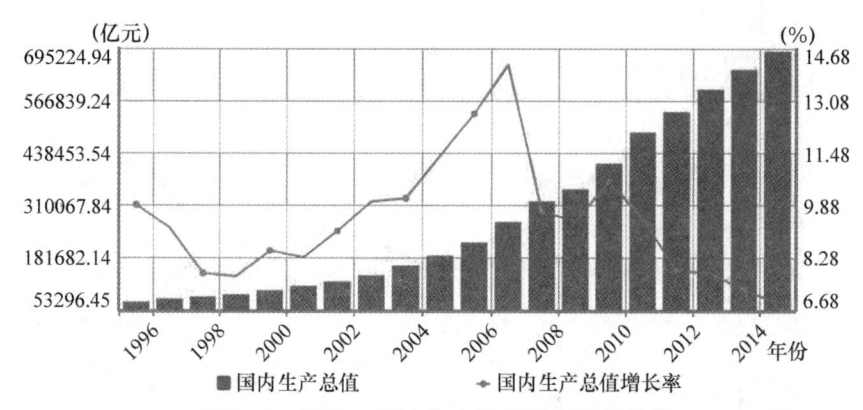

图 5-3 1996—2015 年中国 GDP 及其增长率

资料来源:《中国统计年鉴 2017》。

的实用新型专利呈现逐年上涨的态势,不难得出结论,专利数量的上涨基本是实用新型专利的增加引致的。结合三种专利的定义,可以看出我国创新的本质还是模仿,即在现有技术基础上的二次创新,而非原始创新。

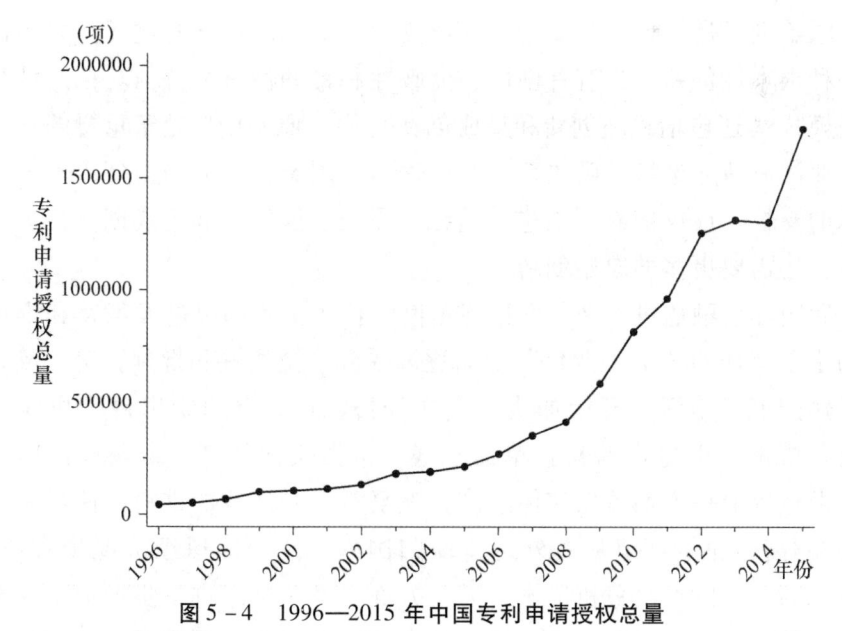

图 5-4 1996—2015 年中国专利申请授权总量

资料来源:《中国统计年鉴 2017》。

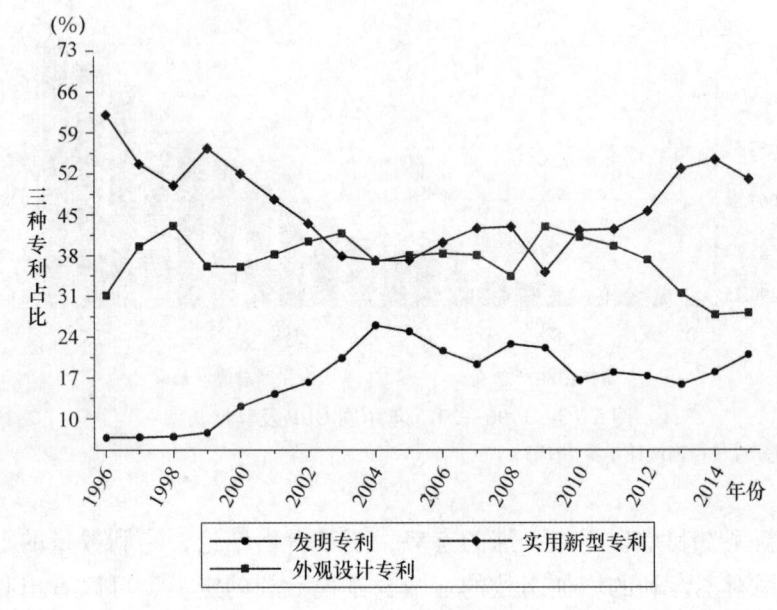

图 5-5 1996—2015 年三种专利所占比重趋势

原始创新是指独立开发一种全新技术并实现商业化的过程。原始创新是一种根本性创新，具有首创性、突破性和带动性三大特征。在三种技术创新模式（还包括跟随创新和集成创新）中，原始创新处于重要的核心地位。亚洲制造业论坛首席执行官罗军表示，国家竞争力的提高离不开科学技术的支撑，仅仅依靠"引进、消化、吸收、创新"和集成创新是远远不够的，还需要更多的原始创新。

后国际金融危机以来，发达国家世界长久实施的以过度消费和虚拟经济为主要特征的"去工业化"战略逐渐受到广泛质疑和批判，美、欧、日等发达国家（地区）开始加快向实体经济回归，并纷纷出台"再实体经济化"战略，以抢占新科技革命机遇，重振实体经济。金融危机爆发以后，发达国家一方面重振实体经济，恢复对于制造业的重视，使得制造业的高端/高附加值环节从海外逐步回归国内，使得虚拟经济逐步实体化，以低于新一轮的经济危机冲击。另一方面，发达国家进一步加强了对于我国科学技术的封锁，除了出于意识形态不同的考虑，更重要的原因是，中国经济的蓬勃发展使得传统的经济强国人人自危，害怕失去自己的领导地位。这也迫使我国加强自主创新，尤其是原始创新的能力。但是，无可辩驳的是，我国产业，尤其是制造业和第三产业，还与处于技术前沿的国家存在不小的差距。浙江的研发能力在全国处于上游水平，但多数制造业质量与发达国家相比同样差距较大，且仍处于世界制造业产业链和价值链的中下游，技术创新能力比较薄弱，长期以来所依赖的模仿是创新在这种压力下已经成为经济发展的瓶颈，如果不摆脱这种创新发展模式，很有可能落入中等收入陷阱而与世界发达国家无缘。

2008年以来，东部沿海各省，尤其是江苏、广东和山东纷纷出台推进产业转型升级的计划，使得其自主创新型的技术研发能力有了显著的提高，产业竞争力有了明显的改善，促使经济的转型升级加快。这一点也可以从表5-2和表5-3中清楚地看到。邻省对于产业转型升级所做出的努力和探索以及成就在给予浙江省压力的同时，对于浙江也可以起到学习和激励的作用。

当然，浙江在这一方面也并没有居于人后，而是一直非常重视。2015年12月1日，浙江"两化"（信息化、工业化）融合联合基金项目评审会在杭州召开，而其中联合和融合就表明了浙江产业转型升级的方向，如同当今的第六轮科技革命，并非淘汰某一产业，而是在其基础上加入信息化、服务化，使几种产业相融合，创造出一个符合时代和市场需求的新产业，而这一转型升级的重要动力和路径就是原始创新。原始创新能力决定了科技创新的质量和水平，也是一个国家科技实力和综合国力的重要标志。会上对于浙江在前一阶段取得的创新研究成果进行了总结："十二五"以来，浙江共获得国家自然科学基金项目6814项、经费39.69亿元，分别是"十一五"的1.6倍和3倍，其中2012年以来连续三年获得国家基金资助经费超10亿元，稳居全国第六位。拥有国家杰出青年基金获得者35人，其中今年全省12人中浙大就占了10席，与清华大学并列第一。发表的国际论文被引用数、SCI论文数分别稳居全国第四、第五位，在盾构装备、工业自动控制、器官移植、基因工程、物联网等领域取得了大批拥有自主知识产权的重大科技成果。这些都表明浙江的基础研究整体水平已位于全国前列。特别是今年3月，省政府与国家基金委签署了"两化"融合联合基金协议书，这对推动浙江"两化"深度融合国家示范区建设，吸引、培养和集聚高端科技人才，提升浙江原始创新能力、自主创新能力和国际竞争力，都具有深远的重大意义。

2016年5月，国务院发布的《国家创新驱动发展战略纲要》中也指出要坚持国家战略需求和科学探索目标相结合，加强对关系全局的科学问题研究部署，增强原始创新能力，提升我国科学发现、技术发明和产品产业创新的整体水平，支撑产业变革和保障国家安全。

低成本模仿跟进式技术创新政策是支持中国产业多年来快速发展的基本模式，但模仿跟进模式缺少推动产业持续转型升级和率先转型升级的内在机制，国际经济危机使模仿跟进模式的弊端和不利影响进一步暴露。在当前全球新一轮科技革命和新产品新技术加速涌现背景下，中国产业技术政策亟须向大力引导企业实施"熊彼特创新"转型，熊彼特将创新定义了五种情况：产品创新、技术创新、市场创新、资源配置创新、组织创新（制度创新）。同时他强调，创新和创造是有差异的两个概念，一种发明或创造，只有当它被应用于经济活动时，才能被称为创新。也就是说，创新是将创造应用到实际中，只要发明还没有得到实际的应用，在经济上就没有起到作用。从这个意义上说，创新就是将生产要素进行重新组合，并引进生产体系中去。具体到浙江，就是鼓励对当今全球涌现的新技术实施首次商业化应用和推广，借助既有国内外市场网络优势，加速产业转型升级。将以低端产业为主的增长转为以高附加值产业为主的增长。

在经历了改革开放，特别是"入世"后的经济高速增长期之后，特别是中国经济发展到现阶段，仅仅依靠政府的"输血"式投资和企业的模仿式创新已不能继续维持经济的增长速度。著名经济学家索洛在其有关经济增长的理论中提出，一国经济在发展到一定程度之后，其经济增长将只取决于技术进步。也就是说，无论资本（储蓄）如何变化，资源的配置如何进行优化，只有技术创新和有效劳动力增加才能给经济带来持续稳定的增长。索洛的理论意味着随着我国人口红利的逐渐消失以及过度投资的逐步缓和，以及由于各种原因带来的内需不足，如果以现阶段方式持续下去，经济增长速度就会逐步下降，而此时我国的经济几乎要达到了索洛理论中的"一定程度"。在此之后经济的持续高速发展就要依靠源源不断的技术创新。这也是在中国经济新常态下经济增长速度逐步放缓的重要原因。所以对于企业来说，只有通过不断的原始创新进行生产模式的转型升级，去制造满足消费者对产品质量日益提高的需求相适合的产品，同时在互联网时代，还要在与世界各地的同行进行激烈竞争中脱颖而出，才能使企业持久地发展下去；对于国家来说，只有通过熊彼特创新或原始创新才能使中国经济实现转型发展，走出"中等收入陷阱"。目前就创新总量来说，我国整体上呈现逐年攀升的态势，但进一步研究，可以发现我国企业的大部分创新为实用新型创新，其本质为吸收国外先进技术后的二次创新。在原始创新的占比方面，我国距离世界发达经济体还有不小的差距。所以营造自主创新的优良土壤，促进科技创新和体制创新共同发展才能为我国经济转型升级提供不竭的动力，进而实现经济的持续高速增长。

二 原始产业创新发现的路径分化：技术、模式与空间

运用熊彼特创新理论并结合浙江的实际情况，可以将有浙江特色的创新驱动产业转型升级归纳为三种方式：激励核心技术创新，驱动浙江优势产业垂直攀升高端市场；激励商业模式创新，驱动浙江新兴产业率先占领未来市场；激励组织兼并创新，驱动浙江传统产业转移开辟第三市场。

浙江不乏创新，但主要集中于平面式市场拓展，随着统一开放的大市场形成，必须加快实施创新转型战略，即以产品为对象的技术模式创新、以交易为对象的交易模式创新和以企业为对象的组织模式创新，推动三类产业开拓占领三类市场。当前，浙江比其他任何省市、比其他任何时候都更紧迫需要借助创新驱动的力量，开辟产品新空间，占领新市场，挖掘新价值。

激励核心技术创新，驱动优势产业价值升级，攀升国际巨量中高端市场。"大纺织、小电器"等轻工制造业是浙江长期以来的优势产业，轻工型产业并不必然是低附加值产业。相反，法国、意大利、日本甚至以重工业著称的德国，也存在众多轻型产业中的全球"隐形冠军"。加工组装一台苹果笔记本电脑的净收益仅有50元，出口十多支拥有自主知识产权的塑料吸管同样可以获得50元的收益。从领带、鞋帽到眼镜、文具，浙江众多优势产业，必须加大技术原始创新与开放创新力度，采用并逐步引领国际先进标准，提升产品品质，向上游开发新材料、新功能，向下游进军高端设计、高端品牌和高端市场，全面提升优势产业的国际话语权和国际盈利能力。

激励商业模式创新，促使新兴产业率先商业化，抢占战略性新兴产业市场。新兴产业处于国际产业动态前沿，应充分发挥浙商群体最擅长的强势技能：率先发现商机—迅速大规模商业化生产—占领市场。当前第三次工业革命正加速到来，面对以海洋产业、大数据、物联网、新能源、新材料等为代表的新经济，现实的选择是首先要激发浙江企业家的市场发现能力和商业创新精神，发挥民间资本充裕优势，积极利用开放式创新手段，第一时间对新技术进行吸收利用，率先推动新兴产业规模化生产。其次要调动市场大省优势，加快完善法治、产权、创投等现代交易环境，强化国际电子商务技术、网上市场、现代会展、市场采购等现代交易模式创新，推动浙江抢占全球战略性新兴产业市场交易强省，进而带动本地新兴产业发展，打造浙江未来产业竞争新优势。

激励组织兼并创新，推动国内国际兼并重组，驱动传统产业转移开辟第三市场。传统劳动密集型产业在浙江经济中仍占有较大比重，改造提升传统产业，必须充分发挥龙头企业的带动作用，促进企业兼并重组创新，优化产业组织结构，进一步提高产业集中度。加大引进国内外领先企业，鼓励进行跨行业、跨企业资本并购和技术改造力度，促使传统资本通过优势企业嫁接利用，转向新市场，提高传统资本使用效率。加强环保、技术、品质等行业标准，驱使传统产业自身转型或"走出去"投资，实现空间转移，在发展中国家和地区进行适应性创新，寻找适应性市场。

三 原始产业创新发现型路径中的"双驱动"分析

自主创新，特别是熊彼特创新或原始创新，对于一个经济体乃至一家企业都是十分重要的，是其发展的不竭动力，所以可以发现，当今的大型企业，比如英特尔、微软、谷歌、苹果，或者中国的华为、小米等，都是十分重视研发，不断推出新产品，这其中既有原始创新，比如华为自己研制的麒麟系列处理器，也有熊彼特创新，比如各厂商都在安卓的构架上开发了带有自己特色的手机系统，比如小米的 MIUI 和魅族的 flyme。但对于浙江经济，大多数企业还是规模不大、资金有限的中小企业，进行技术商业化式的创新尚且困难，更何况沉没成本极高的原始创新。

表 5-2　　　　　2015 年各地区高技术产业专利情况　　　　单位：件

地区	有效发明专利数
广东	125471
江苏	22462
北京	13044
上海	10987
浙江	10383
山东	9569
四川	7010
湖北	5992
天津	5023
安徽	4807

资料来源：《中国科技统计年鉴》。

从表 5-2 可以看出，浙江在高新技术产业的创新能力很强，继广东、江苏、北京、上海之后排在全国第五，并且距离第四位的上海相差很小，但距离第一位的广东仍有不小差距。要缩小这一差距，需要政府的相关政策支持。

表 5-3　　　　　2015 年各地区高技术产业投资　　　　单位：个、亿元

地区	施工项目个数	全部建成投产项目个数	投资额	新增固定资产
江苏	3194	2638	3110.2	2538.2
河南	817	548	1726.5	1209.6
山东	1576	1124	1643.9	1071.2
广东	1743	1070	1366.5	978.5
湖北	829	497	1261.1	721.9
江西	955	619	1087.3	658.8
安徽	1339	1014	1031.8	637.5

续表

地区	施工项目个数	全部建成投产项目个数	投资额	新增固定资产
湖南	1275	991	920.7	696.4
河北	485	351	864.3	704.1
重庆	548	388	770.9	418.3
四川	813	555	768.5	658.0
陕西	376	228	747.2	474.1
浙江	1753	1191	735.4	604.9
福建	475	284	580.2	341.2

资料来源：《中国科技统计年鉴》。

从表5-3可以看到，专利数量排在浙江之前的广东、江苏、北京、上海，其中前两位，江苏和广东，投资额均远远高于浙江，不过单就施工项目个数来看，浙江还是能排到前三的位置，这说明浙江平均而言对于每个项目的投资额度并不太高。当然投资额并不是可以一一对应地转化为发明成果，比如北京和上海，投资额度不高（没有上榜），但创新成果依然丰富。这就要求政府能够根据本省的历史条件和禀赋，用合理的政策推动企业进行创新。

为了在新一轮的科学技术革命中占据前沿位置，浙江需要加大熊彼特创新和原始创新的力度，用创新驱动产业从劳动密集的传统产业向技术知识密集的高新技术产业和战略新兴产业转型升级。自主创新是一项艰巨的任务，它需要投入巨大的人力资本和物质资本，并且可能在短时期内没有丰厚的收益回报，这就需要政府有所作为。浙江省政府已经出台了许多相应的规定，比如进一步完善税收的优惠政策，在积极争取中央财政支持的同时，也增强本省的财政支出，加强与创新型企业发展专项资金的衔接，创新财政资金管理机制，提高财政资金使用效率。同时，引导各类金融机构加大对创新型企业发展的支持力度，运用创新的金融工具和产品，为高技术企业特别是其中规模不大的企业提供资金支持。积极推进金融产品创新，深化金融与科技创新的合作。加快建立包括政府财政支出和社会资金投入在内的多层次担保体系。最后，要继续加大引进人才的力度，不仅要着眼于引进已经硕果累累的人才，比如"千人计划"、长江学者、院士，也要着重引进和培养年轻人才，健全本省人才培养体系，加大教育教学力度，以源源不断地培养出为本省乃至祖国的经济发展有用的人才。同时，要认识到创新的主体是企业，企业的灵魂是企业家，要给予企业家良好的创新环境，鼓励他们追随市场需求的变化，去新的产业创业，带动浙江省产业更好、更快地转型升级。

第六章 "双驱动"模式下的浙江路径选择(下):产业集群转型升级

产业集群是浙江产业经济发展的显著特色。产业集群以介于企业和市场之间的方式,汇集了同一或相关产业内相互关联企业,形成内部垂直组织分工与横向协作网络,具有较为特殊的转型升级机制,并大致表现为网络自增强与再造型升级路径、"领导—跟随"型升级路径,深刻推动区域经济的整体转型升级。

第一节 浙江产业集群的进化升级历程

20世纪70年代,意大利的中小企业集群、美国硅谷、英国剑桥等产业集群的崛起,引发了国际社会和学界对产业集群概念的广泛关注和研究热潮。意大利产业集群以其柔性专业化获得竞争优势,而硅谷和剑桥的产业集群则以高新技术园、前沿技术及创新环境结合的模式著称。20世纪90年代,包括联合国工业发展组织(UNIDO)和国际经济合作组织(OECD)在内的国际组织将产业区视为促进中小企业发展和区域经济发展的理论框架之一,OECD还将产业集群视为简化的国家创新系统并在成员国内推动集群的创新体系的建设。如今,现代产业集群被视为发展产业的有效途径之一,集群型发展路径成了培育区域竞争力的重要方式。

产业集群的转型升级路径是指汇集同一或相关产业内相互关联的企业的地区通过介于企业和市场之间的方式组织分工与相互协作形成专业化产

业区发展经济的模式,并通过集群随着集群网络和"领导—跟随"生态之发展而发展、转型升级的方式,带动整个地区的经济增长。产业集群的转型升级主要通过以下三点带动区域经济的增长:第一,以集群特色产业吸引互补资源以更好地发挥当地的优势资源禀赋;第二,通过集群内企业的分工和集群间专业分工带来的网络自增强效应实现规模经济;第三,通过区域邻近和"领导—跟随"合作来促进学习和创新,使得区域获得长期发展的动力。

在国内,集群型路径往往被视为县域经济发展的重要路径,是其对应概念——大城市经济产业集聚的补充。大城市经济的产业集聚指的是不同产业在一定地理范围内的聚集,往往意味着规模经济和范围经济在产业发展中起更重要的作用;而产业集群是同一产业在地理范围内成群出现、以特色聚集要素,主要通过产业内的规模经济释放网络效应并循环增强,从而实现成本节省并产生网络外部性。由于集群内部创业门槛较低,对于释放经济活力十分有效,同时促进了工业化和城市化的发展进程,故全国各地发展县域经济时纷纷效仿。在浙江,集群路径不仅成功地带动了省内众多区县均衡发展,同时产业集群作为杭州、宁波等城市的重要组成部分,对城市的经济发展起到了非常重要的作用。

浙江大部分产业集群脱胎于20世纪80年代的农村工业化进程。之前的计划经济时代使得商品和资本短缺、市场物资长期匮乏,酝酿着一次市场需求的爆发。在全国各地开始进行改革开放试点的政治经济背景下,农村地区首先出现了特定产业在特定村庄集群出现的现象,家庭工业和联户企业不断涌现,在短短30年间快速发展。根据统计资料,2002—2008年间,以"一乡一品,一镇一业"为主要特征的块状经济对浙江工业总产值的贡献高达50%。

表6-1　　　　　　　　浙江省内2009年中国百佳产业集群

中国义乌小商品产业集群	中国瓯海锁具产业集群	中国慈溪小家电产业集群
中国嵊州领带产业集群	中国诸暨袜业产业集群	中国诸暨珍珠产业集群
中国绍兴轻纺产业集群	中国永康五金产业集群	中国宁海文具产业集群

续表

中国绍兴印染产业集群	中国永康电动工具产业集群	中国温岭塑鞋产业集群
中国海宁皮革产业集群	中国余姚模具产业集群	中国安吉竹制品产业集群
中国海宁经编产业集群	中国平湖光机电产业集群	中国路桥固废利用产业集群
中国崇福皮草产业集群	中国龙湾阀门产业集群	中国鹿城打火机产业集群
中国萧山化纤产业集群	中国乐清中低压电器产业集群	中国平阳塑编包装产业集群

注：中国百佳产业集群由中国社会科学院经济研究所评选，分别于 2007 年、2008 年、2009 年评选了三届。2009 年由中国社会科学院经济研究所公布的中国百佳产业集群中浙江、江苏和广东分别有 24 个、15 个、13 个产业集群上榜。

从产业集群的起源来看，浙江省产业集群分为温州模式和浙北模式。浙北模式产业集群包括浙北的绍兴、萧山、鄞县等地区的产业集群，而温州模式的产业集群主要在浙江南部。具有高度自发特征的温州一度成为浙江经验的代表，浙江省于 1993 年有意将温州模式向浙北推广，而政府作用力度较大使之实质上更靠近以政府力量为主导的苏南模式。相对于广东省的"嵌入型"（即依靠 FDI 投资形成产业集群）和苏南模式的"政府主导型"，浙江省产业集聚多为"原发型"，其大部分产业集群的形成和发展由企业家所推动，并且以历史上形成的要素禀赋为基础：其产业兴起及集聚所需的多种特定要素，来源于上百年漫长历史中的产业积累。早在明朝嘉靖年间，便有温州鹿城区的鞋类产业集群向朝廷进贡的裤鞋记载。民国时期《永嘉税款征信录》（1931）则记载了当时与皮鞋生产有关的温州 100 家企业。鞋类产业的发展因战争而中断，在中华人民共和国成立后开始复苏，至 20 世纪 50 年代，鞋类企业恢复到 43 家。区域内积累的特定要素跨区域进行扩散的可能性较小，默会知识、技术工匠、产业氛围等在区域内的长期演化则引发了产业集群的兴起（金祥荣，2002）。在产业集群形成的过程中，乡镇集体企业功不可没。由乡镇企业培育出的人才和其所携带的相应技术从手工作坊和家庭工厂开始发展，构成了产业集群的雏形。

在此，笔者将浙江省产业集群发展分为三个阶段进行描述：产业集群 1.0 时代——块状经济、产业集群 2.0 时代——产业园区、产业集群 3.0 时代——特色小镇。

一 产业集群1.0时代——块状经济

1978—2000年之间,块状经济主要以专业镇和专业乡的形式为主,数量较多,对浙江经济发展带动作用明显。浙江省的产业集群路径与广东和江苏的产业集群的形成方式有所不同,广东和江苏的产业集群主要依靠FDI带动和政府的引导支持,而浙江省的产业集群大多在农村工业化的基础上发展而来,以大量民营企业为主体。中国浙江省委政研室调查发现,截至2002年,浙江省88个县市区中有85个县市区拥有"块状经济",其中年产值超过亿元的产业集群一共有519个,五十亿至百亿元之间的产业集群有26个,百亿元以上的产业集群有3个。[①] 占全省工业增加值一半的产业集群的经济增速比浙江省的平均经济增速高3—5个百分点,在带动经济增长方面效果显著(许庆明,2004)。

专业市场与产业集群的耦合发展、共同演化是这一发展阶段的重要特征。被称为"温州模式"的"小企业+大市场"模式以微观主体的多元化和专业市场的蓬勃发展为主要特点,与苏南模式一同成为产业集群发展的模板。义乌小商品、乐清电器、大唐袜业、温州鞋业、嵊州领带、海宁皮革、永康五金、绍兴—萧山纺织等专业市场随着产业集群的形成而不断发展,这是企业与市场共生的一种表现。

一般来说,企业与市场共生的情况可分为两种情形:与最终产品市场共生、与原料市场共生。温州模式则属于第一种情形。最终消费类商品的专业市场,一方面降低了中小企业营销的相关费用,另一方面也扩大了具有地方特色的产业集群的市场影响力。国内最大工业消费品综合批发市场——义务小商品市场一方面为义乌本地的产业提供了全球销售渠道,促进了玩具、饰品、袜业、拉链、笔业等产业的发展,另一方面为诸暨袜业、东阳皮具、温州眼镜等省内各市消费品的产业流通提供了渠道。原料专业市场,如余姚的塑料专业市场、东阳木雕专业市场、江山竹木专业市场、南浔电缆专业市场等,则为其下游多种产业的集聚提供服务。

[①] 具体数据来源于申军《中小企业集群技术创新系统研究——浙江省为例》第8页,文中标明数据源自中国浙江省委政研室调查报告。

在块状经济1.0阶段,"块状经济"的产生得益于改革开放的制度红利,并在长期压制的市场需求爆发之后快速成长。政府在这一阶段对于块状经济发展的态度处于相对自由放任的状态,推行适应性发展的政策。此时的产业政策主要是放松相应的管制、对市场竞争进行规范、推动并促进专业市场的发展。[1] 如在产业集群发展早期,温州政府对温州皮鞋的政策主要是对其质量进行规范和整治,以重新树立温州皮鞋的市场声誉,使得产业集群进入良性循环发展。专业市场方面,在改革开放后,政府逐渐承认专业市场的合法性,并在一定程度上扶植了专业市场的发展。如海宁市政府在1994年将"海宁商城"改为浙江皮革服装城,又于2001年将其改为"海宁·中国皮革城",通过更名打造知名度,以促进海宁皮革类产业的发展;嵊州市的"浙江嵊州中国领带城"也有类似的更名过程。据《人民日报》报道,1984年,浙江省已经拥有了489个专业性市场[2],且随着改革开放的深入,专业市场逐步从农村转向城市。

二 产业集群2.0时代——产业园区

2001—2014年期间,在中国"入世"和世界范围内新一轮的产业转型升级背景下,得益于浙江省和各市的政策引领,块状经济得到快速发展,部分集群经济逐步发展成全国级甚至世界级的产业集群。2001年,浙江省在进一步规范工业园区的同时推进乡镇工业专业区的建设,批准了首批47个"乡镇工业园",提倡企业进园区,以结束"家家点火,户户冒烟"的"小、散、乱"的分散家庭小作坊式的时代。之前分散家庭小作坊时代的集聚,主要是在居住集聚地自发且无序地扩张,这导致了交通堵塞、工业用地紧张等多种矛盾,工业园区的出现则缓解了这种矛盾。许多企业在搬迁至工业园区的同时扩大了自身的生产规模,工业园区的存在更是使得企业之间的联系得到了加强。朱华晟(2005)调研发现,在宁波、诸暨、嵊州等产业集群的大企业普遍对工业园区政策表示认可,认为县市级工业园不仅有助于树立企业转型所需的品牌形象,而且有利于加强企业

---

[1] 具体参考朱华晟《浙江产业集群——产业网络、成长轨迹与发展动力》,第107—126页。
[2] 出自《人民日报》1984年12月26日第1版。

合作、创建集群品牌，对于发挥产业集群的效应有非常大的帮助。而且，规范化的工业园区管理、完善的公共设施配套、优惠的土地政策吸引了许多外资企业入驻，这些外资企业带来了先进的技术和管理理念，有助于加速园区企业的转型升级。与此同时，中国加入WTO为这一时期的产业集群向外向型经济发展带来了机遇，大唐袜业、嵊州领导产业等发展成了世界级的产业集群。

为进一步发展工业园区产业集群，各市相继出台政策，提倡企业进行"二次创业"、走高端之路，通过对产业集群主体的改革，进一步释放产业集群效应。"二次创业"主要指的是针对家族企业的企业制度改革，通过打造企业品牌以及加强集群内企业交流合作的方式来提升集群效率。在这一阶段，由于中国加入WTO，部分产业集群迎来了国际贸易爆发增长时期，而部分传统产业集群——如温州的产业集群——则由于路径锁定而发展动力不足，开始致力于转型升级。

表6-2　　2008年全省销售收入超200亿元的块状经济

块状经济	生产单位（个）	销售收入（亿元）	全部从业人员（万人）	出口交货值（亿元）
1. 萧山纺织	4500	1396.30	22.8	235.41
2. 绍兴纺织	2666	1066.50	19.5	280.35
3. 镇海石化和新材料	84	1058.85	1.8	143.08
4. 永康五金	10492	835.00	31.8	196.00
5. 义乌小商品	20884	822.22	40.8	133.87
6. 慈溪家电制造	9400	570.00	28.4	180.00
7. 萧山汽配	547	564.37	4.0	122.65
8. 乐清工业电器	1300	489.00	16.0	55.00
9. 鹿城服装	3000	445.12	2.7	80.36
10. 诸暨五金加工	3597	432.42	6.9	53.95
11. 北仑装备制造业	2460	427.49	11.8	24.00
12. 北仑石化	127	412.48	1.7	7.20
13. 宁波保税液晶光电	21	412.44	2.5	196.24

续表

块状经济	生产单位（个）	销售收入（亿元）	全部从业人员（万人）	出口交货值（亿元）
14. 余姚家电	2300	400.00	9.2	93.00
15. 诸暨袜业	11080	373.60	7.8	291.41
16. 余姚机械加工	2500	369.16	7.8	22.99
17. 鄞州纺织服装	725	324.73	14.8	158.81
18. 绍兴化纤	35	310.60	1.3	12.19
19. 温岭汽摩配	3000	305.00	5.5	30.00
20. 玉环汽摩配	1900	260.00	8.2	30.00
21. 长兴纺织业	15616	248.00	1.6	23.30
22. 瑞安汽摩配	1500	230.00	20.0	33.34
23. 秀洲纺织业	660	225.70	6.3	36.30
24. 富阳造纸业	362	216.00	3.3	1.70
25. 温岭鞋业	4312	201.85	9.1	42.35
26. 温岭泵与电机	5600	200.00	3.0	13.20

资料来源：浙江省经信委块状经济向现代产业集群转型升级课题调研组所撰《2009年浙江省块状经济调查报告》。

三　产业集群3.0时代——特色小镇

在新的产业革命浪潮中，创新为发展之动力，而人才是创新之根本。为再次优化产业的布局，以创新引领产业升级，2014年李强省长提倡"小镇经济"模式，意将主导浙江产业从创新劳动密集型产业转换为高新技术产业以支撑新一轮经济增长，引发了近年来全国各地政策上的竞相效仿。李克强在2017年十二届全国人民代表大会上肯定了浙江的特色小镇发展思路。"特色小镇"之"特色"，在于其产业定位明确、文化内涵丰富、旅游资源共享，三者之有机结合加上相应的公共服务和社区功能使得该非行政概念的平台释放源源的经济活力。特色小镇之产业选取往往来自浙江着重发展的新兴产业，即信息经济、环保、健康、旅游、时尚、金融、高端装备制造七大产业以及浙江历史悠久的茶叶和丝绸等经典文化产业。特色小镇将生态居住功能、度假旅游功能与产业培育功能结合，创造出有利于吸引高端人才和全球投资者的产业氛围，为打造以创新为主要动力的新兴产业和浙江省整体产业转型升级吸纳高端要素。自2015年首批37个特色小镇创建至今，浙江特色小镇入驻企业超过两万家，吸引了两千多个创业团队。

第二节 网络自增强与再造型升级路径

浙江众多不同水平、不同种类的产业集群在从1.0时代向2.0时代以及3.0时代的演化升级过程中，具有不同的升级路径选择，从升级机制来看，主要可划分为网络自增强与再造型、"领导—跟随"型两大类转型升级路径，本节首先分析产业集群存在的特殊网络效应以及在该效应下支撑的网络自增强与再造型升级路径。

一 产业集群内的网络效应表现

产业集群通过嵌入全球价值链进行生产，有利于地区参与全球分工、对接来自全球的资源。许多经济学（Head Ries and Swenson，1995；Braunerhielm and Svensson，1996；Barrell and Pain，1999；Midelfark – Knarvik et al.，2000；木村、安腾，2003）研究发现产业集聚区提升了跨国公司选择区位进行全球产业链布局时对该地区的偏好，证据来自日本、瑞典、美国、欧盟等地区。[1] 跨国公司及FDI作为外来资源为地区带来新的技术、新的管理经验，通过技术扩散效应、人力资本流动效应、竞争效应和示范带动效应促进当地经济的发展。

通过地理位置的邻近而实现成本节省并产生网络外部性效益有其深厚的经济学理论基础——规模效应、市场竞争、垂直关联、技术溢出。

（一）规模效应

集群效应主要来源于分工合作过程中产生的规模经济和范围经济。马歇尔最先引入"外部经济"这个术语以描述生产规模扩大带来的成本下降

---

[1] 林冰：《产业集聚对中国制造业参与国际分工影响研究》，经济科学出版社2017年版。

效应，包括产业内（企业外部）规模经济和企业内部规模经济。前者指的是因产业集聚而从企业外部带来的规模经济，不但包括中间品多样性和差异性带来的多种成本下降、规模庞大的劳动力市场产生的劳动力成本下降，还包括知识外溢带来的技术进步等。有一部分学者强调产业集聚中的循环累积机制，如缪尔达尔将产业集聚视为外部经济的循环累积；赫希曼（1958）也强调循环累积机制的存在，认为该机制因市场的规模与制造业的分布相互促进而存在。另外一部分学者则强调产业集聚中地理空间邻近的重要作用，如梁琪（2009）认为集群的地理空间邻近有助于推动需求—成本的市场关联，也有利于打破知识溢出和技术扩散在地理上的局限。另有一些学者强调规模经济在产业集聚形成中的作用。克鲁格曼（1981）的新经济地理学将规模效应解释为"本土市场效应"，阐明了需求规模引致产业集聚的因果关系。卢峰（2004）认为比较优势与规模经济共同决定了工序的跨地区——甚至跨国别的分工和集聚，即所谓"工序分工结构"。

（二）市场竞争

产业集群不但有上述规模效应，还存在因地理集聚而产生的市场竞争加剧效应。市场竞争加剧一方面有助于激励企业不断进行技术创新、提高生产率，另一方面也可能造成企业的短视行为。钱学锋（2010）认为，市场竞争加剧有助于激励企业的学习行为，他将此类现象归结为"出口学习效应"。所谓"出口学习效应"，指的是对出口企业来说，由于需要面对更激烈的竞争，因此必须保障自身产品质量的稳定性，并提高供货的稳定性，以确保客户需求的满足，才能实现自身的长期、稳定发展。在此过程中企业不断学习，并提升自身的生产率。林冰（2017）则强调市场竞争对集群发展的影响。他认为市场竞争能够促进集群内部的企业以协同安排的形式提升企业间的技术标准的一致性，从而促使集群的创新能力提升。而且，激烈的竞争有助于促使具有持续发展潜力的企业不断进行技术创新、提升产品质量，不断改进产品的功能和营销服务，从而有助于提升集群内部企业的竞争力，进一步加强集群的品牌效应。市场竞争一方面激励企业自身致力于改进其生产过程、降低生产成本以获得市场竞争力；另一方面会使得上游企业提供的中间品价格下降，使得企业也从此类价格降低中获利。然而，市场竞争具有双面性，激烈的市场竞争也可能使得企业利润降低、资源紧张，这不但会导致企业重视短期利益、忽视长期发展，还因为整体资源紧张造成投资于创新的资源相对减少，创新驱动力降低。无论是企业的短视行为，还是创新驱动力不足，都不利于企业的长期发展。

（三）垂直关联

垂直关联也是集群中的一个重要现象。垂直关联体现了集群内部企业的互补特征，使得企业在相互竞争的同时可以实现互补效应，从而加强产业集聚。集群中的垂直关联不但与部分工序的专业化有关，也与内外资龙头企业的战略定位有关。这种企业间的相关性有利于形成区域性品牌，能够为产业集群中无能力建立独立品牌的中小企业提供释放产品质量信息的渠道、获得相应的产品溢价，使得企业更愿意保持其产品质量，进一步促进区域性品牌的声誉。克鲁格曼和纳布尔斯（1995）从上下游厂商的投入—产出效应这个角度出发，考察了产业集群的原因，并指出上下游企业之间的关系对产业集群有着重要影响。他发现，在没有劳动力跨地区流动的前提下，上下游企业之间存在本地市场效应以及价格指数效应：下游企业的规模扩大会增加对上游生产的中间品的需求，而上游生产规模的扩大则有助于降低中间品的价格，从而使下游获益，这便构成了需求—成本循环效应。蒲业潇、安虎森（2011）则强调上下游企业之间的匹配效应，他们认为此种匹配效应会使得交易成本下降，并认为垂直关联有助于增加产业集聚的自增强效应。

（四）技术溢出

产业集聚也有助于技术溢出效应发挥作用。Keller（2002）发现技术创新在很大程度上受空间集中度的影响，地理上的集中会使得知识以更快的速度扩散。她在2005年的研究对此进行了进一步证明，她研究了14个OECD国家，发现当投资国与东道国之间的地理距离相对较近时，FDI有助于东道国的生产率提升这个效应越会增强。同时，创新溢出也得益于创新要素的流动：一方面，劳动力之间的近距离交流有利于默会知识的扩散；另一方面，因劳动力市场流动性增加，熟练劳动力能够在产业集群中进行更多流动，而熟练劳动力正是知识的载体。因此，集群有助于通过专业化的劳动力市场共享劳动力资源，从而加速创新能力的扩散。

二 网络自增强与再造型升级

产业集群网络指的是由于地理上的邻近和紧密的分工合作,产生了地区专业化生产,此过程伴随的生产成本降低、创新能力提升等效应,主要是通过企业网络、人才网络、创新网络、物流网络、社会网络而起作用。集群的自增强效应指的是网络效应的循环积累使得集群不断发展的过程。产业的网络自增强效应为产业网络效应的循环累积,产业集聚通过具有规模报酬递增特质的网络自增强效应不断发展成熟。网络效应有利于加强企业在空间中的聚集、有利于发挥集体效应、有利于创新创业、有利于企业成长。

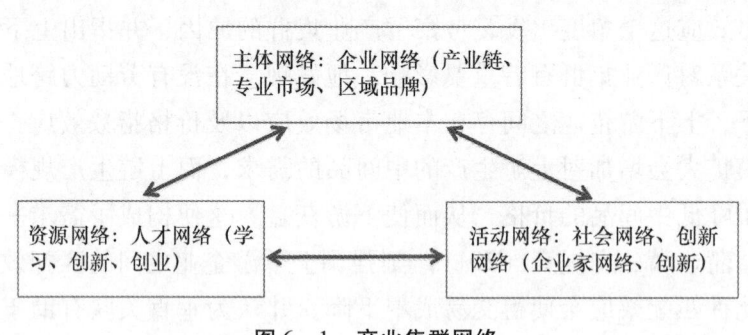

图 6-1 产业集群网络

(一)企业的网络

企业网络为集群网络最重要的载体。浙江产业集群中的企业网络以私营企业为主,往往由生产企业子网络和商贸服务企业子网络耦合而成。2004 年绍兴县的纺织企业近 5000 家,其中个体私营企业占比约为 95%,另外轻纺城内经营户则有近万家,这些家族企业或者准家族企业组成了绍兴纺织产业集群网络的主体。

相同产业的企业在一定地域内形成网络的内部优势主要体现在产业内分工带来的运输成本等生产成本的节约上,其背后的经济原理为规模经济效应。企业并非在地理上简单地叠加,而是通过将产业的不同环节分解并垂直分工进行专业化生产,形成了相应的产业链。比如 1998 年温州鹿城区的皮鞋产业已经出现了高度专业化的分工，包括专门生产鞋跟、鞋底、内衬、鞋楦、制帮、鞋盒、鞋饰等加工厂，以及相应的设计企业、信息企业、测试研究所等生产性服务企业。精细的分工使得每个环节的投资门槛降低，使得即使在资本和技术较为缺乏的前提下，企业家依然可以进行创业、以较低的成本进行生产活动。例如领带生产中重要的环节之一——"定型"所使用的设备成本较高，需要在一定的规模产量下才能发挥规模效应。在嵊州的产业集群的分工模式下，有几家定型加工厂承接几乎所有生产企业的定型加工过程，使得其他企业不需要通过自己承担高固定成本亦可生产出高质量的领带。对于最近兴起的电商产业集群而言，除了共享物流、仓储等配套网络之外，其他相关的服务业如摄影行业、模特行业、商标代理、设计库网站等对减少当地电商企业的成本起着重要作用。

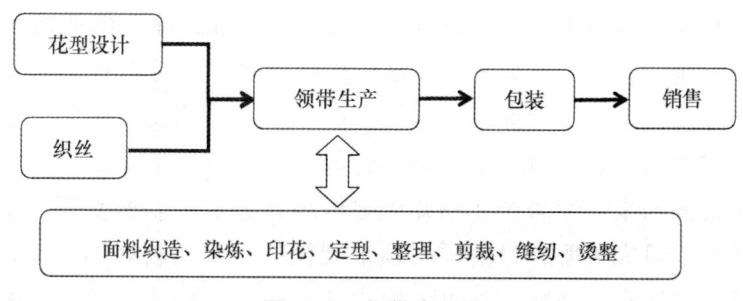

图 6-2 领带产业链

产业集聚中的企业网络促进了专业化市场的形成，而专业化市场反过来促进了产业集聚的发展。在产业链中处于相似位置的企业需要同样的材料市场、终端市场，小企业的集聚使得专业性市场的出现成为必要。金祥荣（1997）通过交易费用理论框架研究发现，专业市场是在销售渠道主要被国有企业垄断的情形下适时进行的制度创新，当产品市场中需求的多样性程度比供给的多样性程度大时，专业市场的作用更明显。这种制度创新减少了交易过程中的搜索成本，提高了浙江省的集群经济效率，使得"轻、小、集、加"（轻工业、小企业、集群、加工业）的模式能走向全国。

企业网络形成地区品牌有利于集群企业进行集体行动和与外部资源对接。产业集聚通过释放声誉信号的机制来协作网络内的企业对接网络外部资源。企业网络可形成地区品牌，通过区域影响力扩大对外知名度，使得企业无须花费资金和时间投入在自身的品牌运营上亦可以享受区域品牌的溢价。区域品牌为集聚区带来的客流量使得交易的搜寻成本大大降低，吸引相应的企业进一步集聚。另外，企业网络作为联盟进行集体行动，一同对外谈判或寻找资源，或与其他企业联盟进行合作，对企业本身的成长和产业集群的发展带来外部资源。

（二）人才网络

产业集聚同时聚集和培养了一批相关产业的专业技术人员、熟练工劳动力和相关管理人员。地理邻近加强了人员的交流，提高了劳动力相互学习的速度，通过技术溢出提升劳动力的能力和专业度；而地理上的相近同时又加强了人员之间的竞争，增加人员在不同企业之间的流动，也促使企业争夺人才。人员的交流和竞争不仅提升了企业的竞争力，同时也是企业通过吸纳其他企业员工从而了解其他企业、进行相互学习的通道。

不仅如此，这些人员集聚为在这个地区新创立企业时提供了足够的人力资源支撑使得创立新企业变得容易。由于人才网络镶嵌于集群之中使得来自不同企业的人员具有一定的共同背景和一定程度的默会知识，使得这些人员所带来的来自原来企业的知识更好地在企业中有所发挥而增加新企业的存活率。研究表明，目前嵊州领带规模较大效益较好的企业，如金天得、巴贝、好运来、威特、丹鲁依均为佳友公司的衍生企业，这些企业的创业人员曾经为佳友公司的总经理、供销员、车间主任等。佳友公司的任职人员将佳友公司的成功经验和相应的技术、管理带到新的企业，成就了一批迅速成长的领带领域新星。

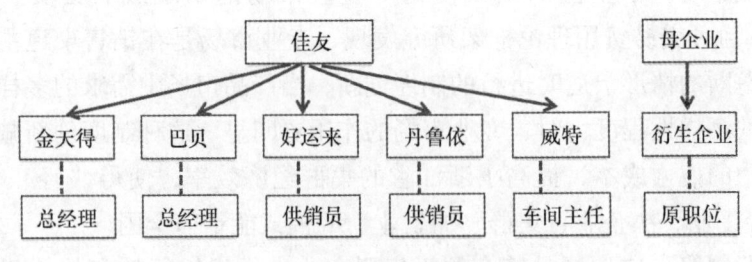

图 6-3 佳友领带公司衍生图

（三）社会网络

社会网络指的是由多个社会主体因为多种关系相互联系而形成的网络结构，这种结构内部包括多种关系，如亲缘关系、地缘关系，以及因商业兴起和贸易行为而产生的市场关系等。社会网络在产业集群的产生和发展中起重要作用。

首先是亲缘关系网络的作用。企业的核心技术可能只对有亲缘关系的员工开放，不同于一般员工通过跳槽将企业默会知识带到其他企业，核心员工往往选择重新成立企业。而亲缘关系使得新旧企业之间由于互惠心而保持一定程度的互补关系，比如订单大于生产能力时往往选择将多余订单交给亲戚。在产业集群最初发展的时候，同质企业的复制是非常重要的集群增长方式。

企业家之间的网络也发挥了类似于社会网络的功能。温州地区地小山多，拥有悠久的经商历史，温州商人足迹遍布全国甚至全球，全球的温州商人以及海外温州华侨组成的销售网络所带来的市场信息是温州产业集群兴起的缘由，并且在很长时间内成为产业集群发展的最大动力。

（四）创新网络

除上述的社会网络，创新网络也对产业集聚的发展有着重要作用。衣帽鞋类日常消费品，其产品销量往往取决于其外观能否跟随最新流行节奏。产业集群高度分工下，外观创新设计方面对流行元素的快速反应能力依赖于柔性生产模式的高度适应性创新能力。产业集群在调节产业上下游协同开发方面有较好的效果，如绍兴服装集群中浙江远东化纤集团与织造、印染企业联合进行新面料研发，统筹了新工艺和新原料开发，新面料的市场价格达到30元每米。[①] 相比于科层制度下的大企业，产业集群往往更具有柔性生产能力，这种能力使集群内的企业能跟上创新的步伐：如嵊州领带集群中，大部分企业能够每天新增一个或多个花色品种，来料到达至产品完成仅需半天的时间；而绍兴纺织产业集群于2004年已能达到"贴近大市场，5分钟出小样，24小时成批量，48小时上市场"的创新效率。集群中由于企业相近且相仿，对创新的模仿十分常见。模仿虽然有利

---

① 见杨霞《绍兴纺织产业集群网络实证研究》，浙江工业大学，2004年，第86页。

于中小企业在创新网络中以较低成本获得创新信息，却在一定程度上损害了企业的创新意愿，故适当增强知识产权保护对于企业的长期发展十分重要。创新企业需要不断提高自身的技术水平以缩小产品质量与其他企业的差距阶梯，并不断创新以保持其竞争优势。

实用新型和发明专利类的创新则是保持企业长期竞争优势的重要保障，而这两类创新往往需要较大的资金和人才投入，单一企业难以负担。产业集群为企业提供了合作联盟创新的选择，企业间的地理邻近以及劳动力频繁交流使得企业背景具有较高的相似度和较好的合作基础。背景相似性不仅有利于知识跨企业扩散，而且促进联盟创新的有效性。除了企业之外，政府、学校和研究所也是参与到创新网络中的重要主体。"政—产—学—研"四位一体的合作中，产业、学校、研究所分别提供实践知识和市场信息、前沿科学知识、技术应用知识等，政府则通过政策优惠提供激励和对研究中心等级评定等为其释放信号以更好地吸纳人才。

三　网络自增强型路径中的"双驱动"分析

（一）集群生命周期中"自我锁定"与政府功能性契入

自增强效应是产业集群通过分工演进的过程得以形成和发展的重要机制。借鉴于物流学、化学动学理论中系统所具有局部正反馈特征，集群自增强效应在经济学中指的是产业在出现地区专业性生产现象之后，地理的集聚使得集群内部的运输成本、交易成本降低和促进新企业产生、提高企业存活率而使得相关行业的企业在该地区进一步集聚的"正反馈式"的循环累积过程。自增强的过程体现在产业集群生命周期的每个阶段，但程度有所不同。

然而，自增强效应的强度随着时间呈现倒"U"型增长。在集群发展周期的后半部分，集群将随着自增强效应逐步减弱，自减弱效应造成的"自我锁定"增强，集群发展的速度随之呈现倒"U"型并逐渐趋缓，出现从萌芽期、成长期、成熟期到衰退期的周期性变化。在现实中亦观察到，在集群发展趋缓的过程中，集群要素之间的内在结构会导致集群发展出现"锁定效应"，出现产业集群衰退的情形。最普遍的"锁定效应"源于劳动力工资和土地价格的上涨造成的成本上升。集群促使经济增长的同时提高了当地的租金和收入水平，虽然一般而言工资上涨的速度滞后于地区的经济增速，但在时间的积累下，工资水平依然不断上涨，使得集群企业的生产成本大为增加，抵消了集群为企业带来的成本下降的好处，从而使集群效应失去吸引力。"锁定效应"也可能来自原本促进集群增长的关键要素，这些原本有助于集群增长的关键要素因外部市场环境的变化，反而成为产业集群增长的掣肘。如 21 世纪初温州产业集群的发展趋缓现象，经济学家们认为是温州企业家网络的排外性导致外部资源不足而引发。在全球化背景下，跨区域进行资源配置的生产方式使得产业集群之间竞争日益激烈，一旦产业集群的优势减弱，则很有可能引发新一轮产业转移，使得原本的产业集群空心化。

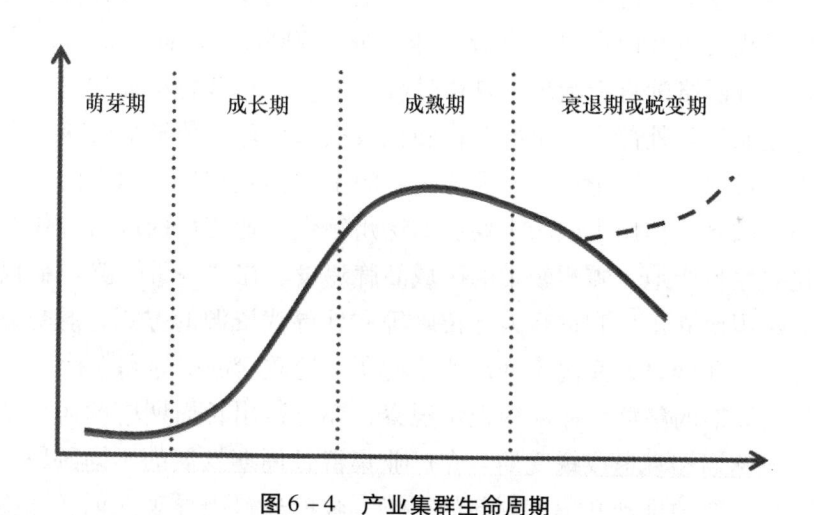

图 6-4 产业集群生命周期

外在的冲击和内在动力的转变会改变"U"型发展过程，改变产业集群在衰退期的发展轨迹。若集群对外部冲击反应不善，则会加剧集群的衰退过程；而若集群在冲击中转型升级成功，则会出现新的成长周期。从更长的时间周期来观察将发现产业集群的发展呈现阶梯形。

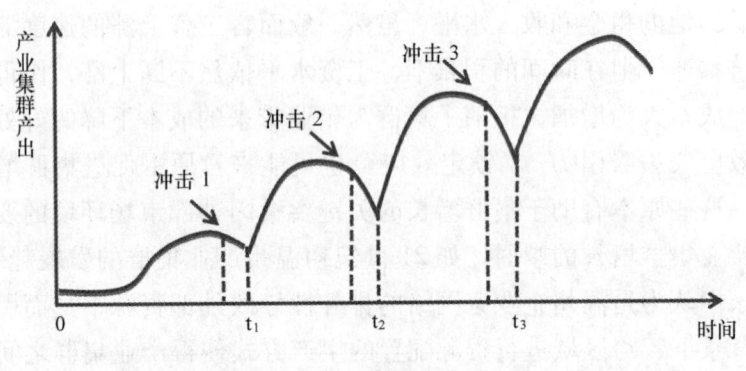

图 6-5 产业集群阶梯形升级

根据产业集群转型升级的资源的来源，可分为外向型和内向型升级，即向外寻找资源和向内寻找资源（朱建安，2008）。内向型的升级主要为对产业集群网络的重新治理，具体过程在下一个小节将有详述；外向型升级主要是通过与外部产业集群合作和积极嵌入全球价值链而升级。在外向型升级的过程，除了企业自身需要为新的生产模式作出组织上的适应性改变之外，政府的作用也颇为重要。如嵊州领带产业与广西政府合作在广西当地建立原料产地、嵊州领带的区域品牌建设、在"一带一路"倡议下中小企业跨国设立工厂和进行人才招聘等向外寻找资源的方式，既受益于产业集群的企业网络，又离不开产业集群所在地政府的引导和支持。

从长周期的集群生命周期视角观察，亦可得出长周期中的萌芽期、成长期、成熟期和衰退或蜕变期。在产业集群长周期发展的不同阶段，均离不开观念创新的推动和制度创新的支持，政府通过引导观念创新和施行制度创新协助降低生产成本，辅助市场提高资源利用效率和配置效率，以增强产业竞争力。除了观念和制度方面的创新外，政府还需要进行软硬环境建设和地区品牌建设（朱华晟，2004）。在衰退或蜕变期的关键阶段，产业是否能升级成功决定了产业是否进入衰退期或者蜕变期，此时政府和市场的协调作用十分重要。

表6-3　　　　　　　集群生命长周期中地方政府的基本功能

生命周期	萌芽期	成长期	成熟期	衰退或蜕变期
	观念创新、制度创新			
硬件环境建设	市政基础设施建设	增强集聚效益的专项设施建设（如专业市场等）	增强区域品牌形象的环境建设	对专项设施进行功能拓展
软件环境建设	改善创业政策环境	进行企业制度改革、加强企业交流	市场监督	加强创新环境建设、淘汰落后产能
地区品牌建设	—	品牌筹建	丰富品牌文化内涵	品牌拓展

（二）政府与市场：大唐袜业产业集群转型升级案例分析

大唐袜业为典型的以集群网络为基础的产业集群，产业链主要包括原料供应、织袜、印染及定型四个环节。大唐袜业拥有袜子生产和加工厂家共约8000家，但超过八成企业的总资产小于50万元，平均每家企业拥有袜机仅8台（卫宝龙，2011）。这些企业通过横向关联和纵向关联形成集群网络。2010年，大唐袜业集群从业人员约20万，年产量大约180亿双（杨云贵，2011）。

大唐袜业集群升级的历程大致遵循了阶梯式发展规律。孙国民（2014）在研究块状经济中小企业的转型升级时将诸暨大唐袜业产业集群发展的历程分为了四个阶段（如图6-7所示）。

改革开放后，大唐渐成规模的家庭作坊式厂商成为大唐袜业产业集群的雏形。由于制度冲击带来的红利，大唐袜业在这一阶段（1978—1990年）得以加速成长。产业集群第二阶段（1990—2000年）升级的动力为家族企业改革，企业开始追求规模化生产；而随着改革开放的进行国内民众生活水平的提高，消费者对袜子的需求变得多样化并提升了对质量的要求，也促进了产业的发展。但是到了20世纪90年代末期，由于大唐袜业集群生产能力发展，国内市场逐步饱和，出现了企业之间过度竞争的情形，凸显了劳动密集型集群由于缺乏技术和品牌而面临的发展瓶颈。第三阶段（2000—2008年）为大唐袜业产业集群进行国际化发展的阶段，缘于中国加入WTO为其带来巨大的市场需求（2005年美国海关宣布取消中国袜子配额限制),又恰逢日韩、意大利、中国台湾等国家和地区等袜业生产基地正进行产业转移的机遇,产业集群向外向型经济迅速发展。大唐袜业从贴牌生产开始发展国际业务,并在这一阶段开始尝试转向自主出口(但比例较低,2011年仍不足10%),并开始引入外资(如与日本前田纤维工业株式会社共同投资700万美元化纤项目)。在这一阶段,当地政府主办的袜业博览会为其带来了巨大的国际影响,产业集群逐步向"世界袜业之城"发展(卫龙宝,2011)。在第四阶段中(2008年至今),由于劳动力成本的上升,供给冲击倒逼产业集群向总部经济转型。

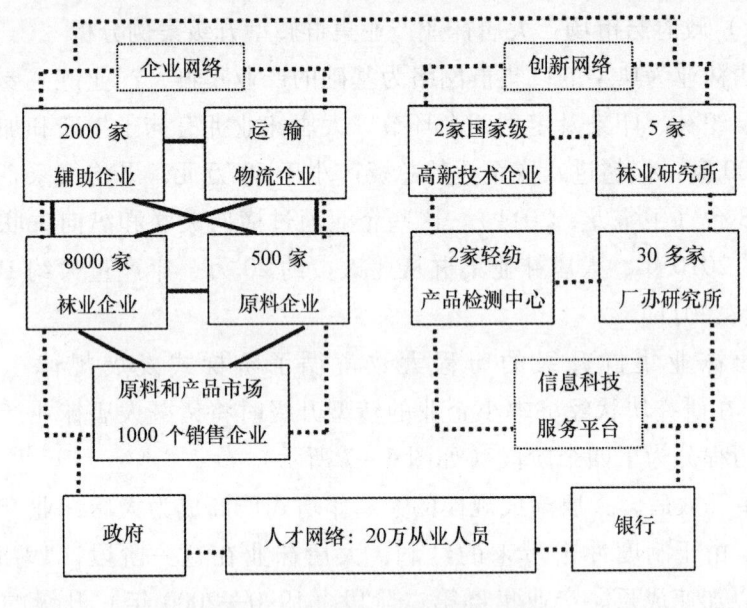

图 6-6 大唐袜业产业集群网络①

在第三阶段中,集群网络为集群中的企业的经营和发展带来了单个企业无法达成的"集体"力量。首先,集群有完整的产业链,可方便地实现采购商"一站式"采购的需求。其次,集群内灵活的专业化协作和弹性生

---

① 根据盛世豪(2003),辅助企业包括缝头卷边厂、定型厂、印染厂、包装厂、机械配件企业等。

产体系（家庭成员的灵活雇员身份）提高了企业的应变能力：对于临时急需的订单，即使需求为小批量和多品种，集群也可以及时地应对，有效率地将订单分解逐一交代给协作企业，减少逐一与各企业讨价还价的时间，并控制交货风险。再次，企业以集群网络的形式联合起来，统一对外销售和促销、规范产品标准和技术标准、推广集群商标等，以联合方式达到单个企业较难达到的差异化定位所需的规模效应。最后，人才网络和企业网络带来的专业性劳动力市场和专业中间产品市场为企业的诞生和发展均提供了较好的条件。

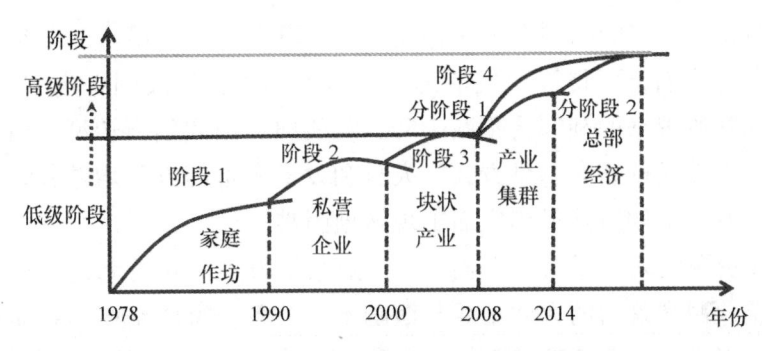

图 6-7 大唐袜业产业集群的发展阶段

在产业转型升级的过程中，保持和提升产业的自增强效应并减少自减弱效应对于是否能转型成功十分重要。若在转型调整的过程中，集群的网络效应无法发挥，那么产业集群将失去对企业的吸引力和凝聚力，产业进群将走向衰退甚至消亡。在大唐袜业产业集群从第三阶段到第四阶段的产业集群转型升级的过程中，主要遇到以下三个方面阻碍集群网络效应发挥的情形。

1. 主体意识与主体能力

首先，大唐袜业集群中企业的规模均比较小，产业集群的上万家企业中，销售收入大于500万元的企业仅约120家（卫宝龙，2011）；产品层次低，在全球产业链中处于较为被动的地位，缺乏竞争优势。其次，集群中的企业缺乏战略目标、品牌和创新意识较弱、合作创新意识淡薄，阻碍产业集群网络效应的发挥。缺乏战略目标和品牌意识，其销售以贴牌生产和外贸公司出口为主，出现同业竞争过度的问题。品牌是企业进行垄断竞争的基础，缺乏自主品牌的企业因缺乏竞争优势而缺失定价权，从而限制企业的利润空间和长期发展。

缺乏企业家队伍和家族企业制度是造成企业规模较小和企业缺乏战略目标的重要原因。块状经济中许多企业主由农民发展而来，虽然其市场意识和创业精神可嘉，但缺乏对产业未来发展动向的视野，"小富即安"的思想限制了企业乃至产业集群的发展。大唐袜业的季节性生产特征导致出现大量的生产闲置现象便是缺乏企业家精神的表现（朱华晟，2003）。

2. 创新动力

创新路径锁定的问题在大唐袜业产业集群中较为突出。产业集群因为有利于渐进式创新而得以焕发活力，当渐进式创新发展到一定程度之后，渐进式创新所带来的利润将不断下降，需要向突破式创新转型。由于渐进式创新和突破式创新在思维方式、人员和设备配备等方面均差异较大，集群中的企业由于创新路径锁定而出现转型困难。

人才资源匮乏是阻碍袜企创新的产业集群发展的重要制约，而人才的匮乏与企业制度落后的人才培养与激励不无关系。家族企业的特质使得外来人才难以进入企业管理的核心层，这对人才的职业规划路径设置了天花板从而降低对人才的吸引力；家族企业中常见的"裙带关系"容易破坏企业中的公平氛围和效率意识，从而影响人才激励机制的作用。

3. 集群定位的问题

产业集群发挥作用的基础在于其"特色"，即产业集群需要有基于其比较优势的清晰定位，且定位时不仅考虑具体的细分产业，还需要兼顾在价值链上的地位，后者处理不善的情形在浙江产业集群中较为普遍。大唐袜业产业集群在细分产业的精准定位是其成功成为国际级产业集群的关键，其产业链较为完整，但仍然存在价值链中定位较低、附加值低的问题。由于缺乏企业自主品牌、营销网络构建，大唐袜业的产业集群主要的优势仍然集中在制作环节，在面对国外市场时主要以加工形式嵌入全球产业链。

要素特征与集群定位错位会导致产业集群发展乏力。随着产业集群的发展要素特征发生变化，土地和劳动力等要素成本上升，使得原本依靠人口红利带来的低劳动力成本的产业集聚失去成本优势，而不得不面临产业集聚整体转型或者升级的问题。面临劳动力成本优势不再和其他发展中国家产业集群的竞争，大唐袜业产业集群需要培育高级要素，针对新的要素特征对产业集群进行重新定位。

面对困境，有为政府和有效市场一同协作，通过升级集群网络而推动大唐袜业产业集群平台整体转型升级。

其一，增强企业家素质，提升企业能力。

浙江省"四换三名"政策中的"三名"（培育名牌、名品和名家）的重点均在网络效应中的主体——企业。品牌和产品是企业的盈利点所在，也是企业综合素质和能力的体现，而名家所具有的企业家精神是实现企业做大做强的保障。提升企业的素质与企业家的素质是相辅相成的过程。在大唐袜业产业集群发展的第三阶段中，政府鼓励企业对家族企业进行改制、转型为现代企业制度，促进了集群中企业的规模化和长远发展；在第四阶段，政府通过2014年开始的"一增一减"政策，一方面整治仍存在许多制度落后及高污染、高能耗、低产能的企业，另一方面鼓励企业进行技术改造和设计创新方面的投资，提升创造产品附加值的能力，打造名牌和名品而做技术和设计环节的准备。近年，为了响应省"四换三名"政策中的"机器换人"策略，诸暨大唐镇重点扶持了约20家袜子制造企业，通过示范效应普及机器人的应用。

在提升企业能力和企业家素质的过程中，不仅需要有效市场的倒逼机制，更需要有为政府的主动引导。集群本身的网络效应有利于企业快速创新，产业链完整的产业集群提供了较好的"干中学"机制，企业在其中不断学习并不断创新；但从制作到发展自主品牌的升级过程需要培育更多的企业家、变更企业组织模式，政府的引导在这两个过程中显得十分重要。除了上述促进企业制度改革和对企业"一增一减"的激励淘汰政策之外，对企业领导者进行培训、带领企业家群体出国学习等有利于增强企业家的创新意识和开阔产业视野，从而为提升企业素质和企业转型升级提供强有力的动力。

其二，加强创新合作，提升自主创新能力。

提升企业素质的根本在于提升企业的创新意愿和创新能力。鉴于浙江的中小企业集群在外观设计创新上有灵活性的优势，而在研发新产品和进行技术升级方面投入不足且能力有限，故提升企业的创新意愿和能力、鼓励合作创新十分重要。由诸暨市政府主导，工业设计基地、设计公司联合产业集群中部分制造企业一同参与的诸暨袜业创新设计中心于2017年成立，将传统制造和工业设计结合，为提升产品附加值和开展品牌合作而做准备。大唐袜业大数据中心和世界袜业设计中心也相继于近期开放，有望通过汇集信息和人才达到精准研发、促进产品升级的效果。

有效市场不一定必然地导致创新，集群的创新网络效应有利于外观创新但容易造成"创新锁定"效应：进行产品的技术升级和功能升级需要产学研的合作、较大的投入和承担一定的风险，对于习惯以灵活性适应外观设计创新的集群内中小企业来说难度较大。故除了需要企业家精神之外，还需要有为政府的鼓励和引导。集群网络中企业之间的默契使得研发的周期缩短，企业与科研机构、院校之间的合作则有利于综合不同主体的创新优势。政府通过鼓励企业设立研发中心、利用 R&D 补贴和引导产学研合作等方式激励研究开发、促进企业在创新方面进行合作、产学研合作开放等政策被许多学者证明了对提升企业创新能力有较好的效果。需要注意的是，人才是创新的根本。吸纳人才不仅需要企业的努力，还需要政府对外来人才的灵活管理和有效激励。

其三，提升区域品牌，完善服务体系。

面对要素成本上升、要素供给不足的挑战，产业集群有两条解决思路，一是集约使用要素，二是重新调整产业集群的定位以适应要素结构变化。

"四换三名"政策中机器换人、空间换地为解决要素成本上升的重大举措。机器换人重点在于机器带来的效率可以抵消其研发制作成本，这与机器人技术的具体应用有关，除了企业主动去尝试，政府对此进行补贴和鼓励有利于推进技术的发展，进而降低使用成本，缩短技术大规模进行应用的进程。而空间换地政策相关的集约化用地措施，涉及土地再配置，则需要政府进行主导，企业与之配合。

在要素成本上升的环境下，产业集群需依据其禀赋特征和发展潜力重新进行定位，进行产品功能升级，提升产品附加值，积极嵌入全球价值链并进行价值链爬升。这一过程需以科技创新为引领，以市场体系为推动力，以区域品牌提升为着力点，以产业网络和产业链的协同发展与全球价值链治理结合带动升级。

地区品牌效应和集群企业进行集体行动是集群网络最重要的优势之一，而在打造区域品牌和集体跨区域进行要素整合时政府的作用十分重要。进行区域品牌治理亦需要多管齐下，以工业园区加强企业间的联系，以专业化市场带动产业集群发展，以会展和高规格比赛展示区域产品质量和特色，建立外贸、检测、技术研发、信息等平台以促进产业集群内外企业的交流等。中国袜业博览会自兴办以来内容不断丰富，2017年第十三届博览会包括了袜业艺术与发展论坛、袜业十佳电商评选，以及新产品展示发布会等内容，对大唐袜业产业集群品牌效应的提升有很好的效果。通过全球价值链进行全球资源整合，为产业集群的发展提供资源方面，大唐镇政府亦有作为，如引领企业联盟主动与"一带一路"结合进行产业环节的转移，引导发展本地研发、设计等生产性服务业，意图将产业集群升级为总部经济集群。

为保障区域品牌提升和转型升级的顺利进行，政府还需做好辅助平台的建设工作。好的公共服务平台有利于产业集群发挥网络效应，服务型政府应关注外部性较强的领域如基础设施、研究开发、教育与培训、环境治理、经济信息和医疗保险等方面，打造区域品牌以吸引产业集群所需要素，做好专业市场、特色工业园区、区域创新中心等产业集群辅助平台建设以促进产业集群的发展。大唐镇政府在建设产业发展所需的软硬件设施方面较为积极，如公共基础设施、专业化市场的建设和对市场的管理和监督。特别是专业化市场的建设，大唐轻纺袜业城为大唐袜业产业集群最重要的专业市场，有近20家全球500强企业设立销售代理机构，大唐镇政府于2010年投资10亿元对其进行扩建。另外，政府需要促进各种中介服务机构和行业协会的发展，发挥中介服务组织机构的能力和行业协会在集体行动、产业治理方面的作用以服务产业集群的发展和转型升级。

第三节 "领导—跟随"型转型升级路径

一 "领导—跟随"生态下的产业集群转型升级

产业集聚的形成一般过程为企业在地理上集聚、企业间建立联系以及形成稳定系统的过程（金祥荣，2002）。以演化经济学中共生的视角来看，产业集群是一群有生命力的企业群落，拥有共生群落的三要素——集群环境、共生单元和共生关系（袁纯清，1998）。集群的企业网络并非匀质的垂直分工企业群，规模较大的企业在其中扮演较为重要的角色。在产业集聚的成长期，随着核心企业成型和专业化市场的扩大，"领导—跟随"生态自发形成，处于核心层的骨干企业规模扩大，加工企业则自发在外围集聚。"领导—跟随"生态与网络效应一同构成"核心—边缘—网络"的非均衡的空间结构特征。大企业与小企业之间形成"领导—跟随"生态有利于产业集群的发展和演化，在产业升级的过程中扮演重要角色。

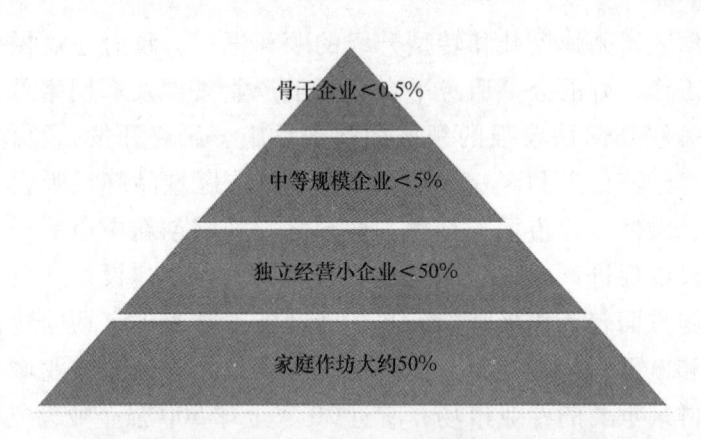

图6-8 典型的"领导—跟随"生态产业集群企业结构图

"中国领带名城"嵊州领带产业具有典型的"领导—跟随"生态特征。嵊州的领带产业产量约占世界三分之一，其产业链包括花型设计、织丝、生产、包装、销售等环节。2005年，嵊州集群内领带生产厂家约有1200家，其中一半在工商部门登记注册。王发明（2007）将其分为四个层次：第一层次为龙头骨干企业，大约四五家，例如巴贝、麦地郎、好运来、金天得等具有一定规模、拥有受到市场承认的品牌、效应较好的企业；第二层次为大约三十至五十家既具有独立生产能力又具有营销能力、规模比第一层次企业小的企业；第三层次为独立经营的小规模企业，全部企业中约有一半属于第三层次；第四层次为以前店后厂模式的家庭作坊企业或者仅经销的企业。

在"领导—跟随"生态中，领导企业与跟随企业的水平或者垂直合作作为产业集群中企业网络的一种常见关系，培育了许多中小企业。第一层次与后几个层次的企业之间有互补型关系和母子型关系，形成"领导—跟随"生态。互补型企业关系主要指在领导企业所获取的订单大于其生产能力，故委托其他企业进行加工，通过合作完成订单，即水平合作。水平合作有利于培育一批中小企业迅速成长。母子型企业关系则指第一、第二、第三层次的企业的分工协作关系，即垂直合作。比如正泰集团于2000年时有100多个系列产品，种类达4000多种，产品的生产过程由1000多个企业合作进行，核心技术零部件、产品质量检验和最终组装则由正泰集团负责。垂直合作有利于深化产业集群的分工。在水平合作的过程中，为了保持产品的质量以保障领导者的品牌声誉，领导者往往投入时间精力帮助跟随企业建立能达到要求的生产线和管理系统，进而提高跟随企业的产品质量，在这个过程中往往伴随着技术溢出。与供应商之间的垂直合作则提高了龙头企业对产业集群的直接带动效应。龙头企业通过在供应链中实行对信息流、物流和资金流的有效控制，达到提升分工协作水平的效果。同时，龙头企业为其原料和中间品来源的质量保障和供货稳定而订立标准和对供应商进行培育，促进其上游产业的规范和发展。

根据核心企业的优势的不同可将"领导—跟随"生态区分为产品合作型、销售整合型、品牌引领型。柳市低压电产业集群、温州打火机产业集群、温州制鞋产业集群分别对应于这三种类型。柳市低压电产业集群以标准化程度较高的最终产品为目标，以正泰集团、德力西、天正等领导企业为核心进行分工；温州打火机产业集群则以100多个专业贸易商为核心，经销商构建全球营销网络，获取国内或者海外订单后由企业进行生产，年产10亿多个打火机；在温州制鞋产业集群中，红蜻蜓以其自身品牌和遍布全国的上千个销售专柜组成的营销渠道带领 300 多家企业一同生产出具有品牌个性的产品。①

当然，虽然"领导—跟随"生态中的垂直或者水平协作的方式有利于大企业专注在核心环节保持灵活性，但也有其适用性。在产品质量的跨企业控制成本较高的产业中，大企业更倾向于通过扩大自身的产能或者垂直一体化等方式来控制生产质量。朱华晟（2003）将宁波的服装产业集群中的企业分为三个梯队，其中第一和第二梯队与王发明的四层次分法中的第一、第二层次对应。朱华晟认为第一和第二梯队的企业通过追求服装的文化内涵和个性来打造品牌，由于跨企业进行服装生产质量控制较难，转包给第三梯队的企业进行生产有较高的风险和成本。

除了通过垂直合作和水平合作的方式之外，"领带—跟随"生态还通过创新网络和示范效应带动产业集群中跟随企业的升级，从而带动产业集群整体转型升级。龙头企业由于一般具有较大的规模，经济信息获取能力和创新能力等具有规模经济特征的能力均比中小企业有优势，有较好的融资能力，在行业协会中有较大的话语权和号召力。龙头企业通过行业协会和订立标准对跟随企业进行影响，并通过产业集群对跟随企业进行技术溢出。不仅如此，由于地理上的邻近，跟随企业对领导企业的制度、文化、动向均有较好的观察，跟随企业将在企业管理制度和企业文化建设等方面向龙头企业学习，以改善企业治理。

二 无领导情景与集群"失效"

无领导者的集群秩序在产业集群发展的初期较为常见，因此而导致的无效竞争、创新能力受限、缺少垂直分工限制了产业集群的发展。

首先，无领导者的集群秩序容易出现无效竞争的情形。产业集群发展最初容易出现的自我锁定的情形之一为无效竞争，而无效竞争主要缘于无领导的集群秩序。由于竞争过于激烈而导致相互压价、以次充好等恶性竞争，造成资源浪费、低端锁定的后果。块状经济的集群中一般企业规模较

---

① 作者根据盛世豪《"浙江现象"产业集群与区域经济发展》第 288—298 页的资料进行整理而得。

小，产量有限，产品趋同，融资上处于劣势，主要通过相互模仿来进行竞争。在这种生态下，企业不免陷入低效率的竞争——价格战。虽然价格的降低一定程度上加强了集群的竞争力，但不利于集群的创新和发展。在过度竞争的氛围下，企业的目标将降维至什么有利润就生产什么，盲目进行同质化竞争而不考虑企业的长远发展。在市场辨别质量的效率较低的情形下，甚至为了逐利而出现不规范竞争的情形，最后造成"柠檬市场"中劣币驱逐良币——质量好的企业和产品被逐出市场的不良后果。总而言之，集群的无效竞争很容易导致在出现新的利润点之时出现各企业一哄而上的现象，造成产能过剩、资源浪费、产业层次偏低等"低端锁定"后果。20世纪80年代至90年代初，浙江许多产业集群如温州制鞋产业集群、温州打火机产业集群、柳市低压电器产业集群均有类似的情形发生。

其次，无领导者的产业集群秩序不利于创新。主要由装配企业和拥有较低资产专用性资产的中间产品提供商组成的企业网络较为松散，具有灵活性但缺乏创新能力，故集群中多模仿而缺乏引领潮流的能力（姚先国，2002）。由民营企业网络加专业化市场组成的块状经济的自然发展有其弱点，由于信息收集和利用的能力相对缺乏、创新投入有限而创新能力不足。我国中小企业集群一般较为依赖国内市场，或以加工的方式嵌入全球价值链，在收集和快速利用国际上相关技术前沿的信息方面难以达到国际化的需求。由于集群中企业规模小、利润低，面对很大的专业化市场，单个企业很难充分获取市场上的需求信息；即使企业能获得信息，单个企业也难以有足够的资源做相应的市场开发和承担创新风险，组成创新联盟的过程中也需要有相应的领导者主导创新的方向。虽然企业可以通过市场网络和交易网络比如参加展销会来识别客户需求并进行定制化生产，但始终仅作为微笑曲线最低附加值部分的加工环节嵌入全球价值链，在创新中较为被动、利润空间被压缩。

最后，无领导者的产业集群秩序不利于垂直分工深化。随着垂直分工的深入，中间品的专用性特征越来越强，即下游企业为了生产符合其品牌和定位的产品，需要专门为之定制而通用型不强的中间投入品。中间投入品的生产需要相应的专用性资产投资，即仅在某一用途上产生的效用较高而在其他用途上无法产生覆盖其成本的投资。此时由于有限理性和机会主义的存在，巨大的交易成本使得合作较难达成。企业间达成合作需要出现一个领导者，特别是龙头企业为其跟随企业对合作的前景进行承诺并负担部分专用性资产投资。规模小的企业没有能力负担对其他企业的投资，其做出的承诺效果亦相对较弱，因此无领导者的产业集群内企业之间进行长期分工合作的许多可能均无法实现。

由龙头企业引领的"领导—跟随"生态将有利于改善这些问题。龙头企业将通过打造企业品牌和引领区域品牌建设、对接全球资源、增加创新投入和引领集群创新网络建设等来提升集群中产业链分工协作形成"领导—跟随"生态，推动产业集群向现代化产业集群转型。

品牌作为无形资产有利于企业占有市场和垄断定价，可促进企业之间由无效竞争转向分工协作或者进行差异化竞争。品牌的建立具有显著的规模效应，故大企业相对于小企业在这方面有优势。小企业可以以大企业的供应商或者合作者的身份得到产业集群内部和国内外大企业品牌具有影响力的范围内的企业认可，从而更方便地形成合作、获取经济信息。不仅如此，大企业在区域品牌建设时起订立标准、引领创新等作用，有利于区域品牌建设。

在对接全球资源方面，由于有实力和品牌优势的大企业在通过进行全球资源并购、合资联盟方式进行产业升级方面具有资金、市场渠道、谈判等方面的优势，其在积极参与全球价值链的过程中更为主动。龙头企业通过发展总部经济进行全球资源整合，为产业集群带来外部资源，再通过与集群内外的企业分工协作完成产品制作，深化产业集群内分工。如嵊州巴贝领带收购上游企业进行技术升级、设立国外设计室、开设全球直营店，进行企业的转型升级的同时带动其跟随企业的转型升级。

龙头企业由于规模较大，其利润能覆盖和支持持续研发，通过关注时尚和技术前沿、与众多国际大客户进行交流等有效识别消费潮流需求，使用前沿技术对其需求进行满足。不仅如此，创新网络的建设也依赖于领军企业，龙头企业的主动性有利于发挥创新网络效应。创新领军企业可通过为其供应商提供技术协助和创新补贴，从而达到上下游协同创新或者降低其中间品成本的双赢效果。

三 "领导—跟随"型集群转型升级中政府的作用：浙江经验

"领导—跟随"合作不仅在产业集群成长的周期内起推动作用，其在产业集群整体转型升级的过程中亦功不可没。产业集群的重新定位对集群内的主体和主体间关系均提出了转型升级的挑战。在转型升级的过程中，有效市场和有为政府相辅相成，一同促进"领导—跟随"类集群的转型升级。

在产业集群主动或被动进行升级的过程中，领导企业可利用其优势帮助自身率先进行转型升级，并通过垂直分工和水平合作、示范效应带动跟随企业转型升级，以及促进新的集群网络形成，从而促进产业集群转型升级。有为政府通过营造良好的产业环境、培育企业家、鼓励和促进龙头企业进行转型升级尝试、加强交流以促进示范学习和鼓励创新的产业氛围等方式加速产业转型升级过程。

"领导—跟随"类转型升级的重点在于龙头企业的转型升级。受市场供给冲击和需求冲击的影响，龙头企业有较强的自我升级动力，许多企业开始主动寻求转型，对外建立全国或全球销售网络、合作创新、并购重组、建立品牌，对内进行组织改革。政府鼓励、促进并协助龙头企业的转型升级。此外，还可以通过吸引具有创新能力的外部企业入驻集群或者鼓励现有龙头企业通过并购和联盟等提升创新能力来进行产业升级。

在促进龙头企业的发展，加强其示范效应和创新溢出，以"领导—跟随"生态深化企业分工和引领产业转型升级方面，浙江省和各市县政府的做法和措施主要如下：

（1）加速龙头企业转型升级。对企业家进行再培训、组织交流和出国参观，有利于企业家学习现代管理理念、品牌价值的建立和维护过程、了解国际技术前沿，进而促进企业的成长；创新激励措施和鼓励并购，则有利于提升企业自主创新意识和自主创新能力，进而促进龙头企业的转型升级。另外，鼓励企业发展自我品牌、进行虚拟经营，培养已经形成竞争力的龙头企业，助推企业上市并有利于企业利用资本市场进行规模扩张和产业升级。龙头企业的形成和其自主创新能力的提升带动其跟随企业一同进行转型，在这个过程中产业集群自身也进行了升级。

（2）引进合资企业和外资企业。FDI在为集群带来纯经济外部性之外，还带来知识外部性与信息外部性，通过示范带动效应、竞争压力带动本地企业的成长（朱华晟，2004）。对于缺乏龙头企业的产业集群，政府引导成立外资企业和合资企业，为产业集群的升级提供动力。

（3）加强企业合作交流，鼓励合作研发。良性循环的产业氛围对于"领导—跟随"生态的能量发挥十分重要，可通过促进中介机构的发展、以行业协会加强行业之内的有效沟通、建立行业标准、鼓励创建企业品牌等措施促进良性产业氛围的形成。政府对产品质量进行监督、管理，避免以次充好恶性压价，是建立集群品牌和良性氛围的重要保障。举办讲座、组织企业家交流会、组织创新设计比赛等均有利于开阔企业家的视野和增强企业进行行业内和跨领域甚至跨国界合作交流。

不同类型的产业集群转型升级中"领导者"的行动重点和带动方式有所不同，政府的作用亦不同。

其一，基于企业品牌的产业集群升级。

服装纺织类购买者驱动的产业的集群的发展依赖于企业品牌的发展，20世纪90年代的嵊州产业集群还由于品牌缺失而处于无效竞争的状态。1993年建立的巴贝集团率先从贴牌生产转型为拥有自主品牌的企业，其主品牌"巴贝"于2005年获得中国名牌产品、中国驰名商标。为提升品牌价值，巴贝集团通过引进设备、技术创新等在花型设计上进行突破，引领领带业时尚潮流，其与浙江工程学院合作研发的真丝织锦画《清明上河图》获得了世界吉尼斯纪录，并被中国故宫博物院、国家图书馆等永久收藏。另外，为了建立品牌的营销网络，截至2009年巴贝集团在全国设立了五百多个领带经销网店。巴贝集团的发展带动了规模以上的企业开始创建自主品牌，"好运来""麦地郎""雅士林"等中国名牌或省级名牌涌现出来，嵊州领带集群通过自主品牌在国内市场上获得了竞争力。购买者驱动的行业中，龙头企业一方面通过建立全球销售网络来对接外部资源并带动跟随企业一同升级，另一方面通过创建品牌及其示范效应，带动其他品牌的建立从而使得产业集群整体进行升级；政府的作用主要为培育企业家、监督市场竞争、鼓励合作交流，甚至通过招商引资或者鼓励创建合资企业等方式带来品牌企业以促进本地企业学习效仿和转型升级。

其二，基于核心技术的产业集群升级。

汽车行业属于生产者驱动行业，掌握核心技术决定了企业的产品地位。台州的民营汽车企业吉利通过并购沃尔沃引领汽配产业集群转型升级为基于核心技术的产业集群升级典型案例。汽车属于传统技术密集型行业，核心技术是进行品牌经营的基础。吉利在推行多品牌战略进军中高端市场的过程需要相应的技术支持，而汽车行业的许多研发需要经历数十年的研发试验的数据积累。为了缩短升级时间，获取高端技术，吉利选择了通过国际化并购来获取先进技术和品牌。2012年，吉利顺利并购沃尔沃，并规划在国内外建立15个生产基地，进入中高端产品市场。吉利带动产业集群发展主要通过深化分工的方式。吉利并购沃尔沃后成功进入高端市场，不仅带动浙江临海、路桥、宁波的汽车总车和动力总成制造基地的发展及相关的零部件产业集群的升级，还促进了上海、湘潭、成都、济南制造基地的发展。在以技术为中心的行业中，龙头企业通过进行自身进行技术升级并重塑集群企业网络、深化分工的方式带动产业转型升级；政府的作用主要为扶持龙头企业的成长，协助和激励企业进行R&D投入、产学研合作研发，帮助其通过并购重组和创建合资企业等方式获取前沿技术。

其三，基于知识共享机制的产业集群升级。

资本密集和技术密集的新兴产业集群的发展依靠创新驱动，其发展比传统产业更依赖于知识共享机制。高级要素比普通要素具有全球流动性，要素和企业会被吸引至具有更强的知识溢出和更好的环境氛围的产业集群。由于知识溢出有赖于集群中已有企业的创新能力，故通过"筑巢引凤"吸引大企业和高端要素为发展和升级高科技类产业集群最重要的发展途径。浙江于2014年开始推行特色小镇，按照创新、协调、绿色、开放、共享发展理念以良好的环境、高端的定位而设立的特色小镇对吸引国内外有创新能力的创业团队和企业，取得了较好的成效。在基于知识共享机制的产业集群升级过程中，有为政府的作用主要为"筑巢引凤"，通过建设良好的产业环境和优惠措施吸引创新企业再"以企引企"；而领导企业在知识共享型产业集群中为知识溢出贡献力量，并吸引更多企业加入产业集群中，帮助特色小镇形成和发挥规模效应。

第七章 "双驱动"模式下浙江产业政策转型：功能导向

第一节 从强制性产业政策到功能性产业政策

按照市场与政府的关系来划分，当代世界各国推行的产业政策有两种基本类型：一类为强制性政策，即传统意义上的产业政策，由中央政府提出目标规划，并指导产业界彻底实施——政府通过投资审批、目录指导、直接补贴、税收优惠等措施扶持特定产业或企业的发展，其立足点为"挑选赢家"（Picking Winner），同时政府会制定一定的指标，要求参与转型升级的特定行业和企业执行并在一定时期内完成。另一类为功能性政策，是指政府通过加强各种基础设施建设（广义的基础设施包括物质性基础设施、社会性基础设施和制度性基础设施），推动和促进技术创新和人力资本投资，维护公平竞争，降低社会交易成本，创造有效率的市场环境，使市场功能得到发挥的产业政策（黄先海等，2003）。功能性产业政策也可以采取补贴、税收优惠等政策手段，但前提是不妨碍市场公平竞争，主要用于基础性研究开发、信息服务、人力资本投资等，属于"市场友好型"产业政策。

一般认为，对后起国家而言，在产业发展水平比较低的追赶阶段，强制性的产业政策模式更有利于其借鉴先行国家的经验，发挥"后发优势"，通过强势有为的政府和科学严格的计划政策来积极干预产业结构的调整和升级，以克服资源财力不足对产业发育的制约，促进产业全面布局和快速发展。因此，第二次世界大战后，有不少发展中国家和新兴经济体都采用了这一模式，并且通过这一模式实现了经济的高速增长和本国产业国际竞争力的快速提升。

表 7-1　　　　　　　　　　典型产业政策工具对比

产业政策类型	典型政策工具	产业政策类型	典型政策工具
强制性产业政策	法规管制	功能性产业政策	规划纲要
	投资审批		金融支持
	目录指导		教育培训
	价格补贴		科技资金投入
	税收优惠		公共服务
	技术标准		示范工程
	政府采购		人才激励

近年来，有关国家和地区的产业政策又开始出现由强制性模式向功能性模式转变的明显趋势。美国、英国、战后德国主要实施的是功能性产业政策，日本、韩国在战后的二三十余年里实施的产业政策则是强制性产业政策与功能性产业政策的结合体（更加侧重强制性产业政策），日本在20世纪70年代、韩国在20世纪80年代以后放弃了这一产业政策模式，转为实施以功能性产业政策为主体的产业政策模式。[①] 不少研究（Heo and Kim，2000；竹内高宏，2002；Wolf，2007）指出，日、韩高速增长时期的经济发展主要得益于功能性产业政策（建立和完善市场制度，政府积极

---

① 1970年5月，日本产业结构审议会公布的《七十年代的通商产业政策》，转为采取"最大限度地利用市场机制"的（功能型）产业政策模式；韩国则是于1985年颁布《产业发展法》确立了市场在产业发展与经济运行中的主导作用，之后加快转变政府职能，大大减少对经济的直接干预，主要"通过自由竞争，诱导产业结构升级和资源的有效配置"。

推动人力资本的提升，维护宏观经济稳定、汇率稳定，实行开放与推动出口），而这一时期政府推行的强制性产业政策不仅没有成功且毫无价值。功能性产业政策已经成为大多数发达国家实施产业政策的主要模式。尤其是2008年国际金融危机以来，发达国家在制造业领域强化了功能性产业政策的运用，其政策的重点主要放在通过构筑可持续的政策框架和服务体系为先进制造企业发展营造有利的商业环境，加强科技基础设施和公共服务建设，全方位优化创新、创业环境等方面。而中国台湾地区的产业政策更是从开始就带有一定的功能性色彩，如普遍减税、公营事业从部分产业逐步退出等举措，其发布的"产业创新条例"也不再强调对具体产业的专向支持，而是无选择地支持各行业的研发。这就不能不引起我们对浙江省乃至我国产业政策未来发展方向的进一步思考。

一 强制性产业政策困境与挑战

改革开放以来，中国是一个推行产业政策较多的国家。在由计划经济逐渐向市场经济转变的过程中，作为后发赶超国，中国的产业政策既保留了政府干预经济的偏好，又在一定程度上完善了市场机制。从实施效果来看，产业政策在推进我国工业化进程、促进产业结构调整方面发挥了重要的作用。21世纪以来，"促进产业结构转型"和"抑制产能过剩"成为产业政策的主要任务（江飞涛、李晓萍，2015）。此时，产业政策得到越来越频繁的运用，产业政策的内容显著细化，政策措施更为具体，并逐渐形成以国务院、发改委、工信部为主，商务部、财政部等相关机构、部委辅助支持的产业政策制定和发布的主体格局。浙江省产业政策在中央政府产业政策精神的指导下展开[①]，政策手段主要有目录指导，包括鼓励类、限制类和淘汰类产业目录；投资审批与核准和市场准入；强制淘汰落后产能和强制性清理等（详见表7-2、表7-3）。

[①] 浙江省发改委2011年度重大招标课题"优化浙江产业政策，引导产业转型升级研究"（黄先海）。

表 7-2　　近年来我国调整产业结构的主要政策

颁布年份	中央政府产业政策	浙江省相关产业政策实施举措
2000	《当前国家重点鼓励发展的产业、产品和技术目录（2000年修订）》	《产业结构调整指导目录（浙江省2011年本）》 主要目标：贯彻国家2011年版的目录指导精神，更好地发挥政府作用，加快浙江省产业结构调整，促进经济转型升级 《关于加快培育发展战略性新兴产业的实施意见》 颁布年份：2011年 主要目标：推进浙江省产业结构优化升级、促进发展方式转变、培育新的经济增长点、构建国际竞争新优势 具体举措：加强规划指导、强化科技创新、积极培育市场、加快推进大项目大企业建设、加大财税政策扶持力度等 《浙江省培育发展战略性新兴产业行动计划（2017—2020）》 颁布年份：2017年 政策目标：围绕五大领域，重点发展十大战略性新兴产业，培育新动能，提升创新能力 具体举措：开展试点示范、实施重大项目、推动集聚发展、深化开放合作、集聚高端人才等
2002	《指导外商投资方向规定》	
2004	《政府核准的投资项目目录（2004年本）》	
2005	《促进产业结构调整暂行规定》	
2005	《产业机构调整指导目录（2005年本）》	
2006	《国家高新技术产业发展项目管理暂行办法》	
2007	《外商投资产业指导目录（2007年修订）》	
2008	《中西部地区外商投资优势产业目录（2008年修订）》	
2009	《十大产业振兴计划》	
2010	《国务院关于加快培育和发展战略性新兴产业的决定》	
2011	《产业结构调整指导目录（2011年本）》	
2011	《外商投资产业指导目录（2011年修订）》	
2013	《中西部地区外商投资优势产业目录（2013年修订版）》	
2013	《产业结构调整指导目录（2011年本）》修正版	
2014	《政府核准的投资项目目录（2014年本）》	
2014	《西部地区鼓励类产业目录》	
2015	《外商投资产业指导目录（2015年修订）》	

表 7-3　　　　　近年来我国抑制产能过剩的主要政策

颁布年份	中央政府产业政策	浙江省相关产业政策实施举措
2000	《关于做好 2000 年总量控制工作的通知》	《浙江省淘汰落后生产能力指导目录》 颁布年份：2012 年 主要目标：深入贯彻国务院《关于抑制部分行业产能过剩和重复建设引导产业健康发展若干意见的通知》《国务院关于进一步加强淘汰落后产能工作的通知》，落实浙江承担国家淘汰落后产能的目标任务 《浙江省化解产能过剩矛盾实施方案》 颁布年份：2014 年 主要目标：深入贯彻落实《国务院关于化解产能严重过剩矛盾的指导意见》，积极有效化解浙江省钢铁、水泥、电解铝、平板玻璃、船舶等行业产能过剩矛盾 具体举措：严谨建设新增产能项目、全面清理违规项目、依据能源消耗总量指标等清理违规建成产能 《浙江省人民政府办公厅关于加快处置"僵尸企业"的若干意见》 颁布年份：2017 年 政策目标：全面贯彻党的十九大精神，落实深化供给侧改革的决策部署 具体举措：强化倒逼机制、减轻税费负担、加大财政支持等
2002	《淘汰落后生产能力、工艺和产品目录》	
2003	《关于制止钢铁电解铝水泥行业盲目投资若干意见的通知》	
2003	《关于制止钢铁行业盲目投资的若干建议》	
2004	《国务院办公厅关于清理固定资产投资项目的通知》	
2005	《钢铁行业发展政策》	
2006	《国务院关于加快推进产能过剩行业结构调整的通知》	
2007	《国务院关于印发节能减排综合性工作方案的通知》	
2009	十大产业调整和振兴规划	
2009	《关于抑制部分行业产能过剩和重复建设引导产业健康发展的若干建议》	
2010	《关于进一步加大工作力度确保实现"十一五"节能减排目标的通知》	
2010	《部分工业行业淘汰落后生产工艺设备和产品指导目录（2010 年本）》	
2011	《关于印发淘汰落后产能工作考核实施方案》	
2011	《淘汰落后产能中央财政奖励资金管理办法》	
2011	《关于进一步做好支持节能减排和淘汰落后产能金融服务工作的意见》	
2011	《国务院关于印发"十二五"节能减排综合性工作方案的通知》	
2013	《国务院关于化解产能严重过剩矛盾的指导意见》	
2014	《工业行业淘汰落后产能目标任务和企业名单》	

资料来源：根据国家发改委网站以及浙江省人民政府网站资料整理得出。

虽然我国的产业政策一直随着经济体制而转变并且不断适应产业的发展，但总体而言，中国产业政策具有较为强烈的干预市场、替代市场与限制竞争等特征，是典型的"强制性产业政策"。这种以直接干预微观经济为特征的强制性产业政策，实施效果大多不理想，并且由于扭曲了市场机制，带来许多不良的政策效应，在很大程度上阻碍了产业结构调整与经济转型升级。具体来说，目前我国在推行强制性产业政策的过程中主要面临以下困境和挑战：

1. 政府在替代市场机制选择产业未来的发展方向时面临着较为严重的信息不足问题

政策部门为了实现一定的经济目标，会定期或不定期发布相关政策文件，以加快政府部门认为重要的产业发展。如为应对国际金融危机、保持经济稳定增长出台的《十大产业振兴规划》；为促进转变经济发展方式颁布的《战略性新兴产业规划》。产业政策除了选择具体产业进行扶持以外，其强制性还表现在对特定产品、技术和规模的选择。在不同年份的《产业结构调整指导目录》中，鼓励类的目录都详细列出今后一段时期鼓励发展的产品、工艺和技术，以引导企业的投资方向。各类产业规划和指导目录其功能并不仅仅是指导意义上的，而是政府进行项目审批、财政补贴、税收减免、土地优惠政策的依据。与其说产业政策引导了企业投资方向，不如说产业政策代替市场机制选择了未来的投资方向。

强制性产业政策实质上是一种自上而下的供给政策，其行之有效的基本前提是政策制定者能够在各个时点上正确挑选出未来一段时期"应该"发展的产业、产品、技术与工艺，而这需要政府对于消费者需求及其变化趋势、生产者成本与技术能力及其变化趋势、新产品与新技术研发及其未来发展方面具有完全、即时与正确的信息和知识，然而这些信息只能通过市场交易行为与价格机制、经济主体分散试错与市场竞争选择机制及整个市场过程才能揭示出来。由于政策制定者并没有比市场拥有更多的信息以及更健全的知识理论体系，无法对市场进行准确的预测，据此所制定的规划和政策也可能会存在系统性偏误。

2. 政府通过行政手段对市场进行干预和限制，阻碍了市场自发协调供需与产能内在机制的充分发挥，加剧了市场波动，甚至进一步加剧产能过剩

纵观2000年以后的产业政策，党和国家虽然始终强调努力完善社会

主义市场经济制度，但是实则更多地倾向于采用行政手段实现对产业结构和产能过剩的治理和调整。为抑制部分行业产能过剩问题，2006年《国务院关于加快落实淘汰落后产能工作的通知》和相应的产业政策，明确要求相关部门加强行业准入和项目审批，并要求银行按照产业政策规定加强信贷控制，对不符合环保、安全等要求的企业则进行"关停并转"或剥离重组。2008年国际金融危机后，我国产能过剩问题愈演愈烈，为此政府出台了更为细致的调控政策，2013年和2014年，国务院、工信部等部委所发布的《关于化解产能严重过剩矛盾的指导意见》《工业行业淘汰落后产能目标任务和企业名单》等一系列政策更是具有十分突出的强制性特点。市场机制的本质就是通过市场竞争来实现优胜劣汰，进而实现资源的优化配置，这些具有浓厚计划经济色彩的审批、核准、准入、指导目录、强行淘汰等行政措施严重限制了市场配置资源的作用，市场竞争的优胜劣汰功能被大大弱化。

强制性产业政策在我国经济发展初期对产业发展起到了一定的推动作用，这是无可否认的事实，但是随着社会主义市场经济体制的不断完善，这种以政府为主导的产业政策越来越限制市场行为活动。

3. 强制性产业政策作用效果的形成机制是在我国特定的经济和政治治理机制下产生的

我国产业政策从目标来看应归于经济发展质量方面的要求，这与日韩等国家的产业政策并无二致，然而中国产业政策在执行过程中却具有典型的"中国式"特色。中央政府凭借行政权力的高度集中，通过职位晋升、财政扶持等手段来激励地方政府推动经济增长、产业升级。在我国目前的经济和政治治理制度背景下，地方政府的产业政策选择是受地方政府及其官员的自身利益约束的，这就使得地方产业政策不一定完全符合中央政府的产业转型升级要求。相对于经济发展质量，地方政府更看重GDP的增长，导致地方政府在落实产业政策过程中屡屡发生激励扭曲行为。我国地方政府的产业政策制定和执行就是在这样的体制环境中进行的，地方政府和企业之间的关系也是在这样的体制环境中去实现建立的，国家的产业政策实施效果也必然是在这种背景下的结果。在我国经济发展过程中，中央政府曾多次制定过重大的产业政策，然而每次地方经济贯彻和执行产业政策的结果都导致经济的低层次重复竞争，投入大而效果不理想，还给经济的后续发展留下隐患。以浙江省的发展历程为例，改革开放以来至20世纪90年代，省政府的行为与改革绩效之间存在较大的反差（姚先国，1996）：浙江省政府颁发政策文件最多、最为重视的国有企业改革以及对外贸易领域并没有取得明显的成效，而未得到政府大力扶持的私营经济、集体经济、乡镇企业等领域却十分活跃，一度形成"有意栽花花不发，无意插柳柳成荫"的局面。

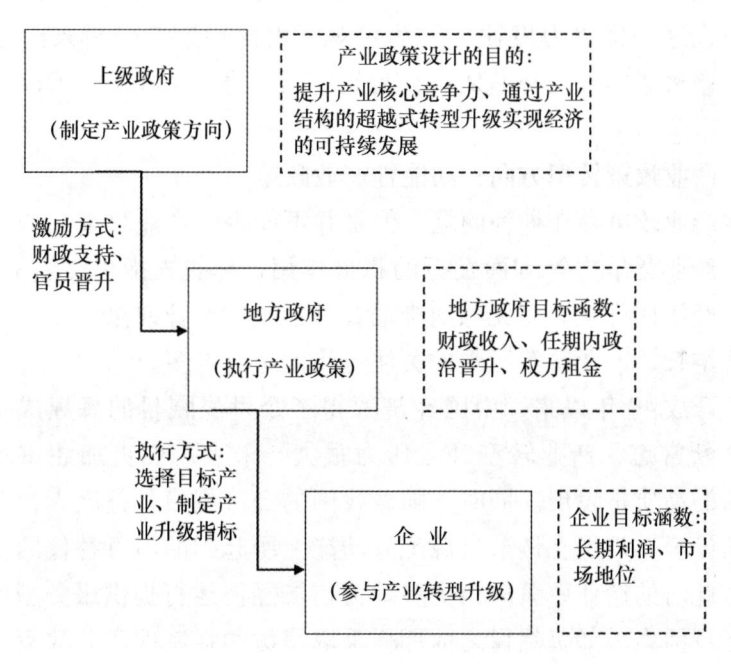

图7-1 政府主导下强制性产业政策的作用机制

4. 强制性产业政策可能会对公平竞争、自由贸易造成直接或者间接的扭曲

产业政策在实施时具有强烈的"扶大限小"偏好，享受优惠政策的往往是国有企业和大型企业，试图以此加快形成大企业集团，提高市场集中度，从而增强其市场竞争力，这在钢铁、有色金属等行业尤为明显。例如，《钢铁发展产业政策》等针对产业结构调整的政策大多数以提高产业

集中度为由扶持大企业的扩张与并购,努力打造大规模企业,以期能够享有规模经济效益并提高经营效益。然而,这种政策实际上限制了中小企业的发展,限制公平竞争,严重影响市场竞争效率。

此外,我国强制性产业政策中的部分内容涉及对少数具体领域的直接调控,也确实为西方国家批评我国扭曲市场竞争机制、不遵守国际贸易投资规则提供了一些口实。近年来,浙江省等东部沿海地区开始提出发展战略性新兴产业以谋求全球价值链的逆向攀升,然而在发展战略性新兴产业政策的实施过程中,政府过于注重补贴生产企业,而且在中国"强政府"的体制下,这些优惠力度往往尤为可观,由此导致部分新兴产业过度投资,并频繁遭遇国外反补贴调查和制裁(江飞涛、李晓萍,2012)。

二 产业政策转型方向:功能性产业政策

虽然产业政策存在种种问题,但是并不能否定产业政策在调整产业结构、提升产业竞争力等方面发挥的积极作用。林毅夫指出,经济危机后,随着各大经济体都在有意无意地推动各种形式的产业政策,奋力维持或者恢复经济增长,产业政策所受的关注也将比从前更多。[1]

改革开放 40 年以来,中国经济取得了令世界瞩目的辉煌成就,正在进入一个新常态,产业转型升级压力很大,未来需要更加注重均衡、协调、创新的高质量发展。同时,随着我国的经济规模日益庞大,市场经济体制不断健全,市场在调节资源配置功能上所起到的不可替代的作用也越发显著,此时的产业政策应当更多地为市场经济运行提供服务型保障,繁荣市场运行活力。如仍然像之前那样采取严厉的强制性产业政策干预市场经济,结果只可能适得其反。

为了改革带有强烈政府干预市场色彩的行政审批制度,国务院在2001—2012 年期间先后 6 次取消和调整行政审批项目;2013 年,国务院又先后以国发〔2013〕19 号、27 号、34 号和 44 号文件取消和下放行政审批共计 311 项;2014 年,李克强总理主持召开 40 次国务院常务会议中有 21 次部署"简政放权"。以上足以证明政府弱化自身干预经济行为的决

---

[1] 林毅夫:《产业政策的应用将更为广阔》,《今日中国论坛》,2011 年。

心。同时，国家发改委也释放更多的信号，未来的工作重点将继续以处理好政府和市场关系为核心，更加坚定地推进改革开放，更加积极稳妥地从广度和深度上推进市场化改革，努力推动资源配置，依据市场规则，提高市场竞争活力。

综合上述因素考虑，我国产业政策的转型实际上是势在必行的。就浙江省的情况而言，目前需要考虑的问题主要是转型的时机是否已经成熟以及产业政策转型的方向。首先，浙江省产业的整体布局已初步完成，总体上已处于"国际准技术前沿"阶段（黄先海，2015），目前可以集中精力解决各行业发展水平的提升问题；其次，从浙江省改革开放以来的实践看，在市场化条件下，浙江省企业具有很强的自主创业能力，应对当前的挑战，为确保浙江经济平稳较快增长，关键还是激发企业加快产业升级的动力。因此，只要政策转型的方向和节奏把握得当，是完全可以在转型的同时继续推进浙江省产业结构的高度化和协调化的。

习近平总书记任浙江省委书记期间提出了"两只手"科学论断，为浙江十年来经济转型升级指明了科学发展方向，也为地方政府制定和落实产业政策提供启示和借鉴。"看得见的手"与"看不见的手"即政府与市场的关系是深化市场取向改革的关键，在经济社会协调发展、经济运行机制、公平与效率关系、城乡发展关系方面发挥各自作用。在这一期间，政府与市场"双驱动"模式下的产业政策因其灵活性与不断释放微观经济活力，在很大程度上促进了浙江省产业发展及产业结构调整。较早进入新常态的浙江，适应新常态、引领新常态的步伐越走越快。十多年来，这种"双驱动"模式准确把握了浙江省乃至全国产业转型升级的发展方向和路径选择，为政府与市场之间"彼此促进、相互融合"的关系提供了恰当的注脚。

处理好政府和市场的关系，是浙江省乃至全国产业政策转型必须面对的问题。在经济新常态与新工业革命的背景下，强调产业政策与市场机制结合，并加快实现由政府主导下的"强制性产业政策"向市场机制主导下的"功能性产业政策"转变具有以下几方面的现实意义：

（1）强制性产业政策自身的特点中蕴含着转型的必然性。强制性产业政策的优势在于对产业演变规律的自觉运用，但这一优点同时也是它的弱点。这是因为，所谓产业演变规律只是对发达国家历史经验的粗线条总结，并不能保证后起国家充分把握潜在的市场机遇和国际产业发展的最新动态，也不能保证依靠重点扶持形成的市场主体能够经受住形势变化的检验。例如，第二次世界大战后日本在制造业领域曾一度赶超美国，却未能及时抓住"新经济"的发展机遇。要解决这一问题，只能从根本入手，培育产业的自我发展能力和创新能力，并通过市场化和多元化的决策机制分散政府的决策风险，而这正是功能性政策的优势所在。

因此，当后起国家的产业发展到一定阶段后，就必然面临着政策转型的问题。具体到我国而言，近年来中央和地方政府出台的不少政策措施也已经包含有功能性支持的内容，这表明相关决策者也开始注意到了这方面的现实需要。

（2）新常态下的中国经济面临着更多的挑战和不确定性，中国已经不具备实施强制性产业政策的前提条件。同时，粗放式规模扩张的产业发展方式也越来越难以为继，在国际市场上传统的低成本竞争优势正在逐渐消失；发达国家正在制定实施相应战略与产业政策，试图占领未来产业发展的制高点，强化其制造业竞争优势，重塑其在全球制造业的领先地位，这将为中国产业的转型升级带来前所未有的压力。而当前扭曲资源配置、限制竞争、大量干预微观经济的强制性产业政策模式，既会阻碍经济效率提升又不利于激励创新，极不利于中国制造业应对挑战、实现转型升级。中国迫切需要调整当前产业政策模式，依靠实施功能性产业政策，通过完善市场制度、构筑良好的市场环境与创新环境来促进产业结构调整与转型升级。

（3）中国产业结构调整与转型升级迫切需要实施功能性产业政策，以期释放市场经济活力。当前中国的市场体系仍不健全，计划经济思维影响仍然存在，产业结构调整与转型升级中面临的诸多障碍（例如产能过剩、创新动力不足等），看似是"市场失灵"，实则是市场制度不健全和政府广泛干预微观经济的结果。试图通过政府对微观经济更为广泛和细致的管束来治理这种所谓的"市场失灵"只能是南辕北辙，会进一步抑制市场的活力，导致制度缺陷或"政府失灵"。面对这种所谓的"市场失灵"，产业政策要做的不是管制和替代市场，而是应当矫正与完善市场制度，促进市场主体之间自发协调机制的发展,通过市场主体持续试错、反复试验与创新实践,寻求有效的结构调整与转型升级路径。产业转型升级的效果是市场状况、市场机制和地方政府产业政策共同作用的结果,产业政策作为政府促进产业结构调整与转型升级的重要举措,不应当是政府替代市场的工具,而应当是政府增进市场功能与扩展市场作用范围的手段。

(4) 功能性产业政策更为符合我国全面深化改革的决策部署。党的十八届三中全会《中共中央关于全面深化改革若干重大问题的决定》提出,"经济体制改革是全面深化改革的重点,核心问题是处理好政府和市场的关系,使市场在资源配置中起决定性作用和更好发挥政府作用。市场决定资源配置是市场经济的一般规律,健全社会主义市场经济体制必须遵循这条规律,着力解决市场体系不完善、政府干预过多和监管不到位问题"。因此,未来制定产业政策必将遵循市场主导原则。

而当前,中国实施的产业政策具有比较强烈的干预市场、管制市场与替代市场的特征,这些产业政策大多效果不佳,由此带来的不良政策效应却日趋突出,不符合党的十八届三中全会全面深化改革的战略部署。而功能性产业政策与深化经济体制改革的方向是高度一致的,并可作为深化经济体制改革的重要手段。

(5) 功能性产业政策更为符合现行国际贸易投资规则的基本取向。现行国际贸易投资规则的基本精神之一是排斥专向性的政策支持,而强制性产业政策又难免引发这方面的争议,因此,从我国更好地进入全球市场的全局利益出发,在自主决策的前提下,逐步推进产业政策的功能化转型也就不失为解决问题的一个办法。作为资源和市场"两头在外"的省份,浙江的经济发展更易受到外部环境变化的影响,从这个角度来看,功能性产业政策也是浙江将产业界放在国际市场框架下进行培育的良好尝试。

第二节 功能性产业政策的基本特征

当前,我国经济发展正在进入速度变化、结构转型、动能转型的新时期,产业发展向形态更高级、分工更优化、结构更合理阶段的趋势演化,迫切需要由目前的强制性产业政策为主向功能性产业政策为主转变,这既是带有一般性的国际经验，符合经济增长和产业发展的内在规律，又是中国经济发展阶段变化、增长动力转化、进入新常态的必然要求。

虽然通过强制性产业政策鼓励、限制或淘汰的方式配置资源，引导企业生产、投资、重组等，能够在短时间内加快产业的结构调整，但这种过多地以政府选择代替市场选择，甚至政府既当"裁判员"又当"运动员"的做法存在明显弊端，在某种程度上刺激了过度投资，带来资源配置扭曲、产能过剩加剧、市场公平竞争受损等问题。因此，在转型时期要主动放弃这种能"立竿见影"的政策措施，转而支持激发创新和营造公平竞争环境的功能性产业政策，这种激发创新的过程虽然不会"立竿见影"，但可以改变企业的生产方式，从而催生产业转型升级的内生动力。

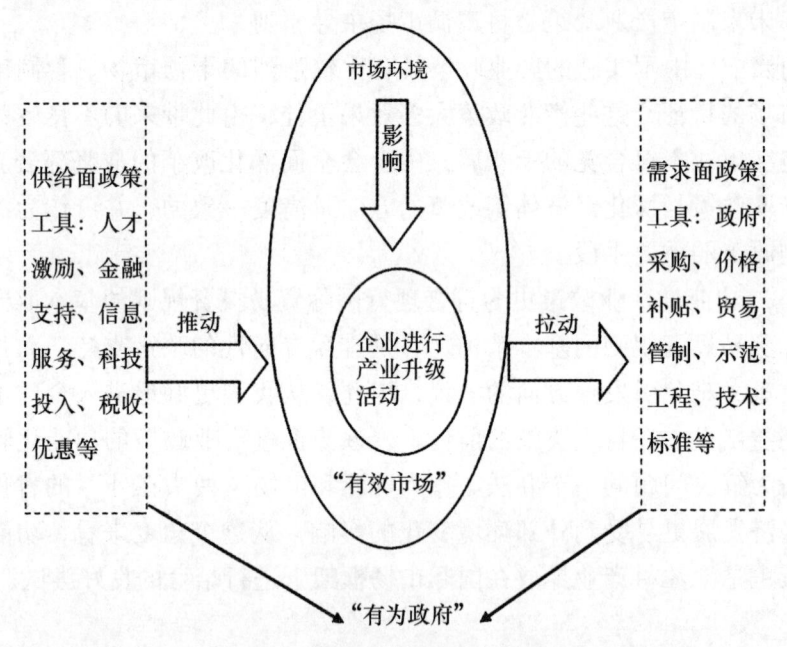

图 7-2 "双驱动"模式下功能性产业政策的作用机制

完成这一产业政策转型，必须要精准把握功能性产业政策区别于我国现行强制性产业政策的基本特征，按照"让市场在资源配置中起决定性作用和更好发挥政府作用"的要求，加快推进产业政策目标、政策手段、组织程序以及绩效评估机制等全方位的转型。

一 政策目标：从以产业扶持为主转向促进企业自主创新

加快强制性产业政策向功能性产业政策转型就是要逐步实现以产业扶持为主向促进企业自主创新的政策目标，并使之成为基础性政策。

从国际经验来看，美国产业政策的功能定位是长期专注于如何从整体上改变企业所处的商业环境，不断增强它们的创新能力和发展活力。美国政府特别注重产业创新能力建设，会直接介入产业升级进程，但操作的焦点是通过政府企业互动，完善创新环境，增强企业自我创新能力和政府协调方面。因此，我国要实现以"促进创新"为产业政策目标，必须注重采取以下措施：首先，要合理规划政府引导，坚持"有所为、有所不为"的原则，结合产业升级过程，进行有针对性的调整，及时引导与出台相关的创新政策，对于市场投资可能不足，但是社会边际收益大的一些新技术、新产品、新业态、新商业模式的投资机会，政府要适当地引导投资方向，争取把社会资本引导到这些新兴领域中去；其次，要有效借鉴发达国家相关创新政策的经验，如以税收优惠、减免或研究开发直接投入、补贴等形式提供支持的财政激励政策，以创造或者扩大对创新产品市场需求为目标的政府采购政策、风险投资鼓励政策以及中小企业政策、专利制度、规制政策等，进一步诱导企业按照市场信号进行供给创新；最后，良好的金融体系是解决创新中高风险、信息不对称等问题的有效手段，对创新的培育至关重要，因此要在投融资制度上进行大胆创新，建立和完善创新导向的金融支持体系，消除投资障碍。

对于浙江省来说，创新更是新常态下保持中高速增长的不竭动力。浙江经济是开放性经济，且具有民营经济的先发优势，参与国际分工和全球化进程使浙江省产业发展已经自主或不自主地汇入全球产业链重组与价值链升级的过程中。在发展的新常态下，必须加速进行战略转型和产业升级，把利用国内低端要素进行国际代工的外向型发展模式，或者利用低端要素投资驱动型的发展模式，改造为面向国内外市场的自主创新型发展模式，把政府主导下的创新转型为启发民营企业的创新。

二 政策手段：从实施差别待遇的直接干预转向普惠性的间接激励

从欧洲、日本、韩国等国家经济政策的历史演变中可以看出，经济越发展，则越少使用直接干预的产业政策。因此，产业政策的转型成功有赖于政策手段的转型，即从强制性产业政策的"重点扶植"，向功能性产业政策的"一视同仁"转型，从部门倾斜的政策向横向协调的政策转型，同时以市场规制政策与其他政策和制度相结合，来促进竞争、鼓励创新、实现产业国际竞争力的提升。具体到浙江省而言，可以从产业结构政策、研发补贴政策以及知识产权保护政策等方面入手：

（1）产业结构政策由传统泛化干预向边际新兴产业干预转型。泛化式以及产业全周期式的政策干预难以形成有效的政策合力，且产业发展容易形成政策依赖。新型产业结构政策亟须聚焦于具有巨大发展潜力同时处于生命周期初期发展阶段的战略性或成长性产业，如对于下一代互联网、节能环保、健康、高端装备制造等近年来浙江省国际比较优势不断上升、技术进步潜力巨大的新兴产业，应通过优化政策力量，分散企业在新兴产业创新风险，加快新兴产业成长步伐，在未来国际产业分工格局大调整中获得先占优势。而对于已取得显著比较优势、技术领先的高竞争力产业（如纺织业），或明显不符合浙江比较优势且技术落后的产业，应尽快退出产业政策干预，促使企业在国际市场竞争中自主升级或淘汰。

（2）研发补贴政策由有偏的竞争阻碍型向无偏的竞争友好型转型。对于越接近国际技术前沿的产业，技术范式越不确定，产品创新风险越大，本质上需要更多企业频繁进入退出市场、高密集地试错性研发和产品竞争，为此，应通过制定实施更普惠、覆盖度更广的补贴政策，刺激更多潜在企业进入行业从而促进竞争和创新，避免"挑选赢家"，最终由市场决定出"谁是战略性行业、谁是行业胜利者、由谁制定技术标准"，同时补贴强度应当适中，补贴强度本身过高，会使企业失去对市场需求规模和市场竞争程度的独立判断和反应敏感性，可能导致企业在已经处于高度竞争状态的行业中僵持甚至"扩大生产以换取更多补贴"，后者正是出现产能过剩的前兆。

（3）知识产权政策由"一刀切"型保护向阶梯递进型保护转型。知识产权保护对企业开发新技术、新产品具有显著的激励作用，但在宏观层面并非意味着越强或越弱的知识产权保护总能取得最多的加总创新。"一刀切"的过强的知识产权保护将损害竞争和前沿技术传播，而过弱的知识产权保护则导致企业创新动机受到抑制。浙江应尽快构建行业有别的阶梯递进型知识产权保护政策，即依据各行业与国际前沿技术水平差距、知识产权敏感度等行业特质，动态调整各行业匹配的知识产权保护长度、保护宽度，对越接近技术前沿的行业，实施越强的知识产权保护政策。

三　政策组织与程序：从行政批文转向行政立法

基于中国的实践经验，我国产业政策的组织与程序因其自身特色的行政环境，形成了国家每个部办委局都能以"行政批文"分散式颁发各自产业政策的历史格局；在产业政策重大决策中长期缺少公众参与，产业界的意见往往得不到充分吸收和采纳，致使行政手段在产业政策中所发挥的作用也超出了预期范围，很难保证政策的合法有效。政府按照产业政策进行的审批，审批内容、审批环节越多，行政壁垒就越高，同时意味着突破该壁垒的利润也越高，结果是产能过剩反而更加严重。从此角度看，中国严重的产能过剩其实在一定程度上是不恰当的产业政策造就的。而且在现有的体制中，一旦发生严重的产能过剩，在行政权力的阻碍下还很少能自动退出，更难进行有效的资产重组。以县域经济起家的浙江省，30%以上的县域工业企业存在产能过剩问题。因此，加快产业政策组织与程序从行政批文转向行政立法转型，对浙江省来说更是大势所趋。

具体而言，对产业政策进行法律调整就是要将产业政策的主要方面法律化。在功能型产业政策的推行过程中，应以立法的形式和程序为主，制定与竞争与创新相关的政策法，避免由行政部门直接出台相关政策，不断加强对行政机关和公务人员的法律规范，加强对行政机关的政策决策程序活动进行监督的法律规范，真正做到有法可依。产业政策是一种政府政策，也是政府的干预或调控行为，在此领域实行法治就直接表现为政府要依法制定和执行产业政策，要受法律的约束，这突出地体现了法治的民主实质和要求，其意义重大。如果政府制定和执行产业政策的行为不受法治原则的制约，这种产业政策就可能变成行政专权，增加其任意性，产生严重的后果。对政府制度和执行产业政策的行为进行法律上的控制，是建设法治国家的必然要求。产业政策一旦上升为法律，其稳定性和纪律性都可以得到保障和监督，这无疑可以增强产业政策的实施效果。事实上，这一点也正是日本、韩国等国家成功实施产业政策的一个原因，而恰恰是浙江省乃至我国产业政策的一个不足。

四 政策绩效评价机制：从政府主导转向第三方评估

产业政策绩效评价转型是保证功能性产业政策成效的最终关键环节，因此要尽快建立科学完善的第三方评估机制（刘涛雄等，2016）。在我国特定的政治治理背景下，如何减少甚至摆脱行政化手段的不确定性干扰，克服产业转型升级过程中各级政府在任期内为了追求政治利益而导致的"短视行为"，建立完善的政策绩效评价机制，将成为今后功能性产业政策综合绩效评价的重要优化环节。因此，有必要通过引入脱离政治利益和经济利益的第三方评估监督机构（如地方的人大代表、政协委员以及工商界和学术界的代表等），在政策制定、执行及总结等各个环节，加快建立政策评估与审议制度，并且要及时向社会公开，体现评估机制的社会价值；同时，可通过互联网等新媒体平台广泛接受公众力量的有效监督，增加政府政策的透明度，以最大限度地减少产业政策的无效性。

第三节 功能性产业政策实施举措

由于信息的不完备性，市场机制在要素配置、技术研发、环境保护、人力资本培育等方面存在短板和不足，亟需逐步摒弃选择性产业政策的直接干预，构建以完善市场环境和创新环境为中心的功能性产业政策体系。强烈的浙商企业家精神、丰富的民间资本和发达的民间金融以及快速进入新产品、新产业的"熊彼特创新"能力，使得功能性产业政策在浙江产业转型升级中发挥重要作用，对增进市场机能，扩展市场范围，建立开放、公平竞争的市场体系，推动一大批新兴产业蓬勃发展具有重要意义。

一 建立市场导向的产业竞争框架

转变政府职能,提升政府治理能力是浙江完善和发展中国特色社会主义制度一以贯之的做法。正确处理好政府和市场、社会的关系,让市场在资源配置中起决定性作用,更好地发挥政府作用,使政府成为市场和社会的补充机制,为浙江建立完善的现代市场体系和创新公共服务供给方式提供了明确的理论遵循,已经成为浙江产业发展中的一条重要经验。"全流程审批制度""办事最快政府""四张清单一张网""法治浙江""最多跑一次改革"是浙江不断深化改革的现实表征和实践经验,为功能性产业政策在浙江萌芽、深化和发展提供了现实沃土。

(1)简化行政审批体制,推行政府市场双驱动。简化行政审批体制体现了以人民为中心的政府执政理念,较早地推行这一项改革缓解审批权限集中、审批环节较偏多、审批手续烦琐、审批方式低效等问题,为浙江产业链转型升级提供了便利条件。自1990年起,浙江先后启动了四次行政审批制度改革,2003年发布了《进一步深化省级行政审批制度改革的实施意见》,对省级政府部门削减和保留行政审批项目目录进行了明确和规范,2013年通过印发《浙江省深化行政审批制度改革实施方案》,确立了新一轮行政审批制度改革的主要任务是"减少、规范、创新、建制",总体表现为对省级部门和市级部门审批权限能放即放,非行政许可事项全部取消,最大限度减少政府对市场的干预和管理。凡是社会和市场能自发调节的,不再设置行政审批,凡是可以采用事后监督的不再前置审批。2014年,浙江率先在全国公布了省级政府和部门权力清单,收敛政府行为,放活市场能动性,补强社会创造力,切实促进政府将有限的精力转向发展规划、市场监管、公共服务、生态保护、法制维护等薄弱环节和短板领域。例如,权力清单厘清政府职能边界,将使政府更好发挥宏观调控职能;负面清单划清企业权力边界,使得企业自主决策、公平竞争,发挥市场优胜劣汰机制,充分发挥市场在资源配置中的决定性作用;责任清单为"放、转、并、免"行政改革提供了实践保证。正是逐步建立完善的"审批事项最少、审批速度最快、办事效率最高、投资环境最优"机制体制,以及有理、有为、有效的政府行政优势,为浙江由实施强制性产业政策转向功能性产业政策，促进民间经济活力迸发提供了良好的决策环境。

（2）统一市场准入标准，深化要素配置市场化改革。节约集约配置资源要素是浙江推进产业转型升级的有力举措，习近平总书记在浙江工作时强调："民营经济是浙江活力所在，是浙江的品牌，是改革开放的先行者，是市场经济发展的佼佼者。"以混合所有制改革推动民营企业与央企、外企资本合作，对破解民营企业行业准入限制、促进产业转型升级具有重要作用。2004年浙江省发布《关于推进民营经济新飞跃的若干意见》，对拓宽民间投资领域、完善行业竞争机制，优化民营经济结构、加快民营企业按照现代产权制度进行股份制改革等进行了明确和规定，并且建立了市政基础设施、社会事业、金融投资服务等重大项目可面向民间投资招标的长效机制。2013年《关于促进民营医疗机构加快发展的意见》进一步探索民间资本进入特许经营权领域，鼓励社会资本进入医疗卫生领域，为民营医疗机构多元化提供了制度保障。2014年《关于推广海宁试点经验加快推进资源要素市场化配置改革的指导意见》将杭州市萧山区等24个县（市、区）列为省资源要素市场化配置综合配套改革首批扩面地区，通过建立公开公正的亩产效益综合评价排序机制、差别化资源要素价格机制、"腾笼换鸟"激励倒逼机制、金融和人才要素支撑保障机制、便捷高效的要素交易机制推进要素市场化配置综合配套改革，大幅度取消和废止制约民间投资发展的歧视性规章制度，各类市场主体可依法平等进入负面清单之外的投资领域，切实推动了浙江经济增长动力由要素驱动转向创新驱动，政府管理由行政干预转向功能性施策。

（3）完善贸易投资制度，促进内外资竞争发展。推进贸易自由化和便利化改革，构建内外资新型竞争关系是浙江全面提升对外开放水平的重要抓手。2009年，浙江省人民政府贯彻《国务院关于进一步推进长江三角洲地区改革开放和经济社会发展指导意见的实施意见》，深入完善投资项目审批联动机制，以纺织、服装、轻工和机电产品等产业为重点，推动了国有资本、民营资本和外资的联动融合。2011年，浙江省人民政府发布了《关于统筹省内发展和对外开放加快实施走出去战略的意见》，通过简化审批手续、搭建投资贸易合作平台，鼓励一批境外技术研发合作及营销网络项目开展海外并购，形成和培育"浙江籍"跨国国际知名大公司。2016

年《浙江省开放型经济发展"十三五"规划》中进一步提出加快开放体制创新，以中国（杭州、宁波）跨境电子商务试验区为龙头，不断推动国际国内要素自由流动、资源高效配置、市场深度融合，加强国际产能合作和国际投资双向平台建设，显著提升浙江产业在全球价值链中的地位。2017年，《关于扩大对外开放积极利用外资的实施意见》对营造国际化法制化便利化营商环境，打造高水平外资集聚地提出了明确的举措，积极引导外资投向信息、环保、高端装备制造、文化等八大万亿产业和工业设计、电子商务、现代物流等现代服务业，以"建链、补链、强链"形式投向战略性新兴产业和高技术产业，加快推进浙江传统产业转型升级。

二 建立面向创新的产业高级要素供给系统

浙江经济已经从改革开放后年均13%的高速增长转向近几年8%左右的中高速增长，经济增长逐渐从量变转向质变。随着"人口红利"逐步削减，企业仍然面临创新突破能力较弱、关键要素资源稀缺、高端人才结构不合理等瓶颈和难题，具体表现为：一是传统产业占比过高；二是龙头企业数量太少；三是高端人才仍存在短板；四是体制约束市场资源高效配置。面对复杂形势，浙江发挥"走在前列、干在实处、勇立潮头"的文化基因，以"创新红利、改革红利、人才红利"再造增长着力点，大力推动创新驱动发展战略浙江实践，通过政府引导、企业自主创新、社会协同等方式，构建区域创新体系，充分挖掘市场，增强企业创新原动力。

1. 加快链式创新，构建综合创新生态系统

创新本质上是市场决策行为，从实验室研发试验到企业规模化生产再到市场交易转化需要完整的"闭环"市场和制度环境。浙江自2008年以来，按照"创业富民、创新强省"的总战略要求，集聚创新资源，提升原始创新能力，为优化经济结构、促进转型升级打造了一套"企业为主体、市场为导向、产学研相结合"的创新系统。一是全面改造提升传统产业。对纺织服装、皮革塑料、建筑材料等传统产业进行技术升级，推进传统产能梯度转移和绿色化改造。二是加快培育新兴产业。组织实施服务业创新工程和若干重大科技专项，大力发展海洋经济、智慧经济、人工智能、电子商务等新兴产业，通过建立国际电子商务中心集聚全国乃至国际高端创

新要素，形成了"核心技术—战略产品—工程应用"的全方位创新产业链。三是发展高附加值新型产业集群。以杭州、宁波国家级高新技术产业开发区和软件、信息、生物等国家高技术产业基地为焦点，推动新兴产业垂直整合，建成集研发、成果转化和产业化为一体的高端产业集群。四是构建多层次金融市场。充分利用民间资金和民营资本，加快发展民间金融、互联网金融、小微金融等金融市场，完善支持小微企业发展的财政税收政策，为小微企业扩散创新成果和提供信息化服务搭建平台。五是大幅度提升知识产权、标准化和品牌创造能力。通过制定发布《浙江省科技进步条例》《浙江省高新技术产业促进条例》《浙江省自主创新能力提升行动计划》《浙江省应掌握自主知识产权的关键技术和重要产品目录》等文件，鼓励和支持企业开发、购买和应用专利和版权，构建标准研制体系和信息服务平台，打造出一系列具有自主知识产权的本土化品牌。

2. 实施人才工程，夯实人力资本创新基础

培养人力资本以适应区域经济发展对于高创新人才的需求是政府实施功能性产业政策的导向之一。从产业领域来看，新能源、高端装备制造业、海洋新兴产业、新材料产业、物联网等战略性新兴产业对高层次创新人才提出了新的需求，企业日益从跟踪模仿创新到自主创新、从简单加工创新到参与国际前沿科学研究转变的现实也迫切要求浙江人力资本结构转型升级。2001年起，浙江通过设立留学人才创业园、高新技术孵化器等载体，以经费补助、贷款贴息等形式，对投资立项、融资、土地征用等提供便利条件，引导海外高层次人才来浙从事高新技术研究或科技成果转化。2011年，浙江省人民政府专门制定《浙江省人才发展十二五规划》，更加注重高层次人才、高技能人才开发，加大对汽车产业、船舶产业、电子信息产业等转型升级重点产业技术改造创新人才和新能源、新材料、信息服务、文化旅游、现代物流等战略性新兴产业紧缺人才引进培养力度。总体来说，浙江人才工程主要特点如下：一是引培并举，加速高层次人才集聚。以未来科技城和国家级高新区为载体，发挥产学研智力流动，吸引海内外一流产业型人才共建创新载体和平台。二是模式创新，注重交叉学科人才培养。把握产业创新中价值链、产业链和技术链对于尖端学科、重点领域、瓶颈技术的人才需求，利用国家重大科技专项、火炬计划等项目和

平台，强化跨学科创新人才培养，使新兴学科、前沿技术与产业发展紧密对接。三是开放办学，推进校企联合培养。通过名校名企产学合作教育，重点针对世界顶尖大学寻求国际战略合作伙伴，加强"精英型"实用技术工程人才培养，引导实用型创新人才推进技术产业化。

3. 推动产学研结合，打造创新成果转化高地

功能性产业政策注重促进企业创新与能力建设，推动科技与产业、科技与金融、科技与市场深入融合，促进科技创新平台化、市场化、产业化发展。近几年，浙江省致力于完善培育创新生态系统和基础性创新环境建设，一是打造科技创新大平台，依托杭州城西科创大走廊、杭州国家自主创新示范区、国家高新区、杭州湾高新技术产业带等载体建设，构建科技信息共享平台、技术转移交易平台、创新成果评估平台等科技服务公共平台，促进创新链、产业链协同对接，实现产城互动、产研融合。二是加快引领创新产业化，通过政府采购、市场培育、社会协同、补贴补助等措施，扶持新技术、新工艺、新产业推广应用。鼓励企业通过第三方电子商务平台发布信息、寻找市场，促进网上网下市场融合。推进科技大市场建设，完善高校、科研院所、实验室与企业、地方对接，构建双向对接、规范科学的技术供需体系、技术交易体系和技术保障体系。三是构建创新收益评价机制，率先放下科技成果转化处置权，允许科研成果转让、许可和对外投资。实行以增加知识收益为导向的分配政策，以科技成果为导向的科技人才评价标准，为浙江省科技成果转化松绑助力。四是政府协助建立创新群体合作创新和技术联盟的风险承担和利益共享机制，设立科技成果转化引导基金，构建多层次、广领域、高效率的科技成果保障体系。浙江经济转型发展的难点在于如何融合政府和民间活力，发挥市场竞争增进企业创新潜能，推动创新成果转化。通过功能性产业政策以国家科技重点项目、重点工程、重点平台为抓手，发挥市场机制推动创新成果产业化发展，能有效打通创新科技和经济社会发展之间的通道，让市场真正成为配置创新资源的决定力量。

三 建立融入全球的产业国际化升级通道

近年来，以实体经济为主、多元化经营模式并存的全球跨国型公司日

益增多，中国百强、民营百强的浙商数量急剧增加，成为浙江经济发展的最坚强后盾。无论是提升引资质量、优化产业结构，从"招商到选商"，还是强化对外合作，推动价值链低端产业有序转移，抑或是以开放促改革，提升浙江经济结构和布局，随着国际金融危机深化形成的战略机遇以及海外经济互动性日益增强等优势，都使得浙江构建全球开放新格局的速度和质量始终走在全国前列。

1. 培育浙系跨国集团，增强全球资源整合能力

全球创新型龙头企业是浙江构建开放型经济的"地理标志性"企业和浙江转型升级的"火车头"，发挥"资本优势+市场优势+政策优势"，大力发展混合所有制经济，积极推进产业兼并重组是浙江打造浙系跨国集团的有力举措。2011年，浙江省发布《关于统筹省内发展和对外开放加快实施走出去战略的意见》，开启了培育本土跨国公司的序幕。例如，鼓励本土企业留住本部、走出加工环节，留住研发及研发成果、走出营销环节，留住高新产业产品、走出相对过剩的产业产品，以建立海外友好省州关系、发展总部经济、培育熟悉跨国经营和国际工程承包的人才队伍等形式创新"走出去"服务保障，支持"走出去"企业回归发展。2016年《浙江省开放型经济发展"十三五"规划》发布，进一步明确推动企业开展境外投资，提升企业跨国经营能力，集中力量培养一批浙系跨国集团。一是鼓励企业开发海外战略资源，建立一批境外资源供应基地、产业合作开发基地、资源加工合作基地；二是推动优势产能高水平海外布局，对接"一带一路"建设，引导过剩产能向境外转移，支持战略性新兴产业的产品、服务和生产技术开拓国外市场，提升浙江企业的全球价值链地位；三是支持企业通过境外注册商标、境外收购等方式，加大引进国际重要科研机构力度，培育国际化品牌，将高级人才要素与国内产业链有机衔接，高水平融入国际分工地位。2017年，浙江正式发布《加快培育浙江本土民营跨国公司三年行动计划（2017—2019年）》，重点发展和培育民营企业跨国并购整合能力、营销网络建设能力、全球制造布局能力、国际研发合作能力、全球资源开发能力和联盟协作开拓能力，进一步提高全省民营企业投资经营质量和效率，带动产品、技术、标准和服务输出的附加值显著提高。

2. 重点推动对外开放，强化国际投融资合作

打造高层次国际投融资合作样板是营造国际化、法制化、便利化营商环境，推动制造业转型升级的有力举措，在更高水平上"引进来"和在更高层次上"走出去"既是浙江对外开放的重要内容，也是企业可持续发展的必然要求。近年来，浙江省在推进内外资公平竞争、导向性吸引外资、创新国际投融资方式、建立全球影响力的先进制造业基地和经济区等方面做了大量工作。一是鼓励企业家跨省、跨国兼并重组，支持民营企业通过海外上市、引入风险资金等形式利用外资，率先在国外攫取开放红利。二是通过制定外商投资产业指导目录，积极落实在技术创新、国家重点支持产业、税收协定待遇执行等方面的优惠政策，引导外资投向战略性新兴产业，支持外资以并购、设立投资性公司、股权出资、融资租赁等方式对本省企业进行改组改造和兼并重组。三是扩大企业境外投资自主权，支持有条件的企业在境外以发行债券或者股票等形式进行融资，政府提供外汇支持。四是提升浙江金融机构国际化水平，鼓励省内金融机构与境外机构战略合作，推动证券、基金、期货经纪商国际合作。这一系列举措一方面预示着浙江已进入主动适应资本对外输出的新时代，浙江企业已经从被动防守型角色向主动进攻型角色转变，技术、品牌、市场、人才等高级生产要素整合和良性互动，将为浙江打造高端国际化生产集团提供强大资源基础，加快推动浙江现有的区域性专业化产业区向国际性专业化产业区转型升级。另一方面也表现出浙江正在更高层次上统筹生产要素的空间布局，通过建立在国际视野下进行产业链变革整合和价值链植入升级的新机制，促使企业在全球范围内进行资源兼并重组与合作投资，扩大转型升级选择的空间和范围，实现资源最优化配置。

3. 大力发展跨境电子商务，提升对外贸易竞争力

发展跨境电子商务是浙江提升贸易竞争力和话语权的创新举措，通过制度创新、管理创新、服务创新，发挥市场主体作用，破解跨境电子商务发展过程中的深层次矛盾和难题，为全国发展跨境电子商务提供了浙江经验。第一，率先建立了"集中监管＋定期申报"出口模式和电子商务产品质量监管机制，形成了海关、国检、税务、物流、银行等交叉信息交换机制和平台，并通过云信息、云服务、云监管等手段实现对电子商务产品的

风险监测、责任追溯和信用管理。第二，通过构建信息共享体系、金融服务体系、智能物流体系、电商信用体系、统计监测体系和风险防控体系，以及线上"单一窗口"平台和线下"综合园区"平台等"六体系两平台"，推动跨境电子商务常态化、制度化、便利化发展。第三，形成了电子商务人才培养、服务和发展机制。通过加强政府、高校和企业合作，形成跨境电子商务人才定制化培养的校企合作机制；通过建立知识、技术、管理和人力资本产权激励机制，鼓励电子商务人才创新创业。2016年，浙江积极推动电子商务领域多边合作，致力于把浙江打造成全球具有战略地位的国际电子商务中心。主要体现在：一是形式上实现了电子商务特色化、专业化、精细化发展。以电商小镇、电商小村为载体，推动电子商务产业基地升级，为发展跨境电子商务提供了多层级、全覆盖的支撑环境。二是规模上提高了跨境电子商务海外市场份额。逐步打通面向境外消费终端的浙货营销渠道，实现品牌和销售在浙江、制造环节在境外的新型外贸模式。三是组织上实现了跨国跨地区国际合作。对接"一带一路"建设，以建立境外电子商务公共服务中心、完善国际支付配送等服务的形式，推动"电子商务""走出去"。四是更加注重浙江发展国际电商话语权。主动参与双边、多边、区域电子商务规则的谈判和合作，推动跨境电商"浙江标准""中国标准"输出。

4. 推进国际科技合作交流，打造"智慧集群"新格局

推动知识要素集聚，在全球视野中加强国际科技交流合作是浙江破解自然资源短缺、高端人力资源短缺、企业创新能力薄弱等短板的有力举措。主要体现在以下四点：第一，依托杭州国家自主创新示范区、宁波国际海洋生态科技城、嘉兴科技城、舟山海洋科学城等战略载体，打造具备研发、设计、战略、咨询、成果转化、产权交易等多功能为一体的研发平台，布局和筹建一批国际科技合作基地和国际技术转移中心。同时，允许浙江企业和研发机构在开展全球研发服务外包，在国外申请专利。第二，强化与发达国家联合研发，鼓励浙商企业和研发机构参与国际标准制定和国内技术标准海外推广，支持企业开展商标和专利的国外注册保护。另外，大力引进国际科研机构，特别是引进浙江具有比较优势的产业技术体系和海洋科技、海水养殖等海洋领域科技合作。第三，对于生产性服务企

业高度集中和市场化的地区，加强客户体验、中介服务、物流运输、信息咨询和金融服务等方面的服务，为搭建国际科技合作平台提供了服务支撑。而对于高精尖的技术研发，一般采取以企业为主体的直接培育策略。第四，通过推动跨国公司本外币集中运营管理、跨境人民币结算等改革，争取境外发行人民币试点，强化科技金融国际合作。此外，以设立集群技术孵化基金、集群股权投资基金、集群基础设施建设基金等形式推动技术创新和商业模式创新实现技术、服务、交易的市场"闭环"。

第八章 "双驱动"转型升级模式：宏观效应评估

本章通过构建产业转型升级的量化指标体系，从多个角度结合多种数据，对浙江省"双驱动"产业转型升级模式，进行了全面系统的量化评估。本章主要分为四部分：第一部分构建产业转型升级的量化指标体系；第二部分利用量化指标，从三大产业发展、规模以上工业及制造业、对外贸易发展以及企业研发创新四个方面，对浙江省产业转型升级进行量化评估；第三部分是对浙江省民营经济发展和市场化发育程度的量化评估；第四部分是对浙江省政府部门在基础设施建设、研发创新支持以及营商环境维护三个方面的量化评估。

第一节 产业转型升级的量化指标体系

为系统全面地评价浙江改革开放40年来产业结构转型升级的状态与质量，本书同时使用量化结构水平的比较静态指标和量化区域产业结构竞争力的动态指标，前者使用诸如库兹涅茨结构水平（三次产业）、霍夫曼比例（制造业内部轻重结构）、要素密集度水平、出口贸易产品结构等指标，后者则使用投入产出率、区位熵、显示性比较优势指数、产业创新绩效等指标。

一　比较静态指标

三大产业发展的比较，是审视产业转型升级最直观的视角。发达国家经济发展的历史表明，产业结构的升级往往会经历一个从以第一产业为主导，到以第二产业为主导，直至最终以第三产业为主导的演进过程。因此，三大产业发展的相关指标，自然是评价产业转型升级的第一类指标，主要包括：（1）三大产业的增长速度；（2）三大产业的产值结构，即各产业总产值在生产总值中的占比；（3）三大产业的就业结构，即就业人口在三大产业中的占比。

在经济体产业转型升级的历史过程中，工业化是一个重要的环节。一个经济体产业转型升级的过程，往往经历一个从农业主导，到工业主导，最后形成以服务业为主的产业结构。工业化的过程往往还会经历一个从轻工业为主到以重工业为主两个阶段。因此，轻、重工业的相对结构也是评价产业转型升级的重要指标。

产业的升级主要表现为资源利用效率的提高，即经济效益的提高：同样的投入获得更高的产出，或者同样产出只需更少的投入。我们采用四个指标来刻画规模以上工业的经济效益：（1）人均产值，定义为总产值与年平均用工人数之比；（2）人均销售，定义为主营业务收入与年平均用工人数之比；（3）资本产值率，定义为总产值与固定资产净值年平均余额之比；（4）资本销售率，定义为主营业务收入与固定资产净值年平均余额之比。前两者从劳动生产率的角度度量行业的经济效益，后两者从资本回报率的角度度量行业的经济效益。

制造业是工业的核心，也是国民经济的主体，是立国之本、兴国之器、强国之基。中国政府提出了实施制造强国战略第一个十年的行动纲领——"中国制造2025"，力争在2025年迈入制造业强国行列。本章采用麦肯锡公司在2012年发布的关于制造业发展的研究报告[1]，对制造业细分行业根据其行业特征重新划分。该报告根据行业生产的创新性和地域性特征将制造业行业划分为五大类：

（1）能源/资源密集型（energy-/resource-intensive）行业，木材制品、石油加工及炼焦、造纸及纸制品、非金属矿物制品、初级金属（黑色

---

[1] McKinsey Global Institute, Manufacturing the future: The next era of global growth and innovation, November 2012, pp. 4-6, 45-47.

金属、有色金属）等细分行业；（2）劳动密集型（labor-intensive）行业，具体包括纺织、服装、鞋帽、毛皮、家具制造等细分行业；（3）地区加工（regional processing）行业，包括橡胶与塑料制品、金属制品、食品、饮料、烟草、印刷及相关活动等细分行业，这类行业的生产往往是在当地加工进行；（4）全球研发但本地生产/销售（global innovation for local markets）行业，包括装备制造业、化学品（含医药、化纤）、交通运输设备、机械、电气设备等细分行业，这类行业属于较高端的制造业；（5）全球创新（global technologies/innovators）行业，主要包括计算机、通信设备及电子产品，这类行业属于研发密集度最高，而且技术创新全球化程度最高的行业。我们将关注重新划分的制造业大类行业如下几方面指标：（1）总产值；（2）产值份额；（3）产值年均增速。

此外，对外贸易发展也是考察产业转型升级的重要视角。对外贸易模式的转变，国际分工地位的上升在本质上反映的是国内产业的升级与转型。因此，我们将从贸易方式转变、出口产品类型的演进以及从事贸易活动微观主体的变化三个方面，刻画和考察产业转型升级，具体包括如下指标：（1）一般贸易占比；（2）加工贸易净出口；（3）初级产品与工业制成品在对外贸易中的比重；（4）机电产品在贸易中的比重；（5）各类所有制企业在对外贸易中的比重。

二 动态指标

为了便于将浙江省的产业结构与全国的状况相比较，我们采用两个度量地方产业专业化程度和比较优势的指标——区位熵和显示性比较优势指数（Revealed Comparative Advantage Index），来进一步评估浙江省制造业行业的专业化程度和比较优势。所谓熵，就是比率的比率，它是由哈盖特所提出的概念。区位熵用于衡量某一区域的某一产业部门的专业化程度。我们运用区位熵指标来分析某个区域内的优势部门。区位熵的计算公式为：

$$LQ_{ij} = \frac{\dfrac{q_{ij}}{q_j}}{\dfrac{q_i}{q}}$$

其中，LQ_{ij}为j地区的i产业在全国的区位熵；q_{ij}为j地区的i产业的相关指标；q_j为j地区所有产业的相关指标；q_i为全国范围内i产业的相关指标；q为全国所有产业的相关指标。

显示性比较优势指数可以反映一个国家（地区）某一产业贸易的比较优势。它通过某个产业在一国（地区）出口中所占的份额与世界（全国）贸易中该产业占世界（全国）贸易总额的份额之比来表示，可以较好地反映一个国家（地区）某一产业的出口与世界平均出口水平比较来看的相对优势。它的计算公式为：

$$RCA_{ij} = \frac{\dfrac{X_{ij}}{X_{tj}}}{\dfrac{X_{iw}}{X_{tw}}}$$

其中，X_{ij}表示国家（地区）j出口产品i的出口值，X_{tj}表示国家（地区）j的总出口值；X_{iw}表示世界（全国）出口产品i的出口值，X_{tw}表示世界（全国）总出口值。

产业转型升级是产业从价值链的中低端向中高端的上升过程，是产业竞争力全面提升和经济迈上新台阶的关键。研发创新与产业转型升级有着十分密切的关系。一方面，研发创新是产业转型升级的重要动力；另一方面，研发创新投入的加大也是产业转型升级的表现和结果。企业在微观层面对研发创新的重视，必然带来宏观层面产业结构的转变。因此，我们从微观企业的研发创新活动视角，来考察产业的转型升级，指标可以分为三大类：第一类是企业在研发方面的人员和经费投入。第二类是企业在开发新产品方面的投入和产出，包括：（1）企业用于开发新产品的经费支出；（2）新产品的产值与销售收入；（3）新产品产值在总产值中的比重。第三类是企业所取得的科技成果，如拥有的发明专利数量。

第二节　浙江省产业转型升级的量化评估（Ⅰ）

一　三大产业发展比较分析

三大产业发展的比较，是审视产业转型升级最直观的视角。发达国家经济发展的历史表明，产业结构的升级往往会经历一个从以第一产业为主导，到以第二产业为主导，直至最终以第三产业为主导的演进过程。浙江省的发展经验也遵循了这一路径。我们将从三大产业的增长速度、产值构成和吸纳就业三个角度，来初步考察浙江省自改革开放以来产业转型升级的路径。

首先看三大产业的增长速度。图8-1比较了浙江省自改革开放以来三大产业的增长速度。在1979—2016年近40年间，三大产业的年均增速分别为3.7%、14.2%和13.1%。第二产业和第三产业的增速远超第一产业，其中第二产业的年均增速最高，这反映出过去40年浙江省快速工业化的过程。其次看2012—2016年最近4年，随着中国经济发展由高速转向中高速增长阶段，三大产业的增长速度较之于长时段的平均增速，均有所降低，但不同产业增速的差异依然比较显著：第三产业的年均增速最高，为9.7%，明显高于第一产业的1.6%和第二产业的6.7%。这反映出近年来在三大产业中，浙江省第三产业的发展势头最为强劲。

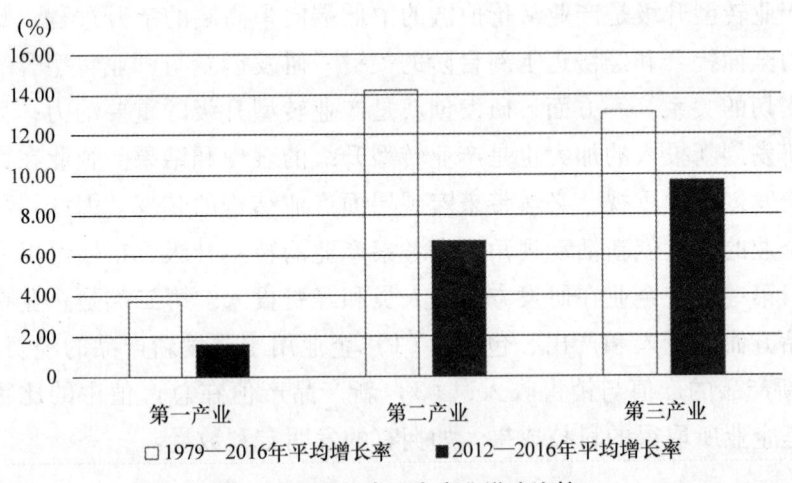

图8-1 浙江省三大产业增速比较

资料来源：《2017年浙江省统计年鉴》。

增长速度上的显著差异，必然会导致结构上的明显变化。图8-2比较了浙江省自改革开放以来，全省总产值在三大产业的分布。如图8-2

所示，自1978—2016年的近40年期间，第一产业的比重经历了持续的、大幅度的下降，由1978年的38.1%下降到2016年的4.2%；与之形成鲜明对比的是，第三产业则经历了高速的增长，由1978年的不足20%增长到2016年的51%；第二产业的份额则相对稳定，经历一个平缓的先上升再下降的过程，到2016年，浙江省第二产业产值占全省生产总值的比重为51%。总体上来看，改革开放40年来，浙江省的产业结构经历了一个从以第一、第二产业为主，转向以第三、第二产业为主的变迁过程，这一过程与发达国家产业转型升级的过程是一致的。尤其值得注意的是，第三产业的迅速发展，到2016年，在全省生产总值中，第三产业已经占据半壁江山，这也是浙江省改革开放以来产业结构不断转型升级的重要标志。

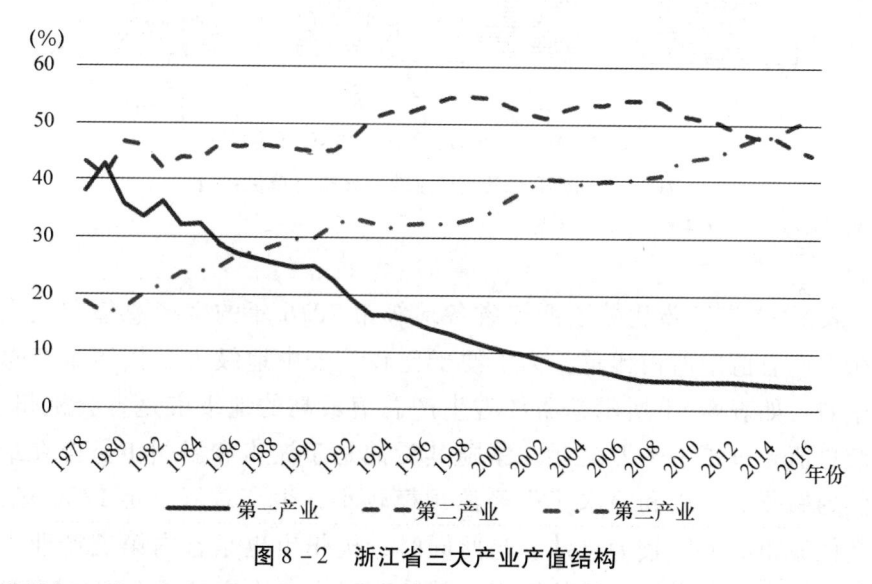

图8-2 浙江省三大产业产值结构

资料来源：《2017年浙江省统计年鉴》。

产业结构的转型升级必然伴随着就业人口的产业间转移。图8-3呈现了浙江省三大产业对就业人口的吸纳情况。我们选取了1990年、2000年、2010年和2016年四个年份。如图8-3所示，浙江省的就业人口也明显地呈现出从第一产业向第二、第三产业逐步转移的过程。在1990年，一半以上的就业人口分布在第一产业；到2016年，第一产业就业人口的比重已经降到了 12.4%,而第二、第三产业成为吸纳就业的主要行业。我们可以看到,第二产业吸纳了浙江省 47.4% 的就业人口,是三大产业吸纳就业人口最多的产业。与此同时,我们也能够注意到,第三产业在吸纳就业方面扮演越来越重要的角色,其就业人口的比重增长最快,已经从 1990 年的 17.0% 上升到了 2016 年的 40.2%。

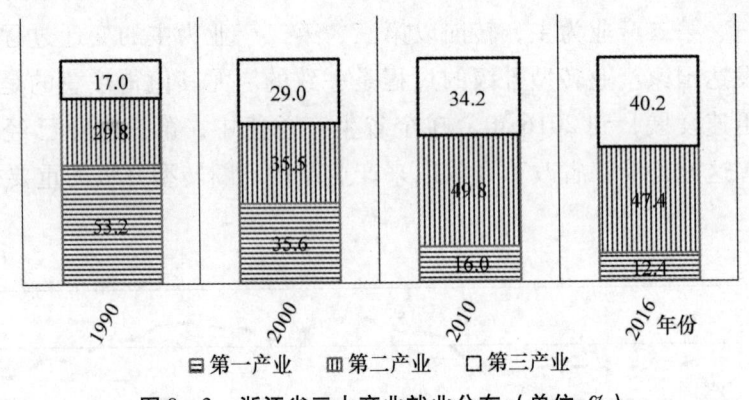

图 8-3 浙江省三大产业就业分布(单位:%)

资料来源:《2017 年浙江省统计年鉴》。

表 8-1 进一步比较了浙江省各地级市 2016 年的生产总值和三大产业在生产总值中所占比重。为了便于比较,表中地级市是按照生产总值排序的。如表 8-1 所示,浙江省生产总值最高的地级市是省会杭州市,生产总值超过了 1.1 万亿元,紧随其后的是宁波市和温州市。排在最后三位的衢州、舟山和丽水三市经济规模较小,生产总值不足 1300 亿元,与其他城市的差距较为悬殊。与此同时,杭州市也是省内第三产业占比最高、第一产业占比最低的城市,其第三产业占比超过了 60%,而第一产业的占比不足 3%;第三产业占比排在第二位的是温州市,比重为 56.17%。舟山市渔业发展比较突出,因此其第一产业占比为全省最高,为 10.21%。总体来说,浙江省各地级市在产业结构上的差异远远小于经济规模的差异。

表 8-1　　2016 年浙江省各地级市生产总值与三大产业占比

	生产总值（亿元）	第一产业（%）	第二产业（%）	第三产业（%）
杭州市	11313.72	2.69	36.42	60.89
宁波市	8686.49	3.48	51.29	45.23
温州市	5101.56	2.74	41.09	56.17
绍兴市	4789.03	4.34	50.08	45.59
台州市	3898.66	6.52	43.50	49.98
嘉兴市	3862.11	3.54	52.06	44.40
金华市	3684.94	4.03	44.60	51.38
湖州市	2284.37	5.58	48.13	46.29
衢州市	1251.59	7.05	45.11	47.84
舟山市	1241.2	10.21	41.09	48.70
丽水市	1210.24	7.90	44.90	47.20

资料来源：《2017 年浙江省统计年鉴》。

二　轻、重工业发展的比较分析

在从增速、产值和就业三个维度比较了浙江省三大产业的发展后，我们把对产业转型升级考察的范围缩小到规模以上工业。首先，我们将通过轻、重工业比重的变化来直观地考察浙江省产业转型的过程；然后，我们进一步聚焦制造业行业。制造业是国民经济的主体，是立国之本、兴国之器、强国之基。我国政府提出了实施制造强国战略第一个十年的行动纲领——"中国制造 2025"，力争在 2025 年迈入制造业强国行列。浙江省是我国制造业的重镇，宁波市是"中国制造 2025"的首个试点示范城市，因此接下来，我们将着重分析浙江省制造业的发展。

考察规模以上工业的转型升级，一个最直观的视角是比较轻工业和重工业的发展状况。图 8-4 呈现了浙江省规模以上工业产值中轻工业和重工业所占比重。我们选取了改革开放至今的五个代表性年份 1978 年、1990 年、2000 年、2010 年和 2016 年。通过图 8-4，我们可以清晰地观察到，在规模以上工业整体快速发展的过程中，轻、重工业的相对结构经历了一个此消彼长的过程：轻工业比重不断下降，重工业比重不断上升；轻工业的占比从 1990 年的 65.2% 下降到了 2016 年的 39%，重工业的占比则从 1990 年的 34.8% 上升到 2016 年的 61%。因此，在改革开放 40 年的发展过程中，浙江省的工业格局发生了显著改变，已经逐步从轻工业为主导转向以重工业为主导。

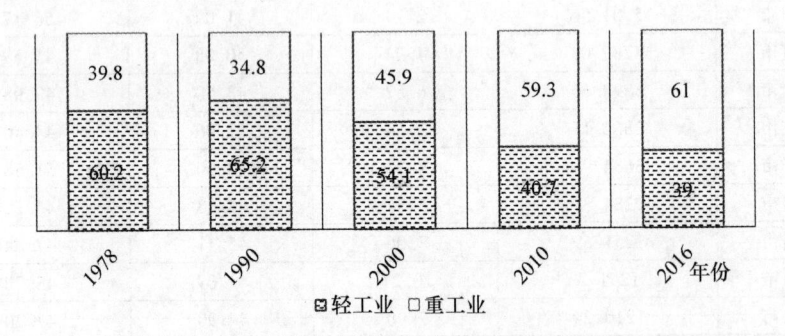

年份	轻工业	重工业
1978	60.2	39.8
1990	65.2	34.8
2000	54.1	45.9
2010	40.7	59.3
2016	39	61

图 8-4 浙江省规模以上轻、重工业比重（单位:%）

资料来源：《2017 年浙江省统计年鉴》。

三 产业升级的整体趋势分析

产业的升级主要表现为资源利用效率的提高，即经济效益的提高：同样的投入获得更高的产出，或者同样产出只需更少的投入。我们采用四个指标来刻画规模以上工业的经济效益：(1) 人均产值，定义为总产值与年平均用工人数之比；(2) 人均销售，定义为主营业务收入与年平均用工人数之比；(3) 资本产值率，定义为总产值与固定资产净值年平均余额之比；(4) 资本销售率，定义为主营业务收入与固定资产净值年平均余额之比。前两者从劳动生产率的角度度量行业的经济效益，后两者从资本回报率的角度度量行业的经济效益。

图 8-5 呈现了自 21 世纪以来，浙江省规模以上工业人均产值的变动情况。我们可以看到，2000—2016 年，浙江省规模以上工业的人均产值一直在不断提高，从 2000 年的 20.4 亿元/万人增长到 2016 年的将近 100 亿元/万人，增长了将近 4 倍。这在一定程度上反映了浙江省规模以上工业劳动生产率的提高，是规模以上工业产业升级的重要表现。

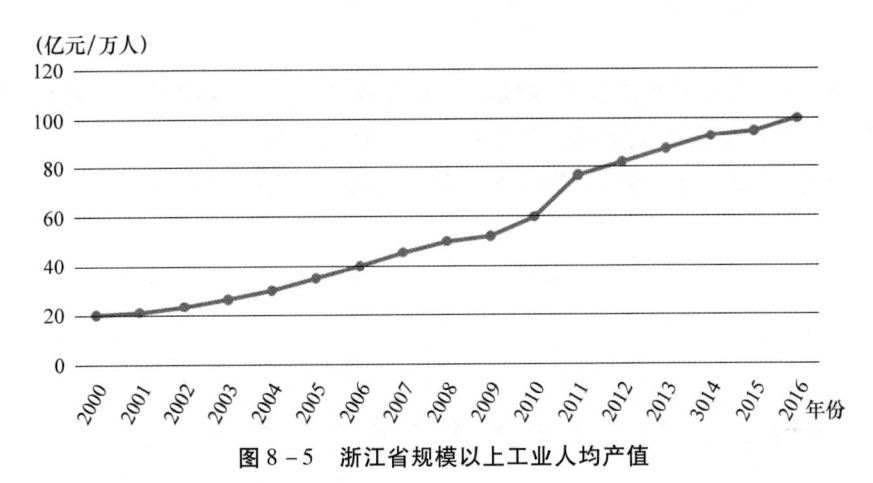

图 8-5　浙江省规模以上工业人均产值

资料来源：历年《浙江省统计年鉴》。

图 8-6 呈现了自 21 世纪以来，浙江省规模以上工业资本产值率的变动情况。我们看到，与人均产值的变动相类似，2000—2016 年，浙江省规模以上工业的资本产值率总体上呈现上升的趋势。在 2009 年，资本产值率出现了一个跳跃，这主要是统计的原因造成的：根据《浙江省统计年鉴》的注释，2009 年以前，"固定资产净值"一项为"固定资产净值余额"。总而言之，无论从劳动生产率还是从资本回报率的角度看，浙江省规模以上工业自 21 世纪以来经济效益明显提高，呈现出"升级"的态势。

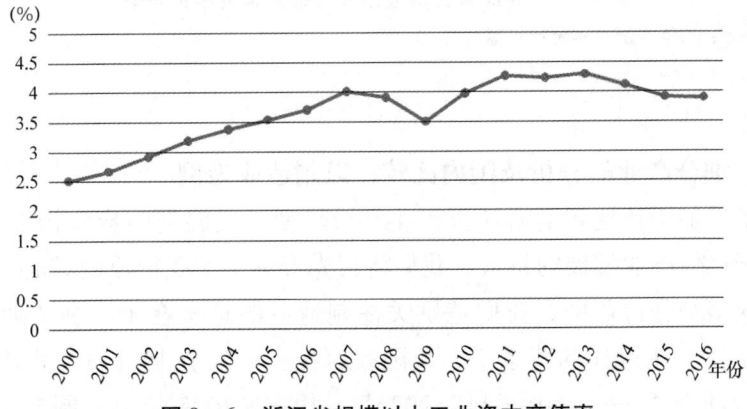

图 8-6　浙江省规模以上工业资本产值率

资料来源：历年《浙江省统计年鉴》。

图8-7呈现了浙江省各地级市产业升级的状况。我们看到，各地级市的人均销售都呈现出清晰的上升态势，而且增速非常稳定。相比之下，固定资产投资对年份、经济周期等时间因素更加敏感，变动比较剧烈。

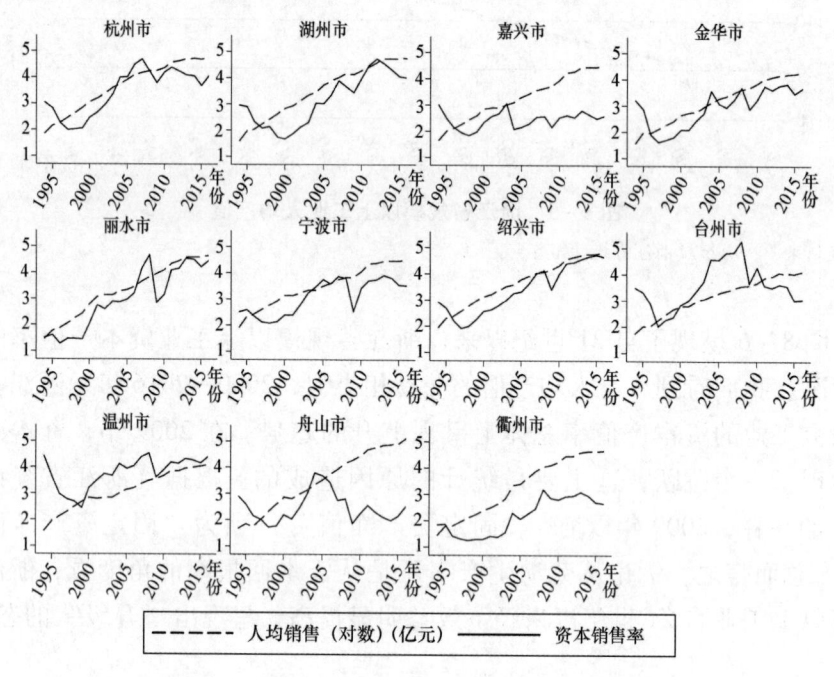

图8-7 浙江省各地级市人均销售和资本销售率

资料来源：历年《浙江省统计年鉴》。

四 细分产业的分析及国内比较：以制造业为例

为了更加细致地解剖浙江省产业升级转型，我们进一步分析细分产业。为了便于抓住产业发展的特征，我们将目光聚焦于工业行业的核心——制造业。在众多细分行业中，我们特别关注制造业的意义在于，制造业是国民经济的主体。在这样的背景下，我国政府提出了实施制造强国战略第一个十年的行动纲领——"中国制造2025"，力争在2025年迈入制造业强国行列。浙江省是我国制造业的重镇，宁波市是"中国制造2025"的首个试点示范城市，因此接下来，我们将着重分析浙江省制造业的发展。

我们根据麦肯锡公司在2012年发布的关于制造业发展的研究报告，对制造业细分行业根据其行业特征重新划分，从而细致考察浙江省制造业行业的发展特征。该报告根据行业生产的创新性和地域性特征将制造业行业划分为五大类：（1）能源/资源密集型（energy-/resource-intensive）行业，木材制品、石油加工及炼焦、造纸及纸制品、非金属矿物制品、初级金属（黑色金属、有色金属）等细分行业；（2）劳动密集型（labor-intensive）行业，具体包括纺织、服装、鞋帽、毛皮、家具制造等细分行业；（3）地区加工（regional processing）行业，包括橡胶与塑料制品、金属制品、食品、饮料、烟草、印刷及相关活动等细分行业，这类行业的生产往往是在当地加工进行；（4）全球研发但本地生产/销售（global innovation for local markets）行业，包括装备制造业、化学品（含医药、化纤）、交通运输设备、机械、电气设备等细分行业，这类行业属于高端制造业；（5）全球创新（global technologies/innovators）行业，主要包括计算机、通信设备及电子产品，这类行业属于研发密集度最高，而且技术创新全球化程度最高的行业。

表8-2　　　　　　　　　　浙江省制造业分行业总产值　　　　　　　　单位：亿元

年份	能源/资源密集型	劳动密集型	地区加工	高端制造	全球创新
2000	961.94	1547.16	1053.11	2233.75	284.85
2001	1074.38	1968.67	1210.48	2665.93	329
2002	1248.85	2450.66	1525.99	3364.18	443.71
2003	1700.03	3122.08	1910.27	4552.98	648.67
2004	2738.45	4038.12	2508.74	6478.07	909.18
2005	3407.62	4938.9	3059.25	8097.95	1044.37
2006	4451.7	5844.31	3761.24	10359.09	1583.6
2007	5404.89	6995.8	4734.85	13430.1	1814.58
2008	6508.52	7467.96	5451.13	15528.68	1705.58
2009	6136.47	7612.59	5605.52	15788.85	1496.57

续表

年份	能源/资源密集型	劳动密集型	地区加工	高端制造	全球创新
2010	8055.38	9078.05	6689.32	20288.66	1965.09
2011	9478.64	9132.66	7068.79	22842.94	2156.41
2012	9581.77	9692.91	7548.25	23821.96	2262.65
2013	10390.54	10475.98	7963.36	24809.13	2522.34
2014	10863.6	10945.1	8407.3	26914.8	2705.3
2015	10036.7	10920	8289.2	27363	2896.4
2016	9920	11042.8	8374.8	28917.2	3291.9

资料来源：《2017年浙江省统计年鉴》。

表8-2和图8-8呈现了按照麦肯锡研究报告分类的五大类制造业行业总产值，图8-10呈现了各类行业的年均增速。从时间趋势来看，浙江省制造业各行业在过去的将近20年都经历了快速的增长，比如，劳动密集型行业的总产值从2000年的1547.16亿元增长到2016年的11042.8亿元，地区加工行业从2000年的1053.11亿元增长到2016年的8374.8亿元。

横向比较来看，浙江省制造业中比重最大的部分是以装备制造、化学品、医药、化纤、交通运输设备、机械、电气设备等为代表的高端制造业，而且这一比重不断提高，从2000年的37%上升到2016年的47%，16年增长了10个百分点。由此可见，高端制造业在浙江省制造业中将扮演越来越重要的角色，这是浙江省近年来产业结构不断升级的重要例证。

从增长速度来看，增长最快的是以装备制造、化学品、医药、化纤、交通运输设备、机械、电气设备等为代表的高端制造业，2000—2016年的年均增长速度高达17.36%，这进一步解释了浙江省高端制造业近年来的迅速扩张。此外，特别值得关注的是以全球创新为主要特征的计算机、通信设备及电子产品行业，该行业的年均增速为16.53%，是浙江省增长速度第二高的制造业行业。受发展阶段的限制，我国在计算机、通信设备及电子产品这一行业起步较晚。浙江省该行业在2000年的总产值仅为284.85亿元，但21世纪以来，该行业取得了快速的发展，到2016年总产值已经高达3291.9亿元。因此，可以说，浙江省在计算机、通信设备及电子产品行业已经呈现出良好的发展势头，具有巨大的发展潜力，是浙江省未来产业转型升级的重要方向。

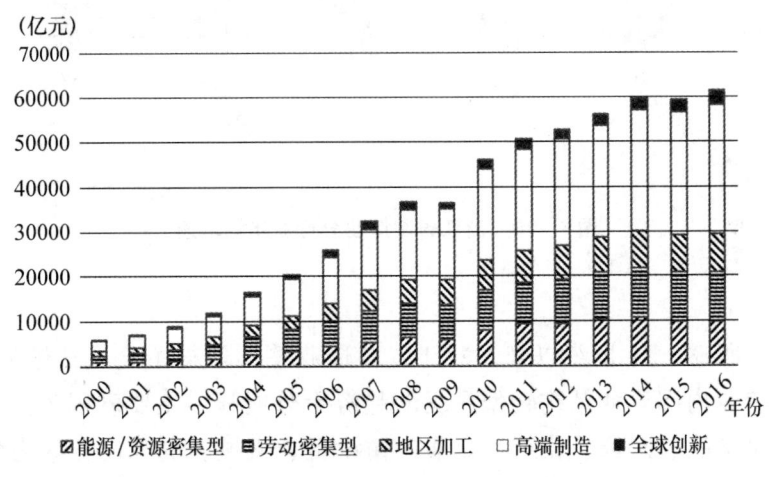

图8-8 浙江省制造业分行业总产值

资料来源：历年《浙江省统计年鉴》。

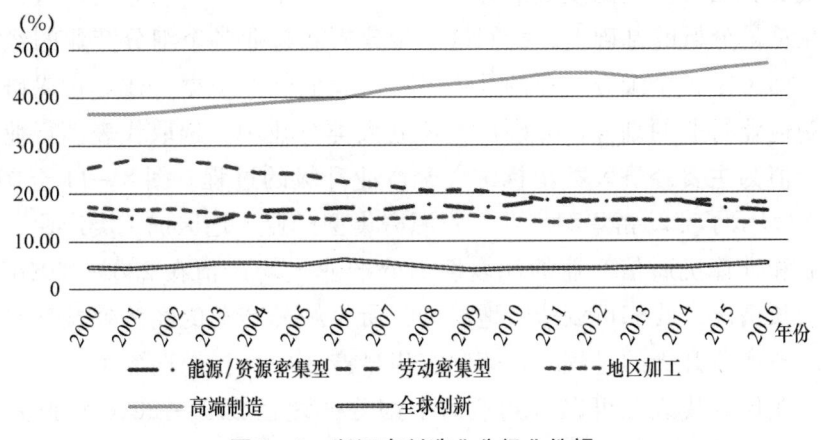

图8-9 浙江省制造业分行业份额

资料来源：历年《浙江省统计年鉴》。

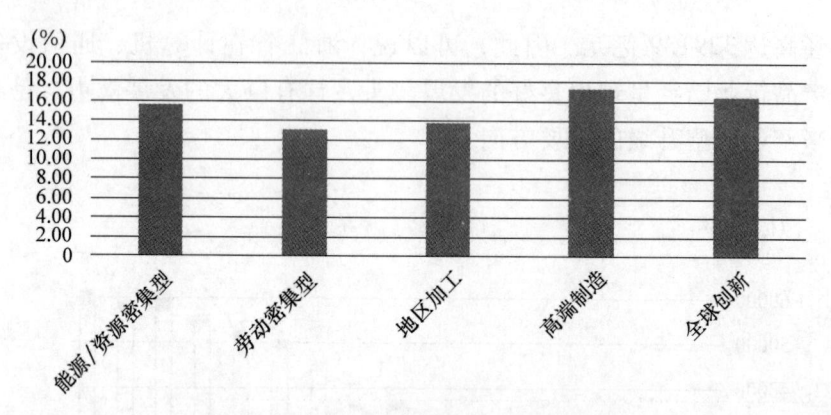

240　产业转型升级：浙江的探索与实践

图 8-10　浙江省制造业分行业年均增速
资料来源：历年《浙江省统计年鉴》。

综上所述，21世纪以来，浙江省制造业整体取得了突飞猛进的发展，同时制造业内部产业结构转型升级的趋势十分明显，主要表现为：以装备制造、化学品、医药、化纤、交通运输设备、机械、电气设备等为代表的高端制造业增长势头最为强劲，而传统优势行业劳动密集型行业的产值份额下滑明显，与此同时，计算机、通信设备及电子产品行业已经展现出良好的发展势头和巨大的发展潜力。

在总量分析的基础上，我们进一步分析制造业各个细分产业的经济效益，从而考察各个细分产业的升级过程。我们仍然依据上述麦肯锡研究报告对制造业行业的划分，分别从上述五大类行业中，选取代表性行业，以人均产值为主要经济效益指标，考察产业升级的过程。图8-11至图8-15分别列示了劳动密集型产业、资源密集型产业、地区加工类产业、装备制造业和计算机通信产业的代表性细分产业人均产值在2003—2016年期间的增长情况。我们可以清晰地看到，所有细分产业的经济效益都有显著提高，即产业升级的过程。在劳动密集型产业中，我们选取了纺织产业和服装产业作为代表，可以看到这两个细分产业在2003—2016年期间增长了近2倍。资源密集型产业的两个代表性细分产业是造纸和非金属矿物制品制造业，我们看到两个产业的生产率水平相当，增长速度也相当。地区加工类行业中，我们选取了食品加工、制造和饮料制造产业。其中，食品加工业生产率增长最为强劲，生产率水平也是最高的；食品和饮料制造两个产业也经历了明显的效率升级的过程，但最近几年增速有所放缓。在装备制造业中，交通运输设备制造业的增长最迅猛，在2003—2016年期间增长了将近5倍，通用设备制造业和专用设备制造业生产率水平和增速相当。计算机和通信产业在2003—2016年期间也经历了比较明显的产业升级过程，尤其是2012年以来，增长十分稳健。

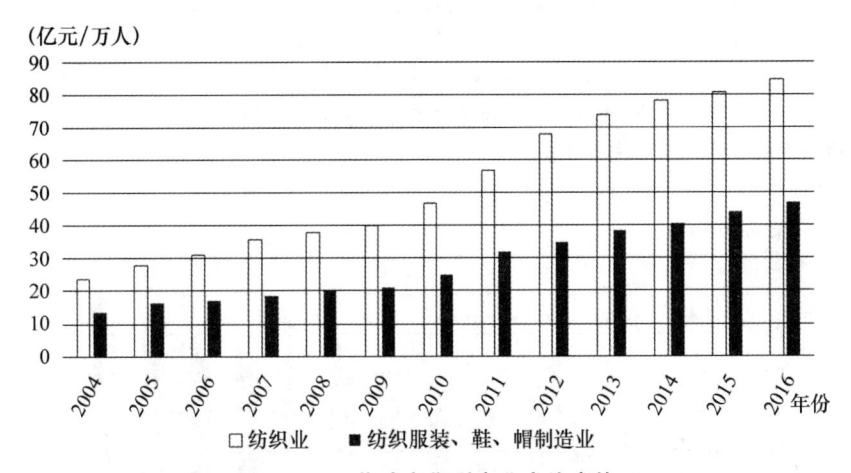

图8-11 劳动密集型产业人均产值

资料来源：历年《浙江省统计年鉴》。

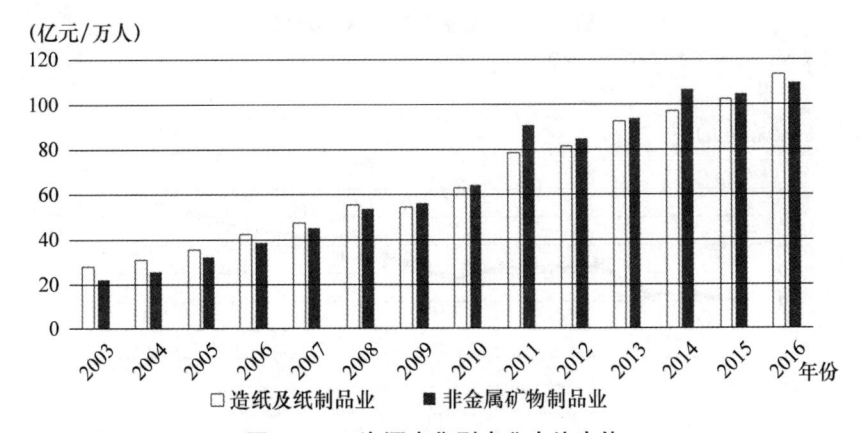

图8-12 资源密集型产业人均产值

资料来源：历年《浙江省统计年鉴》。

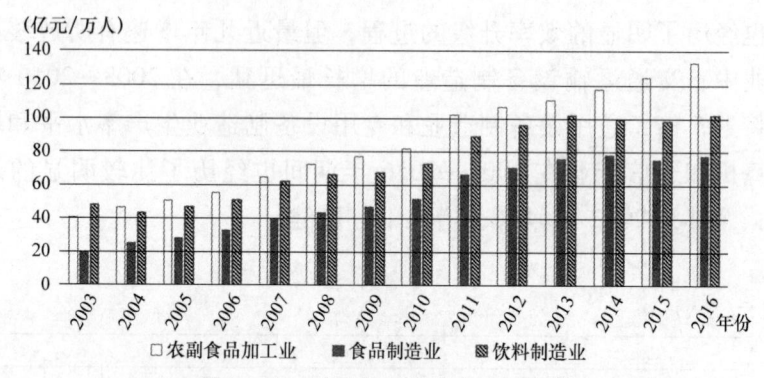

242　产业转型升级：浙江的探索与实践

图 8-13　地区加工类产业人均产值

资料来源：历年《浙江省统计年鉴》。

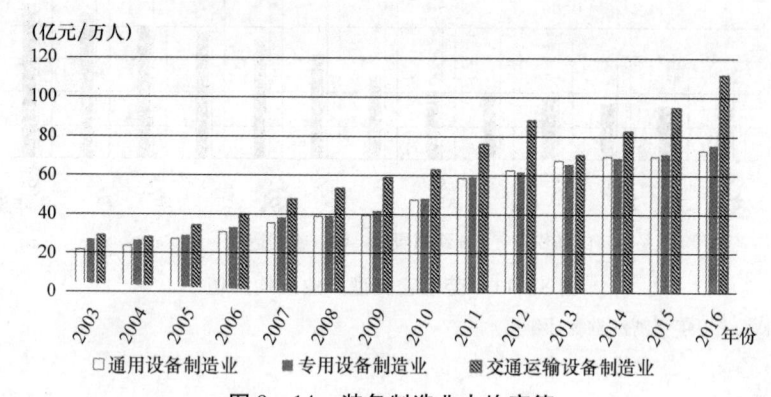

图 8-14　装备制造业人均产值

资料来源：历年《浙江省统计年鉴》。

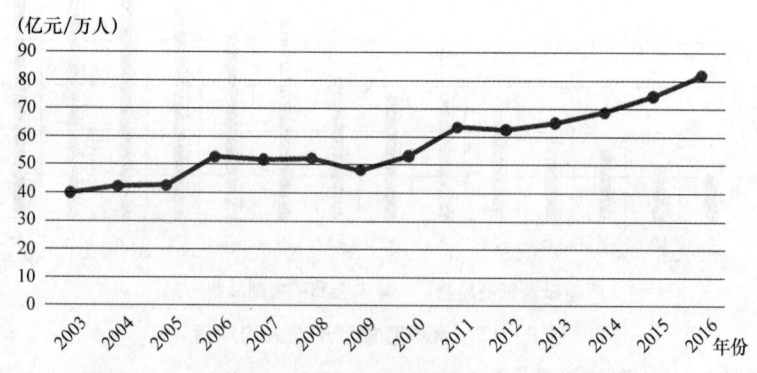

图 8-15　计算机、通信和其他电子设备制造业人均产值

资料来源：历年《浙江省统计年鉴》。

为了便于将浙江省的产业结构与全国的状况相比较，我们采用两个度量地方产业专业化程度和比较优势的指标——区位熵和显示性比较优势指数，来进一步评估浙江省制造业行业的专业化程度和比较优势。表8-3报告了制造业29个细分行业产值占制造业总产值的比重。为了直观地比较浙江省和全国的水平，最后一列计算了区位熵，为浙江省比重与全国比重之比。我们看到浙江省在纺织业，纺织服装、服饰业，皮革、毛皮、羽毛及其制品和制鞋业，家具制造业，造纸和纸制品业，文教、工美、体育和娱乐用品制造业，化学纤维制造业，橡胶和塑料制品业，通用设备制造业，电气机械及器材制造业，仪器仪表制造业都显著大于1，尤其是化学纤维制造业的区位熵高达5.58，纺织业的区位熵高达2.46，这表明浙江省在上述这些行业，相比全国总体水平而言，专业化程度比较高。表8-4报告了浙江省制造业细分行业的显示性比较优势指数，其结果与区位熵基本一致，因为出口比较优势本质上反映的是地区专业化优势。我们看到化学纤维制造业的显示性比较优势指数高达3.09，纺织业为2.90，家具制造业为2.66。

表8-3　　　　　　　2015年浙江省制造业行业区位熵

制造业行业	总产值占比（%）浙江	总产值占比（%）全国	区位熵
农副食品加工业	1.73	6.69	0.26
食品制造业	0.90	2.22	0.40
酒、饮料和精制茶制造业	0.77	1.79	0.43
烟草制品业	0.80	0.98	0.82
纺织业	9.83	4.00	2.46
纺织服装、服饰业	4.13	2.27	1.82
皮革、毛皮、羽毛及其制品和制鞋业	2.40	1.49	1.60
木材加工和木、竹、藤、棕、草制品业	0.80	1.43	0.56
家具制造业	1.45	0.81	1.79
造纸和纸制品业	2.11	1.44	1.46

续表

制造业行业	总产值占比（%）浙江	总产值占比（%）全国	区位熵
印刷和记录媒介复制业	0.66	0.76	0.87
文教、工美、体育和娱乐用品制造业	2.41	1.61	1.50
石油加工、炼焦和核燃料加工业	2.46	3.48	0.71
化学原料和化学制品制造业	8.80	8.46	1.04
医药制造业	2.09	2.61	0.80
化学纤维制造业	4.15	0.74	5.58
橡胶和塑料制品业	4.62	3.19	1.45
非金属矿物制品业	3.27	6.09	0.54
黑色金属冶炼和压延加工业	3.66	6.22	0.59
有色金属冶炼和压延加工业	4.07	4.72	0.86
金属制品业	4.04	3.83	1.06
通用设备制造业	7.00	4.79	1.46
专用设备制造业	2.69	3.68	0.73
汽车制造业	6.00	7.13	0.84
铁路、船舶、航空航天和其他运输设备制造业	2.24	2.03	1.11
电气机械和器材制造业	10.28	7.07	1.45
计算机、通信和其他电子设备制造业	4.72	9.28	0.51
仪器仪表制造业	1.37	0.89	1.54
其他制造业	0.54	0.28	1.92

资料来源：《2017年浙江省统计年鉴》。

表8-4　　2015年浙江省制造业行业显示性比较优势指数

制造业行业	出口交货值占比（%）浙江	出口交货值占比（%）全国	显示性比较优势指数
农副食品加工业	1.36	2.56	0.53
食品制造业	0.73	0.97	0.75
酒、饮料和精制茶制造业	0.23	0.21	1.08

续表

制造业行业	出口交货值占比（%） 浙江	出口交货值占比（%） 全国	显示性比较优势指数
烟草制品业	0.03	0.04	0.69
纺织业	9.24	3.19	2.90
纺织服装、服饰业	8.57	4.18	2.05
皮革、毛皮、羽毛及其制品和制鞋业	4.81	2.98	1.61
木材加工和木、竹、藤、棕、草制品业	0.83	0.69	1.21
家具制造业	3.73	1.40	2.66
造纸和纸制品业	0.74	0.48	1.53
印刷和记录媒介复制业	0.44	0.39	1.13
文教、工美、体育和娱乐用品制造业	5.02	3.85	1.30
石油加工、炼焦和核燃料加工业	0.02	0.43	0.04
化学原料和化学制品制造业	3.90	3.63	1.08
医药制造业	2.24	1.16	1.92
化学纤维制造业	1.28	0.41	3.09
橡胶和塑料制品业	4.46	3.16	1.41
非金属矿物制品业	1.05	1.58	0.67
黑色金属冶炼和压延加工业	0.84	2.09	0.40
有色金属冶炼和压延加工业	1.08	0.95	1.14
金属制品业	5.63	3.20	1.76
通用设备制造业	7.80	4.25	1.83
专用设备制造业	2.96	2.54	1.16
汽车制造业	3.64	2.54	1.43
铁路、船舶、航空航天和其他运输设备制造业	5.44	3.14	1.73
电气机械和器材制造业	12.65	8.59	1.47
计算机、通信和其他电子设备制造业	8.70	39.76	0.22
仪器仪表制造业	1.57	1.16	1.35
其他制造业	1.03	0.45	2.27

资料来源：《2017年浙江省统计年鉴》。

通过对三大产业增长速度、产值构成和吸纳就业的比较，我们不难发现，与发达国家经济发展的历史相似，浙江省产业结构的升级经历了一个从以第一、第二产业为主导，到以第三、第二产业为主导的演进过程。

在改革开放40年的发展过程中，浙江省的工业格局发生了显著改变，已经逐步从轻工业为主导转向以重工业为主导。

除了产业结构的转型，浙江省规模以上工业也呈现出明显的"升级"过程，具体表现为自21世纪以来，无论从劳动生产率还是从资本回报率的角度来看，浙江省规模以上工业的经济效益都明显提高。

浙江省制造业整体取得了突飞猛进的发展，同时制造业内部产业结构转型升级的趋势十分明显，主要表现为：以装备制造、化学品、医药、化纤、交通运输设备、机械、电气设备等为代表的高端制造业增长势头最为强劲，而传统优势行业劳动密集型行业的产值份额下滑明显，与此同时，计算机、通信设备及电子产品行业已经展现出良好的发展势头和巨大的发展潜力。浙江省在化学纤维制造业、纺织业、家具制造业等行业专业化程度较高，具有出口比较优势。

第三节　浙江省产业转型升级的量化评估（Ⅱ）

一　对外贸易发展与产业转型升级

对外贸易发展是考察产业转型升级的重要视角。对外贸易模式的转变，国际分工地位的上升在本质上反映的是国内产业的升级与转型。在本小节，我们将从贸易方式转变、出口产品类型的演进以及从事贸易活动微观主体三个方面，来考察浙江省的对外贸易发展，从而进一步解读浙江省产业转型升级。

首先看浙江省贸易方式的转变历程和模式。表8-5报告了1986—2016年浙江省外贸进出口情况。30年间，浙江省对外贸易出口额从1986年的10.91亿美元飙升至2016年的2659.69亿美元，合计增长了549.6%（取自然对数再差分），年均增长18.3%。进口从2.02亿美元飙升至682.84亿美元，合计增长582.3%，年均增长19.4%。

中国沿海对外贸易一直以加工贸易为主。与其他沿海省市相比，浙江省进出口中加工贸易占比相对就要低很多。1992年全省出口中,一般贸易占比高达72.46%,此后维持向上趋势,虽然有所波动,但至2016年仍接近80%。1992年全省进口中,一般贸易占比仅为33.78%,此后也出现一定幅度的下降,但2000年前后一般贸易的比例大幅提高,至2016年升至76.74%。加工贸易净出口度量的是加工贸易中出口与进口的差额,在一定程度上反映的是加工贸易过程中的国内增加值。从1992年的区区3800万美元升至2016年的402.75亿美元,占全省净出口的比例为20.37%。

表8-5　　　　　　　　浙江省贸易方式比较　　　　　　　　单位:亿美元

年份	出口	一般贸易占比(%)	进口	一般贸易占比(%)	加工贸易净出口	加工贸易净出口占比(%)
1986	10.91		2.02			
1987	12.34		2.66			
1988	14.90		4.96			
1989	18.72		6.42			
1990	21.89		5.85			
1991	29.06		9.44			
1992	35.71	72.46	14.28	33.78	0.38	1.78
1993	43.23	75.50	24.10	32.66	-5.63	-29.44
1994	60.87	77.89	29.05	25.92	-8.06	-25.33
1995	76.98	77.08	38.14	24.16	-11.28	-29.06
1996	80.41	71.20	45.00	22.79	-11.58	-32.70
1997	101.11	73.10	41.66	25.56	-3.82	-6.42
1998	108.66	75.49	39.88	37.29	1.63	2.37
1999	128.71	77.80	54.34	57.88	5.68	7.64
2000	194.43	79.21	83.90	62.95	9.33	8.44
2001	229.77	79.46	98.22	64.68	12.51	9.51
2002	294.11	82.52	125.45	68.47	11.86	7.03

续表

年份	出口	一般贸易占比（%）	进口	一般贸易占比（%）	加工贸易净出口	加工贸易净出口占比（%）
2003	415.95	82.20	198.16	68.72	12.07	5.54
2004	581.46	80.40	270.67	61.54	9.88	3.18
2005	768.04	78.43	305.88	60.76	45.63	9.87
2006	1008.94	76.63	382.53	56.03	67.63	10.80
2007	1282.73	77.46	485.83	60.16	95.58	11.99
2008	1542.67	78.99	568.42	60.52	99.73	10.24
2009	1330.10	80.18	547.25	68.43	90.88	11.61
2010	1804.65	80.35	730.68	67.65	118.23	11.01
2011	2163.49	81.57	930.28	70.24	121.80	9.88
2012	2245.19	80.03	878.84	71.04	193.88	14.19
2013	2487.46	78.91	870.42	72.61	286.10	17.69
2014	2733.29	79.31	817.20	71.21	330.40	17.24
2015	2756.76	77.79	705.16	73.55	425.66	20.75
2016	2659.69	78.89	682.84	76.74	402.75	20.37

注：原表 2015 年、2016 年按人民币报告，本章分别按 6.2284 和 6.6423 折算成美元。

资料来源：《2017 年浙江省统计年鉴》。

除了贸易方式，进出口产品的类型的变化，也在深层次上反映着产业的转型和升级。进出口产品类型的一种划分是区分工业制成品和初级产品，其在一定程度上衡量了一国或地区在国际分工中的地位。图 8-16 报告了 1997—2016 年工业制成品在浙江省出口和进口中所占的比例。可以看出，工业制成品在出口中的比例从 1997 年的 85% 持续上升至 2016 年的 97%，在进口中的比例从 1997 年的 72.6% 降至 2016 年的 63.7%。由此可见，浙江省的出口越来越以附加值较高的工业制成品为主，而进口中初级产品的比重在提高，这反映出浙江省在国际分工中的地位在提高，而国际分工地位的提高，本质上体现的是产业结构的转型升级。

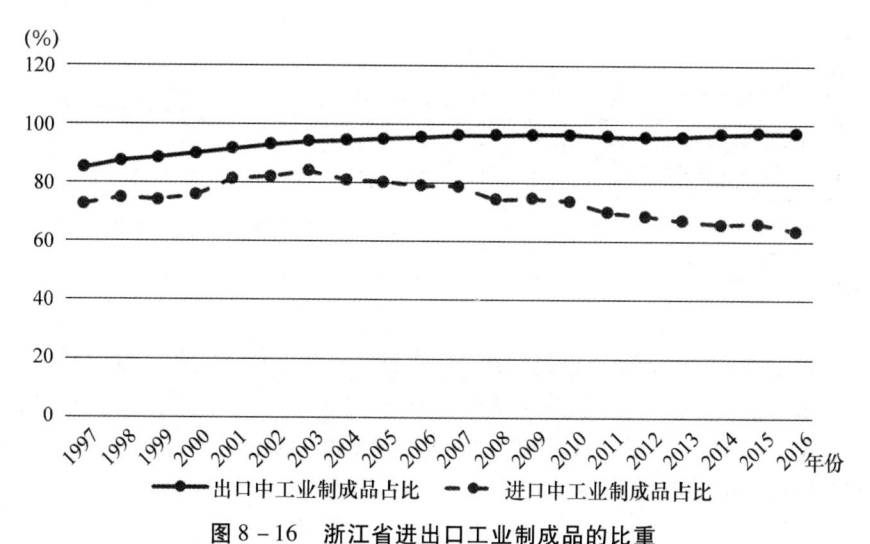

图 8-16 浙江省进出口工业制成品的比重

资料来源：历年《浙江省统计年鉴》。

  除了工业制成品与初级产品的区分，我们通常还关心进出口产品的技术含量。机电产品往往是能够衡量技术水平的高科技产品。浙江省出口越来越以高附加值的机电产品为主，而进口则越来越不再依赖机电产品。从图 8-17 中，我们能够很清晰地看出变化趋势。1997 年，机电产品在出口中占比为 25.2%，在进口中占比 37%，即在浙江省进口中的占比高于出口中占比。但在出口中的占比持续上升，在进口中的份额逐渐下降，2004 年机电产品在进出口中的占比相当（约为 37%）。2008 年，浙江出口中机电产品占比约为 44%，并稳定在这一水平，而在进口中占比从 2011 年降至 20% 以下。2016 年，机电产品在出口和进口中的占比分别为 42.4% 和 18.8%。这种变化趋势和发展态势，与工业制成品的总体状况大体一致，再次验证了上文的判断：浙江省在国际分工中越来越多地从事高科技产品的生产，这种分工地位的提升本质上反映的是经济发展中产业结构的转型升级。

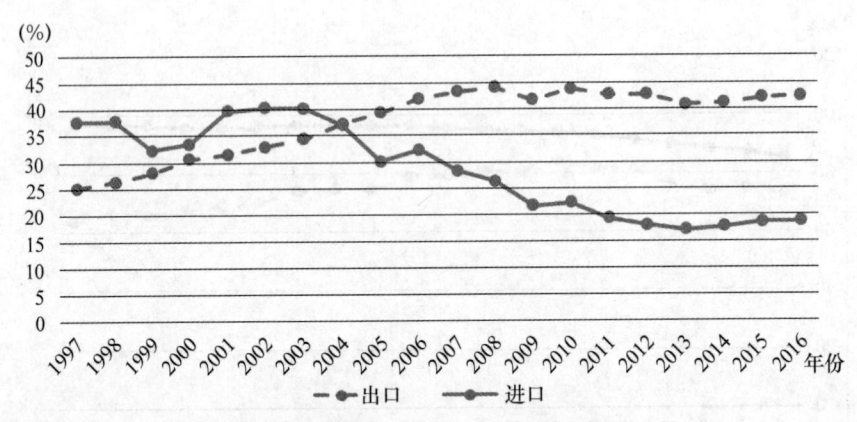

图 8-17　浙江省进出口中机电产品占比

资料来源：历年《浙江省统计年鉴》。

其次看对外贸易市场主体的变化。无论从出口还是进口，国有经济比例大幅下降，同期私营经济占比则迅速上升，尤其是在中国加入WTO，贸易自主权放开之后，这一趋势更加明显。从出口来看，1997年，国有企业出口占全省出口的69%，私营企业占比只有微不足道的0.07%；这两类企业占进口的比例分别为41%和0.005%。但2010年，私营企业在出口中的占比已超过50%，在进口中的占比达31.9%，国有企业在出口和进口中的占比分别为10%和11.6%。2016年，国有经济在出口和进口中的比例进一步下降至5.45%和12.6%，私营企业在出口和进口中的占比则分别高达72.7%和46.9%。此外，同期三资企业和集体企业在浙江省的出口和进口中均呈现先上升后下降的倒"U"型特征。毫无疑问，民营经济将在浙江省对外贸易中扮演越来越重要的角色。民营经济在对外贸易中的异军突起，不是一个孤立的现象。众所周知，浙江省是中国民营经济最发达的地区之一，民营经济在社会经济发展的诸多领域都占有举足轻重的地位，其在对外贸易中占据主导地位并不难理解。

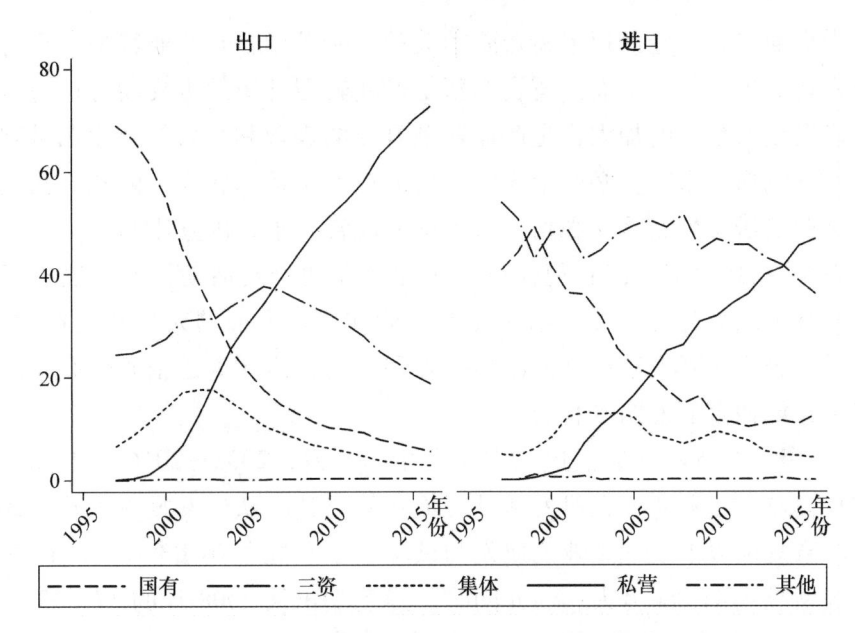

图 8-18 浙江省不同所有制企业的贸易份额

资料来源:《2017年浙江省统计年鉴》。

综上所述,浙江省的对外贸易模式发生了深刻变革,主要表现在贸易方式、进出口产品类型和贸易市场主体三个方面。首先,一般贸易越来越成为浙江省对外贸易的主要方式,加工贸易中的国内附加值不断提高。其次,出口中以机电产品为代表的工业制成品比重不断提升,相应地,初级产品的比重不断下降;相反,进口中工业制成品比重在下降,而初级产品的比重在提高。贸易方式和产品类型的转变突出反映了浙江省国际分工地位的提高,而国际分工地位的提高在深层次上,是产业结构不断转型升级的结果。或者说,国际分工地位的提高,一定程度上是产业结构转型升级在国际贸易领域的一个表现。最后,我们还看到,民营企业在"入世"后异军突起,日益成为浙江省对外贸易的主力军,这是浙江省民营经济蓬勃发展的重要例证。

二 企业研发创新与产业转型升级

产业转型升级是产业从价值链的中低端向中高端的上升过程,是产业竞争力全面提升和经济迈上新台阶的关键。研发创新与产业转型升级有着十分密切的关系。一方面，研发创新是产业转型升级的重要动力；另一方面，研发创新投入的加大也是产业转型升级的表现和结果。企业在微观层面对研发创新的重视，必然带来宏观层面产业结构的转变。因此，我们从微观企业的研发创新活动视角，来考察浙江省产业的转型升级。

表8-6列示了浙江省规模以上工业企业的研发活动情况。表中所列示的指标可以分为三大类：第一类是企业在研发方面的人员和经费投入；第二类是企业在开发新产品方面的投入和产出；第三类是企业所取得的科技成果，如拥有的发明专利。

如表8-6所示，从上述三类研发指标来看，2008—2016年期间，浙江省规模以上工业企业在研发活动方面进展迅速。从研发投入来看，2008年浙江省规模以上工业企业的研发与试验发展人员为16.03万人，到2016年已经增长到41.47万人；与此同时，经费支出从2008年的274.13亿元增长到2016年的935.79亿元。

与产业转型升级密切相关的是关于新产品研发的投入与产出。由表8-6可知，近年来，浙江省规模以上工业企业用于新产品开发的经费支出增长十分迅速，从2008年的273.89亿元飙升至2016年的1004.16亿元，增长了将近3倍。当然，用于新产品开发的投入也取得了丰厚的成果，规模以上工业企业新产品的产值和销售收入连年增长，产值从2008年的6753.2亿元增长到2016年的23444.86亿元，销售收入从2008年的6408.2亿元增长到2016年的21396.83亿元。图8-19进一步呈现了规模以上工业新产品产值占总产值的比重变化趋势，我们可以清晰地看到，2008年以来，新产品产值在总产值中的比重上升趋势十分明显，从2008年的16.5%上升至2016年的34%，亦即2016年规模以上工业总产值的三分之一来自新产品的贡献。这可以说是企业通过研发投入推进产品创新，最终推动产业转型升级的重要体现。

衡量企业研发创新的常用指标是拥有发明专利的数量。表8-6的最后一列报告了浙江省规模以上工业企业所拥有的发明专利情况。我们可以看到，到2016年，浙江省规模以上工业企业所拥有的发明专利已经达到38661项，是2008年时的3倍多。可见，浙江省近年来在技术创新方面取大中型企业在资金和技术力量方面往往优势明显,是研发创新的主要引领者,也是产业结构转型升级的主要推动力量。因此,表8-7进一步列示了浙江省大中型工业企业的研发活动情况。我们可以看到,2008年以来,大中型工业企业在研发活动方面的发展势头,与规模以上工业企业整体势头是基本一致的。2008—2016年期间,大中型工业企业在研发投入、新产品的研发投入与产出以及拥有的发明专利数量方面,都有大幅度增长。而且,在很多方面,大中型工业企业的增速,比规模以上工业企业的整体增速更高,这凸显了大中型企业在研发创新方面的优势和引领作用。

表8-6　　　　　浙江省规模以上工业企业研发活动情况

年份	研究与试验发展人员（万人）	研究与试验发展经费支出（亿元）	新产品开发经费支出（亿元）	新产品产值（亿元）	新产品销售收入（亿元）	拥有发明专利数
2008	16.03	274.13	273.89	6753.2	6408.2	11098
2009	18.49	330.1	261.35	6801.6	6348.6	11789
2010	22.39	407.43	349.64	8789.3	8352.5	14178
2011	24.82	479.91	411.35	10749.6	10049.4	18091
2012	29.75	588.61	480.5	11778.5	11284	20553
2013	33.72	684.36	541.39	15862.2	14882.1	22578
2014	36.23	768.15	896.05	18769.89	16507.86	28235
2015	40.26	853.57	898.93	21283.88	18839.14	31642
2016	41.47	935.79	1004.16	23444.86	21396.83	38661

资料来源:《2017年浙江省统计年鉴》。

表8-7　　　　　浙江省大中型工业企业研发活动情况

年份	研究与试验发展人员（万人）	研究与试验发展经费支出（亿元）	新产品开发经费支出（亿元）	新产品产值（亿元）	新产品销售收入（亿元）	拥有发明专利数
2008	9.84	192.52	273.89	4958.88	4767.36	4756
2009	10.78	215.85	261.35	4826.22	4526.2	5189

续表

年份	研究与试验发展人员（万人）	研究与试验发展经费支出（亿元）	新产品开发经费支出（亿元）	新产品产值（亿元）	新产品销售收入（亿元）	拥有发明专利数
2010	13.82	272.34	349.64	6584.46	6282.62	6924
2011	15.67	321.24	411.35	8046.62	7537.02	9693
2012	18.58	389.73	480.5	9037.27	8697.36	11495
2013	20.39	440.57	541.39	11519.7	10900.12	12639
2014	21.52	484.76	572.11	13072.46	11666.65	15210
2015	23.58	542.56	572.32	14647.11	13252.27	18160
2016	24.24	599.36	653.06	16264.2	15121.47	22693

资料来源：《2017年浙江省统计年鉴》。

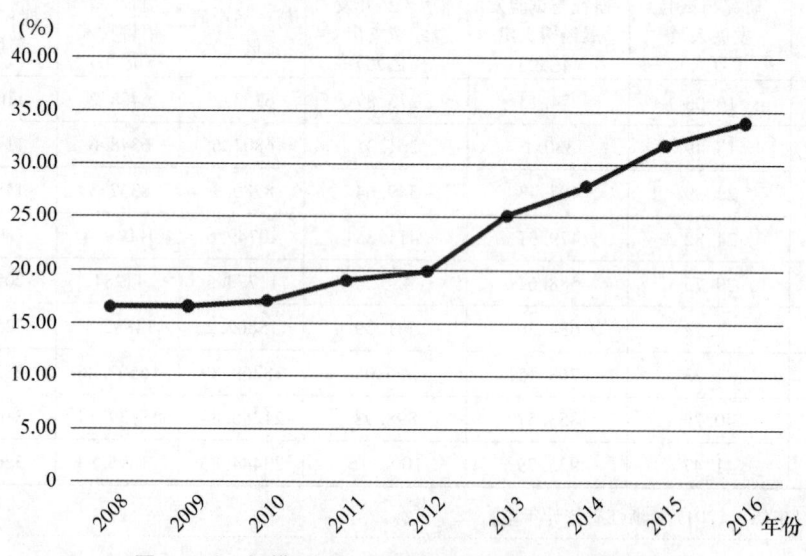

图 8-19　规模以上工业新产品产值占总产值的比重

资料来源：《2017年浙江省统计年鉴》。

综上所述，近年来浙江省企业自身越来越重视研发创新活动，把创新当作市场竞争的利器，试图通过创新来赢得市场和消费者。这一方面表现在投入方面，浙江省企业在研发人员以及研发经费的投入上增长迅猛；另一方面，积极投入也结出了丰硕的果实，表现在企业所拥有的专利数量大幅度增长，同时新产品带来的产值和销售收入快速增长。企业在微观层面对研发创新的重视，必然带来宏观层面产业结构的转变。我们看到，规模以上工业中新产品的产值在总产值中的比重不断上升，这是产业升级的重要表现。

对外贸易发展是考察产业转型升级的重要视角。对外贸易模式的转变，国际分工地位的上升在本质上反映的是国内产业的升级与转型。浙江省的对外贸易模式发生了深刻变革，一般贸易越来越成为浙江省对外贸易的主要方式，加工贸易中的国内附加值不断提高；此外，出口中以机电产品为代表的工业制成品比重不断提升。

研发创新与产业转型升级有着十分密切的关系。一方面，研发创新是产业升级转型的重要动力；另一方面，研发创新投入的加大也是产业转型升级的表现和结果。企业在微观层面对研发创新的重视，必然带来宏观层面产业结构的转变。近年来浙江省企业自身越来越重视研发创新活动，积极投入也结出了丰硕的果实，表现在企业所拥有的专利数量大幅度增长，同时新产品带来的产值和销售收入快速增长。我们还看到，规模以上工业中新产品的产值在总产值中的比重不断上升，这是产业升级的重要表现。

第四节 "双驱动"模式之"有效市场"的量化评估

有效的市场机制是产业转型升级的根本动力所在。浙江省产业转型升级得益于市场经济的高度发展。浙江省市场经济的发展有两个显著的特征：一是发达的民营经济，二是较高的市场化发育程度。民营经济的蓬勃发展既是市场经济活力的源泉，也是市场经济活力的重要表现。民营经济的蓬勃发展也反映了政府与市场"双轮"的结果，即政府放松对民间市场的管制，积极推动国有企业改革，为民营企业创造更加宽松、自由的市场环境，以及更加平等的市场主体地位，使得民营企业能够充分参与市场竞争。较高的市场化发育程度则表现在多个方面，比如健康的政商关系、非国有经济的发展、产品以及要素市场的发育程度、法制环境等。

本节将从三个方面来量化考察浙江省民营经济的发展以及市场的活力：第一，我们将分别考察浙江省规模以上工业企业中各类所有制企业，尤其是私营企业在企业数目和产值方面所占的比重，以及演进趋势。第二，企业规模一定程度上能够反映市场中企业的动态过程，而企业市场进入、成长和退出的动态过程恰恰反映的是市场的活力。因此，我们将分别考察不同规模的企业在浙江省规模以上工业中的相对地位。第三，我们将使用最新版的中国市场化指数数据，全面评估浙江省的市场化发展程度及其与全国其他地区的比较。

一　浙江省民营经济发展的量化分析

首先看浙江省规模以上工业中各类所有制企业的相对结构和演进趋势。表8-8列示了浙江省各个所有制类型的规模以上工业企业数目。首先我们看到，在各类所有制企业中，私营企业的数目是最多的，而且数量优势十分明显。以2016年为例，私营企业多达27502家，比剩余企业数目总和的两倍还多。由此可见，浙江省民营市场主体规模之庞大。其次从时间趋势看，国有、集体和外资企业的数目都有不同程度的下降，而私营企业的数目快速增长。2011年，浙江省规模以上国有工业企业有208家，到2016年仅剩91家，减少了一半还多；集体企业更是从2011年的126家锐减至2016年的43家。相比之下，浙江省规模以上私营工业企业从2011年的22339家增长到了2016年的27502家，由此可见，浙江省规模以上工业的新增市场主体主要是私营企业。另据《新华每日电讯》报道，2016年浙江省实现固定资产投资29571亿元，增幅重新回到两位数，其中非国有投资占比达61.4%；浙江省全年新设市场主体95.8万户，其中民营企业和民营性质的市场主体占98.7%，这充分彰显了浙江省民营经济的活力。

表8-8　　　　　浙江省规模以上工业企业数（按所有制分）

年份	企业总数	国有企业	集体企业	股份合作企业	外资企业	私营企业	其他企业
2011	34340	208	126	285	6676	22339	4693
2012	36496	228	111	327	6651	23959	5206
2013	39561	122	75	336	6541	26219	6266

续表

年份	企业总数	国有企业	集体企业	股份合作企业	外资企业	私营企业	其他企业
2014	40841	107	69	335	6237	27557	6535
2015	41167	105	55	354	5803	28050	6800
2016	40128	91	43	326	5322	27502	6844

资料来源：《2017年浙江省统计年鉴》。

表8-9列示了浙江省不同所有制规模以上工业企业的产值。与企业数目的趋势大体一致，近年来，国有企业与集体企业所代表的公有制经济的规模在缩小，规模以上国有工业企业的产值从2011年的3528.1亿元下降到2016年的3254.3亿元，集体企业的产值从2011年的100.1亿元锐减至2016年的33.7亿元；外资企业的产值在2011—2016年期间大体保持稳定，在1.5万亿元上下；私营企业保持了较快的增长，从2011年的23251.1亿元增长到2016年的28399.1亿元。与此同时，私营企业也是规模以上工业企业的最主要组成部分，在浙江省规模以上工业企业总产值的占比超过了40%。此外，如果在规模以上工业企业总产值剔除国有及国有控股的部分，其余部分在总产值中的占比超过了85%，浙江省非公有制经济的发展活力可见一斑。

表8-9　浙江省规模以上工业企业产值（按所有制分）　　单位：亿元

年份	总产值	国有企业	集体企业	股份合作企业	外资企业	私营企业	其他企业
2011	56406.1	3528.1	100.1	162.2	15152	23251.1	14168.5
2012	59124.2	3831.6	91.7	163.6	15309.9	24384.7	15284.8
2013	62980.3	3189.7	52.3	173.7	15612.8	25792.1	18159
2014	67039.8	3243.6	55.8	180.1	15993.6	27270.9	20295.2
2015	66819	3180.3	35.8	187.9	14978.4	27789.1	20647.5
2016	68953.4	3254.3	33.7	181.7	15032.2	28399.1	22052.3

资料来源：《2017年浙江省统计年鉴》。

其次看浙江省规模以上工业企业中不同规模企业的相对结构和演进趋

势。表8-10从企业规模的角度列示了浙江省规模以上工业企业的数目和产值。企业规模一定程度上能够反映市场中企业的动态过程,而企业市场进入、成长和退出的动态过程恰恰反映的是市场的活力。表8-10从左至右分别列示了大型企业、中型企业、小型企业和微型企业。从数量来看,大型企业的数量是最小的,2016年浙江省规模以上工业企业中,大型企业有596家;小型企业是数量最多的,2016年有33571家;中型企业和微型企业居中,分别有4149家和1812家。从总产值来看,小型企业的总产值也是最高的,2016年为28812.1亿元,然后依次为中型、大型和微型企业。

表8-10　　　浙江省规模以上工业企业数目和产值(按规模分)

年份	大型企业 企业数	大型企业 总产值	中型企业 企业数	中型企业 总产值	小型企业 企业数	小型企业 总产值	微型企业 企业数	微型企业 总产值
2011	621	17090.0	5021	16961.5	27936	22046.5	762	308.1
2012	592	15886.6	4648	18522.5	29892	23532.7	1364	1182.4
2013	601	16734.0	4612	18941.3	32685	25863.6	1663	1441.5
2014	598	16021.6	4421	21135.7	34020	28049.8	1802	1832.8
2015	593	15815.6	4199	20956.9	34449	28344.1	1926	1702.4
2016	596	16544.2	4149	21781.3	33571	28812.1	1812	1815.8

资料来源:《2017年浙江省统计年鉴》。

从时间趋势来看,从2011年到2016年,大型企业无论是企业数目还是产值都呈现出小幅度的下降趋势;中型企业的企业数目有所减少,但总产值仍在增长;而小型企业和微型企业无论在企业数目还是总产值方面,都有比较快速的增长。上述事实反映了浙江省企业与市场的活力,即新进入市场的企业规模小、数量大、成长快、有活力。

此外,企业的所有制与企业规模有着密切的联系,通常来说,国有企业规模较大,按企业规模划分一般属于大中型企业;而民营企业一般属于中小型企业,甚至微型企业。因此,企业所有制与企业规模的这种内在联系,使得我们可以通过表8-10进一步印证表8-9的观察。

总而言之，我们通过考察浙江省规模以上工业企业中各类所有制企业的相对结构、各类规模企业的相对结构以及市场化程度，能够全面评估浙江省市场和企业的发展程度。我们可以看到，近年来，浙江省公有制经济的比重不断缩小，民营经济不断壮大，蓬勃发展，是浙江省最重要的市场主体；浙江省小型企业、微型企业数量众多，而且在经济结构占有重要地位，彰显了浙江省市场经济的动态活力。

二 浙江省市场化程度的量化评估

接下来，我们使用最新版的中国市场化指数数据，来全面评估浙江省市场化发展的程度。数据的来源是王小鲁、樊纲、余静文所著《中国分省份市场化指数报告（2016）》（社会科学文献出版社2017年版）。该报告是中国市场化指数课题自2000年启动以来的最新成果。该报告以2008年作为基期，对2008—2014年各省份的市场化各方面变化进行了计算和评分。该报告的基础数据有两个来源：一是权威机构的统计资料，二是通过对企业进行调查取得的数据。

中国市场化指数除总指数评分外，具体由五个方面指数组成，每个方面指数各自反映全国各省份市场化的某个特定方面。它们依次是政府与市场的关系、非国有经济的发展、产品市场的发育程度、要素市场的发育程度、市场中介组织发育和维护市场的法制环境。

表8-11报告了2008—2014年浙江省市场化总指数的评分及其在全国31个省份中的排序。我们看到，浙江省是全国市场化发展程度最高的省份之一，在2008—2014年的7年中，浙江省的市场化总指数评分始终高居全国前三位，在最新统计年份2014年，更是位居榜首。此外，从时间趋势来看，2008—2014年期间，浙江省市场化总指数仍在不断提高。这充分表明了浙江省市场经济的发达程度及其在全国的领先位置。

表8-12至表8-16分别报告了浙江省在政府与市场的关系、非国有经济的发展、产品市场的发育程度、要素市场的发育程度、市场中介组织发育和维护市场的法制环境五个方面的市场化指数评分及其在全国31个省份中的排序。我们可以看到，浙江省在非国有经济发展、市场中介组织的发育和法律制度环境两个方面表现最为突出：2008—2014年，浙江省在

这两方面始终高居全国前三位，而且历年的评分不断提升。非国有经济发展指数由非国有经济在工业销售收入中所占比重、非国有经济在全社会固定资产总投资中所占比重、非国有经济就业人数占城镇总就业人数的比重三个分项指数组成。浙江省在非国有经济发展方面的突出表现与前文关于浙江省民营经济发展的分析相互印证。市场中介组织的发育程度主要指律师、会计师等市场中介组织服务条件、行业协会对企业的帮助程度。浙江省在这些方面均居于全国领先水平。此外，浙江省具有良好的司法环境和产权保护环境，这些既是市场化的表现，也是进一步推动市场化发展的有利条件。

表 8-11　　　　　　　　　　浙江省市场化总指数

年份	评分	全国排序	全国最高分	全国最高分省份
2008	7.81	2	8.01	上海
2009	8.06	3	8.33	上海
2010	8.23	3	8.74	上海
2011	8.38	3	9.18	江苏
2012	9.33	2	9.95	江苏
2013	9.44	2	9.88	江苏
2014	9.78	1	9.78	浙江

资料来源：《中国分省份市场化指数报告（2016）》。

如表 8-12 所示，浙江省在政府与市场关系的这个维度上也处于全国领先水平，2008—2014 年期间始终排在第 4—6 位。政府与市场关系指数具体反映的是市场分配资源的比重、政府对企业的干预程度和政府规模三个方面的状况。浙江省在产品市场发育程度和要素市场发育程度两方面有一定提高和改善的空间。组成产品市场的发育程度指数的两个分项指数分别是价格由市场决定的程度、商品市场上的地方保护程度。要素市场的发育程度由三个一级分项指数组成，分别反映金融市场、人力资本市场和科技市场的市场发育情况。这表明，浙江省可以尝试从进一步放松对产品市场的管制、完善资本、劳动、科技等生产要素领域的市场化程度入手，着力克服桎梏，从而进一步推动市场化进程、促进产业转型升级。

表 8-12　　　　　　　浙江省政府与市场关系评分及排序

年份	评分	全国排序	全国最高分	全国最高分省份
2008	8.45	4	9.65	江苏
2009	8.18	6	9.52	江苏
2010	8.15	4	9.05	江苏
2011	8.02	4	8.96	江苏
2012	7.54	5	9.12	天津
2013	7.51	5	9.22	天津
2014	7.65	5	8.59	上海

资料来源：《中国分省份市场化指数报告（2016）》。

表 8-13　　　　　　　浙江省非国有经济发展评分及排序

年份	评分	全国排序	全国最高分	全国最高分省份
2008	9.46	2	9.79	江苏
2009	9.37	2	9.79	江苏
2010	9.51	2	9.94	江苏
2011	9.54	2	9.99	江苏
2012	9.58	2	9.98	江苏
2013	9.75	3	10.38	江苏
2014	9.88	3	10.34	江苏

资料来源：《中国分省份市场化指数报告（2016）》。

表 8-14　　　　　　　浙江省产品市场发育程度评分及排序

年份	评分	全国排序	全国最高分	全国最高分省份
2008	8.39	8	9.79	山东
2009	8.39	8	9.79	山东
2010	8.39	8	9.79	山东
2011	8.39	8	9.79	山东
2012	8.39	8	9.79	山东
2013	8.39	8	9.79	山东
2014	8.26	14	9.73	福建

资料来源：《中国分省份市场化指数报告（2016）》。

表 8 – 15　　　　　浙江省要素市场的发育程度评分及排序

年份	评分	全国排序	全国最高分	全国最高分省份
2008	4.66	9	8.13	上海
2009	4.63	9	8.7	上海
2010	3.88	14	9.45	北京
2011	4.17	14	9.76	北京
2012	5.56	12	10.65	北京
2013	5.57	13	11.37	北京
2014	6.92	8	12.23	北京

资料来源：《中国分省份市场化指数报告（2016）》。

表 8 – 16　　　浙江省市场中介组织的发育和法律制度环境评分及排序

年份	评分	全国排序	全国最高分	全国最高分省份
2008	8.07	2	9.57	上海
2009	9.72	2	10.88	上海
2010	11.22	2	11.55	上海
2011	11.78	2	13.1	江苏
2012	15.56	2	16.12	江苏
2013	15.98	1	15.98	浙江
2014	16.19	1	16.19	浙江

资料来源：《中国分省份市场化指数报告（2016）》。

有效的市场机制是产业转型升级的根本动力所在。浙江省产业转型升级得益于市场经济的高度发展。浙江省市场经济的发展有两个显著的特征：一是发达的民营经济，二是较高的市场化发育程度。民营经济的蓬勃发展既是市场经济活力的源泉，也是市场经济活力的重要表现。浙江省市场化发育程度在全国居于领先地位，这表现在多个方面，比如健康的政商关系、非国有经济的高度发展、产品以及要素市场的发育程度以及良好的法制环境等。

第五节 "双驱动"模式之"有为政府"的量化评估

根据新结构经济学中关于有为政府的论述，在经济发展过程中，产业升级是由先行企业推动的，先行企业家进入新产业要承担很多风险，如果失败了，说明这个产业不符合比较优势，其他企业不会进入；如果成功了，证明这个产业是该经济体新的比较优势，其他企业就会跟进产生竞争。由于先行企业要承担很大的失败的风险，却很难得到成功时的垄断利润，为了鼓励企业家成为先行者，需要政府为他们提供激励。同时，先行企业是否成功除了进入的产业是否符合要素禀赋结构变动所决定的新的比较优势外，还决定于各种软硬基础设施是否随着产业的升级，资金、市场规模和风险的扩大做出相应的完善，这种软硬基础设施的完善超乎任何单个企业的能力，所以在经济发展过程中，政府也需要协调相关企业的投资决策来改善软硬基础设施，或利用其可动用的有限资源来提供相应的完善。所以，"有为政府"是经济发展成功的前提。

政府在经济发展中的作用要有所作为，但也不能过度。概括来说，有为政府之"为"主要包括三个方面：第一，政府要为市场、企业提供必要的基础设施等公共产品。这些基础设施既包括交通运输、邮电通信、水利、环境等公共设施，也包括学校、医院等公共服务机构。第二，政府部门应该为科学研究和研发创新提供支持。科学研究与研发创新，尤其是基础性研究，具有公共品的特性，难度大、周期长而且有很强的正外部效应。企业从事此类研究的积极性通常不高，因此需要政府在其中发挥主导作用。第三，政府要为企业创造良好的营商环境，包括公正的司法，强有力的执法、契约执行、产权保护、便利的行政手续等。

因此，我们将在本小节从上述三方面，来量化考察浙江省在推动当地经济发展的有为之举。首先，我们考察浙江省在基础设施方面的投资；其次，我们运用浙江省政府部门的研发投入数据，分析浙江省政府部门在研发创新中所扮演的角色；最后，我们将通过世界银行发布的《2008年中国营商环境报告》，从开办企业、登记物权、获取信贷和强制执行合同四个角度，系统评估浙江省的营商环境以及与国内其他省份的比较。

一 浙江省基础设施投资的量化分析

首先看浙江省的基础设施投资。表8-17报告了1990—2016年浙江省在各项基础设施方面的投资额。总体来看，浙江省基础设施投资增长迅速，投资总额从1990年的37.58亿元飙升至2016年的9365.48亿元，增长了248倍。2003—2016年期间基础设施投资总额年均增长率高达16%。再具体看各分项，水利、环境和公共设施从2003年的558.85亿元增长到2016年的4361.45亿元，年均增长率为17.1%；电力、燃气及水的生产供应业投资在1990年仅为15.67亿元，到2016年已经飙升至1216.37亿元，增长了76倍；最为突出的是交通运输方面的基础设施投资，从1990年的10.18亿元飙升至2016年的2577.43亿元，增长了252倍，年均增长率高达23.7%；邮电通信领域的基础设施投资总额从1990年的2.96亿元上升至2016年的164.27亿元，年均增长率为16.6%；此外，数据显示，自2003年以来，浙江省政府在教育和卫生方面公共设施的投入也大幅增加。总而言之，我们可以论断，浙江省社会经济的高速发展与基础设施投入的快速增加密切相关，而政府在基础设施的建设中也扮演着重要的角色。

表8-17　　　　　　　　　浙江省基础设施投资　　　　　　　　单位：亿元

年份	合计	水利、环境和公共设施	电力、燃气及水的生产供应业	交通运输	邮电通信	教育设施	卫生设施
1990	37.58		15.67	10.18	2.96		
1995	230.39		72.03	68.4	23.75		
2000	876.33		214.22	221.65	127.53		
2001	999.28		191.84	223.18	155.6		
2002	1066.8		188.28	227.28	95.49		

续表

年份	合计	水利、环境和公共设施	电力、燃气及水的生产供应业	交通运输	邮电通信	教育设施	卫生设施
2003	1360.4	558.85	239.25	295.54	88.09	114.66	26.76
2004	1724.69	521.36	429.63	476.16	102.98	122.98	30.34
2005	1981.97	518.81	544.79	641.36	94.18	102.21	31.63
2006	2226.57	608.49	533.97	777.44	97.64	95.82	50.03
2007	2215	643.73	568.29	673.05	119.25	93.29	42.56
2008	2373.06	816.69	501.74	740.8	125.91	101.54	49.38
2009	2894.97	952.06	579.61	979.63	139.63	120.72	63.17
2010	3038.58	1020.94	585.25	1040.68	144.58	123	72.48
2011	3359.09	1193.45	620.38	1102.93	123.31	150.06	79.19
2012	3963.35	1383.57	727.92	1330.3	58.22	199.83	102.52
2013	4718.09	1759.15	845.89	1450.34	62.35	253.33	118.52
2014	5741.56	2229.35	1012.27	1729.24	83.52	340.63	125.42
2015	7417.75	3092.03	1108.87	2311.4	93.2	400.91	167
2016	9365.48	4361.45	1216.37	2577.43	164.27	506.79	207.25

资料来源：《2017年浙江省统计年鉴》。

二 浙江省政府部门研发投入的量化分析

产业转型升级是产业从价值链的中低端向中高端的上升过程，是产业竞争力全面提升和经济迈上新台阶的关键。研发创新与产业转型升级有着十分密切的关系。一方面，研发创新是产业转型升级的重要动力；另一方面，研发创新投入的加大也是产业转型升级的表现和结果。

研发创新与产业转型升级一样，需要政府与市场共同驱动。一方面，政府在基础研究投入方面发挥着主导作用。基础研究是后续应用性、技术性研究的前提和基础。同时，基础性研究具有公共品的特性，难度大、周期长，企业从事此类研究的积极性通常不高，因此需要政府在其中发挥主导作用；另一方面，对于应用性、技术性创新而言，市场为企业提供了很强的激励，因此企业是这一类创新的主力军。在建设创新型国家、"全民创业、万众创新"的背景下，研发创新将成为驱动产业转型升级的主要力量，而研发创新的推动需要有效市场和有为政府的"双轮"合力。因此，本小节将全面考察浙江省尤其是研发创新方面的投入，并进一步分析政府部门在研发创新方面扮演的角色。

表 8-18 列示了浙江省研发投入经费的来源。如表 8-18 所示，近 30 年来，浙江省对研发的经费投入力度不断加大，从 1990 年的 2.04 亿元飙升至 2016 年的 1130.63 亿元，增长了 553 倍。研发经费的来源主要包含四个方面：政府资金、企业资金、国外资金和其他资金。其中，如前文所述，政府资金和企业资金是两个最主要的来源。根据表中 2016 年的最新数据显示，来自政府的研发资金投入为 78.72 亿元，约占研发投入总额的 7%，来自企业的研发资金投入为 1033.25 亿元，约占研发投入总额的 91%。

表 8-18　　　　浙江省研发投入及经费来源（1990—2016 年）　　　　单位：亿元

年份	总额	政府资金	企业资金	国外资金	其他资金
1990	2.04				
1991	2.27				
1992	3.46				
1993	4.43				
1994	7.88				
1995	9.14				
1996	10.50				
1997	15.19				
1998	19.70				
1999	27.05				

续表

年份	总额	政府资金	企业资金	国外资金	其他资金
2000	36.59	5.73	26.93	0.53	3.40
2001	44.74	6.59	32.73	0.64	4.78
2002	57.65	6.77	42.20	0.17	8.51
2003	77.76	9.46	57.70	0.32	10.28
2004	115.55	13.78	97.42	0.63	3.72
2005	163.29	24.12	134.74	0.55	3.88
2006	224.03	28.00	190.28	1.12	4.63
2007	286.32	30.94	246.39	2.50	6.49
2008	345.76	37.08	296.46	4.39	7.83
2009	398.84	36.63	354.22	2.48	5.51
2010	494.23	48.00	435.45	3.27	7.53
2011	612.93	53.56	539.41	9.51	10.45
2012	722.59	60.41	644.37	3.13	14.68
2013	817.27	66.16	733.62	2.38	15.12
2014	907.85	70.65	817.35	2.58	17.27
2015	1011.18	75.29	911.30	2.00	22.60
2016	1130.63	78.72	1033.25	2.10	16.56

资料来源：《2017年浙江省统计年鉴》。

在分析浙江省研发投入的整体状况之后，我们进一步分析政府部门在研发方面的投入。表8-19列示了1995—2016年期间浙江省县级以上政府部门所属研究与开发机构的状况。如表8-19所示，自2002年以来，在浙江省县级以上政府部门所属的研发机构中从事科技活动的人员数目，整体上呈现出明显的上升趋势。2002年从事科技活动的人员数目为5470人，到2016年这一数字为9629人，翻了将近一番；科技经费收入的增长更为显著,从1995年的6.2亿元飙升至2016年的48.7亿元,增长了将近7倍。图8-20呈现了科技经费收入中政府拨款的占比。我们可以清晰地观察到,1995—2005年,政府拨款的占比呈现快速上升的趋势,从1995年的19%上升到2005年的将近76%;2006—2016年,政府拨款在科技经费收入的占比趋于稳定,基本保持在70%—75%的水平上,2016年政府拨款的占比为73.58%。由此可见,浙江省地方政府科技投入力度之大。

表8-19 浙江省县级以上政府部门所属研究与开发机构情况

年份	机构数(个)	从事科技活动人员数(人)	科技经费收入(万元)	政府拨款(万元)
1995	161		62021	11784
1996	161		72172	25110
1997	162		91503	31795
1998	164		126704	47919
1999	160		126740	50194
2000	146		120587	54365
2001	127		89248	51719
2002	110	5470	89540	54571
2003	104	5095	115029	65770
2004	92	4792	116542	80373
2005	99	5798	144821	109676
2006	99	6178	176610	128341
2007	100	6677	211682	155461
2008	98	7123	247818	177210
2009	97	7517	259300	188672
2010	95	7771	281040	205659

续表

年份	机构数（个）	从事科技活动人员数（人）	科技经费收入（万元）	政府拨款（万元）
2011	94	8247	324294	223070
2012	97	8971	375690	270412
2013	97	9255	412979	309667
2014	97	9199	431374	311697
2015	96	9603	431581	304650
2016	96	9629	487236	358527

资料来源：《2017年浙江省统计年鉴》。

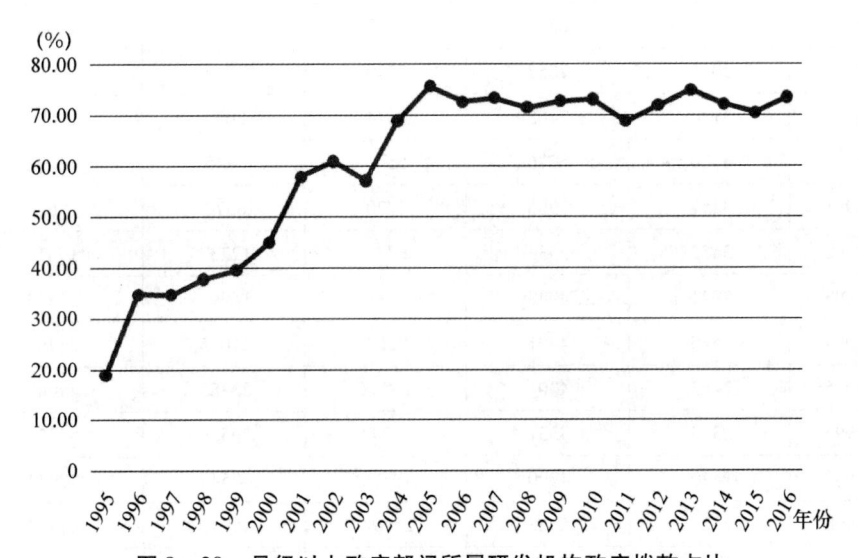

图8-20　县级以上政府部门所属研发机构政府拨款占比

资料来源：历年《浙江省统计年鉴》。

表8-20在表8-19的基础上更加详细地列示了1986—2016年期间浙江省县级以上政府部门所属研发机构的课题情况。我们可以清晰地观察到，从长期看，课题数、投入经费、人均经费、课题平均经费总体上都呈现出明显的上升趋势。尤其是经费上的投入，1986年，浙江省县级以上政

府所属研发机构的经费投入为3590万元，到2016年这一数字已经接近19亿元，增长近52倍；除了总量上的大幅增长，平均量的增长也十分显著：人均经费从1986年每人每年的5518元上升至30.6万元；课题平均经费从1986年的1.4万元增长至2016年的43.6万元。

综上所述，浙江省各级地方政府对研发活动的重视程度和投入力度都不断加大，政府所属的研发机构在人员、经费方面连年增长，发展势头十分迅猛。

表8-20　县级以上政府部门所属研发机构课题情况

年份	课题数（项）	投入人员（人年）	投入经费（万元）	人均经费（元/人年）	课题平均经费（元/项）
1986	2568	6506	3590	5518	13980
1987	3272	6892	4467	6481	13652
1988	3066	7053	5180	7344	16895
1989	3134	7405	5644	7622	18009
1990	3120	6276	5551	8845	17792
1991	3457	5506	4720	8572	13653
1992	3452	5533	6772	12239	19618
1993	2941	4948	7418	14992	25223
1994	2540	4401	9262	21045	36465
1995	2453	4301	10058	23385	41003
1996	2315	4331	12792	29536	55257
1997	2440	4390	17798	40542	72943
1998	2534	5568	25194	45248	99424
1999	2558	5070	26927	53110	105266
2000	1989	4040	29664	73426	149140
2001	1790	2818	21663	76874	121022
2002	1746	2812	23329	89262	133614
2003	1700	2944	30816	104674	181271
2004	1540	2769	42463	153351	275734

续表

年份	课题数（项）	投入人员（人年）	投入经费（万元）	人均经费（元/人年）	课题平均经费（元/项）
2005	2121	3383	58242	172161	274597
2006	2834	3787	65945	174135	232392
2007	3539	4372	82918	189657	234298
2008	3151	4542	92146	202875	292434
2009	3132	4457	101017	226648	322532
2010	3278	4211	113576	269713	346480
2011	3223	4401	123464	280536	383072
2012	3743	5358	133137	248483	355697
2013	4044	5411	129391	239126	319958
2014	4217	5715	140051	245059	332111
2015	4430	6350	152245	239756	343668
2016	4353	6197	189743	306185	435890

资料来源：《2017年浙江省统计年鉴》。

三 浙江省营商环境的量化评估

我们通过世界银行发布的《2008年中国营商环境报告》系统评估浙江省的营商环境以及与国内其他省份的比较。《中国营商环境报告》衡量政府规制如何对商业活动产生促进和阻碍的作用，即激励或阻碍商业活动的政府规制的范畴以及形式。该报告试图捕捉全国各个省会城市和自治区首府所在地以及四个直辖市在商业政策规制及其执行方面的差异，由此来比较不同地区的营商环境。按照世界银行全球《营商环境报告》的编制方法，该报告选取了四项与营商环境有密切关系的指标：（1）开办企业；（2）登记物权；（3）获取信贷；（4）强制执行合同。

表8-21报告了杭州市2008年营商环境的各项指标。如表8-21所示，总体来看，杭州市的营商环境在全国处于领先地位，四项指标的排名均非常靠前，开办企业和合同执行两项位居全国前三位，开办企业一项更是高居榜首。从开办企业一项来看，在杭州市开办企业登记所需办理的程

序总数为 12 个，登记手续所需时间为 30 天，需要花费的成本占人均 GDP 的比重为 5.7%，这几项指标均位居全国前列，反映了杭州市政府部门为开办企业提供了比较便利的程序，有利于新企业的创办；登记财产一项反映的是政府在保护产权方面的服务效率，在杭州市进行财产登记所需的法定程序总数为 8 个，所需时间为 50 天，需要花费的成本占财产价值的 3.7%；获得信贷一项反映的是企业获得外部融资的难易程度，反映的是当地的金融发展水平以及金融体系的服务效率，在杭州市获得信贷所需时间为 11 天，成本为贷款额的 3%；最后一项是合同执行。合同是交易的重要载体，合同的有效执行是市场秩序的重要保障，确保合同的有效执行也是政府在市场中的重要职能。我们看到，在杭州市，解决争端所需时间，即从原告提起诉讼到实际付款期间的时间，包括采取行动的天数和等待时间一共需要 285 天，法庭费用和律师费用以及执行费用占索赔额价值的 11.2%。这一项指标，杭州市排在全国第三位，表现很突出，反映了杭州市政府和司法部门较高的合同执行效率。

表 8-21　　　　　　　　　　杭州市 2008 年营商环境

	程序（个）	时间（天）	成本（%）	全国排名
开办企业	12	30	5.7	1
登记财产	8	50	3.7	8
获得信贷		11	3	8
合同执行		285	11.2	3

资料来源：《2008 年世界营商环境报告》。

总体来说，浙江省的政府部门在基础设施投资建设、研发投入支持以及创造良好的营商环境方面均比较好地履行了职责。纵向来看，近些年来，浙江省地方政府在基础设施投资和研发投入支持的力度不断加大；横向来看，浙江省在开办企业、登记物权、获取信贷以及合同执行等方面的营商环境在全国居于领先地位。浙江省政府部门较高的服务效率，以及一系列有为之举，是浙江省市场经济蓬勃发展、产业转型升级的重要推动力。

第六节　有效市场和有为政府的回归分析

为了更加精确地分析浙江省产业转型升级过程中政府与市场的双轮驱动作用，本节通过构建计量模型，以更为严谨的回归结果来分析检验管制放松、研发支持以及市场发展对产业升级的驱动效应。

一　相关性分析

图 8-21 直观呈现了政府管制放松与产业升级的相关关系。其中，政府管制以规模以上国有工业企业产值占比来度量，国有经济的相对缩小一方面是政府部门放松对市场的控制，另一方面也是非国有经济发展壮大的结果，这两方面都是政府在打造营商环境方面的重要举措；我们用规模以上工业人均产值来度量产业的经济效益，产业经济效益的提高是产业升级的重要表现。数据的时间范围是 21 世纪至今，即 2000—2016 年。如图 8-21 的散点分布和趋势线所示，规模以上国有工业企业产值占比与规模以上工业人均产值呈现出明显的负相关关系。这表明，非国有经济的发展以及营商环境的改善，对产业经济效益即产业升级有明显的正向推动作用。

如前所述，政府在产业转型升级过程中另一个重要的职能是对研发创新的支持。图 8-22 呈现了政府研发支持与产业升级的相关关系，其中政府研发支持用科技经费收入中政府部门拨款的占比来度量。如图 8-22 的散点分布和趋势线所示，21 世纪至今，政府拨款在科技经费中的占比与规模以上工业人均产值呈现明显的正向相关关系。这表明，政府在研发创新方面的支持是浙江省产业升级的重要驱动因素。

图 8-23 呈现了民营经济发展与产业升级的相关关系。民营经济高度发展是浙江省市场经济发育程度较高的重要表现。如图 8-23 的散点分布和趋势线所示，私营经济占比与规模以上工业人均产值高度正向相关。这直观印证了有效市场是浙江省产业升级的关键驱动力。

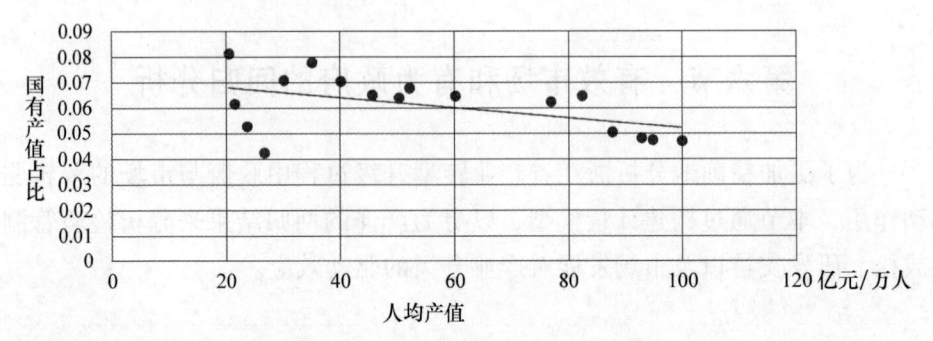

274　产业转型升级：浙江的探索与实践

图 8-21　政府管制放松与产业升级

资料来源：历年《浙江省统计年鉴》。

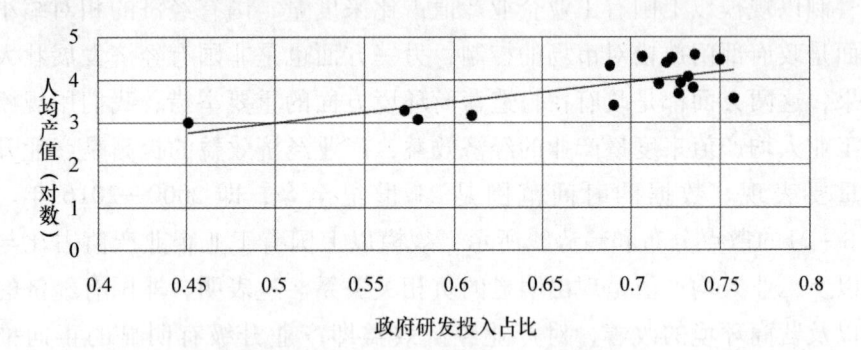

图 8-22　政府研发支持与产业升级

资料来源：历年《浙江省统计年鉴》。

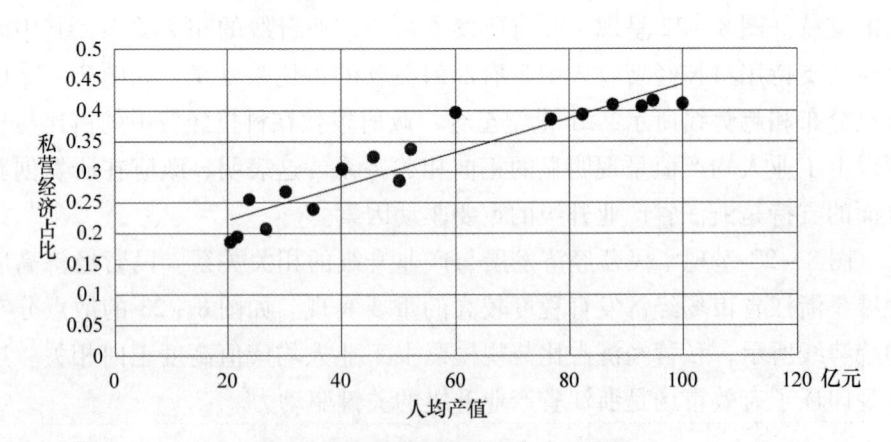

图 8-23　民营经济发展与产业升级

资料来源：历年《浙江省统计年鉴》。

二 面板回归分析

在上面直观呈现的基础上,我们通过回归分析更加精确地测度政府举措与产业升级的相关性。在这里,我们采用人均产值和资本产值率两个指标作为被解释变量,来度量产业经济效益,从而刻画产业升级。为了保证估计结果的稳健性,我们采用多种方式进行回归分析。

在第一组回归中,我们使用2000—2016年规模以上工业行业总的人均产值和资本产值率作为被解释变量。我们首先在回归中分别单独加入两个刻画政府举措的解释变量,然后再同时加入两个解释变量,来考察政府管制放松和研发支持与产业升级的相关性。如表8-22的(1)、(5)两列所示,国有产值占比的估计系数显著为负,即国有部门的缩小,即政府管制的放松能够显著提升规模以上工业的人均产值和资本产值率,这也再次验证了政府放松对市场的管制,打造良好的营商环境,从而推动非国有经济的发展是推动浙江省产业升级的重要因素。如(2)、(6)两列所示,政府研发投入占比的估计系数显著为正,即政府拨款在科技经费中占比的提高显著提升了规模以上工业的人均产值和资本产值率。这也验证了政府对研发创新的支持是浙江省产业转型升级的重要因素。在非国有经济的发展中,我们格外关注私营经济的发展。(3)、(7)两列报告了私营占比的估计系数,估计结果显示,私营经济占比提高对产业的经济效益指标有显著的正向影响。在(4)、(8)两列中,我们同时加入国有产值占比、政府研发投入占比和私营经济占比,估计结果与单独加入时基本保持一致,这表明回归分析的估计结果有很好的稳健性。

表8-22　　　　　　　　时间序列估计（Ⅰ）

	(1)	(2)	(3)	(4)	(5)	(6)	(7)	(8)
	人均产值				资本产值率			
国有产值占比	-12.51** (5.566)			-10.96** (4.523)	-13.43* (6.14)			-8.912* (6.973)
政府研发占比		2.041** (0.712)		1.869*** (0.622)		5.574*** (0.973)		5.434*** (0.960)

续表

	(1)	(2)	(3)	(4)	(5)	(6)	(7)	(8)
	人均产值				资本产值率			
私营产值占比			10.52** (4.570)	9.86** (2.323)			3.83* (2.01)	5.58* (2.73)
R^2	0.252	0.354	0.274	0.545	0.075	0.686	0.089	0.715
样本量	17	17	17	17	17	17	17	17

注：***、**、*分别表示1%、5%、10%的统计显著性水平。

在第二组回归中，我们使用2000—2016年21个代表性制造业细分行业的人均产值和资本产值率作为被解释变量，来检验政策举措与产业升级的相关性。由于采用细分行业，这一组回归的样本量扩大到了357个。我们同时在回归中控制行业固定效应，从而排除行业特定因素的干扰。如表8-24所示，采用细分行业的估计结果与行业加总的估计结果基本一致：国有产值占比的估计结果显著为负，政府研发投入占比和私营经济的估计系数显著为正，这再次印证，政府放松市场管制，打造良好营商环境，推动民营经济发展以及支持研发创新有助于推动产业升级。在第三组回归中，我们对每一个细分行业的人均产值回归，估计结果与前两组基本一致，只是估计系数的绝对值随细分行业人均产值的整体水平而异。

表8-23　　　　　　　　　　时间序列估计（Ⅱ）

	(1)	(2)	(3)	(4)	(5)	(6)	(7)	(8)
	人均产值				资本产值率			
国有产值占比	-24.06** (12.58)			-41.23*** (13.81)	-12.36** (1.14)			-11.912* (5.673)
政府研发占比		5.084** (2.06)		9.490*** (3.35)		8.852*** (1.973)		7.654*** (1.960)
私营经济占比			17.28** (4.570)	19.36*** (3.023)			7.93** (2.01)	9.28* (3.73)
行业固定效应	控制	控制	控制	控制	控制	控制	控制	控制
R^2	0.4067	0.4088	0.4075	0.4275	0.4007	0.4058	0.4125	0.4385
样本量	357	357	357	357	357	357	357	357

注：***、**、*分别表示1%、5%、10%的统计显著性水平。

表 8-24 分行业回归估计系数（Ⅲ）

行业	国有产值占比	政府研发投入占比	私营经济占比
农副食品加工业	-24.23***	4.98***	8.84***
食品制造业	-15.91***	3.50***	5.69***
饮料制造业	-17.97***	3.40***	5.63***
纺织业	-18.66***	3.57***	5.89***
纺织服装、鞋、帽制造业	-10.56***	0.185	3.59***
造纸及纸制品业	-23.24***	4.66***	9.25***
石油加工、炼焦加工业	-320.11**	82.37**	103.96**
化学原料及化学制品制造业	-54.12***	11.27***	13.69***
医药制造业	-16.71***	3.58***	6.32***
化学纤维制造业	-31.21***	8.12***	12.36***
非金属矿物制品业	-54.70***	10.33***	23.69***
黑色金属冶炼及压延加工业	-64.134***	13.695***	26.39***
有色金属冶炼及压延加工业	-55.96***	12.60***	23.65***
金属制品业	-14.77***	3.065***	7.36***
通用设备制造业	-14.91***	3.04***	9.91***
专用设备制造业	-14.20***	2.74***	9.32***
交通运输设备制造业	-29.23***	5.43***	16.23***
电气机械及器材制造业	-15.90***	3.183***	7.26***
通信设备、计算机及其他电子设备制造业	-10.06***	2.00***	3.95***
仪器仪表及文化、办公用机械制造业	-10.81***	2.47***	3.87***

注：＊＊＊、＊＊、＊分别表示1%、5%、10%的统计显著性水平。

本章通过构建产业转型升级的量化指标体系，从多个角度结合多种数据，对浙江省"双驱动"产业转型升级模式，进行了全面系统的量化评估。

三大产业发展的比较，是审视产业转型升级最直观的视角。发达国家经济发展的历史表明，产业结构的升级往往会经历一个从以第一产业为主导，到以第二产业为主导，直至最终以第三产业为主导的演进过程。我们通过对三大产业的增长速度、产值构成和吸纳就业三个角度的考察，发现浙江省的发展经验也遵循了这一路径。

在改革开放40年的发展过程中，浙江省的工业格局发生了显著改变，已经逐步从轻工业为主导转向以重工业为主导。除了产业结构的转型，浙江省规模以上工业也呈现出明显的"升级"过程，具体表现为自21世纪以来，无论从劳动生产率还是从资本回报率的角度来看，浙江省规模以上工业的经济效益都明显提高。

浙江省制造业整体取得了突飞猛进的发展，同时制造业内部产业结构转型升级的趋势十分明显，主要表现为：以装备制造、化学品、医药、化纤、交通运输设备、机械、电气设备等为代表的高端制造业增长势头最为强劲，而传统优势行业劳动密集型行业的产值份额下滑明显，与此同时，计算机、通信设备及电子产品行业已经展现出良好的发展势头和巨大的发展潜力。浙江省在化学纤维制造业、纺织业、家具制造业等行业专业化程度较高，具有出口比较优势。

对外贸易发展是考察产业转型升级的重要视角。对外贸易模式的转变，国际分工地位的上升在本质上反映的是国内产业的升级与转型。浙江省的对外贸易模式发生了深刻变革，一般贸易越来越成为浙江省对外贸易的主要方式，加工贸易中的国内附加值不断提高；此外，出口中以机电产品为代表的工业制成品比重不断提升。贸易方式和产品类型的转变突出反映了浙江省国际分工地位的提高，而国际分工地位的提高在深层次上，是产业结构不断转型升级的结果。或者说，国际分工地位的提高，一定程度上是产业结构转型升级在国际贸易领域的一个表现。

研发创新与产业转型升级有着十分密切的关系。一方面，研发创新是产业转型升级的重要动力；另一方面，研发创新投入的加大也是产业转型升级的表现和结果。企业在微观层面对研发创新的重视，必然带来宏观层面产业结构的转变。近年来，浙江省企业自身越来越重视研发创新活动，积极投入也结出了丰硕的果实，表现在企业所拥有的专利数量大幅度增长，同时新产品带来的产值的销售收入快速增长。我们看到，规模以上工业中新产品的产值在总产值中的比重不断上升，这是产业升级的重要表现。

浙江省产业转型升级是"有效市场"与"有为政府"共同驱动的结果。一方面，浙江省民营企业的蓬勃发展和较高市场化发育程度，为产业转型升级提供了根本动力；另一方面，浙江省的政府部门在基础设施投资建设、研发投入支持以及创造良好的营商环境方面均比较好地履行了职责，在全国各地方政府中表现比较突出。浙江省政府部门较高的服务效率，以及一系列有为之举，是浙江省市场经济蓬勃发展、产业转型升级的重要推动力。

第九章 "双驱动"转型升级模式：案例应用分析

如前所述，政府与市场的"双驱动"——两者在经济发展和产业革命过程中的深刻交互——通过某些特定的路径和机制，为不同产业的转型升级提供了持久而充足的动力。事实上，"双驱动"转型升级模式不仅有坚实的理论基础，其在现实的社会经济活动中也扮演着重要的角色。"双驱动"转型升级模式在浙江省近年来产业升级实践中的作用、机理以及具体成果，将是本章着重讨论的内容。

第一节 重振历史经典产业

一 历史经典产业的华丽转身

在新形势下的行业重组、转型和升级的浪潮中，浙江省从未放弃对历史经典产业的传承。"历史经典产业"这一概念，最早系统地提炼于2015年时任浙江省省长李强所做的政府工作报告中。简单地说，浙江省的"历史经典产业"是指浙江省境内有千年以上历史传承、蕴含深厚文化底蕴的产业，主要包括茶叶、丝绸、黄酒、中药、木雕、根雕、石刻、文房、青瓷和宝剑。在这一概念提出后，浙江省政府办公厅立即制定了关于推进茶叶、丝绸、黄酒等产业传承发展的数个《指导意见》，大力扶植和推动这些历史经典产业的发展。

我们以浙江十大历史经典产业之首——茶产业为例，较为详尽地考察其近年来的产业转型发展动态。

第九章 "双驱动"转型升级模式：案例应用分析　281

　　浙江省茶产业的发达可以由如下的事实概括：浙江省茶地总面积仅占全国的10%，每年却供应了全国约20%的总产量和约30%的总产值。2011—2016年6年间，在不利气候因素的干扰和茶叶市场剧烈波动的挑战下，浙江省产业总产值仍实现了逐年增长。从2011年的106亿元增长至2016年的155亿元，总体上实现了约50%的涨幅。另外，在产茶结构方面，名优茶的产量相对稳定，其在茶叶总产量中的比重也稳定地维持在43%—47%。而其产值在近6年间则持续增长（从2011年的96.6亿元到2016年的131.3亿元），尽管涨幅上稍有波动，但其每年对全省茶叶总产值的贡献率均达到90%的较高水平。在诸高档茶中，尤以西湖龙井、安吉白茶等经典品牌最受欢迎，在历年的名优茶市场中保有相当的市场份额。由此可见，名优茶的生产和销售已经成为浙江省茶产业的支柱性领域。近年来，随着包括G20峰会等国内外大型活动在浙江举行，相关的茶事活动和各类茶叶推介会如火如荼地展开，有力地促进了各类茶品的推广和市场拓展，广泛地提高了品牌知名度。

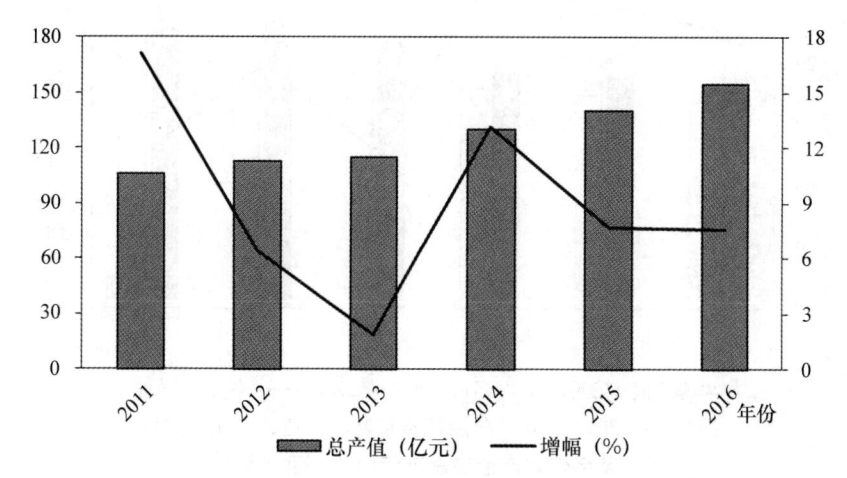

图9-1　2011—2016年浙江省茶产业总产值及增幅

资料来源：《浙江茶产业发展报告》（2011—2016年）。

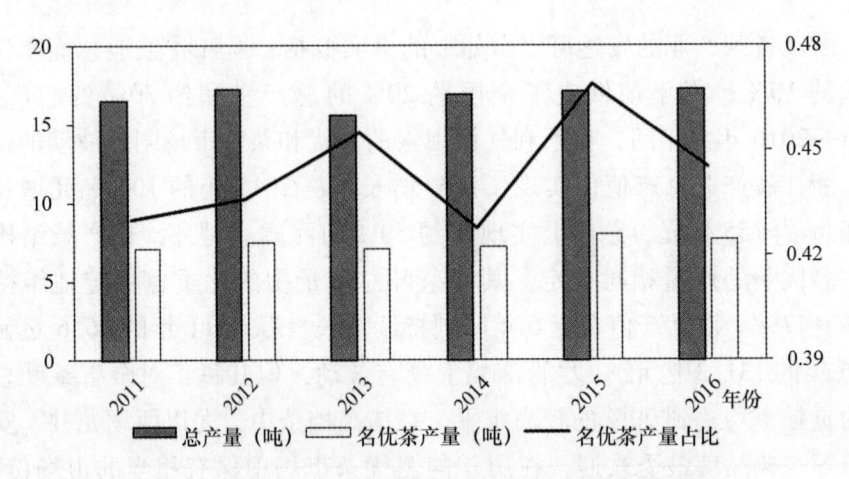

图9-2　2011—2016年浙江省茶叶总产量、名优茶产量及名优茶产量在总产量中的比重

资料来源：《浙江茶产业发展报告》（2011—2016年）。

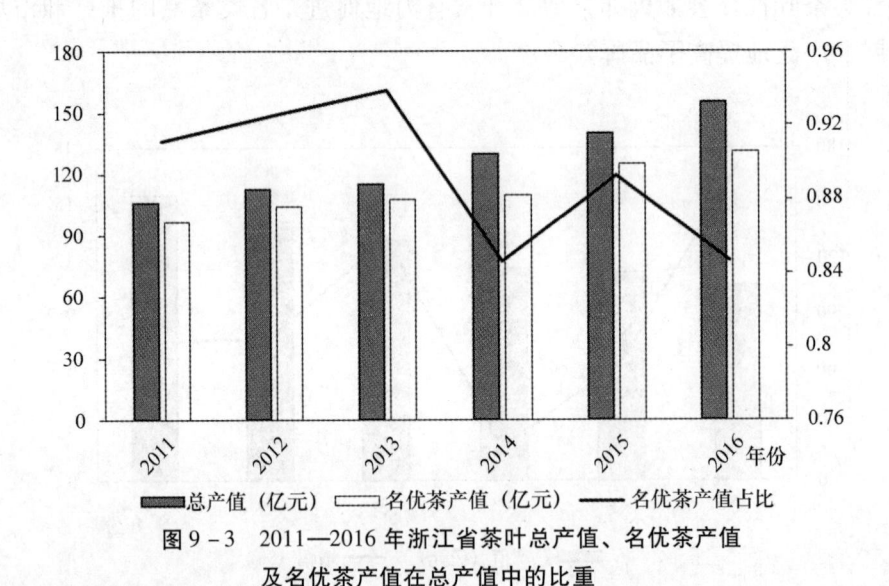

图9-3　2011—2016年浙江省茶叶总产值、名优茶产值及名优茶产值在总产值中的比重

资料来源：《浙江茶产业发展报告》（2011—2016年）。

二　历史经典产业重振中的市场政府"双驱动"分析

在数字经济和互联网经济时代，浙江省仍坚持对省内经典产业的传承是过时之举吗？答案显然是否定的。恰恰相反，依托政府与市场的双向联动，实现有效市场和有为政府"双剑合璧"，推动历史经典产业的转型升级，是新时期产业革命的必然要求。一方面，浙江省着力培养有效市场，为历史经典产业的发展提供了大量新机遇和新路径。特别是互联网经济下的重要产物——电子商务——为历史经典产业的发展打开一扇全新的大门。电子商务平台的开启，不仅拓展了国内外消费市场，还实现了买卖双方充分的信息对接和交换，交易成本大大降低。另外，时下渐渐流行起来的定制化消费模式也在这些历史经典产业中有所体现，尤其是石刻、根雕、木雕等产品差异化较为明显的行业，符合特定消费者的定制化需求更是屡见不鲜。这些"旧产业"的"新气象"与一个健全而开放的市场不无关系；另一方面，浙江省政府亲力亲为，为本省历史经典产业在新的经济发展阶段下的"华丽转身"出谋划策。从省政府各相关部门出台的一系列《指导意见》和《发展规划》中可以看到，在强调深化市场体制改革，巩固和发展健全有效的市场运行机制的基础上，浙江省政府对产业转型升级的路径和目标、产业结构的改革和重组、产业布局的调整和优化等产业发展的各个方面都制定了极为详细的战略。特别是基于互联网经济时代优秀发展经验的新理念和新思路的引入，例如在产品设计上创新、在营销方式和营销渠道上的互联网化、多产业融合联动发展等，都为昔日的经典产业注入了新的活力。同时，浙江省政府对各个历史经典产业都制定了针对性的扶植和保障政策，集结各方面的优质资源，为推动其在未来长期稳定的发展创造了良好的条件。

  下面仍以十大历史经典产业——茶产业为例，更为细致地考察政府与市场的"双驱动"模式在推动其转型与升级过程中的重要作用。浙江茶产业所取得的巨大成功，得益于其悠久的历史和坚实的基础——先进的生产、筛选、存储技术和设备以及早期形成的一批经典茶叶品牌。但在充满激烈竞争和严峻挑战的新时期，浙江茶产业仍能保持如此旺盛的生命力，这应当归功于联结起政府和市场职能的"双驱动"模式的实施和运作。有效的市场是浙江茶产业转型升级之路上的基石。众所周知，茶叶是一种可广泛流通于市场的实物性产品，这意味着茶叶的生产和销售对价格的变化非常敏感。因此，令市场释放准确的价格信号而非人为地施加扭曲，进而高效地配置茶叶生产资源以提高生产效率就显得极为重要。近年来，浙江省政府在茶产业领域简政放权，充分发挥各茶叶生产主体的能动性，进一步提升茶叶市场的包容性，使得茶叶市场自发地刺激和引导业内的良性竞争，进而催生出效率更高、产量更大、质量更优的满足各类消费群体的茶叶品牌。同时，有效市场还极大地促进了行业间的信息和资源交流，倒逼茶叶厂商理解和把握经济发展的潮流，因此一批应用"互联网+"理念、依托电子商务平台的特色茶商应运而生；与高效的市场机制互补的是一个有所作为的政府，一个为产业转型升级保驾护航的政府。浙江省人民政府办公厅于2016年2月4日印发的《关于促进茶产业传承发展的指导意见》提出了"高效生态、特色精品"的发展目标，着力推进"机器换人、电商换市"，提出了加快构建茶产业、茶生态、茶经济、茶旅游和茶文化有机融合、协调发展的现代茶产业体系的总要求。浙江省政府提出了在未来5年内茶产业发展的七项具体要求，其中既包括了加快建设茶叶强镇、推进茶叶全产业链建设的产业规划布局，也涉及关于加大科研投入和开发创新、推进"机器换人"、构建现代化营销体系等适应当下经济发展新形势的前瞻性思路，在保障茶叶市场的基础性地位的同时，政府的积极参与在质和量上均有效推动了茶产业的转型升级。值得注意的是，在这份《指导意见》的最后，还专门提到了各部门和组织应当对茶产业发展采取的保障措施。在产业转型升级的路径中，将政府视为一种保障性力量，实际上是对政府与市场关系的一种正确理解。浙江省政府通过鼓励相关人才培养、加大政策扶植力量为茶产业发展提供智力与经济支持，同时，还通过监管机构对茶叶从生产到销售的各个环节严格把关，对质量不达标的产品予以整改和取缔，对破坏公平合法的市场秩序的行为予以惩罚和制止，从而保障茶产业能实现长期健康的发展。正是这些政府的"作为"与有效市场"双驱动"，加快了浙江茶产业转型升级的步伐。

第二节　打造战略性新兴产业

一　浙江战略性新兴产业的蓬勃发展

《浙江省战略性新兴产业发展指导目录（2011年本）》将物联网、高端装备制造、新能源、新材料、节能环保、生物、新能源汽车、海洋、核电九大产业领域作为"十二五"期间浙江省重点培育和发展的新兴产业，这是浙江省加快转变发展方式，全面实现转型升级的一项重要举措。

大力推进战略性新兴产业的发展，从本质上来说，是浙江省面对新一轮更全面、更迅速、更深刻的产业转型升级浪潮的积极回应。此前的大量相关研究已经指出，泛化式的产业政策在消耗大量可用资源的同时，也难以形成政策合力，因而政策实施的效率较低。因此，在谋划新型产业结构布局和产业发展方式时，应使产业政策有目的、有侧重地偏向一些尚处在发展阶段初期但顺应经济发展大趋势和大格局，在长期具有巨大潜力和乐观前景的企业。而战略性新兴产业的部署和规划，系统性地总结了目前最具发展活力和竞争优势的九大产业领域，正是数字经济和信息经济时代浙江省推动新型产业革命，促进全方位、深层次产业转型升级的关键一步。

总体来看，2011—2016年这6年间，浙江省战略性新兴产业发展势头良好，个别领域，如信息技术和物联网、新能源、海洋等相关产业所取得的成绩尤为突出。历年《浙江省国民经济和社会发展统计公报》的数据显示，近年来，浙江省战略性新兴产业年增加值持续增长，从2011年的2383亿元到2016年的3657亿元，6年内实现了产业增加值53.5%的扩张。历年增幅也相对稳定，数据统计时间范围内（2011—2016年）平均增长率为8.9%。战略性新兴产业的快速发展也使其在浙江省工业体系中的整体地位有所提升。统计数据表明，战略性新兴产业增加值在规模以上工业总增加值中所占的比重超过20%，近几年这一数据稳中有增，到2016年，战略性新兴产业增加值贡献率已达到25.8%，成为浙江省整个产业大军中实力最为雄厚的一支力量。

另外，在战略性新兴产业框架内部也有鲜明的结构性特征，呈现出"整体向好，个别突出"的总态势。其中，信息技术和物联网产业依托本省发达科技的智力优势和电子商务的高效平台，发展势头最为迅猛。在2015年和2016年两年，其产业增加值分别保持了15.1%和21.2%的高速增长，平均超越总体增长率10个百分点。新能源也取得了产业增加值连续

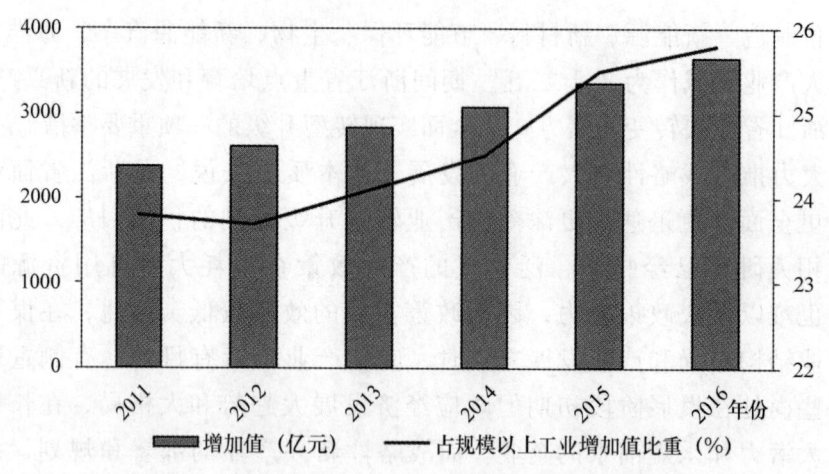

图 9-4　2011—2016 年浙江省战略性新兴产业增加值
及其占规模以上工业增加值比重

资料来源：《浙江省国民经济和社会发展统计公报》（2011—2016 年）。

两年超过两位数增长率的骄人成绩。海洋、生物、节能环保等战略性新兴产业体系下的子产业，在 2016 年也都达到了超过 7% 增加值增长的目标。浙江省战略性新兴产业构架的内部展现出蓬勃的生机与活力。

二　打造战略性新兴产业中的市场政府"双驱动"分析

浙江省着力构建和支持战略性新兴产业的政策成功绝不是偶然的，其中一个原因在于政府与市场这两个产业转型升级过程中的重要角色相对关系的良性发展，这也是有效市场和有为政府实现"双驱动"的应有之义。一个经典的"政府扶植悖论"表明，新产业的兴起需要政府的政策支持，但过度的政府干预又会扰乱正常的市场秩序，扭曲性的产业政策不仅难以有效地助力新兴产业在生命周期初期的成长，还会严重地影响产业内外的合理竞争格局，使得相关企业过度依赖政府政策而失去市场竞争力。因此，为了打破这一悖论，政府所实施的产业政策在强度和范围上必须如履薄冰，既要使政府作为"引导者"的角色积极地参与到产业转型升级的过程中去，又要保证市场以一个"主导者"的身份，合理高效地配置资源，主动激发企业的创新驱动机制，进而在产业层面上实现发展的革命性突破。

表9-1　2015年和2016年浙江省战略性新兴产业及其子产业增加值增幅

	2015年增加值增幅（%）	2016年增加值增幅（%）
节能环保	5.9（-1.0）	7.4（-1.2）
信息技术和物联网	15.1（+8.2）	21.2（+12.6）
新能源	17.1（+10.2）	11.3（+2.7）
生物	6.6（-0.3）	8.3（-0.3）
海洋	6.1（-0.8）	16.0（+7.4）
总体	6.9（+0.0）	8.6（+0.0）

注：括号内的数字表示对应产业增加值增幅超出总体的百分点数。
资料来源：《浙江省国民经济和社会发展统计公报》（2015—2016年）。

有效的市场在浙江省战略性新兴产业的转型升级之路上的作用是不可忽视的，具体体现在如下几个方面：

（1）高效配置生产资源，实现跨区域要素的自由、充分流动。新兴产业的崛起必然会吸引大量的资本和劳动力，但决定这些生产要素多寡和流向的权力始终属于市场。浙江省战略性新兴产业发展所依托的要素市场，不仅在最大限度上保证了市场准入度，还实现了子产业内部和之间的要素涌动和渗透，这实际上是整个产业生机与活力的重要来源。

（2）刺激竞争，倒逼企业研发与创新。应当注意到，在战略性新兴产业大家庭中，绝大多数都是技术密集型产业。这意味着生产技术，而不是资源禀赋，成为产业比较优势的决定性因素。有效的市场通过开放的市场环境吸纳形形色色的市场主体，在产品质量、价格等方面引导激烈的竞争。这迫使相关企业努力寻求争取竞争优势的途径——对于由高新技术主导的战略性新兴产业而言，科研开发、技术创新无疑成了各大企业谋求生存的必经之路。目前，浙江省战略性新兴产业中的创新型企业数量不断增多，研发投入也持续增长，越来越多的累积性技术创新和智力成果的交流渗透，都将为战略性新兴产业的转型升级之路提供充足的动力。

（3）以客观准确的价格信号为企业家的正确抉择提供条件，使相关企业迅速适应市场需求。价格是谋求利润最大化的企业在进行生产决策时的重要参考，是凝聚市场供需关系的关键信息。近年来，为推动战略性新兴产业的快速发展和转型升级，浙江省政府在很多领域都不同程度地放松了价格管制，尽量减少价格信息中的"人为因素"，保障有效市场的基础性和决定性地位。市场价格的瞬息万变使得企业在接收到价格信息后必须快速地做出反应以满足市场需求。这使得相关企业能敏锐地洞悉市场变化，从而组织起更加高效的生产活动。

除了有效市场之外，一个有为的政府也不能缺位。有为政府是"双驱动"机制下与有效市场彼此补充的交互式作用体系中必不可少的成分。强调市场的基础性和决定性的地位，并非意味着政府功能的弱化。相反，浙江省政府始终保持一个引导者的姿态。对其在战略性新兴产业转型升级的历程中所扮演的角色，可以从以下几个方面来解读：

（1）合理运用财政补贴和政府采购等手段，为技术研发和创新提供支持。浙江省政府在战略性新兴产业领域的财政补贴主要针对那些积极参与技术研发的企业，对企业"研发后补助"不仅可以帮助企业更快回收一部分研发用资金，还可以给予企业拥有自主知识产权的创新型产品优惠定价的空间，有利于高研发投入企业确立竞争优势，进而推动整个战略性新兴产业成熟格局的建立和形成。

（2）积极投资推动相关产业发展所必需的基础设施建设，为中长期维度上的产业转型升级提供硬件保障。大量相关研究表明，与产业的进步和发展水平不相匹配的基础设施建设是阻碍产业转型升级和经济持续增长的重要原因之一。近年来，浙江省政府十分重视与战略性新兴产业相关的基础设施建设，尤其是在交通设施领域，投资计划和筹建方案非常密集。根据《浙江省重大建设项目"十三五"规划》，浙江省政府拟在"十三五"期间对全省交通设施各领域安排重大建设项目81个，总投资规模达到10554亿元。交通设施的建设和完善，加快了要素和资源的流动，提高了物流效率，是战略性新兴产业实现转型升级的坚强后盾。

（3）施行严格的知识产权保护，激励企业自主创新。开放的市场蕴含着诸多有利的因素，但也存在着风险和隐患。特别是在战略性新兴产业领域，高新技术企业通过技术研发获得了大量科技成果，如果这些成果的知识产权得不到有效的保护，就会挫伤企业的创新积极性。为此，浙江省政府办公厅于 2017 年 3 月 21 日印发了《关于新形势下加快知识产权强省建设的实施意见》，该《意见》重点强调了"严格知识产权保护"的意识和决心，包括加大侵权惩罚力度、遏制互联网假冒侵权行为、加强海外知识产权维护、完善知识产权维权援助和信用体系在内的四大措施有助于加快实现浙江知识产权强省的目标，进一步发挥知识产权制度在创新驱动发展过程中的基本保障作用。浙江省政府对本省知识产权保护制度的优化和完善，本质上是对企业创新和研发积极性的鼓励和维护，有效弥补了纯粹市场机制下的潜在不足和缺陷，是推动战略性新兴产业转型升级的必由之路。

第三节 "四换三名"倒逼产业转型升级

一 "四换三名"工程

加快经济发展方式和产业转型升级是浙江省当前和今后一个时期的一条主线。"四换三名"工程的提出和实施，正是浙江省推动本省产业转型升级、优化产业布局结构的核心战略之一。"四换三名"工程具体是指，加快腾笼换鸟、机器换人、空间换地、电商换市的步伐，大力培育名企、名品、名家。实施"四换三名"工程的目的在于解决现阶段浙江经济发展，特别是产业转型升级路径上的突出问题——对低成本劳动力、大规模资源投入和传统商业模式等不适应当下经济发展趋势的因素的过度依赖。"四换三名"工程不仅是浙江省政府在新常态下顺应经济发展主旋律的求变之策，更是积极响应国家供给侧改革的号召，推进和深化创新驱动发展战略的务实之举。

应当注意到的是，"四换三名"工程成果的取得，需要政府出台各项集中性的发展规划和针对性的产业政策，但也需要一个自由、开放、可靠的市场。在任何时间点上，有效市场和有为政府的"珠联璧合"永远是促进经济持续发展，推动产业转型升级的重要保障。从某种意义上来说，政府具有前瞻性和建设性的"四换三名"工程为新一轮产业革命指明了方向，而其核心的理念和思想必须经由市场的孕育和转化，才能倒逼为了在激烈的市场竞争中存活下来的企业寻找自我转型升级之路。

"四换三名"工程有哪些更为具体和深刻的内容？在近期取得了哪些成效？有效市场和有为政府的"双驱动"模式如何在其中发挥不可替代的作用？这些是接下来要集中阐释的问题。

"四换三名"首要强调的是"腾笼换鸟"。"腾笼换鸟"就是要大力发展省内的高新技术产业、战略性新兴产业、现代服务业等处在产业进步和发展领域前沿的产业类型，用以取代低附加值、高能耗、高污染的传统产业。本质上就是要通过创新性的技术研发取代落后的生产方式，使各大产业从要素依赖型逐步转向技术依赖型，进一步提高生产效率使有限的资源得到尽可能充分的利用。从近年来全省规模以上工业及部分重点企业单位增加值能源消耗的变化趋势来看，2011年以来，浙江省规模以上工业单位增加值能源消耗呈逐年下降趋势，平均降幅在5%左右；对千吨以上和重点监测的高能耗企业而言，其单位增加值能耗降幅尤为明显，每年均超过了规模以上工业的总降幅。在技术密集型产业的发展方面，根据《2016年浙江省国民经济和社会发展统计公报》，2016年，浙江省规模以上工业中，高新技术产业增加值增长10.1%，占规模以上工业的40.1%，对其增长贡献率达到68.5%。战略性新兴产业、高端装备制造业、信息经济核心产业等边际前沿产业的增加值增长率均实现了超过8.5%的增长。由此可见，"腾笼换鸟"在近年已取得显著成效。

"机器换人"主要是针对浙江省传统产业劳动力密集、人均附加值较低的问题而提出的解决方案。"机器换人"的基本含义是鼓励和支持企业加快技术改造，用技术更加先进、自动化程度更高的工艺设备来替换现有的相对落后的工艺设备和低端劳动力，进而提高企业的劳动生产率和市场竞争力。其核心要义仍是机器设备、工艺技术、管理理念等领域的全面革新。对于"机器换人"政策实施效果的考量可见于对浙江省规模以上工业历年劳动生产率的统计。相关数据表明，2010—2016年这6年间，浙江省规模以上工业的平均劳动生产率呈现出逐年上升的趋势，且历年增速均保持在7%以上的较高水平。从2011年的14万元/人到2016年的20.7万元/人，6年内总增幅达47.9%。"机器换人"的政策效应由此可见一斑。

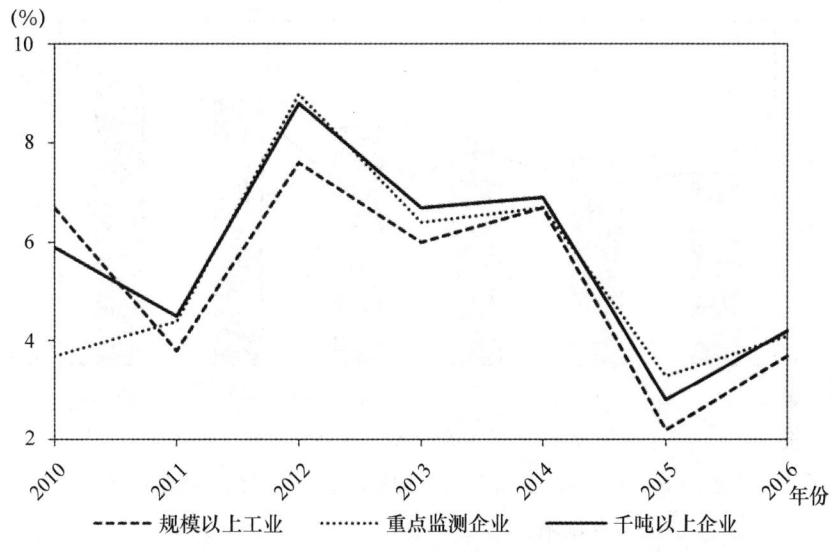

图 9-5　2010—2016 年浙江省规模以上工业及重点监测和千吨
以上企业单位增加值能耗降幅

资料来源：《浙江国民经济和社会发展统计公报》（2010—2016 年）。

为优化省内产业的空间布局，"空间换地"应运而生。实施"空间换地"，就是要更加高效地利用有限的土地资源，促进人口集中和产业集聚，进一步演化为对新型产业集聚区的规划和构建，从而实现对整个产业体系空间布局的系统性和科学性调整。数据显示，近 5 年来浙江省单位建设用地 GDP 呈稳步增长态势，2013 年就已突破 20 亿元/万亩大关，2016 年这一数据更是达到了 23.82 亿元/万亩，位居全国前列。单位建设用地 GDP 的不断增长也在一个侧面反映了浙江省土地利用效率的不断提高，这也是全面推行"空间换地"政策所取得的重要成果。

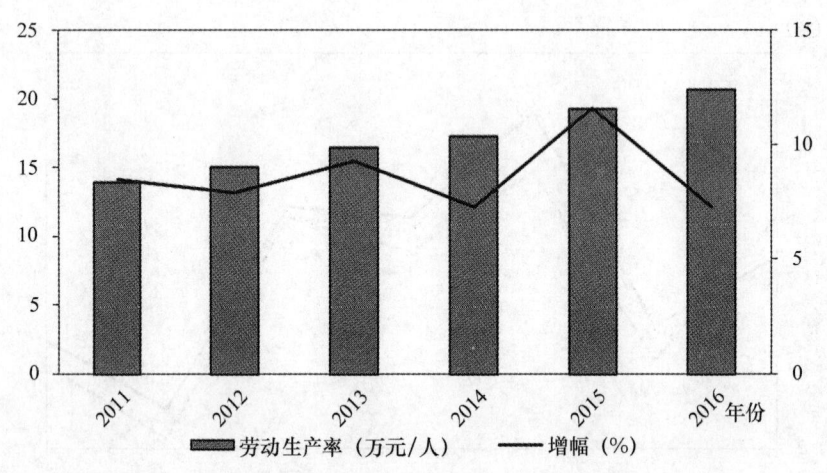

图9-6 2011—2016年浙江省规模以上工业平均劳动生产率及其增幅

资料来源：《浙江国民经济和社会发展统计公报》（2011—2016年）。

"四换"中的最后一换，便是浙江省为顺应互联网经济的到来，电子商务的兴起和普及而实施的"电商换市"。所谓"电商换市"，就是要大力发展电子商务，积极利用互联网来开拓新市场、新空间、新领域，依托物联网、云计算、大数据等工具和手段助推跨界经营和联动发展。"电商换市"的本质是对传统商业模式的一次挑战和变革，也是倒逼各大企业加快转变经营方式和发展理念的主要因素之一。根据中国电子商务研究中心公布的统计数据，近6年间浙江省全省网络零售额呈爆发性增长，从2011年仅820亿元增长至2016年的10306.74亿元，网络零售总额6年内实现了超过10倍的扩大，其规模和速度之惊人是前所未有的。特别是近年来以阿里巴巴为代表的一系列互联网企业对电子商务领域的开辟和拓展，成为许多其他企业在发展转型上的示范性榜样，这也促使"电商换市"这一理念渗透到浙江省产业体系的各个层面。

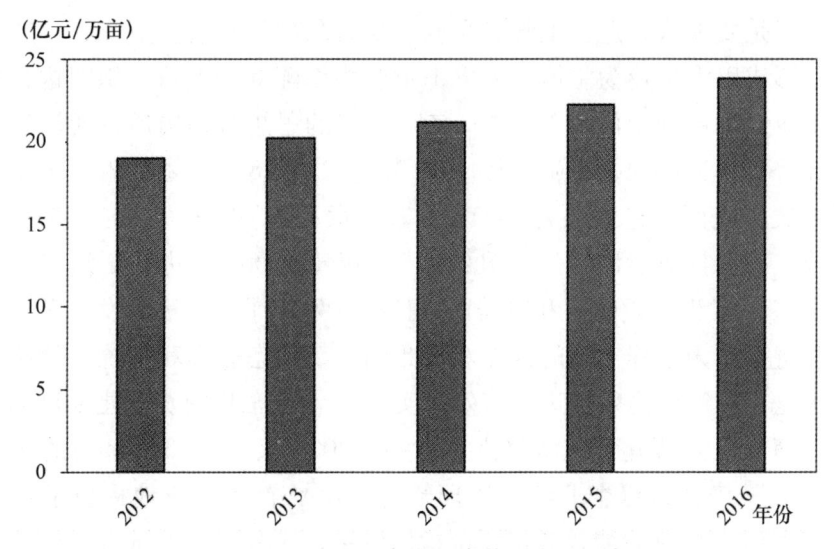

图 9 – 7　2012—2016 年浙江省单位建设用地 GDP

资料来源：《浙江国民经济和社会发展统计公报》（2012—2016 年），浙江省国土资源厅，http://www.zjdlr.gov.cn。

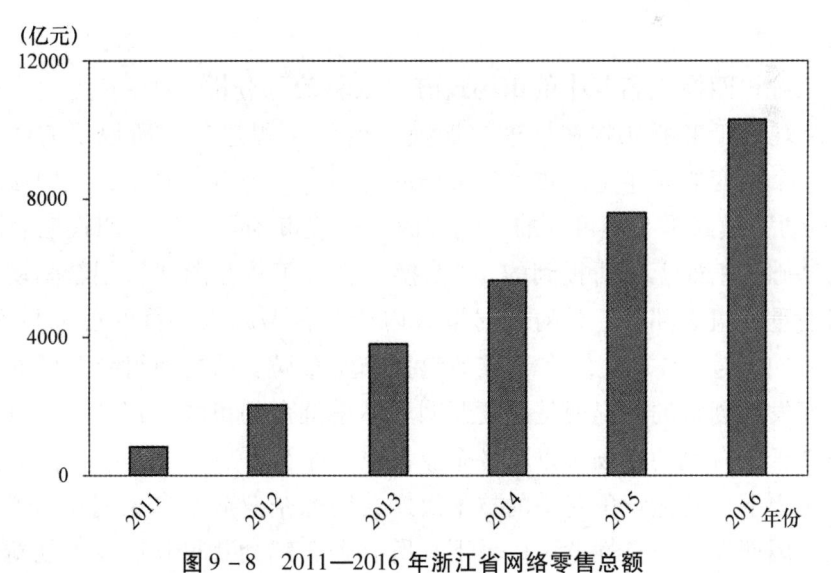

图 9 – 8　2011—2016 年浙江省网络零售总额

资料来源：中国电子商务研究中心，www.100ec.cn。

"四换三名"中的"三名"是指要加快培育名企、名品和名家。具体而言，就是要加快打造一批知名企业、知名品牌和知名企业家，打造行业龙头，形成以大企业为主体、大中小企业协作配套的产业组织架构，其本质是产业组织层面上的创新。"三名"工程的思想被提出后，浙江省政府立刻部署了更为详细的实施方针。2013年12月28日，浙江省人民政府印发了《关于全面实施"三名"工程的若干意见》，推进"三名"工程的全面实施，助力打造浙江经济"升级版"。随着时间的推进，浙江省不断扩大"三名"工程的影响力和覆盖面，挖掘和发现了许多极具发展潜力的企业，并将其作为工程实施的试点。与此同时，动态管理和系统评价体系也逐步建立，有助于高效推进、有效落实"三名"工程的发展建设目标。浙江省"三名"工程建设联席会议办公室于2016年2月23日印发的《浙江省"三名"培育试点企业动态管理暂行办法》首次系统地构建了对"三名"工程试点企业的绩效考核评价指标体系，充分保障了试点制度的有效性。截至目前，已有超过100家企业成为"三名"工程试点企业，它们也必将成为未来浙江产业发展的新增长点，为浙江省产业转型升级总战略的推进注入新鲜活力。

二 "四换三名"中的市场政府"双驱动"分析

综观近年来浙江省在推进"四换三名"工程过程中所取得的诸多成果，一个不变的规律是，政府与市场的共同参与与双向联动，也即所谓的"双驱动"模式是必不可少的。一方面，有效市场是实施"四换三名"工程的基础。正如上文所提到的，"四换三名"工程是浙江省创新驱动发展战略的重要组成部分，是对新时期省内产业转型升级路径的思考和探索。因此，"四换三名"之实在于推动包括产业布局、结构和组织等层面的创新，而发展创新的前提便是制度开明、体系健全的市场。其中一个重要的原因在于，有效的市场可以为各企业提供一个公平竞争的平台，在激烈的竞争压力下，其他竞争对手的技术研发会倒逼企业通过自主创新赢得生存空间，因而在一个良性竞争体系下，所有企业都会获得开展技术创新的正向激励，这将在更广的行业层面带来技术密集度的长期增长。另一方面，作为"看不见的手"，有效政府则扮演着与有效市场相辅相成、互为补充的角色。在"四换三名"工程稳步推进的数年间，浙江省政府出台的一系列富有针对性和指导性的政策文件和规划纲要正是政府参与的生动体现。这些前瞻性产业政策的出台能够在相当程度上集中一批优质资源、发展一批高端人才、建设一批完善制度，为"四换三名"的扎实推进和深入开展提供长期支持。同时，浙江省政府还作为一个市场监督者，密切关注相关产业转型升级的前沿动态，特别是近年来对知识产权保护意识的重申和强化，最大限度地保障了创新型企业的利益，合理地控制了知识和技术外溢的风险和损失，为相关产业内的诸企业发展方式总体上实现由要素密集型向技术密集型的转变提供了制度保障。

第四节　构筑"总部经济"引领转型升级

一　"总部经济"战略

"总部经济"这一概念最早可以追溯到2005年在杭州举行的第二届浙商峰会，在该会议上首次将杭州与总部经济联系在了一起。从那以后，浙江省便将打造"总部经济"作为加快转变经济发展方式和实现产业集群升级战略的重要手段。近年来，除了杭州以外，温州、宁波、金华等城市也逐步建立起属于自己的总部经济中心，加入了浙江发展总部经济模式的队伍之中。

本质上，总部经济的基本运作方式就是通过设立一个经济战略集结点，吸引大量企业，尤其是高新技术企业将总部建立或迁移至此，从而实现优质的边际前沿产业的集中化空间布局。从这个意义上讲，总部经济可以通过多个渠道为社会经济发展带来良性影响，其中最为明显的是"产业乘数效应"和"消费带动效应"。"产业乘数效应"是指由于企业总部的密集设立和整体凝聚而带来的多元化产业集群效应和链条效应，特别是关联产业之间的互动往往可以将这种空间集聚优势进一步放大，从而推动区域内的产业群体高速发展；"消费带动效应"则是指发展总部经济的区域在逐步走向成熟期的发展阶段，配套的商业区域也在相应地孕育之中，由于总部经济中心的工作员工一般为高级白领，相对充裕的可支配收入使得他们有更强的消费能力。随着总部经济发展水平的不断提高，优渥的就业和生活条件又会吸引更多高薪劳动力，当这些潜在购买力被集中释放的时候，将创造大量的社会消费，从而拉动经济进一步发展。

近年来，浙江省在推进总部经济战略上取得了丰硕的成果，涌现了一大批总部经济中心，汇集了各种类型的走在互联网经济时代前沿的产业，它们也正在向更大规模、更高效率的产业集聚中心转变。事实上，浙江省本身也是一个大的产业集聚中心，省内云集的大量互联网科技企业、高新技术企业、新兴前沿产业始终是浙江省产业转型升级的"领头羊"。特别是在民营企业的发展方面，无论是从综合水平还是集聚程度，浙江省在全国都是首屈一指的民营经济大省。根据历年《浙江省国民经济和社会发展统计公报》所汇报的数据，2011—2016年间，浙江省民营经济增加值总额一直保持上升趋势，且民营经济增加值对规模以上工业增加值的贡献率始终维持在39%左右。实际上，浙江省在民营经济发展上所取得的巨大成就与浙江省一直以来的"民营经济总部"的特质不无关系。全国工商联历年发布的《中国民营企业500强》中的相关数据显示，在中国500强民营企业总部数量排行榜上，浙江省已连续18年高居榜首，与其他省份的差距之大令位居次席者难以望其项背。一直以来，民营经济都是浙江省经济发展中最为人津津乐道的一环，民营经济在浙江省经济发展和产业转型升级历程中所显示出的前所未有的活力、实力和包容力，在很大程度上都依赖于浙江省这一民营经济总部中心所焕发出的巨大凝聚能量。

如前所言，浙江省总部经济战略的推进不仅要在省级层面上搭建一个产业集聚的平台，更要将一些重点城市打造成为区域经济发展的总部。浙江省省会城市杭州便是其中最好的一个例子。从时间上看，杭州市发展总部经济的历史最为悠久，早在2004年，总部经济的建设理念就已在杭州逐渐酝酿成熟。从成效上看，在总部经济的框架和规划下，杭州充分利用高端产业空间集聚所带来的竞争优势，顺应经济发展的大背景和大趋势，加快推进整个产业体系由要素依赖型向技术密集型和创新驱动型的转变。正因为如此，杭州无可争议地成为浙江省内市级层面的头号经济体。《2016年杭州市国民经济和社会发展统计公报》的相关数据显示，杭州全市实现生产总值11050.49亿元，占浙江省全省当年GDP的23.8%；相对2015年GDP增速为9.5%，也超过了全省平均增速7.5%。杭州总部经济的发展成果显著，从高端产业增加值来看，根据历年《杭州市国民经济与社会发展统计公报》公布的数据，2013—2016年，杭州市战略性新兴产业、装备制造业、高新技术产业的增加值均实现了逐年增长，三大产业类型对全市工业生产增加值合计贡献率超过90%。另外，杭州作为中国民营经济的重要发祥地之一，有效地发挥民营经济总部的聚合效应，使得全市的民营经济蓬勃发展。如同浙江省一样，民营经济也成为杭州经济发展的一张标志性名片。统计数据表明，自2011年起，杭州市民营企业增加值从4179.03亿元持续增长至2016年的6586.09亿元，且民营经济增加值占GDP的比重稳定在59%—60%之间，每年全市超过一半的经济增长均是来自民营经济的贡献。在中国500强民营企业总部的分布图中，近6年来，始终有不少于10%的精英民营企业的总部设在杭州。2016年，杭州也以坐拥50家中国500强民营企业连续15年领跑中国500强民营企业总部数量市级排行榜单。

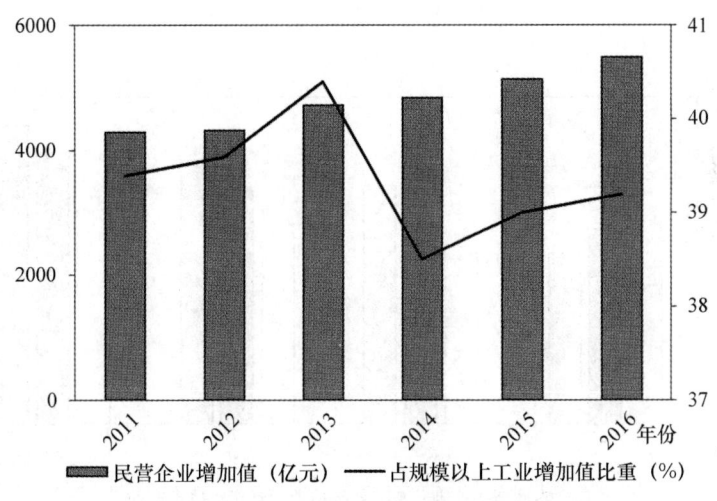

图9-9 2011—2016年浙江省民营企业增加值及其占规模以上工业增加值的比重

资料来源：《浙江省国民经济和社会发展统计公报》（2011—2016年）。

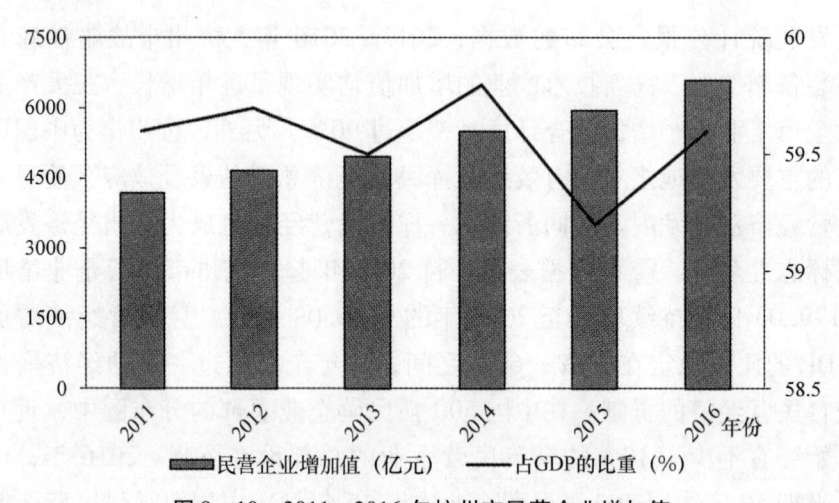

图 9 - 10　2011—2016 年杭州市民营企业增加值及其占当年 GDP 的比重

资料来源：《杭州市国民经济和社会发展统计公报》（2011—2016 年）。

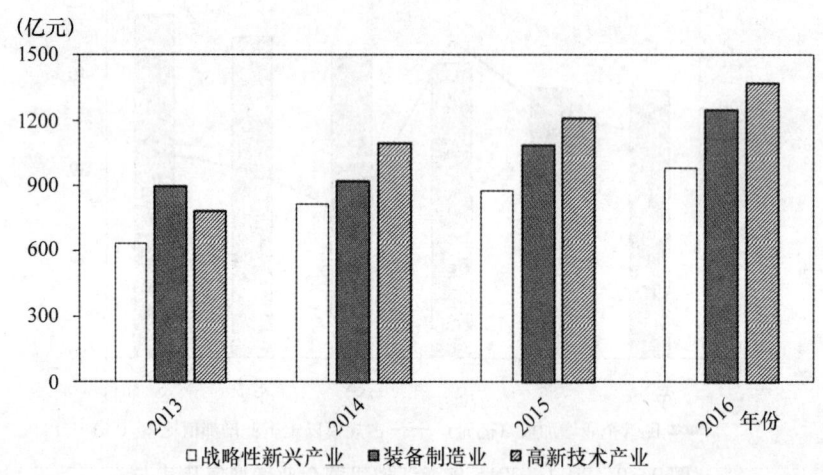

图 9 - 11　2013—2016 年杭州市三大高端价值产业增加值

资料来源：《杭州市国民经济和社会发展统计公报》（2013—2016 年）。

二　构筑"总部经济"中的市场政府"双驱动"分析

浙江省密切推进和深入贯彻的总部经济战略，为省内产业结构的重整、产业布局的优化和实现产业转型升级提供了现实的契机和路径。对于这些成果的取得，我们又该如何用"双驱动"的观点加以解读呢？应当注意到，总部经济的长期发展建设及其持续的经济效益取得是以一个有效的市场为前提和基础的。具体体现在以下两个方面，一是有效市场意味着一个开放的环境。自由而合理的市场准入机制给予任何企业平等的加入机会，只需符合必要的制度和法律逻辑，任何企业都可自由地进出市场以确定自身的起点定位和发展路径。二是有效的市场为产业的空间集聚提供最基本的动力。市场经济下的一个显然规律是，要素或资源会自动地流向回报最高的地方。总部经济中心之所以会吸引大量企业入驻，进而形成区域性的产业聚落，是因为之前处在区域外的企业意识到将总部设在与其他相关联企业总部邻近的地方可以获得包括资源整合、知识交流、价值链合作等多方面的优势，而这些优势产生和存在的前提条件便是有效的市场能够为企业提供有效的信息，能够为企业创造要素自由流动和相互渗透的便利条件；在强调有效市场的重要作用的同时，一个在某些重要时点和关键领域有所作为的政府也同样不可或缺。一方面，客观上，总部经济是浙江省政府转变本省经济发展方式、加速产业转型升级的一种探索和尝试，因此必要的辅助性保障措施必须配套执行以保障总体战略框架的落实和方针规划的推进。同时，伴随总部经济发展而形成的产业集聚，由于现有企业总部在空间位移上的高额成本，势必在相当程度上依赖新成员的加入。为了给予这些处在生命周期最初阶段的企业以过渡性的支持，政府也应当出台有针对性的企业或产业层面上的扶植政策。杭州、宁波、温州、金华等浙江省颇具代表性的总部经济中心在全省推进总部经济建设的统一框架下出台的一系列指导性和部署性政府文件，正是有为政府在产业政策制定上身体力行的生动体现。另一方面，自由市场永远是相对有效的，市场机制的运作也时常需要缝缝补补，这意味着政府对于市场的监管是有独特意义的保障措施。例如，部分土著总部企业可能利用早期的先发优势和较强的市场势力排挤新企业的加入，而新加入的企业也可能利用法律制度上的漏洞获得不正当的优惠和利益，这些偏离有效市场轨迹的现象必须由作为外部力量的政府加以修正。近年来，以杭州市为代表的总部经济城市对各自核心产业集聚区内企业的准入和总部资质认定等制度做出了明确详细的规定和阐释，部分重点城市还建立了对区域内企业的动态绩效考核指标体系，以及时反馈评估信息并有针对性地筛选出真正优质的高端前沿企业。

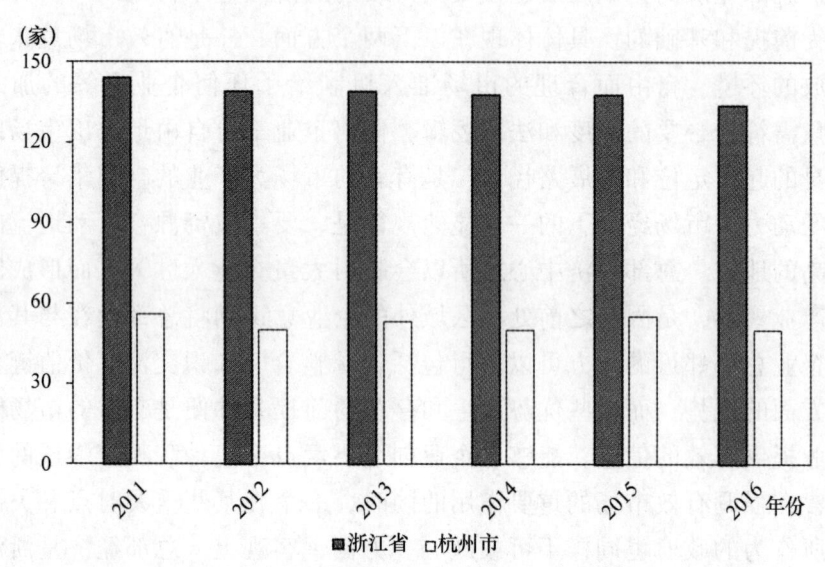

图 9-12　2011—2016 年中国 500 强民营企业总部落户浙杭数量

资料来源：《中国民营企业 500 强排行榜》（2011—2016 年）。

第十章 "双驱动"转型升级模式：时代挑战和未来战略

包括浙江省在内，中国其他各省以及其他发展中经济体大多施行广泛的产业转型升级促进政策，并大致经历了第一代幼稚保护型、第二代后发追赶型政策。第一代产业政策以幼稚产业保护为目标，以高额关税或配额为主要保护政策工具，辅以高额生产补贴，激励国内幼稚产业自主发展。第二代产业政策以产业后发追赶为目标，以大量引进国外先进技术、设备、资金为主要政策工具，辅以较弱的知识产权保护政策，激励国内后发产业通过吸收模仿国际先进技术获得快速技术进步。前两代政策的施行在过去确实取得了可喜的成就，使得产业落后缺失、技术远离前沿国家的经济得以快速发展。

随着后发国人均GDP的迅速上升，以及与先进国家技术水平差距的逐步收敛，后发国家在进入准技术前沿阶段将会遭遇到新的问题和挑战。其一，在当前全球通行的国际贸易规则环境和准技术前沿阶段的产业性质及技术条件下，前沿技术同发性则使各国无前沿技术可待模仿，产品动态升级和研发创新的信息不确定性骤然上升，使得后发国之前以技术追赶为核心的产业政策不再适用，从而在新阶段的产业政策制定和实施过程中陷入政府"有为"盲区。其二，国际贸易联系的日趋紧密和价值链带来的工序化分工，使得传统"干中学"带来的规模经验驱动和技术追赶效益逐步消失，"干中学"的国别分离和后发国在全球价值链嵌入过程的低端锁定，使得后发国产业在市场资源配置中无法取得动态最优的长期结果。其三，当前技术前沿国家以服务业为主体的虚拟经济占比日趋增大，国家产业结构面临"软化"现象，产业空心化压力日渐明显，目前浙江省部分地区也面临着"脱实向虚"的倾向，如果无法坚持发展实体经济和先进制造业，成功协调虚拟经济和实体经济，将会引发产业空心化的危机式演进。

在前两代政策工具面临基本失效状态的情况下，本书提出的政府市场"双驱动"理论，即第三代产业培育理论，本质上是要在一个更具开放性、竞争性的全球经济系统中，构建一种适应技术同发、信息模糊、溢出巨大条件下的新一代产业培育理论与政策集合。

第一节 进入准技术前沿阶段的挑战：政府"有为"盲区

先进的科学技术知识具备与公共产品或准公共产品类似的巨大溢出效应，对于处于技术追赶阶段的后发国家而言，借助技术后发优势可以成功规避原始创新对资源人力的巨大投入和摸索试错的大量时间，花费相对较少的成本和时间便可以对现有技术创新成果进行模仿和实践，从而使得后发地区能够有效缩短与领先地区的差距，并取得更快速度的发展。在技术追赶阶段，技术后发的潜在优势使得政府能够成功做到"有为"。第一，与原发性技术创新相比，基于后发优势的模仿式创新的产业思路较为清晰，路径较为成熟。政府能够更好地集中物质人力，通过加强基础设施建设、健全产业配套等相关措施有效培育产业市场，对相应产业和技术方向的企业实行研发补贴，对未来预见可期的前沿技术和新兴战略性产业从容布局。第二，在技术追赶阶段下，由于目标前沿技术更为贴近现实市场并具备广阔的实际应用前景，后发地区企业进行模仿式创新所面临的创新不确定性和技术风险大为降低。政府施行的技术追赶型产业政策，将会大幅度降低新兴企业对前沿市场开拓成本，创新带来的高额收益将提升企业对政府产业政策的响应意愿，对企业技术升级进步产生有效激励，从而实现后发产业的迅速发展。

然而，随着后发地区与领先地区之间技术差距的逐步趋近，由于追赶的目标技术愈加前沿和关键，可待后发地区模仿赶超的技术空间愈加狭小，后发企业的模仿成本居高不下等诸多原因，基于后发优势的技术追赶型产业政策遭遇到了诸多现实局限和应用瓶颈。

在准技术前沿阶段下,由于前沿技术研发轨迹和演进方向模糊,以及其他地区知识产权保护带来的信息封锁,政府和企业在产业发展过程中面临的产品动态信息不确定性骤然上升。而前沿产品技术本身的复杂和不可预见性,使得产品技术的延展空间相较于后发追赶阶段大为缩小。在此情境下,企业在执行产品技术研发的高风险决策上愈加困难,而政府囿于前沿技术和产业发展方向的不确定性,将很难预见和把握到未来产业发展的长远方向,同时由于研发技术的客观限制,前沿产品技术延展空间狭小,使得政府将很难制定出切实有效的产业政策,从而陷入"有为"的盲区。

一 准技术前沿阶段后的产品动态信息不确定性骤增

从技术视角来看,进入准技术前沿阶段后,一个显著的变化在于地区内外产业不存在技术上的巨大差距,甚至,在未来更多的新兴产业领域,技术前沿地区与准前沿地区还位于同一轮产业技术的起跑线上。由于双方基本上处于技术同发状态,后发地区政府凭借着先进地区成熟的产业发展历史经验,以技术追赶为核心,规划出明确清晰的产品动态升级路径的政策做法在客观条件下已经不具备操作的可行性,这使得政府和企业面临的产品动态创新升级的不确定性大为增加。

这种不确定性首要源于前沿产品技术本身存在极大的风险性。未来前沿产品技术创新升级,在本质上属于探索新生产函数即产业前沿知识的创新活动,一旦获得成功,便可以获得跨产业的新产品或者更高质量的跨代产品,从而对全球现有产业市场格局构成重大的革命性以及替代性冲击。如果将创新的不确定性或风险划分为可度量的不确定性或狭义的风险,以及不可度量的不确定或实际风险,技术创新往往被定为第二类。这意味着企业和政府将很难预测新兴技术的未来发展方向,而基本性的技术创新及其相应的产品应用的市场需求的测量则是更为艰难。因此,这种原发性前沿创新伴随的是持续不断的试错性研发,其技术演进方向和技术轨道的相对模糊使得产品的动态创新活动更为复杂和极具挑战。

除去技术创新本身带来的不确定性,由于各地区对于前沿新兴的产业领域的技术探索和研发信息都进行着严密的知识产权保护,企业和政府基于客观条件上的专利约束和知识溢出限制，会面临额外的不确定性。前沿新兴的战略领域产品的动态研发涉及大量编码以及非编码化隐性知识的存在，未取得成果的错误试验信息难以取得知识产权保护，但客观上对其他企业的创新提供了重要的避免误判的信息提示，即前沿创新由于知识溢出效应带来"错的"正外部性。然而，各地区往往会设置专利保护甚至是规定技术禁止出口等手段阻隔新兴创新知识的对外溢出，从而使得其他地区很难通过有效手段迅速掌握其前沿产品动态升级的最新进展，其结果往往呈现出企业和政府很难在自身技术研发过程中及时获得避免"弯路"的关键提示。这使得企业在进行创新研发决策时，由于外部信息的高度复杂和非对称性，会陷入更为严峻的决策处境。同样，作为产业政策制定者的政府，在把握未来产业发展和科技进步方向上也将面临高度的不确定性，从而陷入"有为"盲区。

二 产品技术延展空间缩小

前面已经指出，在准技术前沿阶段，由于跟领先地区不存在较大的技术差距，追赶型产业政策不再适用，产业后发优势效应也逐步收敛。外部环境和市场条件发生了显著变化，这使得后发地区不得不面临与技术领先地区类似的困境，即在信息模糊、技术同发、知识溢出效益突出的外部环境下寻找到新的突破口。然而，现有产品技术延伸空间的逐渐缩小，以及未来新兴技术方向的不定性，往往会使得政府对产业方向无法提前而准确地把握，从而陷入"有为"困境。

产品技术延展空间的收窄，可以从产品技术本身的生命周期进行阐释。工业制成品从创新研发到市场销售，都要经历成长、成熟、饱和和退出等不同阶段，并由此对应于技术上的导入、成长、成熟以及衰退。在技术处于导入期和成长期时，新产品的预期销售量前景广阔，高预期收益有效激励了企业的技术研发，而随着技术逐步标准化和普及化，产品市场进入者纷纷涌入，加剧的市场竞争同时削弱原先的技术垄断利润，这使得企业对该产品技术延展空间的预期下调，扩展边界最终收敛，产品进入了成熟期阶段。此时市场竞争使得行业利润缩水，研发者很难继续投入大量物质人力去进行技术上的显著革新改进，产品技术趋于稳定。而准技术前沿地区向前沿技术的不断趋近的过程，会对产品技术研发激励造成一个负向冲击。由于前沿技术产业的进入者增多，在客观上使得产品动态环境更为复杂，市场进入者会下调对目标产品创新的收益预期，从而使得产品技术延展空间大大受限。

追赶成本的日益提升以及现有产品空间的不断缩小，企业在成本收益驱使下更有意愿在一些未来新兴领域进行前沿性的原发创新。这些前沿创新具有技术轨迹多变、发展前景模糊等显著特征，由于技术本身风险较大以及自身面临的信息劣势，企业一般通过密集试错的方式进行频繁性的尝试性研发，突破技术瓶颈的时间和方向不可预期，技术的不定性也使得其产品运用和市场培育更加难以度量。

因为技术延展的空间无法被政策制定者提前观察到，政府对某一领域施行的产业政策如果太过激进，可能会导致市场涌入大量进入者，继而引发过度竞争，从而无法达到所预期的产业前景。而在新兴技术领域，由于技术轨迹演进的反复性和曲折性，政府将无法及时跟进并制定出配套的产业政策，从而错失未来产业前沿和技术赶超的重要窗口。

第二节 进入工序化分工阶段的挑战：市场动态失效

伴随科学发展和全球化进程，现代工业的加工过程愈加细化，一个工业制成品的生产全过程涉及从研发设计、试验、生产加工到后期组装等诸多环节，这为地区间产业内分工和全球产业链的形成提供了发展契机。这种基于比较优势的地区间产业内分工，主要表现为各地区依据自身禀赋要素和技术水平，即利用技术差距以及要素禀赋丰裕度，参与产品某个环节的生产。其中，拥有先进技术和产业技术要素的地区将生产高附加值的产品，或者从事附加值最高的生产环节，而技术相对落后的后发地区则只能依据其技术水平和要素的"相对优势"从事某个产品的生产或某个环节的加工。

在早期，相对于产业间分工，全球产业工序化分工体系，通常对分工参与地区的资源和技术禀赋条件要求较低，由于不需要拥有自身独立完整的产业链条，只要具备某一生产环节且符合行业领导者要求的企业也可以参与其中，这为后发地区参与国际分工提供了更多机会，使得产业全球化分工的红利被更多经济主体共享。然而，这种工序化的国际分工会导致后发地区遭受先发地区主导的全球价值链的俘获。在参与国际分工时，由于技术落后和要素禀赋适于劳动密集型等种种因素，后发地区在嵌入全球产品分工体系过程中被迫从事一些技术含量较低或标准技术产品的生产，在产业利润分配体系中长期处于"被支配"或"接包方"地位。

产品的工序化分工，会使得比较优势分工体系进一步固化，促使了"干中学"的国别分离；市场的动态失效使得企业在追求短期最优的同时忽视未来的长期增长。这两大固有因素对国际分工体系下后发地区进行知识创造和能力自发提升构成显著阻碍，往往使其陷入"低端锁定"的长期困境。

一　工序化分工阶段后的国际锁定与"干中学"分离

当今，国际化分工体系已逐步被发达地区和跨国公司所主导，从具体的工序视角来看，产品研发设计、核心零部件生产，以及产品营销等关键的高技术密集度环节被发达地区牢牢占据，而普通零部件的生产以及后期加工组装等低附加值和劳动密集型的中游环节则由发展中地区所承担。在长期，这种工序化分工体系在各方因素的作用下会不断巩固和强化。由于技术发明、产品设计以及产品加工制造地点的天然分离，这使得技术先进地区能够不断从现有分工体系下获得技术创新、产品设计等经验累积，强化了其在技术发明和产品设计方面的产业优势，而囿于产品加工和后期装配的技术相对落后的地区，只能在产品加工的某一环节获得经验，只能获得加工产品质量的局部改良。

"干中学"效应在工序化分工阶段发生了分离，并逐步演化为领先地区"从研发设计中学"，而后发地区"从加工中学"。这种分工的专业化趋势对于后发地区的技术研发和产业升级构成长期阻碍。对于先发地区而言，由于现有分工体系下，技术创新、产品设计环节以及后期市场营销环节具有较高的附加值，技术先进地区将会更有意愿投入到高技术密集度的环节工序，一方面，通过建立完整的市场营销网络，降低产品销售成本，加强其自身研发动机；另一方面，利用其关键技术、产品设计以及市场开拓优势，寻求特定要素和资源优势，形成跨区经营以及过程外包，并凭借技术垄断获得高份额的收益。对于后发地区而言，一方面，随着国际工序化分工日益深化，从加工中学习和得到的回报远低于从事技术创新和产品设计得到的技术和利润收益，长期从事低技术含量和劳动密集型环节加工中积累和学习到的经验对后发地区技术水平的提升极为有限；另一方面，发达地区企业可以通过直接投资的形式，通过优势竞争将后发地区竞争对手淘汰，致使后发地区丧失技术消化吸收再创新的动力，或者收购兼并后发地区企业，消除其"干中学"的源泉（产业生产实践平台）。这使得后发地区企业受制于领先企业，长期固化在纯粹的产品加工阶段，只能在要素优势分工下"从加工中学"，而无法从"开发中学"中获得就业、利润跟税收。这种固化效应下，加工组装工厂在国际竞争和进军国外市场时失去支撑，无法自主研发前沿技术、形成自主品牌，只能永远停留在本土加工工厂阶段，获取微薄的加工费用。发展中地区将长期停留在"低端锁定"的困境中，无法打破产业主导者依靠其核心能力对其原创知识和自主研发的遏制跟封锁。

二 市场动态失效

在国际产业分工体系下，嵌入全球产业链条的后发地区在技术创新和知识进步过程中常常会陷入市场动态失效的窘境。初期，后发地区参与国际产业内分工时，发达地区为了尽快获取后发地区的特定要素优势以及延长自身技术研发周期，往往会积极转让成熟的产业技术，使后发地区能够及时学习嵌入并迅速投产。对于后发地区加工企业而言，由于引进技术相对先进且具备广阔市场，无须早期的技术创新投入，企业可以依靠其相对成本优势参与生产工序并对外出口。此时后发地区即使不投入技术研发资金开展自主研发，也可以经由国际分工获得不菲的利润，从而实现较快的工业化和收入水平的提升，这使得技术引进往往成为后发地区企业事实上的选择。当一项技术实际引进的目标收益越大，地区和企业进行技术改进和原始创新的动力就越小，同时也表现为后发地区对技术引进的依赖性越强。除此之外，工序化分工使得参与中间加工的后发地区享受到了领先地区现有的庞大销售网络，这也降低了后发地区企业开拓市场的动机和意愿。这种技术依赖、市场依赖的"两头在外"的产业发展方式，使得企业往往拘泥于现成生产要素优势带来的短期收益而忽视了未来长期的技术增长。

在要素成本逐步上升、比较优势逐步丧失的威胁出现之前，参与工序化分工的后发企业并不会面临低附加值加工环节带来的经营生存压力。具体到生产环节上看，在资源要素密集且大量剩余的情形下，即使是某工序的单位产品加工附加值趋于下降，企业依旧可以通过大规模加工生产条件实现"薄利多销"，获得可观的绝对收益。此时，企业并不愿意花费额外的成本进行技术吸收和工艺升级，从而改善生产条件和革新技术，而是专注于模仿引进标准化技术，纯粹进行产品的加工是比较优势下短期最优的结果。但是，如果基于长期动态提升视角，这种结果将会导致地区对前沿技术的高度依赖和创新基础的丧失。因此，由于市场的动态失效，后发地区在产业升级和知识原始创新的过程中会面临额外的困难和阻力。

第三节　进入产业虚拟化阶段的挑战：潜在产业危机

实体产业是现代经济的发展之源和民生之本，以工业制造为代表的实体产业始终是国民经济赖以长期增长的核心力量。自改革开放以来，浙江社会生产能力飞速提升、国民财富水平不断增高，实体产业在经济发展上取得了巨大成就。

然而，随着国民收入水平的继续发展，以及产业知识和技术基础的变迁潮流，区域产业结构的软化趋势不断凸显，一是表现为第二产业比重的逐年下降以及第三产业所占经济比重不断上升；二是表现为浙江在产业结构的演进过程中对信息、知识、技术等软要素的依赖程度逐步加深。未来产业虚拟化的趋势，是经济发展和产业升级的必然规律和结果，在产业结构发展的进程中，由于产业环境约束与产业政策的局限性，往往会引发产业空心化的潜在危机诞生。

一方面，随着资源约束的日渐严峻、劳动力成本的显著提升、外部竞争环境的愈加恶化，浙江实体产业陷入低增长的泥潭，尤其是全球金融危机发生后，实体产业遭遇的严峻困境正逐步显现。伴随着产业环境约束的日渐增强，快速扩张和薄利多销的扩张性贸易政策的失效，建立在粗放式的大进大出、两头在外的贸易模式已不可持续，新兴产业的缓慢发展与落后产业的大量转移使得制造业面临的空心化风险大大增强；加之制造业战略转型的空心化行为，产业资源在一定程度上发生错配，企业将大量实业资本逐步游离于实体产业之外，在客观上造成实体产业投资的不断萎缩，继而在宏观产业结构层面上引发危机，陷入空心化的产业陷阱。

另一方面，地区在产业发展的过程中往往会对阶段性和跨越式发展的基本规律产生错误认知，过分追求第三产业发展，使得经济呈现出过度服务化或超工业化特征，资本等投入要素和流动长期的不合理引发了国民经济结构的严重失衡，国内物质生产的地位下降，国民实体经济热情趋弱，也会导致制造业国际竞争优势的丧失，从而引发实体产业的空心化危机。

一 产业虚拟化阶段后的空心化压力增大

产业空心化，是指以制造业为核心的物质资产和资本，大量且迅速地从一国转移至其他地区，物质产品生产在国民经济地位显著下降，从而导致国内物质生产与非物质生产之间比例的高度失衡。其往往表现为制造业产值及占GDP比重的下降，制造业净出口减少及国际竞争力的减弱，以及制造业就业人数占比的下降和失业率绝对值的上升。由于制造业部门出现严重的投资不足，竞争力将急剧下降，此时区域经济将会更多地依赖外部的产品供给，进而引发对外贸易收支的恶化以及结构性失业、地区经济发展失衡等严重问题。实体经济发展所面临的产业空心化问题，实质上是制造业资本存量变化的问题，当新兴制造业投资增量无法填补存量上落后产业转移变化留下的产业空间时，空心化压力就会产生。

随着国民经济中第三产业比重的不断增加，实体经济所占经济比重逐渐降低。

在产业环境约束下，企业战略转型和产业资本流出加剧使得社会物质生产资本进一步下降，导致空心化压力骤增。一方面，由于本土制造业企业面临着资源要素成本的不断提升，企业在成本压力下，将会转而在国际上寻求价格低廉的资源要素地区，伴随着对外直接投资和产业转移，将会把主要生产制造基地转移至别国，仅在国内留下空壳，由此造成本土制造业投资存量的显著减少，以及制造业部门的高失业率。另一方面，企业在主营业务丧失传统优势的情况下，往往通过战略转型进行业务调整，比如降低传统制造业的业务比例，通过离心多元化战略投资于地产股票等资产要素市场以及消费品市场等虚拟经济领域等，资本从实体经济领域流出，使得区域或产业的生产能力呈现出整体性的下降趋势。

二 虚实分离导致危机式演进

在广义上，服务业包括消费性服务业和生产性服务业，其中消费性服务业是以娱乐餐饮等为代表的最终产品服务部门，而生产性服务业，则是以人力资本和技术知识作为主要的中间投入品，贯穿到制造业产品生产线的各个环节，从原制造业内部的服务部门中逐步分离并独立发展的新兴产业体系。服务业是以制造业的发展为前提和基础的，而任何一项完整的服务业都无法离开制造业单独存在。虚拟经济与实体经济的产业结构日趋不合理，三产业之间长期的非协调发展，必然会对国民经济产生极大的破坏作用。由于实体经济的迅速衰落，虚拟经济对实体经济的支持服务功能无法正常进行，同时虚拟经济对于实体资本的替代效应，又加剧了实体经济投资增量的匮乏。

伴随着制造业的"离本土化"与"离制造业化"，实体产业的资本流出加剧并呈现出链条化和扩大化的趋势。大型龙头企业向海外转移带动了与其产品配套的企业的产业转移，而这种集群式的海外转移又造成了其上下游原材料和关键性部件等产品市场供应环境的恶化，这又促使了本土制造业海外转移的连锁风险。由于制造业资本的迅速逃离和实体制造业的快速萎缩，增量与存量的双重压力下，普遍性的工厂停业倒闭以及制造业部门失业率增加等负面社会问题不断爆发。同时，伴随着大部分物质生产部门的转移，物质产品尤其是工业制成品的出口显著减少，进口逐步超过出口，国内物质需求对于外部进口的依赖度显著上升，这种供求结构的长期失衡，将会造成工业制成品贸易收支恶化以及逆差的日益加剧。

在实体制造业发展面临困难的同时，虚拟经济的不合理膨胀致使国民经济面临的潜在风险大大提升。由于国内制造业投资回报率普遍偏低，国民经济中的产业资本在"高收益"预期的推动下，越来越多地流向了非生产性的虚拟经济领域。虚拟经济在资本的广泛涌入下不断膨胀，高科技等新兴领域的产业价值被金融杠杆无形夸大，在此时，产业估值的提升被人们错估为实际创造的价值。当这种虚拟经济的"生产过剩"缺乏足够的物质生产支撑时，市场泡沫必然破裂。此时，积聚的市场风险集中爆发，引发了一系列的金融危机和产业危机。每一次产业泡沫的形成，都意味着大量资本对实体制造业的远离和经济虚拟化的增强，而一次次泡沫的破灭最终造成了以制造业为中心的实体经济的严重受损。

因此，为了避免产业空心化带来的一系列危机，在产业发展和产业变革进程中，正确把握实体经济与虚拟经济发展的协同性，大力发展高水平现代制造业将是地区和政府未来探寻和摸索的关键。

第四节 "双驱动"模式的未来战略

一 理论：从边界共识到嵌入共识

市场是资源配置的无形之手，而政府则是产业调控的有形之手。在以往的经济学理论框架之中，往往静态地将市场竞争与政府干预摆在相互对立的位置，认为市场与政府之间存在无形的边界，很多学派将理论研究的重心置于政府权责如何厘清，从而基于效率和公平的原则去寻求学理上政府与市场的边界。新自由主义认为政府应该简政放权，只作为提供必要公共产品的守夜人，市场作为无形之手将会完美配置好一切，而政府针对市场的任何调控，其结果都适得其反，继而否定了产业政策存在的必要性。然而，由于创新和研发信息的正外部性、规模经济和产业链集合的协调外部性等市场失灵现象广泛存在，这使得新自由主义观点中市场始终完美的静态假定被学界广为诟病。

而新结构主义经济学则针对市场失灵和不完美的现实情形，认为政府在适当时候应该打破市场的边界，运用产业政策去弥补和矫正市场失灵现象，从而使得市场配置资源的功能重新"有效"。新结构经济学的观点成功论证了产业政策的有效性，但是，该学派将研究探索的重点放在了如何依据比较优势理论来甄别具有增长潜力的企业，并提出了"挑选冠军"的概念。但是，基于政府信息是否充分以及政府激励如何恰当等疑问的难以解答，这种挑选赢家的政府主导式产业政策也受到学界的广泛质疑。

基于以上观点，政府市场"双驱动"理论认同政府干预与市场竞争并非对立而不可相容。基于市场缺失、市场失灵等现象的广泛发生，政府应当及时采取措施去培育市场、纠正偏差，而非囿于市场的边界而无所作为。同时，"双驱动"理论对于"全知全能"政府主导下的"挑选赢家"的模式依旧质疑，对技术创新未来信息的不确定性以及政策干预可能带来的资源误判风险保持认同。

因此，"双驱动"模式下，政府干预与市场竞争应表现为兼容互补的嵌入式关系。由于政府决策和企业决策均存在对未来技术创新信息的误判风险，应当将产业政策正确看待，视为一个发现的过程，即一个企业与政府共同发现潜在的成本和机会，并参与战略合作的过程。政府既不是高高在上且高瞻远瞩的独立的政策制定者，也不是受到特定产业特殊利益捕获的租金设置者，而是能够动态地根据市场情况灵活定位和及时调整自己的角色和功能，同市场企业应当建立制度化的合作伙伴关系，形成"有为"政府、"有效"市场功能式嵌入的新格局。

二 路径：从"后发跟进"到"前沿探索"

第一代产业政策以幼稚保护为导向，以贸易管制、抑制竞争、忽视吸收为特征，对于远离技术前沿的经济体而言，第一代产业政策存在一定合理性；第二代产业政策以后发追赶为导向，以开放引进、有限竞争、忽视创新为特征，虽在部分经济体取得巨大成功但也面临广泛可持续性争议。随着后发地区与领先地区之间技术差距的逐步趋近，由于追赶的目标技术愈加前沿和关键，可待后发地区模仿赶超的技术空间愈加狭小，模仿成本居高不下，基于后发优势的技术追赶型产业政策遭遇到了诸多现实局限和应用瓶颈。更为重要的是，在当前全球通行国际贸易规则条件和准技术前沿条件下，第一、第二代产业政策下政策工具面临基本失效状态。

这为新一轮以"前沿探索"为导向、以竞争兼容和激化创新为特征的产业政策的全新建构提供了发挥空间。由于前沿技术面临着产品动态不确定性剧增，技术延展空间狭小等诸多问题，政府与企业对前沿产业中可形成未来竞争优势的产品方向和技术方向均存在认知局限，而扩大企业竞争和市场筛选是降低信息不确定性和规避误判风险的有效途径。因此，"双驱动"理论中产业政策的设计逻辑即在于通过"政府培育市场—市场激励竞争—竞争加速创新试错"的产业和技术培育逻辑，以企业层面微观的密集试错消减产业层面技术信息不确定性，从而推动中国前沿产业以高于市场自发状态下的速度先发增长和创新进步，在新一轮产业革命中率先取得国际竞争优势和国际领先地位。

三　市场：建立可持续的"有效"竞争市场

政府在制定和施行产业政策的过程中，如果能在提供政府激励的同时，使得原本市场激励的作用不被妨碍甚至激活，则可实现政府市场对产业培育的双轮驱动作用。在此条件下，政府通过适宜的知识产权保护、竞争兼容型创新补贴以及消费端补助等政策工具，激活目标产业的知识研发市场、产品供给市场和消费需求市场，但将具体企业和产品的市场进入退出率、在位持续时间、在位份额等微观动态，交由"有效"竞争的市场决定，这是"双驱动"模式的政策基础。

因此，立足于三大市场，在产业政策兼顾下建立可持续"有效"的市场竞争体系，是政府市场双驱动模式的关键一环。

在产业研发市场中，政府应该设立适宜的知识产权保护从而内部化企业知识溢出问题，并有效保障企业的创新收益预期。由于前沿产业涉及大量的原始创新和自主创新，创新企业的研发成败均会形成产业正向的知识，从而对其他产业构成正向溢出。而严格的知识产权保护会有效提升企业的创新激励，但同时也会增强在位企业的技术垄断和新知识的扩散难度。政府的产权保护政策需要在创新激励、技术垄断与知识扩散之间谋求一个最优均衡。除此之外，知识链的不同环节也会对产权保护构成影响。从知识链前端的公共基础知识、中端行业共性关键知识到后端的产品功能专用知识，知识所具有的公共性逐步降低，市场窃取性逐渐提高，在这种情形下，由前到后、递进增强的差异化知识产权保护策略则更为适宜。

在产品供给市场中，政府的产业政策应该从妨碍公平市场竞争的"挑选赢家"方式发生转变，构建出覆盖范围广、强度适中、过程动态的多形式培育政策，用以激励企业进入市场竞争和技术创新。覆盖范围广，则有效避免政府人为圈定"赢家",并诱导更多潜在企业进入行业从而促进竞争和技术创新;补贴强度适中,既在一定程度上弥补了企业进入的"失败"风险和"成功"外溢性,又可避免"为补贴而生产"的现象;过程动态,即产业政策应当重点关注行业竞争变化过程并及时调整,直至最终从市场退出。

在消费需求市场中,政府应当采用竞争兼容式的政府采购和消费端补贴政策对目标市场需求进行有效培育。在行业基本技术标准基础上,政府须避免对消费者的产品和企业微观选择进行人为框定,从而造成企业的非公平竞争以及创新试错方向的限制。而在政府采购方面应强调与市场竞争相协同,形成对产业内企业公平统一的采购市场竞争环境。

四 政府:建立可嵌入的功能型"有为"政府

在政府市场双驱动模式下,政府应当转变传统模式下的政策管制者和产业主导者的角色,在新时代的产业多样化和升级过程当中,建立可嵌入的功能性政府,做到有所作为而不乱为。

产业政策干预与市场竞争兼容互补是可嵌入型政府的重要目标。一方面,政府在设计并实施政策工具时必须兼顾到市场竞争的有效性;另一方面,市场的有效竞争是产业政策发挥效果的关键环节和重要补充。因此,政府不应固化为全知的政策制定者或相关利益的租金设置者,而应该根据市场情况进行灵活定位和动态调整,同市场企业应当建立制度化的合作伙伴关系。

为了顺利构建新时代下的功能性政府,政府需要明确其功能性定位。其一,政府须加强物质性、社会性、制度性基础设施建设,推动和促进技术创新和人力资本投资,降低社会交易成本,创造有效率的市场环境。其二,从产业扶持为主转向促进企业自主创新,政府在采取补贴、税收优惠等政策手段时,将主要用于补助和激励产业的基础性研究开发、信息服务、人力资本投资等前端环节,而不得妨碍市场的公平竞争。其三,从实施差别待遇转向创造公平竞争的环境,从强制性产业政策的"挑选赢家",向功能性产业政策的"一视同仁"转型,从部门倾斜的政策向横向协调的政策转移,维护有效公平竞争,使得市场功能得到激活发挥。

参考文献

［美］艾伯特·赫希曼：《经济发展战略》，曹征海、潘照东译，经济科学出版社1992年版。

安同信、范跃进、刘祥霞：《日本战后产业政策促进产业转型升级的经验及启示研究》，《东岳论丛》2014年第10期。

陈劲：《走向自主：浙江产业与科技创新》，浙江大学出版社2008年版。

陈小玲：《激发民营经济活力着力振兴实体经济》，《浙江经济》2017年第6期。

陈自芳：《"浙江制造"品牌建设的推进体系与关键》，《浙江经济》2017年第2期。

杜平、许烨：《产业转型升级与"海外浙江"建设》，《浙江经济》2011年第8期。

杜欣、邵云飞：《集群核心企业与配套企业的协同创新博弈分析及收益分配调整》，《中国管理科学》2013年第S2期。

［瑞典］俄林：《区际贸易与国际贸易》，逯宇铎译，华夏出版社2008年版。

樊纲、王小鲁、马光荣：《中国市场化进程对经济增长的贡献》，《经济研究》2011年第9期。

冯德连、张兴云、葛文静：《我国中小企业集群发展的信任机制》，《经济问题》2003年第11期。

冯德连：《中小企业与大企业共生模式的分析》，《财经研究》2000年第6期。

［美］弗兰克·奈特：《风险、不确定性和利润》，郭武军、刘亮译，华夏

出版社 2013 年版。

傅宏波：《这是一片神奇的热土》，《观察与思考》2006 年第 10 期。

傅元海、唐未兵、王展祥：《FDI 溢出机制、技术进步路径与经济增长绩效》，《经济研究》2010 年第 6 期。

龚浔泽：《两种模式的历史较量》，《商周刊》2004 年第 6 期。

顾凤琦、田正南、张丽：《技术创新市场化适应机制的研究》，《世界科技研究与发展》2001 年第 5 期。

郭浩良、蔡朝晖：《网络结构：大唐袜业的组织模式》，《浙江经济》2000 年第 7 期。

郭占恒：《执政为民 科学有为——改革开放以来中共浙江省委的执政实践》，《浙江经济》2011 年第 14 期。

郭占恒：《以"重、大、国、高"优化提升"轻、小、民、加"——浙江产业转型升级的思路和政策选择》，《浙江社会科学》2009 年第 6 期。

国家统计局浙江调查总队课题组：《"机器换人"对台州制造业的影响》，《浙江经济》2016 年第 24 期。

海子：《义乌简史》，《观察与思考》2006 年第 10 期。

胡源：《产业集群中大小企业协同创新的合作博弈分析》，《科技进步与对策》2012 年第 22 期。

黄凯南：《演化博弈与演化经济学》，《经济研究》2009 年第 2 期。

黄先海、宋学印、诸竹君：《中国产业政策的最优实施空间界定——补贴效应、竞争兼容与过剩破解》，《中国工业经济》2015 年第 4 期。

黄先海、诸竹君：《新产业革命背景下中国产业升级的路径选择》，《国际经济评论》2015 年第 1 期。

黄先海、陈晓华：《要素密集型逆转与贸易获利能力提升——以中美纺织业为例》，《国际贸易问题》2008 年第 2 期。

黄先海、陈勇：《论功能性产业政策——从 WTO "绿箱" 政策看我国的产业政策取向》，《浙江社会科学》2003 年第 3 期。

黄先海、宋学印：《准前沿经济体的技术进步路径及动力转换——从"追赶导向"到"竞争导向"》，《中国社会科学》2017 年第 6 期。

黄先海、叶建亮等：《内源主导型：浙江的开放模式》，浙江大学出版社

2008年版。

黄先海、余骁：《以"一带一路"建设重塑全球价值链》，《经济学家》2017年第6期。

黄先海：《浙江发展战略性新兴产业的基本思路与对策建议》，《浙江社会科学》2010年第12期。

黄永明、何伟、聂鸣：《全球价值链视角下中国纺织服装企业的升级路径选择》，《中国工业经济》2006年第5期。

［美］霍利斯·钱纳里、［以］莫伊思·赛尔昆：《发展的型式1950—1970》，李新华等译，经济科学出版社1988年版。

江飞涛、李晓萍：《直接干预市场与限制竞争：中国产业政策的取向与根本缺陷》，《中国工业经济》2010年第9期。

江静、刘志彪、于明超：《生产者服务业发展与制造业效率提升：基于地区和行业面板数据的经验分析》，《世界经济》2007年第8期。

江诗松、龚丽敏、魏江：《转型经济背景下后发企业的能力追赶：一个共演模型——以吉利集团为例》，《管理世界》2011年第4期。

江旭、穆文、周密：《企业如何成功实现技术商业化?》，《科学学研究》2017年第7期。

蒋冠宏、蒋殿春：《绿地投资还是跨国并购：中国企业对外直接投资方式的选择》，《世界经济》2017年第7期。

蒋晓雁：《适应市场需求变化 降低工业产品库存》，《浙江经济》2016年第9期。

解聪慧：《浙江产业结构变动的动力机制分析》，硕士学位论文，浙江理工大学，2009年。

金碚：《工业的使命和价值——中国产业转型升级的理论逻辑》，《中国工业经济》2014年第9期。

金祥荣、朱希伟：《"温州模式"变迁与创新：兼对若干转型理论假说的检验》，《经济理论与经济管理》2001年第8期。

金祥荣、朱希伟：《专业化产业区的起源与演化——一个历史与理论视角的考察》，《经济研究》2002年第8期。

金祥荣、柯荣住：《对专业市场的一种交易费用经济学解释》，《经济研究》1997年第4期。

[英]科林·克拉克：《经济进步的条件》，商务印书馆1940年版。

孔艳清：《地方政府与上市公司的关系研究——浙江省的事例》，硕士学位论文，复旦大学，2007年。

来佳飞、杨祖增、冯洁：《浙江经济增长动力结构和机制转换研究》，《浙江社会科学》2016年第4期。

蓝志勇：《深化"放管服"改革 加快政府职能转变——评加快政府职能转变的实现路径：四张清单一张网》，《中国行政管理》2017年第8期。

李芳、蒋建云：《大唐袜业迈向中高端》，《纺织服装周刊》2016年第27期。

李玲、江宇：《有为政府、有效市场、有机社会——中国道路与国家治理现代化》，《21世纪》2014年第4期。

李晓萍、李平、江飞涛：《创新驱动战略中市场作用与政府作为——德国经验及其对我国的启示》，《产经评论》2015年第6期。

李强：《深入实施"四换三名"工程推动浙江经济转型升级》，《政策瞭望》2014年第2期。

李新安：《产业集群合作创新自增强机制的博弈分析》，《经济经纬》2005年第3期。

李新春、苏琦、董文卓：《公司治理与企业家精神》，《经济研究》2006年第2期。

林宏：《提升"浙商回归"工作的调研建议》，《统计科学与实践》2015年第1期。

林盛：《厘清边界 打造权力"笼子"》，《浙江人大》2016年第11期。

林毅夫、蔡昉、李周：《论中国经济改革的渐进式道路》，《经济研究》1993年第9期。

林毅夫、蔡昉、李周：《中国的奇迹》，上海人民出版社2014年版。

林毅夫、苏剑：《新结构经济学：反思经济发展和政策的框架》，北京大学出版社2012年版。

林毅夫、巫和懋、邢亦青：《"潮涌现象"与产能过剩的形成机制》，《经济研究》2010年第10期。

林毅夫：《中国经验：经济发展和转型中有效市场与有为政府缺一不可》，

《行政管理改革》2017年第10期。

林毅夫：《转型国家需要有效市场和有为政府》，《中国经济周刊》2014年第6期。

刘爱梅：《创新和城镇化对中国经济转型升级的作用研究——从李克强总理关于经济转型升级动力的论述谈起》，《东岳论丛》2016年第1期。

刘国光：《现代市场经济实用知识》，吉林人民出版社2005年版。

刘涛雄、罗贞礼：《从传统产业政策迈向竞争与创新政策——新常态下中国产业政策转型的逻辑与对策》，《理论学刊》2016年第2期。

刘亭：《特色工业园区与乡镇企业的"二次创业"》，《浙江经济》2000年第9期。

[美]罗斯托：《经济增长的阶段：非共产党宣言》，郭熙保、王松茂译，中国社会科学出版社2001年版。

[美]迈克尔·波特：《国家竞争优势》，李明轩、邱如美译，华夏出版社2002年版。

[美]米歇尔·D.坦纳、黄懿杰：《政府毁掉了底特律》，《国际经济评论》2013年第5期。

宁钟：《企业集群理论的演进及其评述》，《武汉大学学报》（哲学社会科学版）2002年第6期。

潘琳、袁弋明：《新形势下浙江省历史经典产业发展战略思考》，《当代经济》2017年第30期。

蒲业潇、安虎森：《垂直联系、外包与产业集聚》，《西南民族大学学报》（人文社会科学版）2011年第2期。

钱滔：《浙江专业市场研究的回顾与展望》，《浙江社会科学》2008年第2期。

钱学锋：《国际贸易与产业集聚的互动机制研究》，博士学位论文，南京大学，2008年。

秦诗立：《给市场"让"出更大空间》，《今日浙江》2014年第22期。

邱斌、叶龙凤、孙少勤：《参与全球生产网络对我国制造业价值链提升影响的实证研究——基于出口复杂度的分析》，《中国工业经济》2012年第1期。

盛世豪、郑燕伟：《竞争优势——浙江产业集群演变和发展研究》，浙江大学出版社2009年版。

盛世豪、郑燕伟：《"浙江现象"产业集群与区域经济发展》，清华大学出版社2004年版。

盛世豪、朱家良：《产业结构演变模式与专业化竞争优势——兼论粤苏浙三省产业结构演变特点》，《浙江社会科学》2003年第3期。

史晋川、宋学印、朱希伟等：《再创体制新优势 再造浙江新动力》，《浙江社会科学》2014年第10期。

史晋川、朱康对：《"温州模式"研究：回顾与展望》，《浙江社会科学》2002年第3期。

孙国民、彭艳玲、宁泽逵：《块状经济中小企业转型升级研究——以浙江省为例》，《中国科技论坛》2014年第1期。

唐东会：《中小企业转型升级研究——以浙江省台州市为例》，《工业技术经济》2009年第6期。

屠年松、李彦：《创新驱动产业转型升级研究——基于2002—2013年省际面板数据》，《科技进步与对策》2015年第24期。

汪燕：《大道至简话简政》，《浙江经济》2017年第4期。

王本兵：《我国城镇化发展的制度创新研究》，博士学位论文，中国海洋大学，2011年。

王娟：《创新驱动传统产业转型升级路径研究》，《技术经济与管理研究》2016年第4期。

王君英：《发展海外浙江人经济》，《浙江统计》2009年第6期。

王钦：《技术范式、学习机制与集群创新能力——来自浙江玉环水暖阀门产业集群的证据》，《中国工业经济》2011年第10期。

王赛娟：《浙江专业市场变迁研究》，硕士学位论文，浙江工商大学，2007年。

王文俊：《传统产业转型升级研究综述》，《财经理论研究》2016年第5期。

王珍珍、鲍星华：《产业共生理论发展现状及应用研究》，《华东经济管理》2012年第10期。

卫龙宝、阮建青、傅昌銮：《产业集群升级、区域经济转型与中小企业成长：基于浙江特色产业集群案例的研究》，浙江大学出版社2011年版。

魏后凯：《对产业集群与竞争力关系的考察》，《经济管理》2003年第6期。

魏江、勾丽：《基于动态网络关系组合的集群企业成长研究——以正泰集团为例》，《经济地理》2009年第5期。

魏李鹏：《浙商回归的导向和路径》，《浙江经济》2012年第8期。

翁建荣：《浙江特色小镇建设的重要经验》，《浙江经济》2017年第10期。

［美］西蒙·库兹涅茨：《各国的经济增长：总产值和生产结构》，常勋等译，商务印书馆1985年版。

［日］小岛清：《对外贸易论》，周宝廉译，南开大学出版社1988年版。

徐立毅：《营造三个优势抓好浙商回归》，《浙江经济》2013年第5期。

杨光、孙浦阳：《外资自由化能否缓解企业产能过剩？》，《数量经济技术经济研究》2017年第6期。

杨红丽、陈钊：《外商直接投资水平溢出的间接机制：基于上游供应商的研究》，《世界经济》2015年第3期。

杨霞：《绍兴纺织产业集群网络实证研究》，硕士学位论文，浙江工业大学，2004年。

杨永忠、黄舒怡、林明华：《创意产业集聚区的形成路径与演化机理》，《中国工业经济》2011年第8期。

杨云贵、蔡国泉：《大唐袜业，转型升级进行时》，《纺织服装周刊》2011年第10期。

姚尚建：《城乡一体中的治理合流——基于"特色小镇"的政策议题》，《社会科学研究》2017年第1期。

姚先国、朱海就：《产业区"灵话专业化"的两种不同模式比较——兼论"特质交易"观点》，《中国工业经济》2002年第6期。

姚先国：《浙江经济改革中的地方政府行为评析》，《浙江社会科学》1999年第3期。

叶志东：《基于外部市场需求变化背景下的外贸发展方式转变与产业结构转型升级的思考》，《市场论坛》2012年第7期。

应雄：《浙江海外制造：经济转型升级的战略选择》，《浙江经济》2009年第17期。

袁纯清：《共生理论——兼论小型经济》，经济科学出版社1998年版。

［美］约瑟夫·熊彼特：《经济发展理论》，何畏等译，商务印书馆 1990 年版。

［美］约瑟夫·熊彼特：《资本主义、社会主义与民主》，吴良健译，商务印书馆 1999 年版。

［美］约瑟夫·E. 斯蒂格利茨、沙希德·尤素福等：《东亚奇迹的反思》，王玉清译，中国人民大学出版社 2013 年版。

詹杜颖：《品牌效应下的特色小镇构建研究》，硕士学位论文，浙江工业大学，2016 年。

张爱珍：《政府和市场：建国以来我国基本经济制度变迁研究》，硕士学位论文，浙江理工大学，2016 年。

张辉：《全球价值链动力机制与产业发展策略》，《中国工业经济》2006 年第 1 期。

张军：《一条具有中国特色的城乡统筹发展道路——从义乌看浙江城乡统筹发展》，《黑龙江社会科学》2007 年第 4 期。

张律律：《我国产业政策转型问题研究》，《国际贸易》2011 年第 7 期。

赵卿、曾海舰：《中国式产业政策引致产能过剩吗——基于中国工业行业面板数据的经验分析》，《华中科技大学学报》（社会科学版）2017 年第 3 期。

浙江省民政厅：《乡镇工作常用法规手册》，浙江人民出版社 1987 年版。

浙江省统计局：《2007 年浙江省国民经济和社会发展统计公报》，《统计科学与实践》2008 年第 4 期。

郑京平、刘子夜：《浙江特色小镇调研分析》，《调研世界》2017 年第 6 期。

中共绍兴市委党校课题组：《浙江省传统产业转型升级的实证分析——以绍兴市纺织工业为例》，《浙江社会科学》2010 年第 9 期。

中共浙江省委宣传部、浙江省邓小平理论研究会：《历史的转折 伟大的实践——纪念党的十一届三中全会 20 周年理论研讨会论文集》，浙江人民出版社 1999 年版。

周必健：《经济周期调整下的浙江工业"去库存化"》，《浙江经济》2009 年第 16 期。

周盛：《走向智慧政府：信息技术与权力结构的互动机制研究——以浙江

省"四张清单一张网"改革为例》,《浙江社会科学》2017年第3期。

朱华晟、王玉华、彭慧:《政企互动与产业集群空间结构演变——以浙江省为例》,《中国软科学》2005年第1期。

朱华晟:《地方产业集群战略中的政府功能——以浙江嵊州领带产业集群为例》,《经济理论与经济管理》2004年第10期。

朱华晟:《基于FDI的产业集群发展模式与动力机制——以浙江嘉善木业集群为例》,《中国工业经济》2004年第3期。

朱华晟:《集群系统:浙江服装产业的竞争优势之源》,《浙江经济》2003年第4期。

朱华晟:《浙江产业群:产业网络、成长轨迹与发展动力》,浙江大学出版社2003年版。

朱建安、周虹:《发展中国家产业集群升级研究综述:一个全球价值链的视角》,《科研管理》2008年第1期。

[日] 竹内高宏:《日本产业政策论的误解》,东京经济出版社2002年版。

庄子银:《南方模仿、企业家精神和长期增长》,《经济研究》2003年第1期。

邹坦永:《渐进式科技创新推动产业升级:文献述评及展望》,《西部论坛》2017年第6期。

Abdon, A., and Felipe, J., 2011, "The product space: what does it say about the opportunities for growth and structural transformation of sub-Saharan Africa?", *Social Science Electronic Publishing*, 26 (35).

Acemoglu, D., Aghion, P., and Zilibotti, F., 2006, "Distance to frontier, selection, and economic growth", *Journal of the European Economic Association*, 4 (1): 37-74.

Aghion, P., and Howitt, P., 1989, "A Model of Growth Through Creative Destruction", *Econometrica*, 60: 323-351.

Balassa, B., and Noland, M., 1989, "'Revealed' comparative advantage in Japan and the united states", *Journal of International Economic Integration*, 4 (2): 8-22.

Bernard, A. B., Stephen J. Redding, and Peter K. Schott, 2006: "Multi-Product Firms and Trade Liberalization", *Nber Bureau of Economic Research Working Paper* 12872.

Brander, J., and Krugman, P., 2004, "A 'reciprocal dumping' model of international trade", *Journal of International Economics*, 15 (3): 313–321.

Daudin G., Rifflart C., Schweisguth D., "Who produces for whom in the world economy?" *Canadian Journal of Economics/revue Canadienne Déconomique*, 2011, 44 (4): 1403–1437.

Dieter F. K., David L. R., and Isaac T., 2013, "Mapping knowledge space and technological relatedness in us cities", *European Planning Studies*, 21 (9): 1374–1391.

Dixit, A. K., and Grossman, G. M., 1982, "Trade and protection with multistage production", *Review of Economic Studies*, 49 (4): 583–594.

Dixit, A. K., and Stiglitz, J. E., 1977, "Monopolistic competition and optimum product diversity", *American Economic Review*, 67 (3): 297–308.

Ernst, D., 2001, "Catching-up and post-crisis industrial upgrading. Searching for new sources of growth in Korea's electronics industry", Economic governance and the challenge of flexibility in East Asia, 137–164.

Ernst, D., 2001, "Global production networks and industrial upgrading-a knowledge-centered approach", General Information.

Ernst, D., 2004, "How sustainable are benefits from global production networks? Malaysia's upgrading prospects in the electronics industry", In Trust and Antitrust in Asian Business Alliances, 209–230.

Ernst, D., Ganiatsos, T., and Mytelka, L., 2003, Technological capabilities and export success in Asia, Routledge.

Felipe, J., Kumar, U., Abdon, A., and Bacate, M., 2012, "Product complexity and economic development", *Structural Change and Economic Dynamics*, 23 (1): 36–68.

Gereffi, G., 1999, "A commodity chains framework for analyzing global industries", *Institute of Development Studies*, 8 (12): 1–9.

Gereffi, G., 1999, "International trade and industrial upgrading in the apparel commodity chain", *Journal of International Economics*, 48 (1): 37-70.

Gereffi, G., and Korzeniewicz, M., 1994, Commodity chains and global capitalism. ABC-CLIO.

Gereffi, G., Humphrey, J., and Sturgeon, T., 2005, "The governance of global value chains", *Review of International Political Economy*, 12 (1): 78-104.

Grossman, G. M., and Helpman, E., 1991, "Quality ladders in the theory of growth", *Review of Economic Studies*, 58 (1): 43-61.

Hausmann, R., and Klinger, B., 2006, "Structural transformation and patterns of comparative advantage in the product space", *Social Science Electronic Publishing*.

Hausmann, R., and Klinger, B., 2007, "The structure of the product space and the evolution of comparative advantage", *Cid Working Papers*.

Hazir, C. S., Bellone, F., and Gaglio, C., 2017, "Local product space and firm level churning in exported products", *Gredeg Working Papers*.

Heo, U., and Kim, S., 2000, "Financial Crisis in South Korea: Failure of the Government-led Development Paradigm", 40 (3): 492-507.

Hidalgo, C. A., Klinger, B., Barabási, A. L., and Hausmann, R., 2007, "The product space conditions the development of nations", *Science*, 317 (5837): 482-487.

Howitt, P., and Mayer-Foulkes, D., 2005, "R&D, implementation, and stagnation: a schumpeterian theory of convergence clubs", *Journal of Money Credit and Banking*, 37 (1): 147-177.

Hummels, D., Ishii, J., Yi, K. M., The nature and growth of vertical specialization in world trade, *Journal of International Economics*, 2001, 54 (1): 75-96.

Humphrey, J., and Schmitz, H., 2002, "Developing country firms in the world economy: governance and upgrading in global value chains", INEF-Institut für Entwicklung und Frieden.

Israel, K., 1973, *Competition and Entrepreneurship*, The University of Chicago Press, Chicago.

Jankowska, A., Nagengast, A., and Perea, J. R., 2012, "The product space and the middle - income trap".

Johnson, R. C., Noguera, G., "Accounting for intermediates: Production sharing and trade in value added", *Journal of International Economics*, 2012, 86 (2): 224 - 236.

Johnson, R., Noguera, G., "The value - added content of trade", *Voxeu Org*, 2011.

Koopman, R., Wang, Z., and Wei, S. J., "A World Factory in Global Production Chains: Estimating Imported Value Added in Chinese Exports", *Cepr Discussion Papers*, 2009.

Koopman, R., Wang, Z., and Wei, S. J., "Estimating domestic content in exports when processing trade is pervasive", *Journal of Development Economics*, 2012, 99 (1): 178 - 189.

Krugman, P. R., 1979, "Increasing returns, monopolistic competition, and international trade", *Journal of International Economics*, 9 (4): 469 - 479.

Lewis, W. A., 1954, "Economic development with unlimited supplies of labour", *Manchester School*, 22 (2): 139 - 191.

Lewis, W. A., 1984, "The state of development theory", *American Economic Review*, 74 (1): 1 - 10.

Lucas, R. E., 1988, "On the mechanics of economic development", *Journal of Monetary Economics*, 22 (1): 3 - 42.

Organization, U. N. I. D., and Kaplinsky, R., 2003, "The global wood furniture value chain: what prospects for upgrading by developing countries? the case of south Africa", *SSRN Electronic Journal*.

Robert M. Solow, 1956, "A Contribution to the Theory of Economic Growth", *The Quarterly Journal of Economics*, 70 (1): 65 - 94.

Paul Romer, 1990, "Endogenous Technological Change", *Journal of Political Economy*, 98 (5): S71 - S102.

Prebisch, R., 1962, "The economic development of Latin America and its principal problems", *Economic Bulletin for Latin America*.

Robert J. Barro, 1991, "Economic Growth in a Section of Countries", *The Quarterly Journal of Economics*, 106: 407 – 443.

Romer, P. M., 1986, "Increasing returns and long – run growth", *Journal of Political Economy*, 94 (5): 1002 – 1037.

Romer, P. M., 1990, "Endogenous technological change", *Journal of Political Economy*, 98 (5, Part 2): 71 – 102.

Shandra, J. M., 2007, "The world polity and deforestation: a quantitative, cross – national analysis. International", *Journal of Comparative Sociology*, 48 (1): 5 – 27.

Solow, R. M., 1956, "A contribution to the theory of economic growth", *Quarterly Journal of Economics*, 70 (1): 65 – 94.

Solow, R. M., 1957, "Technical change and the aggregate production function", *Review of Economics and Statistics*, 39 (3): 554 – 562.

Vernon, R., 1982, "International investment and international trade in the product cycle", *International Economics Policies and Their Theoretical Foundations*, 80 (2): 307 – 324.

Winter, S. G., and Nelson, R. R., 1982, *An Evolutionary Theory of Economic Change*, Belknap Press of Harvard University Press.

后　　记

2018年是中国改革开放40周年。自1978年以来，中国大地经历了城乡空间优化、产业形态升级、融入全球开放、居民收入翻越等全方位的、多线程的巨大变革，而其背后的共同支撑力量是中国产业经济发生的堪称典范的后发追赶和转型升级过程：从改革初期的几近空白，到劳动密集的轻工制造，再到资本密集的重化工业，直至最近抓住新一轮技术与产业革命机会，在战略性新兴产业的部分领域实现突破并跨越到国际产业前沿。对中国产业转型升级过程的全面总结，特别是从机制规律层面深入探究产业转型升级过程的深层原因，是从经济视角总结提炼中国改革开放40年发展经验智慧的不可绕开的重要内容，同时也是洞察中国在下一个阶段的产业升级动态与制度革新方向的现实依据。

理论界关于推进产业转型升级中的驱动机制研究可归结为两个模式：政府导向与市场导向。完全脱离市场基础的政府导向模式，已被国际经济发展史证明难以推进持续的转型升级，这一点在学术界已达成广泛共识，并不存在争议。真正争议之处是，政府与市场在推进转型升级中的作用边界以及如何发挥作用？针对这一问题，目前两大均基于市场导向的学派给出了不同回答。奥地利范式的自由市场学派认为市场在产业发现、升级、转型的全过程中具有绝对作用，政府因存在不完全信息及激励机制问题，不应该施加任何横向选择性的产业政策；新古典范式的结构主义学派则认为结合比较优势的选择性产业政策具有存在必要性。然而，前者的问题是，即使在欧、美、日等发达自由主义经济体，政府也从未停止面向新技术新产业的补贴激励，使得前者缺乏经济现实解释力；后者面临的主要挑战则在于如果根据比较优势谱系演进进行"按部就班"转型升级，可能会错失具有重大外部效应的前沿新兴产业带来的战略升级窗口。经济发展史中确实不乏并不具有禀赋优势的产业在政府干预下获得了颠覆式发展的案例。这意味着目前的理论成果仍然难以囊括产业转型升级的多种路径并合理刻画政府与市场在驱动转型升级过程的相互作用。这是本书以浙江省1978年以来的产业结构动态为样本，进一步探讨政府与市场在推进产业转型升级中关系的初衷。

一水滴可以反映出太阳的光辉，一地方可以体现全局的风貌。改革开放以来，浙江省的产业转型升级过程与全国产业动态轨迹总体相似，但又有独特之处。回溯至1978年，浙江省既无相对自然资源优势，又缺少国家"特惠"照顾，当时经济总量和人均收入排名均处于全国平均水平之后，处于典型的落后经济阶段。但是，短短十余年后，即到1990年代中期，浙江经济已跃迁至全国第四位，城市人均可支配收入从2000年开始更处于全国各省区之首。[①] 国际比较视野下，浙江省在2015年已基本跨越所谓"中等收入陷阱"阶段，转型为高收入经济体，特别是，在互联网、大数据等部分下一代战略性主导产业领域已迈向国际前沿。从产业视角看，浙江产业经济经历的是一个以无衰退、低误配、高速度并在准前沿阶段时出现蛙跳型突破的结构转型和价值升级过程，迄今为止的发展经济学理论、产业经济学理论和制度经济学理论并不能给出令人满意的解释。

基于对浙江40年来产业转型升级历程及其政府市场作用关系的长历史、近距离观察，我们发现，市场确实是驱动浙江产业转型升级的首要动力，但政府在产业转型动态的各个阶段并不总是所谓顺势而为，也存在造势作为。在顺势而为方面，如改革初期浙东南地区商贸服务业是一种"地摊"的低级状态，当时缺少足够规模的社会资本推进升级，政府以搭建物理平台形式的顺势介入对推进当地迅速由"地摊"向"商品城"乃至演化为国际商品集散中心的高级形态发挥了关键作用。在造势作为方面，如21世纪初期针对轻型产业因路径依赖、创新匮乏面临的转型升级滞缓问

[①] 直辖市除外。

题，政府主动通过搭建技术创新孵化中心，吸引激励创新型企业入驻，形成了为传统产业转型升级和新产业迸发提供新知识新技术新产品的研发市场，补齐了研发环节。总体上看，浙江政府在产业转型升级中的作用，既不是传统意义上与市场严格分工后的恪守"边界"，也不是越界干预市场，而是瞄准转型升级的市场缺位或低效环节、通过功能化契入达到增进市场的作用，也即被我们定性为产业转型升级的政府与市场"双驱动"模式。

本书以全面回顾改革开放以来浙江产业转型升级的历程为逻辑起点，在深入梳理政府与市场驱动转型升级中展现的互动关系及其演化轨迹基础上，吸收融合新熊彼特主义、产品空间理论和新结构主义理论，力求从理论机制层面抽象把握企业在要素和技术二维空间下演变升级的一般机制及其中政府与市场的力量协同作用，鉴于区域内部的要素异质性以及技术演变的非线性，我们随后分析浙江省内不同地区不同产业可能表现出的差异化的升级路径，并专门分析浙江省产业政策本身的转型过程，然后分别从宏观经济效应、具体行业或空间案例来实证检验政府市场"双驱动"模式对产业转型升级的驱动绩效，最终指出在未来技术、需求面临基本面变化新阶段时"双驱动"模式可能面临的问题及优化的方向。

当今世界已经处于新一轮科技和产业革命由孕育期到迅速扩张期的关键阶段，中国经济不仅要完成传统制造业的追赶升级，同时也应抓住战略窗口在前沿新兴产业领域实现跨越转型，而建立国际领先、中国特色的高效发展制度框架具有关键作用，其中协调发挥政府与市场的双重作用处于制度改革优化的核心。希望本书的研究成果能引起学界一道推动该领域的研究走向深入，我们相信中国特别是浙江产业转型升级过程中体现出的特色规律及其中的政府市场作用研究，有在发展经济学、产业经济学乃至制度经济学等领域孕育出具有国际前沿水平理论成果的丰富土壤和研究条件。

本书是集体合作的研究成果，先由我提出总体思路、框架结构、写作要点，再分工执笔，参加各章节初稿撰写的有宋学印、卿陶、何秉卓、张胜利、王毅、张艺露、刘堃、吴亚慧、王煌、喻盼、范皓然、吴屹帆。各章节初稿完成后，由我和宋学印博士进行了系统的修改和统稿。本书的写作与出版得到了浙江省社科规划领导小组的大力支持。衷心感谢陆立军先生、史晋川先生、盛世豪先生、邵清先生、俞晓光先生对书稿写作提出的宝贵意见和建议。囿于时间与水平所限，书中不足之处在所难免，敬请各位读者朋友不吝赐教。

黄先海

2018 年 5 月于浙江大学